개정판

조사방법과 SPSS 활용

Statistical Package for Social Science

고종욱 · 류 철 공저

백산출판사

머리말

언제부턴가 많은 일간지에서 각종 통계자료들이 지면의 상당부분을 차지하고 있다. 심지어 기사의 신뢰성을 높이기 위한 수단으로 비교 가능한 통계자료들과 근거들을 제시하고 있다. 이러한 경향은 다양한 사회현상을 보다 과학적이고 설득력 있게 전달하기 위한 것으로 간주된다. 이와 같이 통계는 이제 우리들의 생활 속에 깊숙이 자리 잡게 되면서 반드시 알아야만 하는 생활의 필수도구가 되었다.

이러한 통계자료들에는 과학적인 조사방법과 통계패키지의 활용이 바탕을 이루고 있다. 그런데 조사방법과 통계패키지를 쉽게 이해하고 응용력을 배양하기 위해서는 다양하고 풍부한 사례와 손쉬운 활용방법에 대한 이해가 필요하다. 그럼에도 불구하고 기존의 교재들은 이 두 요소를 간과하고 있다. 본서는 기존의 교재들이 안고 있는 이러한 문제점을 극복하고자 다음과 같은 **몇 가지 특징**을 담고 있다.

첫째, 다양하고 많은 사례들을 준비하였다. 조사방법에 대한 사례는 반드시 학문적 연구보고서에서만 찾아볼 수 있는 것이 아니며, 각종 신문보도나 연구소의 연구보고서 및 정부기관의 발표문에도 담겨 있다. 수년간 꾸준히 모아온 각종 사례들을 이 책에 담아놓았다. 풍부한 사례를 접하면서 학생들은 조사방법에 대한 시야를 넓힐 수 있고, 실생활 속에서도 손쉽게 적용할 수 있으리라 기대한다.

둘째, SPSS를 효과적으로 활용할 수 있도록 여러 종류의 데이터 파일을 가지고 실제적인 분석사례들을 제시하였다. 아울러 분석결과를 해석하는 방법도 제시하였다. SPSS를 이용한 분석방법도 중요하지만, 그 분석결과를 어떻게 해석하는가도 그에 못지않게 중요하다. 실제 수집된 데이터를 가지고 통계분석방법과 결과의 해석방법을 설명하였기 때문에 우리 학생들이 이해하기 훨씬 쉬울 것이라고 생각한다.

셋째, 최근 점차 강조되고 있는 **사회과학조사의 윤리적 쟁점과 효과적인 프레젠테이션 방법에 대한 논의도 다루었다.** '짝퉁 여론'이라는 말이 나올 정도로 사회과학조사의 도덕적 해이가 심각해지는 요즘 사회과학조사의 윤리적 측면을 강조하는 것은 매우 시의적절하다고 본다. 또한 비록 간단하지만 이 책에 제시된 보고서 작성 및 프레젠테이션 방법도 독자들에게 매우 유용하리라 본다.

이상과 같은 특징을 반영하기 위하여 본서는 3부, 18장으로 구성하였다.

제1부에서는 **조사방법의 개념에서 자료의 수집**에 이르기까지의 전 과정을 단계적 · 체계적으로 설명하였다. 우선 제1장에서는 과학적 조사방법에 대하여 사례를 중심으로 설명하면서 조사방법의 절차를 제시하였다. 이러한 절차에 따라, 제2장 과학적 조사의 기본요소인 연구문제, 가설, 변수들에 대한 설명에서 제5장 자료의 수집에 이르기까지 이해하기 쉽도록 실제로 활용도가 높은 조사기법들을 중심으로 설명하였다. 그리고 제6장에서는 자료수집방법 중에서 가장 많이 이용되는 질문지법에 대하여 보완 · 설명하였다.

제2부에서는 이러한 조사방법에 대한 기본적인 지식을 바탕으로 **SPSS의 활용에 필요한 기초적인 내용**들을 담아놓았다. 제7장에서 제11장에 이르기까지 데이터 입력과 파일변환은 물론 분석결과를 시각화하는 방법들에 대하여 여러 가지 사례를 인용하면서 설명하였다. SPSS를 편하게 사용하기 위해서 반드시 알아야 할 내용들이다. 제2부는 별도로 제공하는 데이터들을 이용하여 혼자서도 학습할 수 있도록 여러 가지 예를 들어 상세히 다듬어 놓았다. 이 부분에서 강의시간을 조정하여 제3부 강의에 필요한 시간을 확보할 수 있을 것이다.

제3부에서는 제1부와 제2부에 대한 이해를 바탕으로 **SPSS를 통한 통계분석과 분석결과에 대한 해석방법**을 설명하였다. 우선 제12장에서 통계분석과 관련해서 꼭 알아야 할 기초적 개념들을 설명하였다. 그리고 제13장에서부터 제17장까지 빈도분석, 기술통계, 교차분석과 다중응답분석, 평균비교, 상관분석과 회귀분석, 타당도 및 신뢰도 분석에 대한 분석방법과 분석결과의 해석방법에 대하여 실제 데이터를 이용하여 설명하였다. 본서에 이용된 **데이터 파일들은 출판사 홈페이지(www.ibaeksan.kr)에서 다운로드할 수 있다.** 그리고 제18장에서는 최근 점차 강조되고 있는 사회조사의 윤리적 쟁점과 보고서의 형식 및 효과적인 프레젠테이션방법에 대하여 다루었다.

본서가 학생들로 하여금 **우리 주변에 범람하는 각종 통계자료들을 바르게 읽고, 정확하게 판단할 수 있는 능력을 갖도록 하는 데 도움**이 되었으면 좋겠다. 나아가 이 책을 통하여 보다 쉽고 편리하게 **각종 사회현상을 과학적으로 탐구하기 위한 방법론적 지식과 실제적 응용능력을 갖출 수 있기**를 바란다.

본서는 저자들이 수년 전에 발간하였던 『조사방법과 SPSS 12.0』에 근거하였고, SPSS 통계 패키지는 V 20.0을 활용하였다. 그리고 제3부 SPSS를 활용한 통계분석과 보고서 작성에서는 상관분석과 회귀분석을 추가하는 한편 분석방법과 분석결과의 해석을 보다 쉽게 이해하고 응용할 수 있도록 전면적으로 다시 집필하였다.

한 학기 강의교재용으로 개발하다 보니 아직도 미흡한 부분이 많이 남아 있다. 독자 여러분의 아낌없는 지적과 비판을 바란다.

본서의 출판을 전폭적으로 지원해 주신 백산출판사의 진욱상 사장님과 본서의 완성도를 높여주신 편집부 직원들께 깊은 감사를 드린다.

2016년 5월

저자 일동

요약 차례

차례

제1부 조사방법의 이해

제1장 과학적 조사방법

제2장 과학적 조사의 기본요소

제1부

조사방법의 이해

제 1 장

과학적 조사방법

- 1.1 과학적 조사란 무엇인가
- 1.2 과학적 조사에는 어떤 종류가 있는가
- 1.3 과학적 조사는 어떤 과정으로 이루어지는가

Key Words

과학적 조사, 실증성, 일반화 가능성, 문헌조사
전문가 의견조사, 사례조사, 기술적 조사연구
연구문제, 조사설계, 자료수집

1.1 과학적 조사란 무엇인가

1. 과학적 조사란 무엇인가

다음의 [사례 1-1]은 전국경제인연합회가 206개 기업을 대상으로 조사한 '기업이 바라는 대학 교과과정'에 대한 보고서를 요약, 보도한 내용이다.

사례 1-1 ▶ 전경련 기업이 바라는 대학 교과과정

기업들이 대학에서 개설하기를 희망하는 교과내용은 기획문서 작성과 영어 그리고 프레젠테이션, PC활용 능력 등 실무적인 내용이 많은 것으로 나타났다.

전국경제인연합회가 206개 기업을 대상으로 실시한 '기업이 바라는 대학 교과과정' 보고서에 따르면, 기업들이 대학에 개설해 주기를 바라는 교과내용으로 '실무능력 부문'이 48.0%로 가장 많았다. 다음은 가치관과 태도(21.7%), 대인관계 등 조직역량(17.2%), 영어 등 국제화 능력(11.4%)으로 나타났다.

기업들은 실무능력 부문에서는 기획 · 문서작성(7.2%), 프레젠테이션 능력(7.0%), PC활용(6.9%), 경영학기초(5.6%) 등을 요구하는 것으로 나타났다. 또 태도 · 가치관 부문에서는 올바른 가치관(6.1%), 창의적 사고력(5.9%), 자기관리법(4.0%), 리더십교육(3.8%)을 요구했으며, 조직역량으로 비즈니스 예절(6.9%), 대인관계(5.2%), 커뮤니케이션 능력(5.1%) 등을 기대했다. 국제화 능력에서는 영어능력(7.2%)에 대한 요구가 압도적으로 높았다.

전경련은 이에 따라 각 대학들이 기업의 요구를 반영한 교과과정을 전체 140학점 중 26–33학점 개설하되, 실무와 전문능력을 제고할 수 있는 현장실습 과정을 8–15학점으로 3, 4학년에 개설하는 것이 바람직하다고 제안했다. 자료 : 조선일보, 2003. 12. 16.

위의 [사례 1-1]은 다소 오래 전의 조사결과이다. 그러나 조사결과의 의미는 아직도 사회현상(기업들이 바라는 대학교육)에 대하여 잘 반영하고 있다고 판단되어 제시하였다. 우리가 막연히 '많은 기업들이 대학에서 개설하기를 희망하는 교과내용은 실무 관련 과목들이다'라고 설명하는 것보다는, 실제로 여러 기업들을 대상으로 조사해서 구체적인 조사결과를 가지고 설명할 때 비로소 설득력이 있고 신뢰할 수 있는 것이다. 더 나아가 이러한 조사결과는 향후 대학의 교과과정 편성에 새로운 방향을 제시하는 결과를 가져올 수도 있다.

다음의 [사례 1-2]는 고용노동부에서 발표한 '2011-2020 중장기 인력수급 전망'에서 제시하고 있는 취업자 수 증가 상위 20대 직업(직업세분류)과 취업자 수 감소 상위 20대 직업(직업세분류)이다.

사례 1-2 ▶ 2011-2020 중장기 인력수급 전망

■ 향후 10년 동안 직업세분류(426개) 가운데 취업자 규모와 사회 · 경제적 중요성 등을 고려하여 선정된 한국고용직업분류(KECO) 230개 세분류 수준 직업의 취업자를 전망함.

[그림 1-1] **취업자 수 증가 상위 20대 직업(2011-2020, 직업세분류)**

자료 : www.keis.or.kr

■ 취업자 수가 감소할 것으로 전망된 직업은 주로 농림어업 관련직, 판매 관련직, 의류 · 봉재 관련직임.

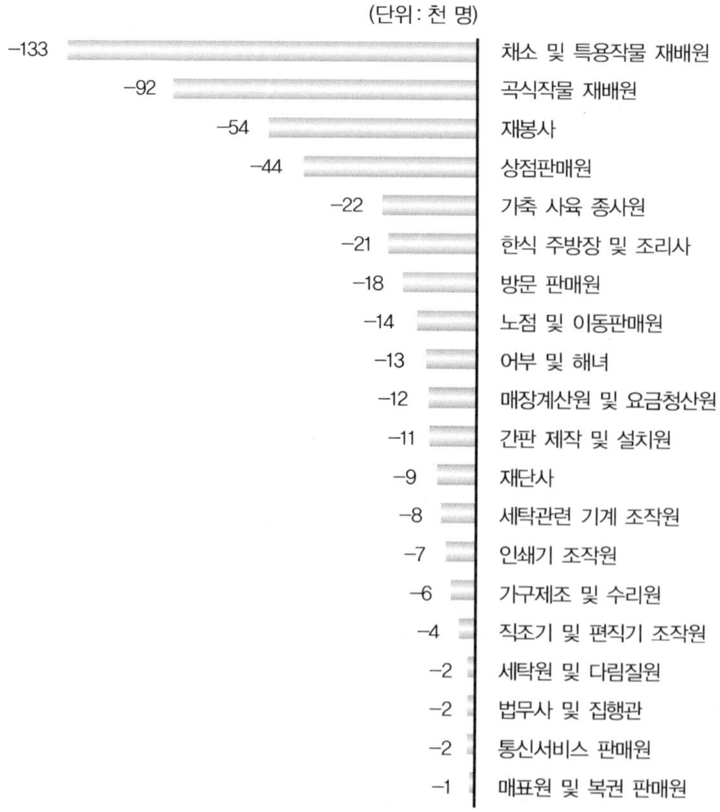

[그림 1–2] **취업자 수 감소 상위 20대 직업(2011–2020, 직업세분류)**

자료 : www.keis.or.kr

아래의 [사례 1-3]은 점차 이용 빈도와 활용도가 높아지고 있는 빅데이터를 활용한 분석자료이다.

사례 1–3 ◉ 개 · 폐업 건수 등 빅데이터로 분석한 '서울 골목상권 창업 지도'

골목상권 점포 10년 생존율 … 5곳 중 4곳이 문 닫아
–대학가 분석해 보니 점포당 月평균 매출액 홍대 7,200만 원으로 최고
3년차 점포생존율 서울대입구역 41.7% 1위

서울 영등포 · 노원 · 관악 · 구로구 등지의 골목상권이 자영업자들이 창업을 했을 때 상대적으로 실패 확률이 낮은 곳으로 꼽혔다. 반면, 동대문구 등은 실패 위험이 높은 지역으로 분석됐다.

서울시는 대형 유통시설이 없는 시내 골목상권 1,008곳의 빅데이터를 토대로 창업 위험도를 분석해 이 같은 결과가 나왔다고 1일 밝혔다. 서울시는 25개 자치구별로 골목상권의 폐업 신고율과 3년간 생존율, 평균 생존 기간 등을 반영해 창업 위험도를 산출했다. 창업 위험도는 '주의', '의심', '위험', '고위험' 등 4단계로 분류했다. 서울 영등포 등 11개 구는 '주의'로 실패 확률이 가장 낮았고, 강서구 등 12개 구는 '의심'으로 그 다음이었다. 용산구는 '위험', 동대문구는 '고위험' 지역 판정을 받았다.

[그림 1-3] 업종별 '폐업 신고 적고 생존율 높은' 상위 10개 골목상권

분석 대상이 된 빅데이터에는 분식집 · 편의점 등 43개 생활 밀착 업종 점포 58만여 곳의 지난 10년간 개 · 폐업 신고 일시와 신용카드 매출, 유동인구 데이터, 배후지역 인구 자료 등이 포함됐다. 이 같은 정보는 서울시의 '우리마을가게 상권분석서비스(golmok.seoul.go.kr)'에서 누구나 무료로 찾아볼 수 있다. 최영훈 서울시 정보기획관은 "경기침체 속에 신규 창업이나 업종 전환에 나서는 자영업자들의 위험도를 낮추기 위한 서비스"라며 "매달 지속적으로 최신 정보를 업데이트할 것"이라고 말했다.

본지가 이 홈페이지 정보를 토대로 분석한 결과 치킨집은 군자동 면목로 서울 능동 우편 취급국 인근, 성북구 정릉2동 정릉로 26길(정릉2동 주민센터 주변) 등이 생존율이 높았다. 커피집은 영등포구 당산2동 당산로 36길(당산2동 우편취급국 인근), 호프집은 개포주공 5단지 아파트 앞 등이 폐업신고율이 낮아 안정적으로 영업을 하고 있는 것으로 나타났다.

또 서울시내 대표적인 대학가 골목상권 5곳 중에서는 홍대입구역 인근 점포들이 월평균 7,200여 만 원의 매출을 올려 매출 규모가 가장 컸다. 그다음은 서울대입구역 인근 상권(6,700여 만 원), 건대입구역 인근 상권(5,700여 만 원), 신촌 · 이대역 인근 상권

(5,600여 만 원), 성신여대입구역 인근 상권(5,200여 만 원) 등의 순이었다. 3년 차 점포의 생존율은 서울대입구역 상권이 41.7%로 가장 높았다.

올 2분기를 기준으로 작년 대비 신용카드 거래 건수가 급증하면서 크게 성장하고 있는 골목상권은 강남구 도곡역 4번 출구 방면 타워팰리스 부근이었다. 이 상권은 1년 사이 거래 건수가 216.1% 증가했다. 송파구 문정푸르지오 3차 아파트 골목상권(206.8%), 금천구 홈플러스 시흥점 맞은편 청우그린아파트 골목상권(191.0%), 중랑구 사가정역 4번 출구 인근 아람플러스리빙 아파트 골목상권(159.7%), 영등포구 영등포구청역 4번 출구 방면 당산 SK V1센터 골목상권(158.5%) 등도 거래 건수가 1년 만에 큰 폭으로 늘어난 '핫(hot) 상권'이었다.

2004년에 개업한 골목상권 점포의 지난 10년간 생존율은 19.9%로 집계됐다. 10년 안에 5곳 중 4곳이 문을 닫는다는 것이다. 또 프랜차이즈 점포의 3년 생존율이 73.0%로 일반 점포(58.4%)에 비해 14.6%포인트 높았다. 권강수 한국창업부동산정보원 이사는 "골목상권들의 폐업률, 유동인구, 경쟁 점포 유무 등에 대한 정보가 담겨 있어 자영업자들이 창업 지역을 정하는 데 가늠자 역할을 할 것"이라면서도 "좀 더 충실한 분석이 가능하도록 해당 상권에 위치해 있는 기업이나 학교 정보 등 질적 지표를 추가할 필요가 있다"고 말했다.

자료: 조선일보, 2015.12.02.

우리가 [사례 1-1]부터 [사례 1-3]까지의 조사결과들을 통해 알 수 있듯이, 어떤 현상을 설명하기 위해서는 현상에 대한 체계적인 조사과정과 조사결과가 있어야만 한다. 과학적 조사란 바로 어떤 현상을 설명하기 위해 체계적인 과정들을 수행해 나가는 것을 의미한다. 이렇게 얻어진 결과만이 미래의 의사결정을 위하여 유용하게 활용될 수 있는 것이다.

좀 더 정확하게 의미를 알아보면, 과학적 조사(scientific research)란 '**사회현상이나 자연현상 가운데 관계가 있으리라고 생각되는 문제들을 체계적으로 탐구해 나가는 활동**'이라고 말할 수 있다. 즉 '과학적 조사란 과학적 방법에 의해 특정의 현상을 조사 · 연구하는 것'이다.

우리는 여기서 '과학적'이라는 말을 많이 사용하여 왔는데, 그러면 '과학적'이라는 말은 구체적으로 무엇을 의미하는가? 인간이 지식을 얻는 방법에는 고집, 권위, 직관, 과학의 네 가지가 있다.

고집(tenacity)이란 관습이나 타성에 의해 어떤 주장을 계속해서 믿으려고 하는 경향을 말한다. 권위(authority)는 자기 자신의 신념에만 매달리지 않고 고도로 권위가 있고 존경받는 정보원(사상가, 유명한 종교지도자, 정치인, 숙련된 기능인, 각종 저서 등)에 호소함으로써 자기 신념의 정당성을 입증하려는 것이다. 직관(intuition)은 의미가 분명하고 그 진실성을 확신할 수 있는 주장에 호소하는 방법이다. 지식을 얻을 때 사용하는 고집이나 권위, 직관 모두 그 나름대로의 타당성이 있다. 그러나 이들 모두 공통된 한계가 있다. 즉 어떤 사실의 진실성 여부를 판단할 때, 개인의 주관성이 지나치게 개입되어 있다는 점이다.

이러한 방법들과는 달리 과학(science)은 객관적인 지식, 즉 적절한 실험이나 관찰에 의해서 얻을 수 있는 자료를 기초로 하여 증명가능하고 독립된 지식을 획득하는 방법이다. 따라서 과학적 방법이란 현실세계에 있는 현상이나 사실들로부터 객관적으로 인정된 방법으로 자료를 얻어내어, 현상에 대한 지식을 제공하고 예측하는 방법을 의미한다.

이렇게 볼 때, 과학적 조사는 조사결과에 대한 확신을 가질 수 있도록 철저히 체계적이고, 새로운 이론을 개발하거나 기존의 이론을 확인하기 위하여 경험적으로 검정하는 과정을 거쳐야만 한다.

2. 과학적 조사에는 어떤 특징이 있는가

과학은 사회현상이나 자연현상에서 해결 가능한 문제를 과학적 방법을 사용하여 이론을 도출하는 과정을 의미한다. 그래서 철학이나 종교학, 심령학과는 달리 체계적이고 객관적인 접근방법이 필요하다.

우리는 주변에서 간혹 '신이 내렸다'라는 말을 듣는다. 그러나 이러한 말을 객관적으로 증명할 수는 없다. 다만 사람에 따라 심정적으로 '그렇구나'라고 인정할 뿐이다. 이러한 신비적인 표현과는 달리 과학은 현상을 설명할 수 있는 이론을 제시하고, 어떤 규칙성을 논리적으로 증명할 수 있어야 한다.

과학적 조사는 이러한 과학이 갖추어야 할 기본 조건들을 전제로 하여 경험적으로 검정된 증거를 제시하기 위한 것이다. 이러한 과학적 조사는 다음과 같은 특징을 가지고 있다.

(1) 실증성(empirical)

과학적 조사는 실제 현상에 의거하여 조사가 이루어져야 한다. 다시 말해서 과학적 조사는 실제 현상세계에서 일어난 현상을 대상으로 자료를 수집하고, 검증하는 과정을 거쳐야만 한다. 실증적 과정을 거쳐 도출된 조사결과만이 검정자료로써 유용할 수가 있다.

(2) 논리성(logical)

과학적 조사는 전개과정에서 비약 없이 이론적인 근거를 바탕으로 전개된다. 종교나 관습은 논리성보다는 어떤 당위성에 근거하고 있다. 그러나 과학적 조사는 이론적인 배경을 근거로 하여 논리적으로 어떤 현상을 설명한다. 이러한 논리성을 바탕으로 이론을 전개하기 때문에 과학적 조사가 설득력을 갖게 되는 것이다.

(3) 재현가능성(replicable)

과학적 조사에 의하여 관찰된 결과나 실험결과는 재현이 가능해야 한다. 즉 조사과정과 조사조건이 동일하면 동일한 결론을 얻어야 한다. 이러한 특성 때문에 과학적 조사가 객관성을 확보하게 되고 폭넓은 지지를 얻게 되는 것이다. 여기서 객관성이란 주관적인 편견이나 판단을 버리고 객관적으로 나타난 증거와 판단에 의존하여 조사를 수행한다는 의미이다.

(4) 일반화 가능성(generalizability)

과학적 조사는 개별적인 현상을 설명하는 것이 아니고, 그러한 현상들에 대하여 일반적으로 설명할 수 있는 주장을 구하는 것이다. 예를 들어 소비자의 제품 선호도를 조사할 때 특정 계층이나 특정 지역에 거주하고 있는 사람들만을 대상으로 조사를 하게 되면, 그 조사결과를 모든 소비자들에게 적용할 수 없다. 즉 소비자들의 일반적인 선호도라고 말할 수 없는 것이다. 이와 같이 일반화 가능성이 큰 조사결과일수록 과학적으로 훌륭한 조사가 되는 것이다.

(5) 간결성(simplicity)

과학적 조사는 어떤 현상을 설명하는데 있어 필요한 최소한의 변수를 이용하여 가능한 한 최대의 설명력을 확보하려고 한다. 예를 들어 인플레이션에 영향을 미치는 요인에 대하여 조사를 한다고 하자. 이럴 때 이자율, 환율, 통화량, 유가, 원자재가격, 임금, 인구, 생산량 등등 보다 많은 요인들을 가지고 설명을 할 수도 있다. 그러나 보다 높은 설명력을 확보하기 위해서는 그동안 연구되어 온 요인들 중에서 비교적 영향력의 정도가 큰 몇몇 요인들만을 가지고 분석하는 것이 좋다.

이와 같이 과학적 조사는 최소한의 변수를 이용하여 최대한의 설명력을 확보하려고 한다.

(6) 체계성(systematic)

과학적 조사는 내용의 전개과정이나 조사과정이 일정한 틀과 형식, 순서 및 원칙에 의거하여 전개되어야 한다. 그러기 위해서는 논리적 비약이나 애매모호하고 불분명한 개념을 사용하면 안 된다.

(7) 변화가능성(changeable)

과학적 조사에서 변화가능성이란 기존의 신념이나 연구결과는 언제든지 비판되고 수정이 가능하다는 의미이다. 다시 말해서 과학적 조사에서 불변의 진리는 없다는 것이다. 언제든지 이전의 방법보다 세련되고 정확한 연구방법에 의해 조사결과가 수정될 수 있다는 것이다.

1.2 과학적 조사에는 어떤 종류가 있는가

과학적 조사는 조사목적이 무엇인가에 따라 그 방법이 달라진다. 즉 조사연구를 통하여 알고자 하는 것이 무엇인가에 따라 자료의 종류와 자료수집방법 및 분석기법이 달라지게 된다. 따라서 연구자가 여러 가지 조사방법의 특징에 대하여 분명히 알아두면, 조사계획의 수립에서부터 자료수집에 이르기까지 적합한 방법을 선택하여 연구를 수행할 수 있게 된다. 또한 어느 한 가지 방법보다는 여러 가지 방법들을 혼용함으로써 보다 적절하게 연구문제를 해결할 수가 있다. 실제로 각종 조사연구에서는 여러 가지 조사방법을 함께 사용하여 조사를 실시하고 있다.

과학적 조사의 유형은 [그림 1-3]과 같이 탐색적 조사연구, 기술적 조사연구, 설명적 조사연구의 세 가지로 나누어진다.

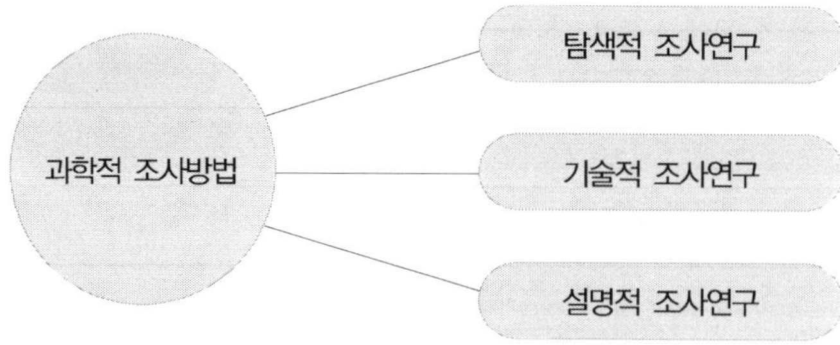

[그림 1-4] **과학적 조사방법의 종류**

1.3 과학적 조사는 어떤 과정으로 이루어지는가

과학적 조사가 효과적으로 수행되기 위해서는 체계적인 절차를 거쳐서 이루어져야만 한다. 과학적 조사의 과정은 [그림 1-5]에서 보는 바와 같이 연구문제의 제기, 가설의 설정, 조사설계, 자료의 수집, 자료의 분석 및 해석, 보고서의 작성 등 여섯 단계로 이루어진다.

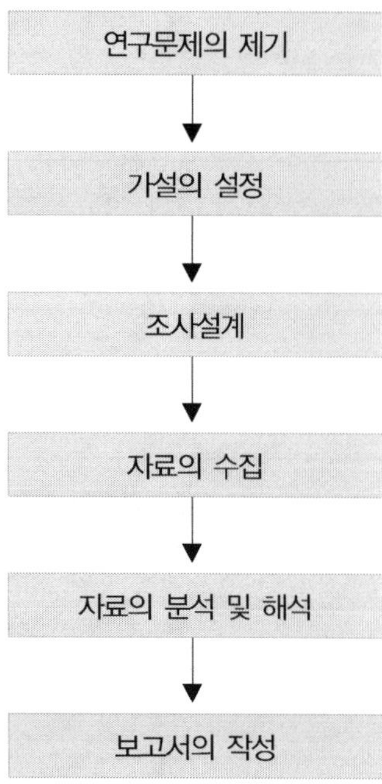

[그림 1-5] **과학적 조사의 일반적 과정**

여기서 언급하고 있는 각 단계가 항상 순차적으로 이루어지는 것은 아니다. 만일 TV 시청률에 대한 조사나 특정 기업의 조직구성원들의 승진에 대한 태도 조사와 같이 조사문제가 어느 정도 결정되어 있거나, 표본이 결정되어 있는 경우, 또는 시간적 제한이 있는 경우에는 가설 설정이나 조사설계와 같은 일부 단계를 생략할 수도 있다.

1. 연구문제의 제기

연구문제의 제기는 연구의 전체적인 방향을 설정하기 위한 단계로 연구의 목적과 필요성, 이론적 의의 등에 대한 명백한 구상을 논리적으로 정립하는 단계이다. 만일 연구문제가 정확하게 규정되지 못하거나, 너무 광범위하거나, 지나치게 편협한 경우에는 아무리 철저하게 조사를 하더라도 그 결과를 일반화하는 데는 한계가 있게 된다. 따라서 올바른 연구문제를 설정하기 위해서 연구자는 조사를 통해서 해결하고자 하는 문제와 그러한 문제가 제기된 배경에 대하여 충분한 사전조사를 실행하여야 한다. 이와 같이 연구문제를 정확하게 정립하기 위해서는 문헌조사나 전문가 의견조사를 실시하기도 한다. 연구문제와 관련된 자세한 내용은 다음의 제2장에서 다룬다.

2. 가설의 설정

연구문제가 설정되고 나면, 이러한 연구문제를 탐구하기 위해 이용하게 될 각종 변수와 변수들 사이의 관계를 나타내는 가설을 설정해야 한다.

가설이란 연구문제에 대한 임시적인 해답으로 두 개 이상의 변수들 간의 관계를 검정가능한 형태로 서술해 놓은 진술이다. 연구자는 연구문제를 구체적인 가설로 세분하여 이들을 각각 연구하는 것이다. 연구가설에 대해서는 연구문제의 제기와 더불어 제2장에서 자세히 설명한다.

3. 조사설계

조사설계는 가설을 검정하기 위하여 조사가 어떠한 구조와 계획에 따라 이루어지는가에 대한 내용을 수립한 것이다.

조사설계는 일반적으로 설정된 연구문제에 대한 검토, 이용할 조사방법의 제시, 예산과 조사일정의 작성, 조사설계의 평가와 같은 네 가지 주요 활동을 통해 이루어진다. 조사설계에 대한 내용은 제3장에서 자세히 설명한다.

4. 자료의 수집

연구문제를 해결하기 위한 가설이 설정되고, 이러한 가설을 검정하기 위한 조사설계가 이루어지면 분석에 필요한 자료를 수집해야 한다.

자료의 종류에는 1차 자료와 2차 자료가 있다. 1차 자료는 연구자가 직접조사를 통하여 수집한 자료를 말한다. 그리고 2차 자료는 연구소나 학회, 정부 부서와 같은 전문기관으로부터 수집한 자료를 의미한다. 2차 자료는 이미 수집되어 있는 자료이기 때문에 자료 수집을 신속히 할 수 있고 비용도 적게 든다. 반면에 연구자의 연구목적과 직접적으로 부합되지 않는 경우가 많다. 그래서 연구자는 2차 자료로부터 조사를 평가하고 분석하는 데 필요한 지침을 받고, 주된 분석은 1차 자료에 의존하는 경우가 많다.

자료를 수집하는 방법에는 질문지법, 실험법, 관찰조사법 등 여러 가지 방법이 있다. 자료수집방법의 선택은 연구문제의 성격과 연구범위에 따라 달라지기도 하고, 어떤 경우에는 동시에 두 가지 이상의 방법을 병행하기도 한다. 자료의 종류와 수집방법에 대한 내용은 제4장과 제5장에서 자세하게 설명한다.

5. 자료의 분석 및 해석

자료가 수집되고 나면 이 자료를 이용하여 가설을 검정하기 위한 분석을 하고, 분석결과를 해석하는 과정을 거쳐야 한다. 이때 사용하게 될 통계적 기법은 이미 가설 설정 단계에서 결정되어 있어야만 한다.

자료들에 대한 분석이 끝나면 분석결과에 대해 의미 있는 해석이 이루어져야 한다. 이러한 분석결과에 대한 해석은 매우 신중하게 이루어져야 한다. 자칫 통계에 대한 잘못된 이해나 편견으로 인해 분석결과를 잘못 해석하게 되면 전혀 다른 연구결과를 가져오게 된다. 자료분석에는 통계패키지를 활용하는데, 그 이용방법은 제7장부터 제17장에서 설명한다.

6. 보고서의 작성

자료에 대한 분석과 해석이 이루어지고 나면 마지막 단계로 보고서를 작성해야 한다. 조사보고서에는 일반적으로 조사목적, 조사내용, 조사방법, 조사결과에 대하여 상세히 정리해 놓아야 한다. 이때 유의할 점은 보고받는 사람(연구결과에 대한 이용자)의 이해도와 지식 정도, 수준에 맞추어 작성해야 한다는 것이다. 보고서의 체계와 작성방법, 더 나아가서 보고서의 프레젠테이션 방법에 대해서는 본서의 마지막 부분인 제18장에서 다루고 있다.

우리는 이제까지 사회과학조사의 기본적 접근방법인 과학적 조사란 무엇이고, 어떤 과정을 거쳐서 이루어지는가에 대해서 설명하였다. 이미 설명한 바와 같이, 과학이란 어떤 현상에 대하여 체계적인 과정을 거쳐서 얻어낸 경험적인 결과를 가지고 설명하는 것이다. 그래서 사회현상을 분석하고자 하는 연구자는 이러한 체계적인 과정을 정확하게 알고 있어야만 한다. 본서는 이러한 과학적 조사의 일반적 과정에 따라, 우선 제2장에서 과학적 조사방법의 첫 단계인 연구문제의 발견과 조사방법의 기본요소에 대하여 설명한다. 그리고 제3장에서는 조사설계와 측정에 대하여, 제4장에서는 표본추출방법에 대하여, 제5장에서는 조사분석을 위한 자료의 수집방법에 대하여 차례로 설명해 나간다. 제6장에서는 자료수집방법으로 가장 많이 활용되고 있는 질문지 작성방법에 대하여 추가적으로 살펴본다. 이상과 같은 조사방법의 이론적 이해를 바탕으로 제7장부터 제17장까지는 자료분석 시 이용하게 될 SPSS 20.0의 활용방법에 대하여 설명한다. 끝으로 보고서의 작성방법에 대해서는 제18장에서 설명한다.

제 2 장

과학적 조사의 기본요소

Key Words

개념적 체계, 독립변수, 종속변수, 매개변수
연속변수, 이산변수, 귀무가설, 연구가설
조작적 정의, 개념적 정의

2.1 연구문제의 발견

1. 연구문제의 원천은 어디인가

과학의 발전은 해당 분야에서 제기되는 문제의 수에 의하여 평가될 수 있다. 그러나 지식이 축적되면서 과학이 발전해 나가기 위해서는 제기된 연구문제가 해결되고, 그 결과가 다시 기존의 지식에 추가되어야 한다. 특히 사회과학에서 제기되는 문제들은 대체로 포괄적이고 광범위한 경우가 많다. 그래서 지식의 축적이 어느 정도 이루어져 있으나 현재의 문제해결책으로는 불충분한 경우가 많다. 여러 현상으로부터 연구문제를 찾아내고자 할 때 그 원천에는 [그림 2-1]과 같이 대체로 세 가지가 있다.

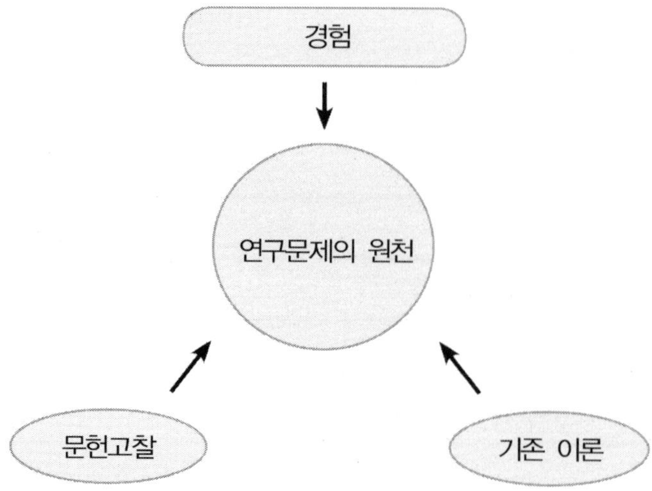

[그림 2-1] **연구문제의 원천**

위의 그림에서 보는 바와 같이, 연구문제는 우선 일상적인 경험으로부터 의문을 갖게 됨으로써 선정될 수 있다. 이와 더불어 연구문제는 각종 논문이나 연구결과들에서 제기하고 있는 미래연구방향이나 연구결과들의 불일치, 새로운 영역의 발견들로부터 찾아낼 수 있다. 또한 이미 제기된 이론들이나 개념적인 체계(혹은 연구모형)를 이용하여 연구주제를 선정할 수도 있다.

이와 같이 연구문제는 경험이나 문헌, 또는 기존의 이론으로부터 찾아낼 수 있는데, 이때 새로운 연구문제로 인식되기 위해서는 연구문제로서의 가치를 평가해 보아야 한다. 일반적으로 연구문제로서의 가치는 다음과 같은 기준으로 평가를 한다.

- 연구의 관점은 무엇인가?
- 연구의 이론적 가치는 무엇이며, 기존 연구와 어떤 관련이 있는가?
- 가설과 조사설계는 연구문제와 어떤 관계가 있는가?
- 검정을 위한 이론적인 전제는 무엇이며, 어떻게 도출되는가?

이상과 같은 평가기준을 충족시킬 수 있는 연구문제가 제시될 때 연구방법이나 조사설계가 바르게 수립되는 것이다.

2. 왜 연구문제가 제기되는가

연구문제는 경험이나 문헌, 기존 이론에서부터 나온다. 그렇다면 왜 연구문제가 제기되는가? 연구문제가 제기되는 이유에는 세 가지가 있다. **첫째, 연구문제와 관련된 기존의 지식이 미비할 때 연구문제가 제기된다.** 즉 현재 연구자가 알고자 하는 어떤 현상에 대한 해답을 알 수 없을 때 이것을 해결하기 위하여 연구하고자 하는 의도가 생기게 된다. 예를 들어 생산직 근로자들의 생산성을 향상시키기 위한 동기가 무엇인가를 확인해 보려고 한다. 그런데 그러한 동기에 대한 연구가 전혀 없거나, 있더라도 충분히 납득할 만한 수준이 아니라고 한다면 연구자는 이러한 주제에 대하여 호기심을 갖고 문제를 제기하게 될 것이다.

둘째, 기존의 연구결과들이 서로 달라 새롭게 다시 확인해 보기 위하여 연구문제가 제기된다. 앞의 예를 다시 이용해 보자. 만일 어떤 학자가 생산직 근로자의 생산성을 향상시키기 위해서는 조명을 밝게 해주어야 한다고 주장하였다고 하자. 그러나 추후 다른 학자들은 생산성 향상의 결정적 요인은 벽의 색깔과 같은 작업환경이라고 하고, 또 다른 학자는 상여금이라고 지적하였다고 하자. 이때 연구자는 이렇게 연구결과들이 서로 다르기 때문에 이미 연구된 요인들은 물론 또 다른 요인들을 알기 위하여 새로운 연구를 계획할 것이다.

셋째는 새로운 현상이나 사실이 기존의 지식체계와 연결되지 않을 때 연구문제가 제기된다. 이때 추가적인 연구를 통해서 기존의 지식체계와 연결할 수 있는 추가정보를 획득할 수 있어야 한다. 예를 들면, 생산성 향상을 위해 조명, 작업환경, 상여금과 같은 요인 이외에 또 다른 설명 가능한 요인이 무엇인가를 알고 싶을 때 연구문제가 제기된다.

3. 연구문제의 선정기준은 무엇인가

이제까지 설명한 바와 같이 연구문제는 기존의 지식이 미비하다거나, 연구결과가 서로 다르다든지, 학문적 공헌도가 높다고 기대될 때 제기된다. 연구문제가 제기되었다고 해서 모두 조사연구를 실행할 수 있는 것은 아니다. 왜냐하면 비록 연구문제로 제기되었다고 하더라도 과연 연구문제로 타당할 것인가를 확인해 볼 필요가 있기 때문이다.

어떠한 연구문제가 좋은 것인가에 대한 기준은 연구주제의 특수성이나 연구자의 판단 및 연구 상황에 따라 달라질 수 있다. 그러나 일반적으로 좋은 연구문제가 되기 위해 필요한 기준으로 [그림 2-2]와 같이 연구의 의의, 주제의 연구가능성, 연구의 실행가능성 등 세 가지를 들 수 있다.

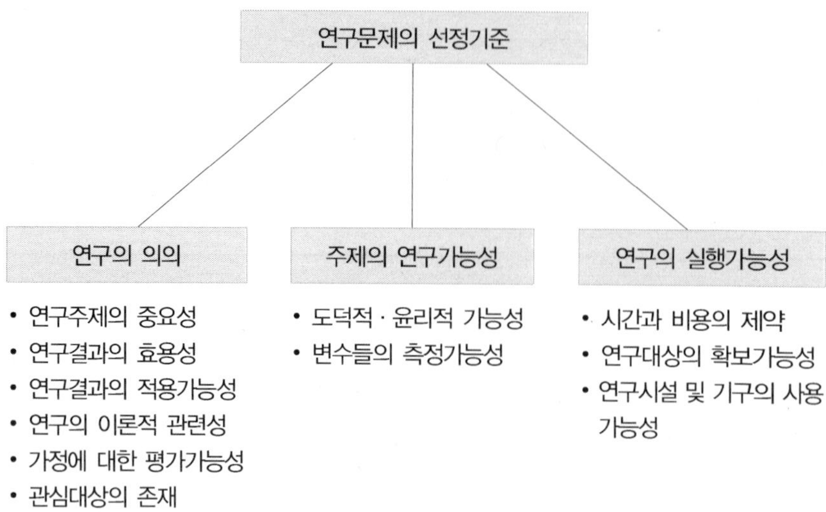

[그림 2-2] **연구문제의 선정기준**

첫째는 좋은 연구문제를 선정하기 위한 기준의 하나는 연구의 의의이다. 연구의 의의란 해당 연구가 관련 분야의 지식축적에 공헌할 수 있어야 한다는 것이다. 그러기 위해서 제기된 연구문제는 연구주제의 중요성, 연구결과의 효용성, 연구결과의 적용가능성, 연구의 이론적 관련성, 가정에 대한 평가가능성과 같은 기준을 충족시킬 수 있어야 한다.

그 다음 기준으로는 연구주제에 대하여 경험적으로 해결해 나갈 수 있는가를 확인해 보아야 한다. 즉 연구주제를 해결해 나가는데 도덕적 · 윤리적인 문제는 없으며, 또한 조사하고자 하는 변수들을 경험적으로 측정이 가능한지를 검토해 보아야 한다는 것이다.

세 번째 기준은 연구를 실행하는데 현실적인 측면에서 문제점이 없는가 하는 점이다. 다시 말해서 연구 수행에 필요한 시간적 · 경제적인 제약과 연구대상이 되는 대상자를 충분히 확보할 수 있는가, 연구시설이나 기구들을 사용할 수 있는가 하는 점들은 연구수행에 많은 영향을 미친다. 따라서 이러한 조건들을 보다 쉽게 확보할 수 있는 연구주제를 선정하여야 그만큼 좋은 연구결과를 기대할 수 있는 것이다.

한편 이상과 같은 기준에 의하여 연구문제가 선정되고 나면 연구문제를 진술해야 한다. 연구문제는 연구목적을 정확하게 밝히기 위해 정의된 개념과 함께 분명하고 간결하게 기술하는 것이 좋다. 그리고 주제에 따라 다소 차이가 있겠지만, 선정된 문제가 시의적절하고, 실제로 연구문제가 중요하다는 점을 부각시키는 것이 좋다. 자세한 내용은 본 장의 2.5에서 설명한다.

2.2 연구문제는 어떻게 구성하는가

연구문제가 제기되고 나면, 연구문제를 해결하기 하기 위하여 연구문제를 구성하고 있는 질문들에 대하여 명료하게 규정을 하여야 한다. 특히 경험적 검정에 바탕을 두고 있는 사회과학에서 연구문제들은 반드시 명확하고 분명하게 표현되어야 한다.

연구문제는 연구의 진행과정을 쉽게 확인할 수 있도록 구성하여야 되는데, 일반적으로 문제의 정의, 개념적 체계의 구축, 변수의 정의, 가설 설정으로 이루어진다.

1. 문제의 정의

연구문제를 구성하는 첫 번째 단계는 문제를 정의하는 것이다. 문제를 정의한다는 것은 **연구문제가 무엇이고 어떠한 변수들을 이용하여 연구문제를 해결할 것인가를 설명한 것이다.**

예를 들어 '서비스 품질경영이 호텔 경영성과에 미치는 영향'에 대하여 연구한다고 하자. 여기서 품질경영은 추진력, 품질관리시스템, 품질경영성과, 고객지향관리 요인으로 구성된다. 그리고 품질경영에 의하여 영향을 받는 고객만족은 쾌적성, 편의성, 신뢰성, 친절성, 대응능력, 고객의 공감과 같은 변수들에 의하여 측정되고, 이렇게 측정된 고객만족은 결국 경영성과에 영향을 미치게 된다. 이와 같이 연구문제를 해결하기 위한 구성변수들 간의 관계로 설명하는 과정을 문제의 정의라고 한다.

2. 개념적 체계의 구축

연구문제에 대한 정의가 이루어지고 나면 연구문제와 관련된 변수들 간의 관계를 체계적인 그림이나 모형으로 도식화해야 한다. 이와 같이 **변수(개념)들 간의 관계를 모형화한 것을 개념적 체계**(conceptual framework, **혹은 연구모형**)라고 한다.

개념적 체계는 연구의 흐름은 물론 가설 도출의 배경을 쉽게 이해할 수 있도록 도와준다. [그림 2-3]은 위에서 예를 든 '서비스 품질경영이 호텔 경영성과에 미치는 영향에 대한 연구'의 개념적 체계이다.

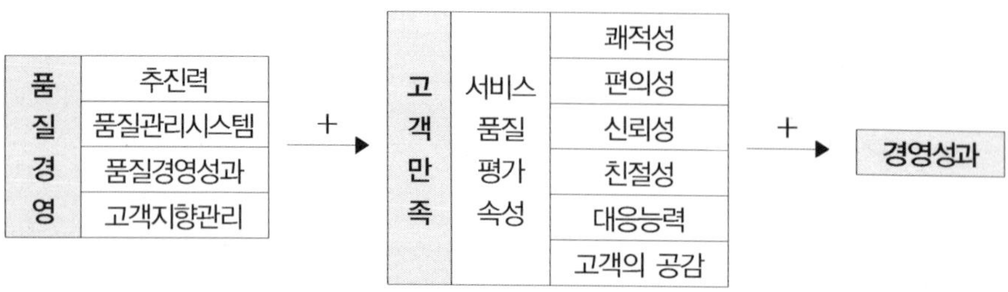

[그림 2-3] **서비스 품질경영과 호텔 경영성과 간의 개념적 체계(연구모형)**

3. 변수의 정의

연구문제가 선정되고 나면 연구자는 연구문제를 체계적으로 해결하기 위하여 개념적 체계에 포함되어 있는 변수들에 대하여 정의를 하여야 한다. 특히 사회과학에서는 어느 한 개념에 대해서도 광범위하게 해석되는 경우가 많기 때문에 연구목적에 맞도록 정확하게 변수를 정의하는 과정은 매우 중요하다. 사회과학에서 이용되는 변수의 종류와 변수 사이의 관계, 변수의 정의방법에 대해서는 다음 절에서 상세히 설명한다.

4. 가설의 설정

연구문제에 대한 개념적 체계가 수립되고, 변수에 대한 정의를 내리고 나면, 연구자는 연구문제에 대한 임시적인 해답이라고 할 수 있는 가설을 설정해야 한다.

가설이란 연구문제에 포함되어 있는 변수와 변수 간의 관계를 알아보기 위해 실증분석 이전에 기술한 잠정적인 결론이다. 다음의 [사례 2-1]은 위에서 예로 설명한 개념적 체계에 의하여 실증분석을 하게 될 가설이다. [그림 2-3]에서 제시하고 있는 개념적 체계와 비교하여 보면, 개념적 체계, 변수, 가설의 설정이 어떠한 흐름을 가지고 이루어지는가를 잘 알 수 있을 것이다.

사례 2-1 ● 가설

가설 : 호텔의 서비스 품질경영은 호텔의 경영성과에 긍정적인 영향을 미칠 것이다.

가설1 : 호텔의 서비스 품질경영은 호텔 종사원만족도에 긍정적인 영향을 미칠 것이다.
가설2 : 호텔의 서비스 품질경영은 호텔 고객만족도에 긍정적인 영향을 미칠 것이다.
가설3 : 호텔의 서비스 품질경영은 호텔의 경영성과에 긍정적인 영향을 미칠 것이다.

2.3 변수

1. 변수란 무엇인가

변수(variable)란 일반적으로 변화하는 모든 수를 말한다. 예를 들어 매출액, 이익, 이자율, 사람의 키, 몸무게 등을 변수라 할 수 있다. 그러나 사회과학에서는 보다 넓은 의미로 사용되고 있다. 즉 사회과학에서의 변수는 계량적 수치는 물론 계량적 가치가 부여된 기호 또는 속성까지도 의미한다. 예를 들어 재산정도라는 개념을 상, 중, 하라는 3개의 집단으로 나누었다고 하자. 그리고 각 집단에 1, 2, 3의 값을 부여하였다고 하자. 이때 재산 정도는 하나의 변수가 되고, 1, 2, 3의 값을 갖게 되는 것이다.

이와 같이 사회과학에서의 변수는 하나의 개념을 대표하는 상징을 말하는 것으로, 그것을 대표하고 있는 특성이 갖는 값이나 강도 또는 크기의 차이를 나타낼 수 있어야 한다.

일반적으로 연구문제는 추상화된 개념을 경험적인 것으로 전환하여야 하는데, 이때 연구문제를 보다 쉽게 해결하기 위하여 개념을 변수로 바꾸게 된다. 이처럼 사회과학에서 개념이나 속성을 나타내는 변수는 어떤 수치 값을 부여하여 사용하곤 한다. 그래서 우리는 변수에 대하여 정의를 하고 조사설계에 따라 측정을 하게 되는 것이다.

2. 변수에는 어떤 종류가 있는가

변수는 변수들 간의 상호관계를 기준으로 하여 독립변수, 종속변수, 매개변수로 나누어진다. 측정수준에 따라서는 명목변수, 순위변수, 등간변수, 비율변수로 분류된다. 그리고 자료의 형태에 따라 연속변수와 이산변수로 구분된다.

(1) 상호관계에 따른 분류

1) 독립변수

독립변수(independent variable)는 다른 변수에 영향을 주는 변수, 즉 관찰하고자 하는 현상의 원인이라고 가정한 변수를 말한다. 독립변수는 이처럼 어떤 원인이나 행위를 야기하는 변수이기 때문에 원인변수라고도 한다.

2) 종속변수

종속변수(dependent variable)는 하나 이상의 독립변수에 의하여 영향을 받아 변화되리라고 가정한 변수를 말한다. 독립변수의 영향을 받아 변화하는 변수이기 때문에 결과변수라고도 한다. [사례 2-2]에서 독립변수와 종속변수의 차이를 확인해 보자.

사례 2-2 독립변수와 종속변수

사 례	독립변수	종속변수
Y = f(X)에서 X와 Y	X	Y
가격과 수요	가격	수요
지방 섭취량과 체중	지방 섭취량	체중
환율과 물가	환율	물가
임금과 생산성	임금	생산성

3) 매개변수

매개변수(intervening variable)는 독립변수와 마찬가지로 종속변수에 영향을 미치지만, 미치는 형태가 내재적이고 잠재적인 경우의 변수를 의미한다. 즉 매개변수는 독립변수와 종속변수처럼 명백한 변수관계가 아니라, 두 변수 사이에 내재하고 있는 제3의 입장에 있는 변수이다. 따라서 제3의 변수이기 때문에 독립변수만으로 종속변수의 결과가 전부 설명되지 못하든지, 또는 전혀 설명되지 않는 경우에 종속변수에 대하여 설명이 가능하도록 해주는 변수이다.

위의 [사례 2-2] 중에서 임금은 생산성 향상의 원인이 된다. 따라서 임금은 독립변수가 되고 생산성은 종속변수가 된다. 그런데 두 변수 사이에 '사기'라는 변수가 생산성에 또한 영향을 미칠 수 있다고 가정하면, 이때 '사기'가 곧 매개변수가 되는 것이다.

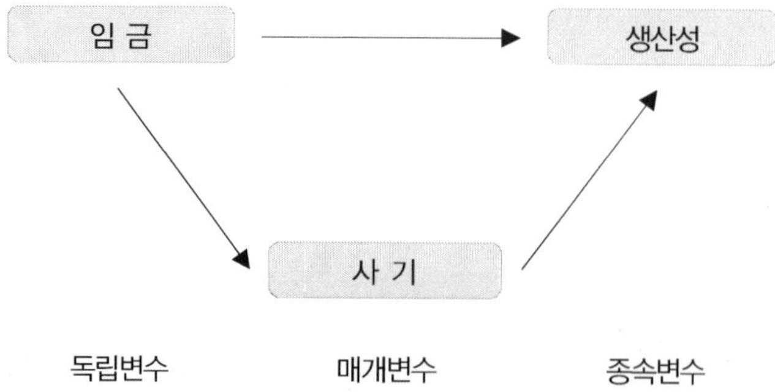

[그림 2-4] **독립변수, 매개변수, 종속변수의 관계**

(2) 측정수준에 의한 분류

측정은 일정한 규칙에 근거하여 연구대상의 속성을 구체화하기 위하여 수치를 부여하는 절차를 말한다. 여기서 수치를 부여하기 위한 일정한 규칙, 즉 측정을 위한 잣대를 척도라고 한다.

척도(scale)는 측정하고자 하는 대상이나 사건의 속성에 숫자나 기호를 할당하는 방법을 정식화함으로써 만들어진다. 예를 들어 길이를 측정하는 자는 대상물의 속성에 부여하는 수치가 무엇인가를 알려주고 있는 척도인 것이다.

측정 수준에 따라 변수는 명목변수, 순위변수, 등간변수, 비율변수로 구분된다.

1) 명목변수

명목변수(nominal variable)는 속성을 구분하기 위하여 임의적으로 숫자가 부여된 변수이다. 여기서 숫자체계는 단지 속성의 존재와 차이만을 나타내기 때문에 대상의 구분이나 확인만이 가능하다.

이러한 명목변수의 기본 가정은 숫자의 크기가 양적 크기를 내포하지 않고, 단지 속성들을 서로 구분해 주는 데 의미가 있다는 것이다. 또한 동일한 범주에 들어가는 대상은 동일한 숫자를 부여받게 되고, 하나의 대상이 둘 이상의 숫자를 갖지 못한다(즉 상호배타적)는 것이다.

명목변수는 측정대상의 속성에 대한 기본적인 관계만을 확인해 주기 때문에 척도구성이 간단하다. 그 대신 통계분석상 많은 제약을 받게 된다. 사회과학에서는 주로 성별이나 종교, 거주지역, 인종, 가족형태 등을 묻는 질문에 사용된다.

사례 2-3 ▶ 명목변수

1. 귀하의 성별은?
   ① 여자(　　　)　　② 남자(　　　)

2. 귀하가 가장 자주 이용하는 백화점은?
   ① 현대(　　　)　　② 롯데(　　　)
   ③ 신세계(　　　)　　④ 기타(　　　)

3. 귀하가 가장 선호하는 음료수의 브랜드는?
   ① 코카콜라(　　　)　　② 펩시콜라(　　　)
   ③ 포카리스웨트(　　　)　　④ 칠성사이다(　　　)
   ⑤ 게토레이(　　　)　　⑥ 기타(　　　)

2) 순위변수

순위변수(ordinal variable)는 측정 대상의 순위나 크기를 나타내주는 변수이다. 순위변수에서의 숫자체계는 단지 속성의 양적 크기 순서에 의해 대상을 구분할 뿐, 숫자의 크기가 속성의 양적 차이를 나타내는 것은 아니다.

이러한 순위변수는 양적 계산은 불가능하지만, 수학적인 부등호(=, 〈, 〉)는 사용할 수가 있다. 사회과학에서 순위변수는 주로 사회 경제적 지위, 태도, 가치관, 등급 등을 측정하는 조사에 많이 이용된다.

사례 2-4 ● 순위변수

1. 귀하의 경제적 수준은 어느 정도라고 생각하십니까?
   ① 상류(　　)　　② 중류(　　)　　③ 하류(　　)

2. A제품에 대한 귀하의 선호도는?
   ① 매우 좋아함(　　)　　② 좋아함(　　)　　③ 보통임(　　)
   ④ 싫어함(　　)　　⑤ 매우 싫어함(　　)

3. 다음의 음료브랜드에 대하여 귀하가 좋아하는 순서를 표기하시오.
   코카콜라(　　)　　펩시콜라(　　)　　포카리스웨트(　　)
   칠성사이다(　　)　　게토레이(　　)

3) 등간변수

등간변수(interval variable)는 범주와 순위에 대한 정보와 함께 각 범주 사이의 거리에 대한 정보를 갖는 변수이다. 등간변수에서는 숫자 간의 차이, 즉 산술적 크기에 절대적인 의미를 두고 있다.

예를 들어 어느 도시의 1월, 4월, 7월의 평균기온이 각각 10℃, 20℃, 30℃라고 하자. 이때 "4월의 평균기온은 1월의 평균기온보다 10℃ 높으며, 7월의 평균기온은 4월의 평균기온보다 10℃ 높다"고 말할 수 있다. 그러나 등간변수에는 절대적 '0'이 존재하지 않고, 각 숫자 그 자체는 절대적 의미를 갖지 못하기 때문에 "4월의 평균기온은 1월의 평균기온보다 두 배 높다"라고 할 수 없다.

사례 2-5 ● 등간변수

1. 귀하의 나이는?
   ① 10대(　　)　　② 20대(　　)　　③ 30대(　　)
   ④ 40대(　　)　　⑤ 50대 이상(　　)

2. 귀하의 월평균 소득은?
   ① 200만원 미만(　　)　　② 200만원 이상 300만원 미만(　　)
   ③ 300만원 이상 400만원 미만(　　)　　④ 400만원 이상(　　)

3. 다음의 각 음료브랜드에 대한 귀하의 선호정도를 표시하시오.

	아주 싫어함	싫어함	보통	좋아함	아주 좋아함
코카콜라					
펩시콜라					
포카리스웨트					
칠성사이다					

4) 비율변수

비율변수(ratio variable)는 등간변수에 현실적 의미의 절대영점(零點)을 포함하고 있는 변수이다. 등간성은 물론 절대영점과 임의단위를 지니고 있기 때문에 가감승제 연산이 가능하다. 그래서 비율변수에 의한 측정은 진정한 의미의 수량화 작업이 이루어진 측정이라고 할 수 있다.

이러한 비율변수는 측정 수준이 가장 높은 변수로서 측정결과 얻어진 자료에 포함되어 있는 정보가 가장 많다. 사회과학에서는 주로 매출액, 확률, 무게, 소득, 나이 등과 같이 수치 자체에 의미가 있는 자료에 많이 이용된다.

사례 2-6 ▶ 비율변수

1. 귀하의 월평균 소득은 얼마입니까? (　　　　)만원

2. 귀하의 나이는 만 몇 세입니까? 만(　　　　)세

3. 귀하에게 만일 무료로 10캔을 준다면 다음 각각의 음료를 몇 캔씩 갖겠습니까?
   코카콜라(　　　)　　펩시콜라(　　　)　　포카리스웨트(　　　)
   칠성사이다(　　　)　　게토레이(　　　)

이제까지 측정수준에 따른 변수의 유형에 대하여 설명을 하였다. 여기서 우리는 명목변수에서 비율변수로 갈수록 보다 측정수준이 높다는 것을 알 수 있었다.

측정수준에 따른 변수의 유형은 특히 설문지를 통하여 획득하고자 하는 정보와 매우 긴밀하게 관련되어 있기 때문에 그 개념과 적용방법을 잘 이해해야만 한

다. 그래서 질문지를 만들 때 분석방법을 동시에 고려해야 한다는 것이다. 그래야 연구목적에 적합한 보다 의미있는 정보를 얻어낼 수 있는 것이다.

특히 하위측정수준으로 만들어진 질문인 경우 사용할 수 있는 통계기법이 제한된다. 따라서 가능하면 상위 측정수준으로 질문을 만드는 것이 보다 바람직하고 유용하다.

다음의 [사례 2-7]은 음료수의 선호도를 알아보기 위해 네 가지 측정수준의 변수를 이용한 것이다. 이 사례에서 보는 바와 같이 상위 수준의 변수일수록 보다 많은 정보를 얻어낼 수 있음을 알 수 있다. 즉 비율변수로 측정하면, 가장 선호하는 브랜드(명목변수), 선호순위(순위변수), 각 브랜드에 대한 선호 정도(등간변수), 그리고 각 브랜드에 대한 상대적 선호도(비율변수)를 알 수 있다.

사례 2-7 ◉ 음료의 선호도 측정을 위한 네 가지 변수유형의 비교

1. 명목변수

귀하가 가장 선호하는 음료수의 브랜드는?

① 코카콜라(　) ② 펩시콜라(　) ③ 포카리스웨트(　)
④ 칠성사이다(　) ⑤ 게토레이(　) ⑥ 기타(　)

2. 순위변수

다음의 음료브랜드에 대하여 귀하가 좋아하는 순서를 표기하시오.

코카콜라(　) 펩시콜라(　) 포카리스웨트(　)
칠성사이다(　) 게토레이(　)

3. 등간변수

다음의 각 음료브랜드에 대한 귀하의 선호정도를 표시하시오.

	아주 싫어함	싫어함	보통	좋아함	아주 좋아함
코카콜라					
펩시콜라					
포카리스웨트					
칠성사이다					

4. 비율변수

다섯 개의 음료브랜드에 대한 상대적 선호 정도를 합계가 100이 되도록 나타내시오.

코카콜라	( )
펩시콜라	( )
포카리스웨트	( )
칠성사이다	( )
게토레이	( )
	100

(3) 자료의 형태에 따른 분류

변수는 자료의 형태에 따라 연속변수와 이산변수로 구분된다.

연속변수(continuous variable)는 나이나 체중과 같이 계량적으로 나타낼 수 있는 변수를 의미한다. 그래서 연속변수는 소수점 이하로 표현이 가능하다. 등간변수와 비율변수가 여기에 해당한다.

이산변수(discrete variable)는 성별이나 종교, 학벌과 같이 해당 특성의 유무만으로 구별되는 변수이다. 이산변수를 통계 처리할 때는 여=1, 남=2와 같이 속성에 따라 수치값을 부여하여 사용한다. 연속변수와는 달리 이산변수는 소수점 이하로 표현할 수 없다. 명목변수와 대부분의 순위변수가 여기에 해당된다.

3. 변수 간의 관계

이제까지 설명한 변수들은 어떠한 형태를 갖고 있든지 개별적으로 검정되는 것은 아니다. 변수들 간의 관계에 대하여 경험적으로 검정하기 위해서는 그에 앞서 변수들이 서로 어떠한 관계를 갖고 있는가를 설명할 수 있어야 한다.

여기서 설명할 수 있는 변수들 간의 관계란 2개 이상 변수 간의 상호관계를 의미한다. 만일 하루에 공부하는 시간(X)과 A학점을 받은 과목의 수(Y) 사이에 서로 관계가 있다면, 두 변수 X와 Y에 어떤 공통점이 있다는 것이다. 이러한 공통점은 세 가지 속성에 따라 표현할 수 있다.

(1) 양(+)의 관계와 부(-)의 관계

변수 간의 관계를 설명하는 방법의 하나는 X값의 변화 방향과 Y값의 변화 방향 사이의 관계를 나타내는 방식이다. 만일 X값의 변화와 Y값의 변화가 같은 방향으로 이루어진다면 '양(陽, +)의 관계' 혹은 '긍정적(positive)인 관계'라고 한다. 반면에 X값의 변화와 Y값의 변화가 다른 방향으로 이루어지면 '부(負, -)의 관계' 또는 '부정적(negative)인 관계'라고 한다. 예를 들어 대출이자율이 낮아지면 대출액이 많아진다거나, 학력수준이 높아질수록 집단단결력이 낮아진다는 관계가 바로 부의 혹은 부정적인 관계이다.

다음의 [그림 2-5]는 독립변수와 종속변수 간의 관계를 그림으로 나타내고 있다.

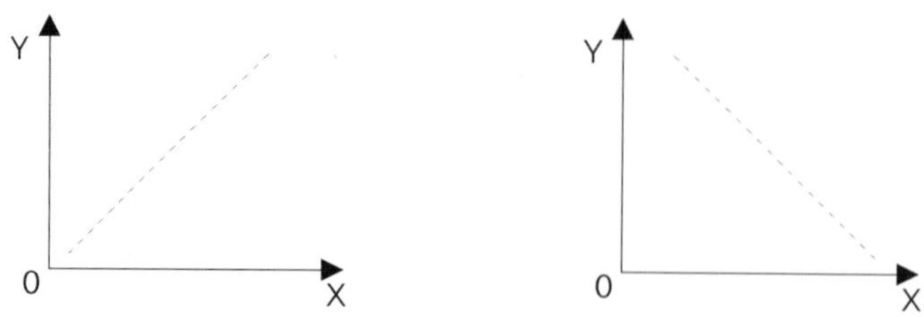

양의(긍정적) 관계　　부의(부정적) 관계

[그림 2-5] **양의(긍정적) 관계와 부의(부정적) 관계**

(2) 선형관계와 비선형관계

두 변수 사이의 관계를 나타내는 또 다른 방법은 변화비율의 방향에 따라 선형관계와 비선형관계로 나누기도 한다. 선형(linear)관계는 두 변수가 일정한 비율로 변화하는 관계를 나타낸다. 비선형(nonlinear)관계는 두 변수의 변화비율이 다른 경우를 말한다. [그림 2-6]에서는 선형관계와 비선형관계를 잘 나타내고 있다.

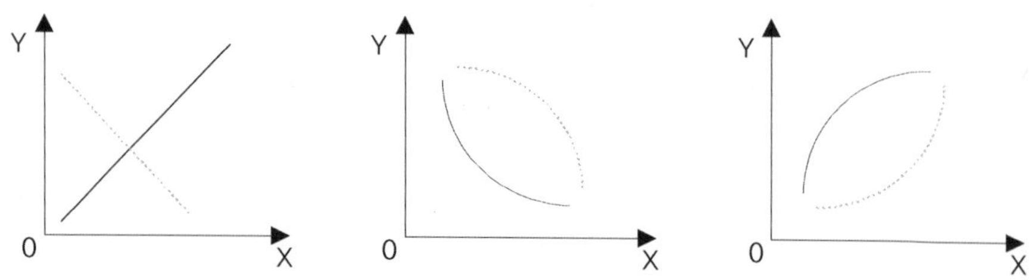

선형관계　　비선형관계　　비선형관계

[그림 2-6] **선형관계와 비선형관계**

이러한 선형관계와 비선형관계는 기울기 값에 의하여 변화율의 크기를 비교할 수 있다. 예를 들어 기울기가 크면 X의 변화율보다 Y의 변화율이 크다는 것이다. 다만 비선형의 경우에는 선형과는 달리 X가 변할 때마다 Y의 변화율이 다를 뿐더러 변화율의 크기도 곡선의 변화에 따라 달라진다.

(3) 관계의 강도

두 변수 간의 관계는 위와 같이 두 변수가 움직이는 방향과 변화비율에 따라 설명할 수도 있지만, 그 관계의 강도(strength)에 따라서도 설명할 수 있다. X값의 변화에 따라 Y값이 거의 비슷한 크기로 변화할 때, 두 변수는 서로 '강한(strong) 관계' 혹은 '매우 강한 관계'가 있다고 설명한다. 그러나 서로 변화의 정도가 미약한 경우에는 '약한(weak) 관계' 또는 '매우 약한 관계'에 있다고 표현한다. 극단적으로 변화의 정도가 거의 일치할 때는 '완전한 관계'라고 하고, 한 변수의 변화가 다른 변수의 변화에 전혀 영향을 미치지 못하는 경우에는 '영의 관계'라고 한다. 우리가 공부하는 사회과학에서 '완전한 관계'라든지 '영의 관계'는 거의 찾아볼 수 없고 대체적으로 그 사이에서 부분적으로 관계를 갖고 있다.

2.4 가설

1. 가설이란 무엇인가

(1) 가설이란 무엇인가

가설(hypothesis)이란 변수와 변수 간의 관계를 알아보기 위하여 실증단계 이전에 검정가능한 형태로 진술한 잠정적인 해답이다.

연구문제가 설정되면, 가설을 설정하여 선정된 연구문제에 대하여 논리적으로 변수관계를 연결짓는다. 그리고 가설에 담겨 있는 변수관계를 경험적인 사실에 입각하여 검정하도록 하는 것이다. 그러므로 가설은 이론과 경험적 사실과의 사이에 다리를 놓아주는 역할을 한다.

이와 같이 가설이 연구문제를 경험적으로 해결하기 위해서는 기본적으로 갖추어야 할 몇 가지 요건이 필요하다.

첫 번째 요건으로 가설은 문제를 해결해 줄 수 있어야 한다. 즉 가설을 설정하는 목적은 연구문제를 해결하기 위해서이다. 따라서 어떠한 가설이 참인 것으로 밝혀져야 비로소 연구문제가 해결된 것이다. 반면에, 참이 아닌 것으로 규명이 되면 추가적으로 참이 아닌 이유를 논리적으로 설명해야 한다.

둘째, 가설은 변수로 구성되며 변수들 간의 관계를 나타내고 있어야 한다. 만일 측정하고자 하는 변수가 개념적인 경우에는 기호화나 숫자화가 가능한 형태로 조작해야만 한다. 예를 들어 '부유한 사람들은 많이 배운 사람들이다'라는 가설을 설정하였다고 가정하자. 여기서 '부유한'과 '많이 배운'이라는 개념은 상대적인 개념이기 때문에 변수로써 타당하지 못하다. 따라서 '부유한'은 소득수준, '많이 배운'은 학력수준이라고 바꾸어야 변수로써 이용될 수 있으며, 또한 숫자를 부여할 수 있는 것이다.

세 번째 요건으로 가설은 검정될 수 있어야 한다. 앞에서도 설명하였지만, 가설은 연구문제를 경험적으로 해결하기 위한 임시적인 해답이다. 따라서 경험적으로 검정이 가능해야 연구문제를 해결할 수 있게 되는 것이다. 그럼으로써 가설이 바로 이론과 경험적 사실과의 사이에서 다리 역할을 하게 되는 것이다.

(2) 좋은 가설의 조건은 무엇인가

앞에서도 설명한 바와 같이, 가설은 이론과 경험적 세계를 이어주는 역할을 한다. 가설이 이러한 역할을 하기 위해서는 당연히 경험적 · 실증적 검정을 통하여 추가적으로 새로운 이론을 형성할 수 있어야 하고, 주어진 문제에 대하여 새로운 개선방향을 제시할 수 있어야 한다.

그렇다면 구체적으로 좋은 가설이란 어떤 것인가? 좋은 가설은 다음과 같은 특징이 있다. **첫째, 가설은 경험적인 과정을 거쳐서 검정이 가능해야 한다.** 가설의 진위를 판단하기 위해서는 경험적 과정을 거쳐야만 가능하다. 경험적 과정을 거치지 않는 주장이나 이론은 철학적이거나 신학적인 경우에 해당한다고 할 수 있다.

둘째, 가설은 같은 분야의 다른 가설이나 이론과 연관되어 있어야 한다. 가설은 연구문제를 해결하기 위한 도구이다. 그런데 연구문제는 같은 분야의 많은 연구결과로부터 도출된다. 보다 많은 연구결과들에 대한 비교를 통하여 새롭게 제기된 가설일수록 좋은 가설이 되는 것이다.

셋째, 가설은 명료해야만 한다. 그러기 위해서 가설의 표현은 간단명료해야 하고 논리적으로 간결해야 한다.

넷째, 가설은 계량적인 형태를 취하든지, 계량화할 수 있어야 한다. 가설은 경험적 과정을 거치면서 연구문제를 해결하게 되는데, 이때 통계적 분석이 가능하도록 가설에 포함된 변수들은 계량화되어야 한다. 따라서 계량화가 불가능한 가설은 경험적 과정을 거칠 수가 없기 때문에 결국 문제해결이 불가능해진다.

다섯째, 가설은 가치중립적이어야 한다. 과학적 조사는 가능한 한 연구자의 주관적인 편견을 배제하고 객관적이어야 한다. 따라서 가설의 설정에도 개인의 주관적인 편견이 포함되어 있으면 안 된다.

여섯째, 가설은 너무나 당연한 것을 그 내용으로 삼을 수 없다. 다시 말해서 경험적 검정이 필요 없을 정도로 당연한 내용은 가설로서는 가치가 없는 것이다. 예를 들어 "정치적 행위는 근본적으로 인간이 결정한다"라든지, "국어점수를 잘 받으면 평균점수가 올라간다"라는 가설은 검정과정을 거치지 않아도 당연하게 받아들일 수 있는 내용이기 때문에 가설로서는 적합하지 못하다.

2. 가설에는 어떤 종류가 있는가

좋은 가설이 되기 위해서는 이제까지 설명한 여섯 가지 정도의 요건을 갖추면 된다. 그러나 또 한편으로는 가설이 갖추어야 할 표현형식이 있는데, 이러한 형식은 가설의 종류에 따라 다르다. 그래서 연구자는 가설의 종류를 잘 이해하여 가설을 설정할 때 자신의 연구문제에 적합한 가설의 형식을 선택하는 것이 좋다. 가설의 종류는 아래의 [그림 2-7]과 같이 크게 기술적 가설과 설명적 가설로 나누어진다.

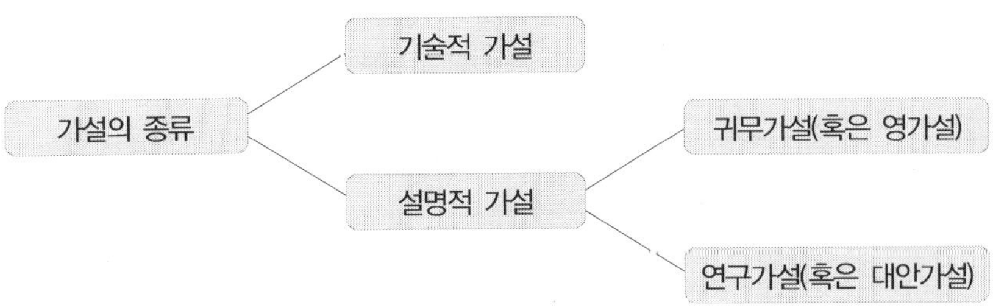

[그림 2-7] **가설의 종류**

기술적 가설(descriptive hypothesis)은 하나의 변수에 대한 탐구와 기술을 목적으로 설정하는 가설을 의미한다. **설명적 가설**(explanatory hypothesis)은 둘 이상의 변수들 사이의 상관관계를 검정하는 것을 목적으로 설정한 가설이다.

여기서 설명적 가설은 다시 귀무가설과 연구가설로 나누어진다.

귀무가설(null hypothesis)은 변수 간의 관계나 차이에 대하여 관계나 차이가 없다는 부정적 형태의 가설이다. 이에 대하여 **연구가설**(research hypothesis)은 변수들 간의 관계나 차이에 대하여 관계나 차이가 있을 것이라는 긍정적 형태의 가설이다. 다음의 [사례 2-8]을 통해 귀무가설과 연구가설의 차이를 확인해 보기 바란다.

일반적으로 과학적 조사연구의 가설은 설명적 가설에 주로 초점을 맞추게 된다. 그리고 가설검정을 할 때는 귀무가설에 초점을 맞춘다.

사례 2-8 귀무가설과 연구가설

귀무가설 : 1. 수도권 자치단체와 충남지역 자치단체의 재정자립도는 차이가 없을 것이다.
2. 음란 비디오 증가와 청소년 범죄의 증가는 관계가 없을 것이다.
3. 임금 인상과 생산성 향상은 관계가 없을 것이다.

연구가설 : 1. 수도권 자치단체가 충남지역 자치단체의 재정자립도보다 높을 것이다.
2. 음란 비디오는 청소년 범죄의 증가를 증가시킬 것이다.
3. 임금 인상은 생산성을 향상시킬 것이다.

2.5 정의

1. 정의란 무엇인가

정의(定義, definition)는 개념을 정확하고 명확하게 하기 위하여 그 내용을 밝히는 것이다. 우리는 일반적으로 정의와 개념을 혼동하여 사용하는 경우가 많다. 이러한 혼동은 일상생활의 의사소통과 전달에는 별 문제가 없다. 그러나 과학적 조사에서는 그들이 갖고 있는 의미와 기능이 다르기 때문에 분명히 구분하여 사용해야만 한다.

정의는 어떤 용어를 같은 의미(同意)의 용어로 알기 쉽게 바꾸어 기술한 것이고, 개념은 어떤 현상에 대한 추상화된 정신적 구성물이다. 따라서 정의가 '용어와 용어와의 관계'라면 개념은 '현상과 용어의 관계'라고 말할 수 있다.

2. 정의에는 어떤 종류가 있는가

(1) 개념적 정의

어떤 개념을 정의하는 방법에는 개념적 정의와 조작적 정의가 있다. **개념적 정의(conceptual definition)는 어떤 개념을 보다 명확하고 정확하게 표현하기 위해서 어떤 개념과 관련된 다른 개념들을 사용하여 정의하는 것이다.** 일반적으로 어떤 속성을 측정하기에 앞서 속성과 관련된 개념들에 대하여 다양한 문헌조사를 통하여 개념적 정의를 먼저 내린다. 그래야 측정하고자 하는 속성을 정확하게 측정할 수가 있다. 예를 들면 '사기'라는 개념을 측정하려고 한다. 이때 '사기'라는 속성을 정확하게 측정하기 위해서 가장 먼저 해야 할 일은 무엇일까? 우선 '사기'와 관련된 용어를 국어사전이나 이전 연구에서 찾아내어 개념적 정의를 하는 일이다.

이와 같이 변수에 대한 개념적 정의는 어떤 속성을 측정하기에 앞서서 변수의 의미를 명확하게 해준다는 데 중요한 의미가 있다.

(2) 조작적 정의

조작적 정의(operational definition)는 개념적 정의를 실제로 측정이 가능한 형태로 정의하는 것을 말한다. 그래서 연구자는 조작적 정의를 통하여 추상적인 개념을 측정할 수 있게 된다.

그런데 사회과학에서 다루고 있는 개념들은 매우 복합적이고 포괄적인 측면이 많기 때문에 조작적 정의에 의하여 모두 표현될 수가 없다. 그래서 측정 결과가 다소 제한적인 경우가 많다. 이러한 차이를 최소화하기 위하여 이전 연구에서 이용한 정의에 대하여 철저한 문헌조사를 하기도 하고, 때로는 하나의 개념에 대하여 여러 가지의 조작적 정의를 사용하기도 한다. 다음의 [사례 2-9]를 읽어 보고 조작적 정의에 대하여 잘 이해하기 바란다.

사례 2-9 조작적 정의

가　　설 : 젊은 교수일수록 여학생들에게 인기가 많을 것이다.

여기서 독립변수는 교수의 '나이'가 되고 종속변수는 '인기'가 된다. 이때 가설을 검정하기 위해서는 두 개의 변수를 측정할 수 있어야 한다. 즉 변수의 계량화가 이루어져야 하는데, 독립변수인 '나이'는 측정하기 쉬우나 종속변수인 '인기'는 측정하기가 곤란한 개념이다.

그러면 '인기'라는 추상적인 개념을 측정이 가능한 형태로 어떻게 조작하면 될까? 연구자들에 따라 다를 수 있겠지만, 다음과 같은 조작적 정의를 고안해 낼 수 있을 것이다.

① 담당 교과목 수강신청자의 수
② 스승의 날에 받은 꽃다발의 수
③ 설문조사를 통한 인기투표
④ 면담자 수
⑤ 교수수업의 출석률

이상과 같은 조작적 정의가 물론 교수의 '인기'를 100% 정확하게 측정할 수 있는 것은 아니다. 담당교과목이 어려운 과목이거나, 학생의 전공과 관계가 적다면 그만큼 수강신청자의 수가 적어지게 마련이다.

여기서 유의할 점은 조작적 정의를 할 때는 그 측정의 오류를 최대한 줄일 수 있는 정의를 고안해 내야만 한다는 것이다. 그래서 잘못된 정의로 인한 측정오류를 최소화하고, 추상적 개념을 가장 잘 나타낼 수 있는 조작적 정의를 하기 위해서는 선행연구들을 철저히 검토하는 것이 좋다.

우리는 이제까지 과학적 조사의 첫 번째 단계인 연구문제의 발견에서부터 연구문제를 구성하는 방법들에 대하여 학습하였다. 또한 연구문제의 제기와 더불어 알아두어야 할 변수나 가설, 정의에 대해서도 자세히 설명하였다. 연구문제가 제기되고 나면 다음 단계는 조사설계를 하고 변수를 어떻게 측정할 것인가를 결정해야 한다. 이에 대해서는 다음의 제3장에서 다룬다.

제 3 장

조사설계와 측정

Key Words

조사설계, 현장연구, 탐색연구, 기술연구
척도, 측정오차, 체계적 오차, 비체계적 오차
신뢰도, 타당도, 리커트 척도법

3.1 조사설계란 무엇인가

1. 조사설계란 무엇인가

우리는 앞 장에서 연구문제의 선정과 연구문제를 구성하는 변수와 가설을 어떻게 설정하는가에 대하여 설명하였다. 변수와 가설은 집을 지을 때 집을 짓는 목적이나 준비물과도 같은 것이다. 이와 같이 집을 지을 목적과 준비도구들이 갖추어지고 나면 다음으로는 어떻게 집을 지을 것인가, 즉 설계를 어떻게 할 것인가를 결정하여야 한다. 다시 말해서 집을 짓는 목적과 장비들이 갖추어지고 나면, 그 다음으로는 설계도를 만들어 집을 완성해 나가야 한다.

조사설계(혹은 연구설계, research design)란 바로 연구목적을 달성하기 위해 필요한 계획이나 전략을 말한다. 따라서 조사설계는 연구문제를 설정할 때 제시한 개념적 체계에 따라 관찰 대상과 자료 수집, 측정 방법, 분석 및 분석결과의 해석에 이르기까지의 과정을 구체적으로 설계하는 절차이다. 연구자는 이러한 과정을 수행함으로써 연구문제를 보다 효과적으로 해결할 수 있을뿐더러, 연구수행에 필요한 시간과 경비는 물론 개인적 노력을 효율적으로 활용할 수 있게 된다.

2. 조사설계의 과정과 필요성

조사설계는 일반적으로 변수의 측정방법 결정, 관찰대상의 결정, 자료의 수집, 분석 및 분석결과의 해석과 같은 네 단계를 거치게 되는데, 이를 그림으로 나타내면 [그림 3-1]과 같다.

변수의 측정방법 결정 → 관찰대상의 결정 → 자료의 수집 → 분석 및 분석결과의 해석

[그림 3-1] **조사설계의 과정**

첫 번째 단계인 변수의 측정은 두 번째 단계에서 수집될 자료를 연구목적에 적합한 방법으로 측정하는 것이다. 각종 측정방법과 측정도구에 대해서는 본 장의 뒷부분에서 다루기로 한다. 조사설계의 두 번째 단계인 관찰대상의 결정이란 가설검정에 필요한 조사대상을 누구로 혹은 무엇으로 할 것인가를 결정하는 것

이다. 여기서 관찰대상에는 특정한 집단이나 사건 혹은 현상 등이 해당된다. 구체적인 내용은 다음의 제4장에서 자세히 설명한다. 세 번째로 자료의 수집단계에서는 연구의 개념적 체계에서 제시된 변수들을 측정하기 위하여 어떤 자료를 수집할 것인가를 결정한다. 이 단계에서는 수집할 자료의 종류와 자료수집방법에 대한 계획을 수립한다. 상세한 내용은 제5장에서 논의하기로 한다.

마지막으로 분석 및 분석결과의 해석 단계에서는 선택한 측정방법에 따라 자료를 가공하고 분석하며 그 결과를 해석하는 것이다. 자료를 분석하기 위해서는 일반적으로 통계처리를 하게 된다. 통계처리방법은 연구목적과 수집된 자료의 특성에 따라 달라진다. 따라서 연구자는 통계처리방법의 특징은 물론 분석결과를 해석하는 방법에 대하여 잘 이해하고 있어야만 좋은 조사결과를 얻어낼 수 있을 뿐더러 유효한 해석을 도출해 낼 수 있다. 똑같은 재료를 가지고도 요리사에 따라 서로 다른 요리를 만드는 것과 같은 경우이다.

모든 조사설계가 이상과 같은 네 단계를 반드시 거치는 것은 아니다. 조사의 특성에 따라 어떤 과정은 서로 합쳐지기도 하고, 어떤 절차는 생략되기도 한다. 그럼에도 불구하고 여기서 이러한 단계를 체계적으로 제시하는 이유는 과학적인 사고력을 키워, 보다 합리적인 방법과 절차로 연구문제를 해결할 수 있도록 하기 위함이다. 좀 더 구체적으로 **조사설계가 필요한 이유**는 다음과 같다.

첫째, 조사설계는 연구문제에 대한 해답을 경제적으로 제공해 준다. 조사설계는 위에서 설명한 바와 같이 연구문제를 해결하기 위한 구체적인 계획이기 때문에 문제해결에 도움이 될 뿐 아니라 시간과 경비를 효율적으로 이용하게 해준다.

둘째, 조사설계에 근거하여 자료의 측정이 이루어지기 때문에 연구의 타당성을 높이는 데 도움이 된다. 연구의 타당성에 대해서는 본 장의 3.4에서 자세히 설명한다.

마지막으로 조사설계는 변수의 통제를 보다 쉽게 해준다. 일반적으로 종속변수에 영향을 미치는 독립변수는 많이 있다. 그러나 종속변수와 독립변수와의 관계를 명확히 하기 위해서는 독립변수는 물론 종속변수에 대하여 효과적인 통제가 이루어져만 한다. 이러한 통제는 조사설계를 통해서만 비로소 가능해진다.

3.2 조사설계의 형태

조사설계는 연구의 목적이나 자료 및 표본의 특성에 적합한 방법으로 이루어져야만 한다. 연구자가 연구문제를 효과적으로 해결하기 위해서는 여러 가지 조사설계 방법들 중에서 시간, 경제적 측면은 물론 방법론적으로도 적절한 방법을 선택할 수 있어야 한다. 조사설계의 형태는 변수의 통제가능성, 조사상황, 조사목적 및 조사시점에 따라 분류할 수 있다.

1. 변수의 통제가능성에 의한 분류

조사설계의 형태는 우선 변수를 통제할 수 있는가의 여부에 따라 실험설계와 비실험설계로 나누어진다.

실험설계(experimental design)는 연구자가 적어도 한 개 이상의 독립변수를 조작하여 종속변수에 어떠한 영향을 미치는가를 확인하는 평가방법이다. 여기서 조작(manipulation)이란 독립변수의 변화 강도를 연구자가 임의로 조절할 수 있는 것을 말한다. 실험설계는 독립변수와 종속변수들 간의 인과관계를 밝혀내는 데 유용한 설계방법이다.

비실험설계(non-experimental design)는 실험설계와는 달리 독립변수가 연구자에 의해서 조작되는 것이 아니라, 이미 노출된 상태이거나 인위적으로 조절이 불가능한 상태에서 독립변수와 종속변수의 관계를 사후적으로 파악하는 조사설계 방법이다. 많은 경우 이 방법은 변수들간의 인과관계를 밝히기 어렵고 주로 상관관계만을 알아낼 수 있다.

2. 조사상황에 따른 분류

조사설계는 다시 독립변수의 조작가능성 여부와 실험상황에 따라 실험실연구와 현장연구로 나눌 수 있다.

실험실연구(laboratory research)는 순수한 독립변수와 종속변수 사이의 관계를 밝혀내기 위해서 다른 변수들을 철저히 통제할 수 있는 실험실 내에서 연구하는 방법이다. 다음의 [그림 3-2]에서 순수실험설계가 바로 이 실험실연구에 해당된다.

실험상황 \ 독립변수의 조작가능성	가 능	불가능
실험실	순수실험설계 (실험실실험설계)	
현 장	유사실험설계 (현장실험설계)	사후설계 (현장조사)

[그림 3-2] **조사설계의 분류**

현장연구(field research)는 실험실 연구가 불가능할 때 실제로 어떤 현상이 일어나고 있는 현장에서 연구를 실시하는 방법이다. 현장연구 방법에는 [그림 3-2]에서 보는 바와 같이, 독립변수의 조작이 가능한 유사실험설계와 독립변수를 조작하지 못하는 사후설계가 있다.

3. 조사목적에 따른 분류

조사설계방법은 또한 조사목적에 따라 탐색연구와 기술연구 및 설명연구로 구분할 수 있다.

탐색연구(exploratory research)는 주로 연구문제를 발견하기 위해서나 변수를 규명하기 위하여 혹은 가설을 도출하기 위해서 실시하는 연구방법이다. 이 연구방법은 사전연구에 의한 축적된 자료가 부족한 경우에 주로 사용되는 것으로 전문가 의견조사, 문헌조사, 사례조사 등을 이용할 수 있다. 주로 본 조사를 실시하기 전에 수행하는 사전조사에서 많이 이용된다.

기술연구(descriptive research)는 어떤 사회현상이나 모집단의 분포나 발생빈도, 평균 등과 같은 특성을 파악하기 위하여 시행되는 연구방법이다. 기술연구에 의해서는 어떤 현상의 특성만을 묘사할 뿐 현상의 원인이나 배경에 대해서는 언급하지 못한다. 그렇기 때문에 기술연구는 주로 어떤 실태의 파악이나 여론조사에 흔히 이용된다.

설명연구(explanatory research)는 변수들 간의 관계를 규명하기 위한 연구로서 상관관계연구와 인과관계연구가 있다. 상관관계연구는 독립변수의 조작이 불가능하여 인과관계를 밝힐 수 없는 연구형태를 말하며, 인과관계연구는 독립변수의 조작을 통하여 독립변수와 종속변수의 인과관계를 밝힐 수 있는 연구형태이다. 대체적으로 비실험설계는 상관관계연구 형태에 해당되고, 실험설계는 인과관계연구에 속한다.

4. 조사시점에 따른 분류

조사설계는 조사시점의 연속성 여부에 따라 종단연구(혹은 시계열 연구, longitudinal study)와 횡단연구(혹은 횡단면 연구, cross-sectional study)로 나누어진다.

종단연구는 동일한 현상에 대하여 일정한 시간 간격을 두고 측정을 되풀이하는 연구방법이다. 이 연구방법은 시간의 변화에 따라 각종 변수의 변화상태를 파악하여 변화가 일어난 원인을 분석하는 기법이기 때문에 어떤 현상의 추세를 알고자 할 때 주로 이용된다.

횡단연구는 각기 다른 특성을 가지고 있는 집단들 간의 차이를 측정, 비교하는 연구방법이다. 종단연구가 시간의 흐름에 따른 변화를 측정하는 반면에 횡단연구는 특정 시점에서의 차이를 분석하는 것이다. 따라서 종단연구가 동태적이라면 횡단연구는 정태적인 성격을 갖고 있다고 말할 수 있다.

[사례 3-1]은 같은 날짜 신문에 실린 A전자의 연도별 매출액, 순이익 실적과 H은행의 경영지표를 나타낸 것이다. 두 자료의 차이점을 살펴보면 종단연구와 횡단연구의 차이점을 분명히 이해하게 될 것이다.

사례 3-1 종단연구와 횡단연구

A전자 연도별 매출액/순익 실적

(단위 : 천억 원)

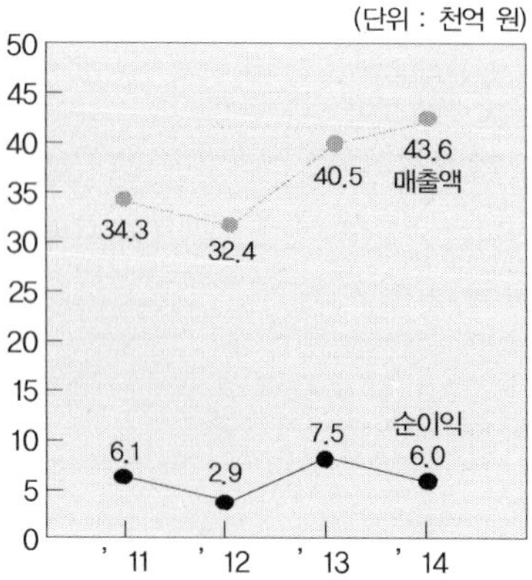

H은행 경영지표

(20XX년 9월 말 현재)

총자산	87.9조 원
순이익	3,404억 원
충당금적립전이익	1조 383억 원
총수신	63.8조 원
총여신	51.7조 원
고정이하여신비율	2.85%
무수익여신비율	1.69%
BIS비율	10.2%
지점수	576개
직원수	6,998명

종단연구와 횡단연구의 장단점을 살펴보면 [표 3-1]과 같다.

[표 3-1] 종단연구와 횡단연구의 장단점 비교

구분	종단연구	횡단연구
장점	• 특정 현상의 변화를 일목요연하게 파악할 수 있다. • 변수들 간의 인과관계를 보다 명확히 분석할 수 있다.	• 자료수집이 쉽고, 짧은 시간에 자료를 수집할 수 있다. • 유사한 목적을 가진 연구결과들 간의 객관적인 비교가 쉽다.
단점	• 조사기간이 비교적 길다. • 조사기간이 길기 때문에 선입견을 가질 수 있어 객관적인 자료를 얻기가 어려울 수 있다.	• 특정 시점에서의 조사이기 때문에 측정대상의 변화를 관찰할 수 없다. • 기간 간 비교가 불가능하다.

3.3 측정이란 무엇인가

과학적 조사란 이론적 근거를 바탕으로 가설을 세우고, 가설에 담겨 있는 변수들 간의 관계를 파악해 내는 것이다. 또한 이러한 변수들 간의 관계가 일반적인 현실을 얼마나 잘 설명할 수 있는가를 경험적으로 확인하는 과정이다.

이때 어떠한 가설을 경험적으로 조사하기 위해서는 다음과 같은 몇 가지 일을 해야만 한다. 우선 관련된 변수들에 대하여 조작적으로 정의를 하고, 다음으로 조작적 정의에 근거하여 변수를 측정한다. 그리고 자료를 통계적으로 분석한 결과를 기초로 하여 가설의 진위 여부를 판단한다.

이와 같이 과학적 조사에서는 변수의 측정이 결정적으로 중요한 역할을 한다. 변수를 조작적으로 정의하고 또 측정할 수 없다면, 그 같은 변수를 포함하고 있는 가설은 실증적으로 검정될 수 없는 것이기 때문이다. 즉 측정은 모든 경험적 연구의 필요요건인 것이다.

1. 측정이란 무엇인가

과학적 조사에서 측정(measurement)이란 **일정한 규칙에 따라 대상, 사건 및 상태의 특성에 분류표시나 숫자 등과 같은 기호를 부여하는 과정**이다.

여기서 측정의 대상은 사람이나 사물과 같은 어떤 대상 자체가 아니라, 그 대상이 가지고 있는 속성이다. 예를 들면 '성인의 키'나 '사람의 성(性)'에서 측정하고자 하는 것은 '성인'이나 '사람'과 같은 대상이 아니라, 그 대상이 가지고 있는 '키'나 '성'과 같은 속성인 것이다.

그런데 측정에서의 '숫자'는 두 가지 용도로 사용되고 있다는 점을 명심해야 한다. 하나는 수량적인 값, 즉 가감승제가 가능한 실수를 의미하는 경우이고, 또 다른 하나는 대상의 특성을 구분해 주는 기호로 사용되는 경우이다. 예를 들어 여성을 '1'로 하고 남성을 '2'로 표시하기로 했다면, 여기서 '1'과 '2'는 숫자로서는 전혀 의미가 없고 다만 성별을 나타내는 기호에 불과한 것이다. 따라서 {1(여성) + 2(남성)}/2 = 1.5(중성)과 같은 연산도 전혀 의미가 없는 것이다.

이와 같이 사회과학에서의 측정은 관찰하고자 하는 대상의 특성에 수치를 부여함으로써 이루어진다. 이와 같이 측정을 통해서 연구 대상의 특성을 숫자 형태의 자료로 변환시키면 몇 가지 **편리한 점**이 있다.

첫째는 객관적인 표현이 가능하다. 사회과학에서 알아내고자 하는 현상들은 대체로 추상적이거나 개념적인 것들이 많다. 그런데 이러한 추상적인 현상들에 대하여 수치를 부여함으로써 보다 객관적이고 현실적으로 설명이 가능하게 된다.

둘째는 정확한 의사소통이 가능하다. 추상적 개념은 개인적 특성에 따라 각기 다르게 해석될 수도 있다. 그러나 수치는 어떠한 현상을 가장 명료하게 표시해 주기 때문에 오해를 가져올 수가 없다.

셋째, 숫자 형태의 자료는 각종 수학적 · 통계적 기법의 적용이 가능하다. 연구자가 연구문제를 경험적으로 해결하기 위해서는 통계기법을 이용해야 되는데 통계기법을 사용하기 위해서는 자료를 수량화해야만 한다.

2. 측정의 수준과 척도화

이제까지 설명한 바와 같이, 측정은 일정한 규칙에 근거하여 연구대상의 속성을 구체화하기 위하여 수를 부여하는 절차를 말한다. 여기서 수를 부여하기 위한 일정한 규칙, 즉 측정을 위한 잣대를 척도라고 한다.

척도는 측정하고자 하는 대상이나 사건의 속성에 숫자나 기호를 할당하는 방법을 정식화함으로써 만들어진다. 예를 들어 길이를 측정하는 자는 대상물의 속성에 부여하는 수치가 무엇인가를 알려주고 있는 척도인 것이다.

사회과학에서 사람, 사물, 대상물, 사건 등의 여러 가지 속성을 측정하기 위해 사용될 수 있는 척도는 무수히 존재한다. 그러나 모든 척도는 그 척도가 담고 있는 정보인 범주분류, 순위, 등간격, 절대영점을 나타낼 수 있는지의 여부에 따라 명목척도, 순위척도, 등간척도, 비율척도와 같은 네 가지 유형 중의 하나에 속하게 된다.

이 중 명목척도에 의해 측정된 자료가 가장 적은 정보를 가지며, 그 다음으로는 순위척도, 등간척도, 비율척도의 순서로 점차 많은 정보를 갖는다. 다음의 [표 3-2]는 측정수준의 특성에 따른 네 가지 척도들을 비교한 것이다. 각 척도의 특성에 대한 자세한 내용은 제2장을 참고하기 바란다.

[표 3-2] 측정수준의 특성에 따른 척도 간 비교

구 분	정 보			
	범 주	순 위	등간격	절대영점
명목척도	○	×	×	×
순위척도	○	○	×	×
등간척도	○	○	○	×
비율척도	○	○	○	○

3. 척도는 어떻게 구성하는가

척도를 구성하는 방법에는 여러 가지 방법이 있는데, 그중에서 일반적으로 많이 사용되고 있는 척도 구성방법으로는 리커트 척도법, 서스턴 척도법, 거트만 척도법이 있다.

(1) 리커트 척도법

리커트 척도법(Likert scaling)는 여러 개의 항목으로 응답자의 태도를 측정하고 해당 항목에 대한 측정치를 합산하여 평가대상자의 태도점수를 얻어내는 척도이다.

이 척도는 [사례 3-2]에서 보는 바와 같이 측정하고자 하는 속성과 관련된 여러 개의 측정항목(일종의 문장)들 각각에 대해서 찬성과 반대나 좋고 나쁨의 정도를 척도점에 나타내도록 하여 각 항목별 동의의 정도를 합산하고 항목 수로 평균하여 측정치를 얻어내게 된다. 이 척도구성법은 매우 실용적이고 편리하기 때문에 사회과학에서 가장 널리 이용된다.

사례 3-2 리커트 척도법

1. 귀하는 A정당이 개혁을 잘 수행할 것으로 생각하십니까?

전혀 그렇지 않다	그렇지 않다	그저 그렇다	그렇다	매우 그렇다

2. 귀하는 B가 대통령이 되는 것에 대하여 어떻게 생각하십니까?

강한 반대	반대	중립	동의	강한 동의

리커트 척도는 하나의 개념을 측정하기 위해서 여러 개의 항목을 이용하는 척도이기 때문에 항목 간의 내적 일관성이 높아야 한다. 따라서 의미가 있는 검정 결과를 가져오기 위해서는 내적 일관성 검정을 통하여 신뢰도가 낮은 항목은 삭제할 필요가 있다. 신뢰도에 대하여는 다음 절(3.4)에서 설명한다.

(2) 서스턴 척도법

서스턴 척도법(Thurstone scaling)은 척도의 등간성을 확보하기 위하여 개발된 척도구성방법이다. 각 문항을 가장 우호적인 것으로부터 중립, 가장 비우호적인 순으로 9등급 또는 11등급으로 나누어서 평가자들로 하여금 판단하게 한 다음, 이를 바탕으로 연구자가 대표적인 문항을 선정하여 척도를 구성한다.

측정방식은 해당 문항에 동의를 하면, 동의한 해당 문항의 척도값을 얻게 된다. 만일 동의한 문항들이 두 개 이상인 경우에는 척도값을 합산하고 평균하여 해당 개념에 대한 측정값을 얻게 된다.

사례 3-3 ▶ 서스턴 척도법

통증을 측정하기 위한 서스턴 척도법

① 욱신거린다(1.5) ·· (　　)
② 뜨끔뜨끔하다(2.5) ·· (　　)
③ 바늘로 찌르듯이 아프다(5.7) ·· (✔)
④ 망치로 때리듯이 아프다(7.5) ·· (✔)
⑤ 까무러치게 아프다(8.9) ·· (　　)

⇒ 측정값 : (5.7 + 7.5)/2 = 6.6

(3) 거트만 척도법

거트만 척도법(Guttman scaling)은 변수측정에 사용되는 여러 문항들의 단일차원성을 확보할 목적으로 개발된 척도구성법이다. 이 척도법은 상위의 척도점이 하위의 척도점에 해당되는 특성을 포함하고 있는 척도이기 때문에 누적척도라고도 한다.

사례 3-4 ▶ 거트만 척도법

보가더스의 사회적 거리 척도

(최소허용수준)

1. 당신은 이민자들이 당신의 나라에 살도록 허용하시겠습니까?
2. 당신은 이민자들이 당신의 지역사회에 살도록 허용하시겠습니까?
3. 당신의 이민자들이 당신의 이웃에 살도록 허용하시겠습니까?
4. 당신은 이민자들이 당신의 옆집에 살도록 허용하시겠습니까?
5. 당신은 자녀가 이민자와 결혼하는 것을 허용하시겠습니까?

(최대허용수준)

* 예컨대 위의 척도에서 3번 문항에 동의하는 응답자는 1번과 2번 문항에도 동의할 것이다.

3.4 측정의 신뢰도와 타당도

1. 측정오차란 무엇인가

(1) 측정오차란 무엇인가

우리가 일반적으로 말하고 있는 지능, 성격, 기분, 만족도, 태도와 같은 개념은 구체적인 것이 아니라 추상적인 개념들이다. 그렇기 때문에 표현하는 사람에 따라 다를 수 있고, 더욱이 이들을 일정한 기준에 따라 측정하여 숫자로 나타낸다는 것은 더욱 어렵다. 그렇기 때문에 추상적인 개념을 객관적인 수치로 표현하는 과정에서 오차(혹은 오류, error)가 발생할 수 있다.

이러한 오차는 특히 간접적인 측정방법을 사용하는 사회현상에 대한 측정에서 많이 발생하는데, 다음과 같은 등식으로 나타낼 수 있다.

측정값 = 실제값(개념) + 측정오차

여기서 명목척도나 순위척도, 등간척도 및 비율척도에 의한 측정값이 어떠한 개념의 실제값을 모두 나타낼 수 있다면 가장 이상적인 것이다. 그러나 그런 경우는 거의 없고 여러 가지 요인으로 인하여 측정값과 실제값 간에 차이가 발생하게 된다. 이러한 차이가 곧 측정오차인 것이다.

(2) 왜 측정오차가 발생하는가

측정오차는 측정문제에 있어서 항상 발생하게 되어 있는데, 이러한 오차가 발생하는 원인은 다음과 같다.

첫째, 측정하고자 하는 속성이 아니라, 다른 속성(개념)을 측정하였기 때문에 발생할 수 있다. 이러한 경우는 조사설계 자체에 문제가 있거나, 개념에 대한 조작적 정의를 잘못하여서 발생하는 경우이다.

둘째, 응답자가 가지고 있는 독특한 성향, 즉 응답자 특성에 의해 응답의 차이가 발생할 수도 있다. 예를 들면 항상 긍정적인 태도를 갖고 있는 사람은 응답에서도 비교적 긍정적인 답변을 하는 경향이 있다. 반대로 부정적인 태도를 갖고 있는 사람은 대체로 부정적인 답변을 한다.

셋째, 응답자의 일시적 변화로 인하여 오차가 발생하기도 한다. 응답자가 배가 고프다거나, 기분이 나쁘다거나, 시간적 여유가 없는 경우에는 충실한 답변을 할 수 없게 되어 본의와 다르게 응답하게 되어 측정오차가 발생하게 된다.

넷째, 측정상황이 달라짐에 따라 응답이 달라져서 오차가 발생할 수 있다. 예를 들어 부부를 같은 장소에서 함께 면접하는 경우와 따로 분리하여 면접하는 경우 응답에 차이가 발생할 수 있다.

다섯째, 측정도구에 문제가 있을 경우 측정오차가 발생할 수 있다. 설문 문항이 모호하거나, 응답하기 어려운 경우, 또는 응답자가 잘 모르는 내용이 있을 때 측정결과에 차이가 발생할 수 있다.

여섯째, 측정오차는 측정방법의 차이로 인하여 발생하기도 한다. 예를 들면 측정방식을 개인면접으로 하는 경우와 전화면접 혹은 우편조사로 하는 경우 결과가 달라질 수 있다. 특히 면접법의 경우에는 면접자의 태도나 의도, 외모 등에 의해서도 측정결과가 달라질 수 있다.

연구자는 이상과 같이 측정오차가 발생할 수 있는 가능성을 이해하고, 조사를 실행하기 이전에 측정오차를 최소화할 수 있도록 조사설계를 잘 수립하여야만 한다.

2. 측정오차에는 어떤 종류가 있는가

측정오차는 크게 체계적 오차와 비체계적 오차로 구분된다.

체계적 오차(systematic error, S_e)는 측정 시에 오차가 일정한 방향으로 항상 (체계적으로) 나타나는 오차이다. 즉 측정의 결과가 한쪽으로 치우쳐 있는 경우의 측정오차이다.

이러한 오차의 발생은 타당도(validity)와 관련된 것으로 문제의 개념을 측정도구가 제대로 측정하지 못함으로써 나타나는 오차이다. 즉 측정도구가 개념의 속성을 얼마만큼 정확하게 측정하고 있는가에 관한 것이다.

비체계적 오차(random error, probabilistic error, R_e)는 측정자의 피로, 기억, 감정의 변화와 같은 요인이 무작위적으로 측정대상, 측정과정, 측정수단 등에 일관성 없이 영향을 미쳐서 발생하는 오차이다. 이러한 오차는 신뢰도(reliability)와 관련된다.

이와 같이 측정오차는 체계적 오차와 비체계적 오차로 나누어지는데, 위의 등식을 체계적 오차(S_e)와 비체계적 오차(R_e)로 다시 표현하면 다음과 같다.

$$\text{측정값} = \text{실제값(개념)} + S_e + R_e$$

여기서 측정오차는 체계적 오차(S_e)와 비체계적 오차(R_e)와의 합이다. 좋은 조사설계는 이러한 두 가지 오차를 최소화할 수 있도록 짜여진 것이다. 따라서 우선 사전조사에서 이 두 오차를 최소화할 수 있도록 검토를 해야 한다. 또한 본조사 이후에도 신뢰도와 타당도에 대하여 확인하는 과정이 필요하다.

3. 타당도와 신뢰도의 관계

타당도와 신뢰도를 측정오차와 관련지어 보면, 타당도는 체계적 오차와 관련된 개념이고, 신뢰도는 비체계적 오차와 관련된 개념이다.

타당도는 측정하고자 하는 개념이나 속성을 정확히 측정하였는가를 나타낸 것이다. 즉 특정한 개념이나 속성을 측정하기 위해서 개발된 측정도구가 해당 속성을 정확히 반영하고 있는가와 관련된 문제이다.

신뢰도는 동일한 개념에 대해서 측정을 반복했을 때 나타나는 측정값들의 분산을 의미한다. 보통 측정의 안정성(stability), 일관성(consistency), 예측가능성(predictability), 정확성(accuracy) 등이 내포된 개념이다.

두 개념을 남학생들이 군대에서 영점사격을 했던 경험과 비교하여 보자. 영점사격이란 총신(銃身)의 방향을 정확하게 잡기 위해서 본 사격 이전에 실시하는 사격이다. 사격을 실시하면 누구나 원 안에 총알을 집중시키려고 노력을 한다. 그런데 사격수의 의도와는 달리 표적의 원 안을 맞추지 못하는 경우가 있다. 그 이유는 대체로 두 가지인데, 하나는 총신 자체가 잘못 제작되어서 발생하는 경우이고, 또 다른 하나는 사격수의 잘못으로 인한 경우이다. 이때 총신 자체로 인한 오류를 체계적 오차(타당도)라고 하고, 사격수에 의한 오류를 비체계적 오차(신뢰도)라고 한다.

타당도와 신뢰도에 대하여 유의할 점은 이들이 유무의 문제가 아니라, 정도의 문제라는 것이다. 따라서 타당도나 신뢰도가 '있다' 혹은 '없다'라는 표현보다는 '높다', '낮다'라는 표현이 정확한 것이다.

4. 신뢰도 추정방법

신뢰도를 추정하는 방법에는 재조사법, 평행법, 반분법, 내적 일치도 방법 등 네 가지가 있다.

(1) 재조사법(test-retest method)

재조사법은 동일한 대상자들에게 시간적 간격을 두고 측정을 두 번 실시하여, 두 번의 측정에서 얻은 값들 간에 상관계수를 계산하여 신뢰도를 추정하는 방법이다. 이 재조사법을 사용하여 신뢰도를 추정할 때는 두 가지 문제점에 유의해야 한다. 첫째, 두 번의 측정 사이에 대상의 속성이 실제로 변할 수 있다는 점이다. 둘째로, 첫 번째 측정은 조사대상이 된 사람들의 기억에 의해 두 번째 측정에 영향 끼칠 수 있다는 점이다. 시간적 간격을 늘려서 기억으로 야기되는 문제를 해결할 수도 있지만, 그럴 경우 그 사이에 대상의 속성에 변화가 생길 수도 있다.

(2) 평행법(parallel forms)

평행법은 본질적으로 동일한 내용을 측정하는 두 개의 서로 다른 측정도구를 만들어서 동시에 또는 일정한 시간적 간격을 두고 동일한 대상자들에게 측정을 하고, 그 두 측정에서 얻은 값들 간의 상관계수를 계산하여 신뢰도를 추정하는 방법이다. 이 방법의 장점은 시간적 간격과 기억으로 야기되는 문제점을 극복할 수 있다는 것이다. 그러나 동일한 내용을 측정하는 서로 다른 두 개의 측정도구를 만들기가 어렵고, 설령 만들었다라고 하더라도 두 측정도구가 과연 동일한 내용을 측정하고 있는가를 판단하기 어렵다는 문제가 있다.

(3) 반분법(split-half method)

위에서 설명한 재조사법이나 평행법은 신뢰도 평가를 위해서 동일한 대상자들에게 두 번 조사를 해야 한다. 그러나 반분법은 한 번의 조사로 신뢰도 추정이 가능하다. 반분법은 측정문항들을 무작위로 반씩 나누어서 각각에서 얻어진 측정값들을 두 번의 조사에서 얻어진 것처럼 간주하여 둘 간의 상관계수를 계산하여 신뢰도를 추정하는 방법이다. 반분법은 비교적 간단하게 신뢰도를 평가할 수 있으나, 어떻게 반분하느냐에 따라서 신뢰도 계수가 달리 나올 수 있다.

(4) 내적 일치도 방법(internal consistency method)

이미 지적했듯이, 반분법은 전체 문항들을 어떻게 양분하느냐에 따라 신뢰도 계수가 변한다. 이런 문제점을 극복한 것이 내적 일치도 방법이다. 내적 일치도 방법 중에서 가장 널리 사용되는 것이 크론바흐 알파(Cronbach's alpha)이다. 크론바흐 알파는 어떤 개념이나 속성의 서로 다른 측면들을 측정하는 서로 다른 문항들이 얼마나 서로 잘 보완하여 전체적으로 그 개념이나 속성을 잘 측정하고 있는가를 나타내준다.

5. 타당도 평가방법

타당도에는 액면타당도, 내용타당도, 기준관련타당도, 구성타당도, 수렴 및 판별타당도가 있다.

(1) 액면타당도(face validity)

액면타당도는 측정도구가 과연 그것이 측정하고자 하는 바를 얼마나 제대로 측정하고 있는가를 연구자가 주관적으로 평가하는 것을 가리킨다. 따라서 연구자가 개념규정, 측정절차, 측정속성 등을 세심하게 논리적으로 검토하여 타당도를 결정한다. 액면타당도는 연구자의 인식론적 판단에 의해 좌우되기 때문에 동일한 측정도구의 타당도에 대해서 다른 연구자는 다른 기준에 의해서 달리 판단할 수도 있다.

(2) 내용타당도(content validity)

내용타당도는 측정도구에 포함된 내용이 측정하고자 하는 행위나 속성을 어느 정도 포괄하는가를 의미한다. 예컨대 초등학생들을 대상으로 수학적 연산능력을 알아보기 위한 시험에서 덧셈과 뺄셈을 묻는 문제들만 포함시키고 곱셈이나 나늦셈에 대한 문항들은 제외시켰다면 그 시험은 타당도가 낮은 것이다. 액면타당도와 마찬가지로 내용타당도의 경우에는 이를 평가하는 객관적인 기준은 없다. 따라서 누가 평가하느냐에 따라 타당도가 달라질 수 있다는 문제점이 있다.

(3) 기준관련타당도(criterion-related validity)

기준관련 타당도는 측정도구의 측정값과 어떤 기준과의 상관계수를 구하여 그 측정도구의 타당도를 검토하는 방법이다. 일반적으로 기준관련 타당도는 평가의 바탕이 되는 그 기준이 현재에 있는 동시타당도(concurrent validity)와 그 기준이 미래에 있는 예측타당도(predictive validity)로 구분된다. 동시타당도는 평가의 토대가 되는 기준이 현재에 있는 경우를 말한다. 동시타당도의 경우 그 측정도구의 타당도를 평가하기 위한 현재의 기준을 찾기가 매우 어렵다는 문제점이 있다. 한편 예측타당도는 평가의 토대가 되는 기준이 미래에 있는 경우를 말한다. 예컨대 대학수학능력시험의 예측타당도는 미래에 대학진학 후 학생들이 취득한 평균학점을 기준으로 삼아 평가할 수 있다. 만약 대학수학능력시험 점수와 학생들의 평균학점 간의 상관계수가 매우 높다면 대학수학능력시험은 타당도가 높다고 할 수 있다.

(4) 구성타당도(construct validity)

구성타당도는 어떤 개념의 측정도구를 사용하여 얻은 자료를 분석하여 얻어진 경험적 관계가 그 개념과 관련하여 이론적으로 예측된 관계와 일치하는 정도를 가리킨다. 일반적으로 구성타당도는 사회과학에서 가장 중요시하는 타당도이다.

예컨대, 직무만족 측정척도를 개발한 후 그 척도의 구성타당도를 평가하기를 원하며, 이론적으로 직무만족이 높으면 조직구성원들의 생산성이 높아질 것이라고 예상된다고 가정하자. 이 경우 연구자는 일부 조직구성원들을 대상으로 직무만족 측정척도를 이용하여 직무만족의 정도를 측정하고, 그 구성원들의 단위시간당 노동생산성을 조사한다. 그리고 이 두 측정값들 간의 상관계수를 구해 본 결과 강한 긍정적 상관관계를 맺고 있는 것으로 나타났다고 가정하자. 이 경우 조사를 통해서 얻어진 경험적 관계가 이론적으로 예측된 관계와 일치하므로 이것은 직무만족 측정도구의 구성타당도의 한 증거로 인정할 수 있을 것이다.

(5) 수렴 및 판별타당도(convergent/discriminant validity)

만일 동일한 개념을 측정하는 상이한 두 측정도구 혹은 방법이 강하게 상관된다면 수렴타당도가 존재한다고 말한다. 반면에 동일한 방법으로 측정된 상이한 개념들이 약하게 상관된다면 판별타당도가 존재한다고 말한다. 이 타당도 개념들은 오늘날 주로 요인분석결과에 적용되어 사용되고 있다. 만일 어떤 개념을 측정하기 위해 만들어진 문항들이 하나의 요인에 함께 부하되고 다른 개념들을 측정하기 위해 만들어진 다른 문항들은 그 요인에 부하되지 않는다면 그 측정도구는 수렴 및 판별타당도를 가지고 있다고 말한다.

제 4 장

표본의 추출

- 4.1 표본추출이란 무엇인가
- 4.2 표본추출은 어떤 과정으로 이루어지는가
- 4.3 표본추출방법에는 어떤 것들이 있나

Key Words

전수조사, 표본조사, 모집단, 표본프레임
표본크기, 표본추출, 단순무작위표본추출, 임의표본추출

4.1 표본추출이란 무엇인가

우리가 어떤 조사(혹은 연구)를 할 때 중요한 것 중의 하나로는 누구 혹은 무엇을 연구대상으로 할 것인가를 분명히 해야 한다. 여기서 연구대상이 비교적 적은 수의 개인이나 조직일 경우에는 연구대상 모두를 대상으로 필요한 자료를 수집해도 비용이나 시간이 그리 많이 들지 않는다. 그러나 만일 전국의 특급호텔에 근무하는 종업원이라든지, 총선에 투표권이 있는 유권자와 같이 지역적으로 광범위하면서도 사람의 수가 많은 경우를 대상으로 면접법에 의해 자료를 수집한다고 하자. 아마도 막대한 경비가 필요할 것이다. 또한 응답자의 수가 너무 많아 자료수집 기간이 오래 걸리다 보면, 시간적 차이로 인해 응답결과에 차이가 있을 수도 있다. 이러한 결과는 결국 자료로서의 가치는 물론 조사결과에 대한 신뢰도에도 문제가 될 수 있다. 그래서 특급호텔에 근무하는 종업원 전부라든지 유권자 전체를 대상으로 자료를 수집한다는 것은 거의 불가능할뿐더러, 수집결과 또한 유용성이 떨어지기도 한다. 이러한 이유 때문에 사회과학에서는 연구대상이 방대한 경우, 그중의 일부를 대상으로 연구문제를 해결하고 있다.

1. 전수조사와 표본조사

전국의 특급호텔에 근무하는 종업원 모두라든지, 투표권이 있는 유권자 전부와 같이 조사대상에 해당하는 전체를 모집단(population)이라 하고, 모집단의 일부를 표본(sample)이라고 한다. 일반적으로 연구조사의 목적은 모집단의 특성에 관한 모든 정보를 얻어내는 것이다.

조사대상이 되는 모집단 전체를 대상으로 자료를 얻어내는 방법을 **전수조사(census 혹은 enumeration)**라고 한다. 그러나 전수조사는 많은 비용과 시간이 요구될뿐더러, 연구주제나 조사대상에 따라 다소 차이가 있지만 그 실행이 불가능한 경우가 많다. 따라서 모집단의 일부를 대상으로 조사를 하게 되는데 이러한 방법을 **표본조사(sample survey)**라고 한다. 그리고 모집단으로부터 표본을 선택해 내는 과정을 표본추출(sampling)이라고 한다. 전수조사와 표본조사의 관계는 [그림 4-1]과 같다.

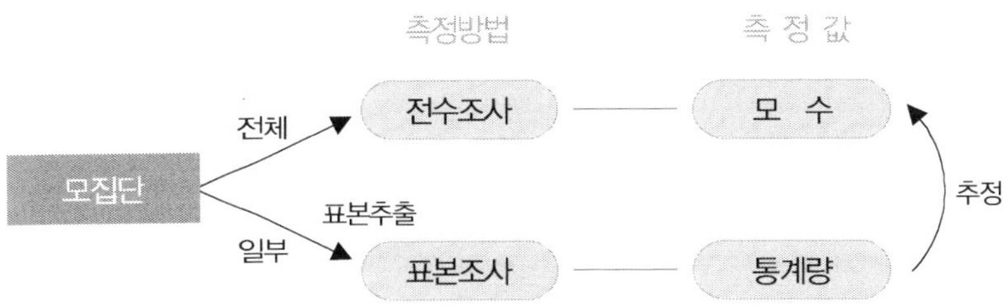

[그림 4-1] 전수조사와 표본조사

여기서 전수조사에 의해 측정한 값을 모수(parameter)라 하고, 표본조사에 의해 측정된 값을 통계량(statistic)이라고 한다. 우리가 표본을 가지고 모집단을 설명한다는 것은 바로 표본조사에서 측정된 통계량을 가지고 모수를 추정하는 과정을 의미하는 것이다.

그런데 표본조사는 모집단 전체가 아닌 일부에서 측정된 통계량만을 가지고 모수를 설명하게 된다. 그래서 그로 인해 어떤 부분은 설명을 하지 못하는 오류가 발생할 수 있다. 이러한 오류를 표본오차(sampling error)라고 한다. 표본오차는 전수조사인 경우에는 당연히 발생하지 않으며, 표본규모를 크게 할수록 오차값이 작아지게 된다. 조사대상의 특성에 따라 표본추출방법을 달리하고, 표본추출과정을 정밀하게 수행하는 이유는 바로 이러한 표본오차를 최소화하기 위함이다.

이제까지 설명한 전수조사와 표본조사의 차이점들을 요약하면 [표 4-1]과 같다.

[표 4-1] 전수조사와 표본조사의 비교

구 분	전수조사	표본조사
조사대상	모집단 전체	모집단의 일부
자 료 값	모수	통계량(모수에 대한 추정치)
표본오차	없음	표본규모에 반비례
소요시간과 비용	많이 소요됨	적게 소요됨

2. 왜 표본조사를 사용하는가

표본추출의 목적은 이미 설명한 바와 같이 모집단의 일부인 표본을 이용하여 모집단의 특성을 추론을 하기 위해서다. 여기서 모집단은 연구목적에 따라 달라질 수 있다. 예를 들어 우리나라 대학생 전원은 모집단을 구성하게 된다. 그러나 그중에서 연구대상이 여자대학에 재학하고 있는 학생이라고 규정한다면, 그때는 여자대학에 재학하고 있는 학생 모두가 모집단이 되는 것이다. 이와 같이 모집단은 "연구에서 얻어낸 결과들을 어떤 사람들, 어떤 사물들, 어떤 사건에 적용하려는가"에 따라 달라질 수 있다. 따라서 모집단에 대한 정의는 곧 표본의 규모를 결정하는데도 중요한 역할을 하게 된다.

그러면 표본조사는 전수조사에 비하여 어떠한 이점이 있는가. 대체로 네 가지 정도로 요약할 수 있다.

첫째, 표본조사는 시간과 비용 면에서 경제적이다. 특히 시사성이 있는 문제에 대하여 신속한 정보가 필요한 경우, 표본조사에 의해서만 신속한 자료수집과 처리 및 분석이 가능하게 된다.

둘째, 모집단이 무한히 많거나, 파괴적인 조사를 하는 경우와 같이 전수조사로는 불가능한 경우에 유용한 방법이다. 예를 들면 정당선호도를 알아보기 위하여 유권자 전체를 대상으로 전수조사를 한다는 것은 단순히 선호도만을 알아보기 위한 조사로써는 무모할 수 있다. 또 자동차의 안전도나 내구성에 대한 조사를 하는 경우 생산된 모든 자동차를 충돌시켜서 안전도를 확인한다는 것은 불가능하다.

셋째, 표본조사는 전수조사보다 더 많은 정보를 획득할 수 있다. 표본조사는 전수조사에 비하여 시간과 비용이 적게 들기 때문에 더 많은 조사항목을 포함시킬 수 있다. 따라서 여러 면에서 제약을 받아야 하는 전수조사보다 더 많은 정보를 얻어낼 수가 있다.

넷째, 표본조사는 양질의 자료를 얻을 수 있다. 전수조사를 하다 보면 상당수의 조사원과 면접원이 필요한데, 이러한 전문 인력 부족으로 인해 수집된 자료에 대한 신뢰도가 낮아질 수 있다. 또한 장기간에 걸친 조사로 인하여 시간적 차이로 인해 측정값에 차이를 가져올 수 있다. 그러나 표본조사의 경우에는 이러한 문제점들을 극복할 수가 있어 결국 전수조사보다 양질의 자료를 수집할 수가 있다.

이상과 같은 이점 때문에 사회과학연구에서는 가능하면 전수조사보다는 표본조사를 이용하여 조사목적을 해결하고 있다.

그런데 표본조사를 통해 보다 유용한 자료를 얻어내기 위해서는 다음의 사항들을 충족시킬 수 있어야 한다.

우선, 모집단을 대표할 수 있는 자료를 획득하여야 한다. 표본조사를 하면 표본오차가 반드시 발생하게 된다. 이러한 표본오차는 모수와 통계량 간의 차이를 야기하기 때문에 모집단을 대표할 수 있는 표본이 추출될수록 그러한 차이를 최소화할 수 있는 것이다.

다음으로는, 신뢰성 있는 결과를 얻을 수 있도록 표본의 정확성을 확보하여야 한다.

끝으로, 의사결정에 필요한 적정 수준의 정확도를 유지할 수 있도록 시간과 비용을 효율적으로 사용해야 한다. 여기서 적정수준이란 예를 들어 95%의 신뢰수준이라고 표현하는 것과 같이 어떤 기준 이상의 신뢰수준을 의미하는 것이다. 그러한 신뢰수준이 결정됨에 따라 표본의 크기가 결정되기 때문에, 신뢰할 수 있는 적정수준을 결정하는 것이 중요하다. 만일 100%의 신뢰수준을 추구한다면 결국 전수조사만이 가능하기 때문이다.

4.2 표본추출은 어떤 과정으로 이루어지는가

표본조사를 실시하는데 있어 중요한 측면의 하나는 연구자가 선정한 표본이 과연 모집단을 대표할 수 있는가 하는 것이다. 만일 대표성이 없는 표본을 가지고 분석을 하였다면, 그 결과를 가지고 모집단으로 일반화하는 것은 불가능한 것이다. 따라서 연구자는 표본을 추출할 때까지 거쳐야 할 여러 과정들을 잘 알아둘 필요가 있다. 표본설계는 [그림 4-2]와 같은 과정을 거치면서 이루어진다.

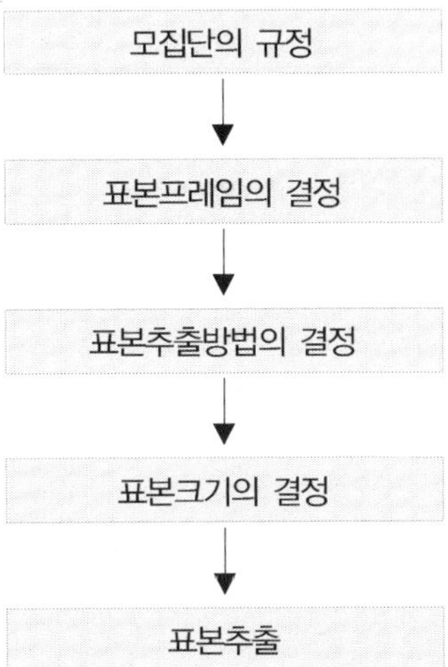

[그림 4-2] 표본설계과정

1. 모집단의 규정

모집단이란 조사의 대상이 되는 집단을 의미하며 조사결과를 적용하게 될 대상을 말한다. 여기서 모집단을 규정한다는 것은 의사결정에 유용한 정보를 얻기 위하여 가능한 한 완전하고도 정밀하게 모집단에 대하여 설명하는 것이다.

모집단을 정확하게 규정하기 위해서는 연구의 대상, 표본추출단위, 지리적 범위, 시간적 범위와 같은 네 가지요소를 명확하게 확정하여야 한다.

연구 대상이란 자료를 수집하기 위한 단위를 의미하는 것으로 일반적으로 개인이나 집단, 조직 등이 해당된다.

표본추출단위(sampling unit)는 표본을 추출할 때 대상이 되는 요소를 말한다. [사례 4-1]의 (사례 1)과 (사례 2)에서는 각 개인들이 표본추출의 대상이 되는 것이다. (사례 3)에서는 1차적으로 상점들이 추출단위가 되고, 각 상점의 고객 중에서 C 음료수를 구입한 고객이 최종 표본추출단위가 되는 것이다. 이때 최종적으로 추출된 표본단위가 연구대상이 된다.

지리적 범위와 시간적 범위는 표본추출을 할 공간적, 시간적 범위를 가리킨다. 지리적 범위와 시간적 범위는 좀 더 구체적으로 명확하게 규정하는 것이 좋다. 만일 [사례 4-1]의 (사례 1)에서 지리적 범위를 서울 및 경기 지역 대신에 서울 및 서울 근교라고 정의하였다면, 서울 근교의 범위는 다소 막연하기 때문에 적절치 못하다. 또한 (사례 2)에서 전국의 호텔종업원을 대상으로 하면서 시간적 범위를 201×.4.15.부터 4.20.까지라고 한다면 이것 또한 적당한 시간적 범위라고 할 수 없다. 왜냐하면 5일 동안에 전국의 호텔종업원들을 대상으로 조사한다는 것은 거의 불가능하기 때문이다.

사례 4-1 ▶ 모집단의 규정

1. OLED TV 이용자에 대한 제품사용만족도 조사를 위한 모집단의 경우
   - 연 구 대 상 : OLED TV 구매자
   - 표 본 단 위 : 구매자 개인
   - 지리적 범위 : 서울, 경기 지역
   - 시간적 범위 : 201×년 10월 1일부터 12월 20일까지

2. 호텔종업원의 직무만족도 조사를 위한 모집단의 경우
   - 연 구 대 상 : 호텔에 근무하고 있는 호텔종업원
   - 표 본 단 위 : 호텔종업원 개인
   - 지리적 범위 : 전국
   - 시간적 범위 : 201×. 4. 15. – 5. 20.

3. C 음료수의 선호도 조사를 위한 모집단의 경우
   - 연 구 대 상 : C 음료수
   - 표 본 단 위 : 소매점, 슈퍼마켓, 백화점, 할인점
   - 지리적 범위 : 전국
   - 시간적 범위 : 201×년 8월 1일 – 8월 30일

모집단에 대한 규정은 조사목적과 상황에 따라 달라지지만, 연구결과의 타당도와 신뢰도의 평가에 매우 중요하기 때문에 연구자는 적정한 수준에서 결정해야 한다.

2. 표집틀의 결정

표집틀(sampling frame)이란 조사대상이 수록된 목록을 의미하는 것으로 이 목록으로부터 최종 표본이 추출된다.

다음의 [사례 4-2]에서 진한 부분이 표집틀에 해당된다.

사례 4-2 ▸ 표집틀

1. 이 연구 자료는 **서울 강남구에 있는 공립고등학교 3학년에 재학 중인 학생들의 부모들**에 대한 무작위 표본에서 획득하였다.
2. 이 표본은 **대전광역시 전화번호부**에서 무작위로 추출한 238명의 이름으로 구성되어 있다.
3. 이 보고서에 수록된 자료는 **서울과 경기도에 거주하고 있는 18세 이상 성인**들에 대한 확률표본에 의해 수집된 것이다.

좋은 표집틀은 모집단과 일치하는 경우이다. 또한 연구대상에 대해 완전하면서도 정확하고 구체적인 정보를 담고 있는 것일수록 좋은 것이다. 그러나 대개의 경우 모집단과 표집틀이 완벽하게 일치하지 않는 경우가 많은데, 연구자는 이와

같은 불일치로 인한 오류를 최소화하기 위해 세심한 노력을 기울일 필요가 있다.

3. 표본추출방법의 결정

연구의 대상인 모집단과 표집틀이 결정되고 나면, 연구자는 수집하려고 하는 표본의 범위와 수를 결정해야 한다. 연구대상인 모집단의 규모가 비교적 작고 용이하게 자료를 얻을 수 있는 경우라면, 모집단 전체를 대상으로 자료를 수집하는 방법을 선택할 수도 있다. 그러나 모집단의 규모가 [사례 4-2]의 1, 3에서와 같이 '서울 강남구에 있는 공립고등학교 3학년에 재학 중인 학생들의 부모들'이라든지 '서울과 경기도에 거주하고 있는 18세 이상의 성인'과 같이 방대한 경우에는 시간과 경제적 측면에서 부득이 그중의 일부로부터 자료를 얻어내야만 한다. 이러한 절차를 표본추출이라 하는데, 표본을 추출하는 방법이 얼마나 중요한가는 우선 다음의 [사례 4-3]에서 살펴보기로 하자.

사례 4-3 표본추출의 중요성

1936년 미국의 대통령선거에 대한 여론조사에서 Literary Digest사는 약 1,000만 명의 유권자를 표본으로 우편조사법을 실시해서 회수된 237만 명가량의 설문응답지를 근거로 공화당의 랜턴 후보가 민주당의 루스벨트 후보를 누르고 당선된다고 예측했다. 워낙 대규모로 이루어졌기 때문에 대부분의 유권자들은 비교적 정확하다고 인식하고 있었다. 한편, 그 당시까지 일반인들에게 전혀 알려지지 않았던 Gallup사에서는 20,000명을 표본으로 실시한 조사에서 Literary Digest사와는 달리 루스벨트 후보의 당선을 예측했다. 결과는 아래와 같이 루스벨트 후보의 압승이었다.

조사기관 \ 후보명	루스벨트	랜 턴
Literary Digest사 예측치	43.0%	57.0%
Gallup사 예측치	54.0%	46.1%
실제 득표율	60.2$	39.8%

이러한 결과로 인해 Literary Digest사는 매우 어려운 상황에 빠지게 되었고, 반면에 Gallup사는 오늘날과 같은 지위를 구축할 수 있게 되었다.

Gallup사의 500배에 해당되는 표본을 가지고 조사를 하였으면서도 Literary Digest사의 예측이 빗나간 이유는 무엇일까?

우선 우편조사법에 의한 조사로서 회수율이 24%로 낮았다는 점이다. 회수율이 낮으면 그만큼 분석결과에 대한 타당성도 떨어지는 것이다.

다음으로 더 중요한 이유는 선정된 표본이 모집단인 유권자 전체를 대표하는 표본이 아니었다는 점이다. Literary Digest사는 자사 잡지의 애독자 명부, 전화번호부, 자동차 등록자 명부에서 1,000만 명의 표본을 선택하였던 것이다. 이 표본은 유권자를 대표할 수 있는 다양한 계층이 아니라, 당시 미국에서 비교적 부유한 계층에 해당하는 사람들로만 구성되었던 것이다. 이와는 달리 Gallup사는 표본이 20,000명에 불과하지만 거주지, 연령, 성별, 인종과 같은 유권자들의 인구통계적 특성에 의한 기준에 따라 표본의 구성비율을 결정하고, 유권자 전체의 구성비율과 같도록 표본을 추출하여 조사했던 것이다.

이상과 같이 표본을 어떻게 추출하는가에 따라 그 결과가 상당히 달라진다. 따라서 연구자는 모집단의 특성을 잘 파악하여 모집단 특성에 적합한 방법을 선택하여야 한다. 자세한 내용은 다음 절에서 설명하기로 한다.

4. 표본크기의 결정

표본크기(sample size)는 연구의 정확도, 조사비용, 소요시간 등과 밀접한 관련이 있기 때문에 표본추출방법을 결정할 때 같이 결정해야 한다. 표본의 크기는 표본추출방법, 필요한 통계량의 수준, 모집단의 동질성 정도, 실제 표본추출 가능성과도 밀접한 관계가 있다.

표본크기를 결정하기 위해 사용되는 방법으로는 신뢰구간접근법과 가설검정접근법이 있다. 표본크기의 결정과 관련하여 보다 자세한 설명은 참고문헌에 제시된 조사방법론 교재들을 참고하기 바란다.

4.3 표본추출방법에는 어떤 것들이 있나

모집단으로부터 표본을 추출하는 방법에는 확률표본추출과 비확률표본추출이 있다. 그리고 확률표본추출방법에는 단순무작위표본추출, 계통표본추출, 층화표본추출, 군집표본추출이 있고, 비확률표본추출방법에는 임의표본추출, 판단표본추출, 할당표본추출이 있다.

1. 확률표본추출

확률표본추출(probability sampling)**은 모집단의 각 대상들이 표본으로 선정되는 과정에 확률법칙이 작용하도록 계획하여 표본을 추출**하는 방법이다. 이 방법은 표본을 추출하기 전에 표집틀에 속해 있는 연구대상에 대한 정보나 목록이 우선적으로 구비되어 있어야 한다. 그래야 표본으로 추출될 확률을 밝혀낼 수 있기 때문이다.

이러한 확률표본추출방법이 갖는 장점은 일정 규모 이상의 표본크기를 확보하는 경우에 대표성이 높으며, 표본오차를 추정할 수 있기 때문에 모수의 추정이 비교적 정확하다는 것이다.

확률표본추출방법에는 단순무작위표본추출, 계통표본추출, 층화표본추출, 군집표본추출이 있다.

(1) 단순무작위표본추출

단순무작위표본추출(simple random sampling)**은 모집단의 구성요소가 표본으로 추출될 확률이 동일하도록 하는 추출**방법으로 보통 난수표를 이용한다.

예를 들어 A대학교의 사회과학연구소에서 신입생들을 대상으로 '성의식과 가치관'에 대한 질문조사를 한다고 하자. 연구자는 우선 신입생 명부에 있는 각 신입생마다 하나씩의 일련번호를 부여한다. 그리고 난수표나 난수발생기를 이용하여 필요로 하는 표본 수만큼을 추출해 나간다([부표1] 참고).

이때 난수표에서 모집단에 해당하는 숫자가 한 번 이상 선택되더라도 그 숫자를 다시 사용하는 방법을 복원추출(sampling with replacement)이라 하고, 한 번 선택된 숫자가 다시 선택되면 버리고 또다시 다른 숫자를 선택해 나가는 방법을 비복원추출(sampling without replacement)이라 한다. 단순무작위추출은 모집단의 성격이 비슷하고, 단일 특성을 가지고 있으며, 모집단의 규모가 작을 때 효과적으로 이용할 수 있다.

(2) 계통표본추출

단순무작위표본추출은 실제로 별로 사용되지 않는다. 효율적인 표본추출 방법도 아니며, 만일 수작업으로 해야 할 경우 많은 시간과 노력이 들기 때문이다. 단순무작위표본추출을 위해서는 모집단 목록이 필요한데, 그런 목록이 입수 가능할 때 연구자들은 대개 단순무작위표본추출 대신에 계통표본추출방법을 사용한다. **계통표본추출(systematic sampling)의 경우, 전체목록에서 매 k번째 요소를 추출하여 표본에 포함시킨다.** 만약 목록에 1,000개의 요소가 있고, 100개의 표본을 원한다면 매 10번째 요소를 표본으로 추출하는 것이다. 이때 첫 번째 요소는 무작위적으로 선택한다.

계통표본추출과 관련하여 표본추출간격(sampling interval)과 표본추출비(sampling ratio)라는 두 가지 용어가 자주 사용된다. 표본추출간격은 표본에 추출되는 요소들 간의 표준거리를 가리키는데, 위의 예에서는 10이다. 표본추출비는 모집단 내의 요소들이 추출되는 비율을 의미하며, 위에 예에서 1/10이다.

(3) 층화표본추출

층화표본추출(stratified sampling)은 표집오차를 줄여서 보다 대표성이 높은 표본을 얻는 방법이다. 이 방법은 우선 층화변수(stratification variables)에 근거하여 모집단을 동질적인 하위집단으로 나누고, 각 하위 집단에서 적절한 수의 표본을 무작위적으로 혹은 계통적으로 추출하는 것이다. 층화변수의 선택은 일반적으로 이용가능한 변수들이 무엇인가에 따라 결정된다. 그러나 층화변수를 선택할 때, 정확하게 대표하고자 하는 변수들과 관련이 있는 변수들에 일차적인 관심을 가져야 한다.

이 방법은 작은 표본을 가지고도 층화를 통해 표본의 대표성을 높이고, 하위집단별 특성을 파악할 수 있으며, 비용도 적게 소요된다는 이점이 있다. 그러나 층화를 위해 모집단에 대한 많은 정보가 필요하고, 층화가 잘못된 경우에는 오히려 표본오차가 커질 수 있다는 단점이 있다.

(4) 다단계 군집표본추출

이제까지 설명한 표본추출방법들은 모집단의 목록을 필요로 한다. 그러나 실제로는 모집단의 목록이 존재하지 않거나 확보하기 곤란한 상황에서 조사연구를 해야 하는 경우가 많다. 그러나 흔히 전체 모집단은 이미 하위집단(군집)들로 집단화되어 있고, 그리고 그런 하위집단들의 목록이 존재하거나 쉽게 만들 수 있다. 이런 경우에 사용할 수 있는 유용한 표본추출방법이 바로 군집표본추출방법이다. 군집표본추출은 일반적으로 목록작성과 표본추출의 두 단계를 반복적으로 실시하여 최종 표본을 추출하기 때문에 다단계 접근방식을 취한다. 그런 의미에서 보통 다단계군집표본추출(multi-stage cluster sampling)이라고 부른다.

예를 들어 서울시 거주 가구주들을 대상으로 조사연구를 한다고 가정하자. 이 모집단 목록을 작성하는 것은 현실적으로 불가능하지만, 서울시를 구성하는 25개 구의 목록은 쉽게 작성할 수 있다. 그러므로 일차적으로 구 목록을 작성하여 그 목록에서 일정 수의 구를 추출한다. 두 번째 단계에서는 선정된 각 구별로 동 목록을 작성하여 일정 수의 동을 추출한다. 세 번째 단계에서는 선정된 각 동별로 통 목록을 작성하여 일정 수의 통을 추출한다. 네 번째 단계에서는 선정된 각 통별로 반 목록을 작성하여 일정 수의 반을 추출한다. 마지막으로, 선정된 각 반에서 가구들의 목록을 작성해서 가구들의 표본을 추출하면 선정된 각 가구의 가구주들이 최종 표본이 되는 것이다.

다단계군집표본추출은 모집단 목록의 확보가 어려울 때 사용할 수 있는 매우 효율적인 표본추출방법이기는 하지만, 다른 표본추출방법에 비해 표본오차가 크다는 단점이 있다. 따라서 군집표본추출의 경우 표본오차를 최소화하기 위해서 각 군집 내에서 추출되는 요소들의 수를 줄이는 한편, 추출할 군집의 수를 최대화화는 것이 일반적이다.

2. 비확률표본추출방법

비확률표본추출(non-probability sampling)**은 추출상의 편리성, 전문가의 의견과 같이 임의적인 기준에 따라 표본을 추출**하는 방법으로, 모집단에 대한 정보가 없거나 표집틀이 없을 때 이용된다.

[표 4-2]에서는 확률표본추출법과 비확률표본추출법의 차이점들을 비교해 보여주고 있다.

[표 4-2] 확률표본추출법과 비확률표본추출법

구 분	확률표본추출법	비확률표본추출법
표본요소의 표출확률	• 모두 표본추출이 가능 • 사전에 확률값을 알 수 있음	• 표본으로 추출된 확률이 0인 경우도 있음 • 확률값을 사전에 모름
표본프레임	정확한 표본프레임이 필요함	표본프레임이 없어도 무방함
표본의 대표성	높음	대표성을 보장할 수 없음
모수에 대한 추정오차	추정 가능	추정 불가능
소요시간과 비용	많이 소요됨	적게 소요됨
표출방법의 종류	단순무작위표본추출 계통표본추출 층화표본추출 군집표본추출	임의표본추출 판단표본추출 할당표본추출

비확률표본추출법은 확률표본추출법에 비하여 편리하고 비용이 적게 든다. 그리고 모집단에 대한 정확한 정보가 없어도 이용이 가능한 방법이다. 그러나 모수에 대한 추정이 불가능하여 대표성을 확보하기가 어렵고 표본오차를 추정할 수 없어서 표본조사 결과를 모집단에 일반화하는 데 한계가 있다. 이 방법에는 임의표본추출, 판단표본추출, 할당표본추출방법이 있다.

(1) 임의표본추출

임의표본추출(convenience sampling)은 연구자가 모집단으로부터 가장 편리하게 얻을 수 있는 대상을 선택하여 표본으로 이용하는 방법이다. 이 방법은 매우 편리하고 비용이 적게 들어 경제적이다. 그리고 사전조사(pre-test)로서 모집단의 개괄적인 특성을 파악하고자 할 때 유용하다. 그러나 표본오차가 심하고, 비과학적인 방법이기 때문에 일반적으로 적용하기에는 한계가 있다.

(2) 판단표본추출

판단표본추출(judgement sampling)은 모집단의 특성에 대하여 풍부한 전문적 지식을 가지고 있는 사람의 판단에 의해 표본을 추출하는 방법이다. 이 방법은 연구자의 전문성에 의존하기 때문에 표본수가 적은 경우에는 비교적 대표성이 높을 수가 있다. 그러나 모집단에 대한 충분한 정보를 가지고 있어야만 표본선정이 가능하다는 한계가 있다.

(3) 할당표본추출

할당표본추출(quota sampling)은 사회과학조사에서 널리 사용되고 있으며, 특히 인터뷰에 의해 자료를 수집할 때 주로 사용되고 있는 방법이다. 이 방법은 우선 모집단의 특성을 고려하여 [그림 4-4]와 같이 모집단을 세분화한다. 그리고 **각 집단별로 구성원 수에 비례하여 표본크기를 할당하고, 할당된 수만큼씩 임의로 표본추출해 나가는 방법**이다.

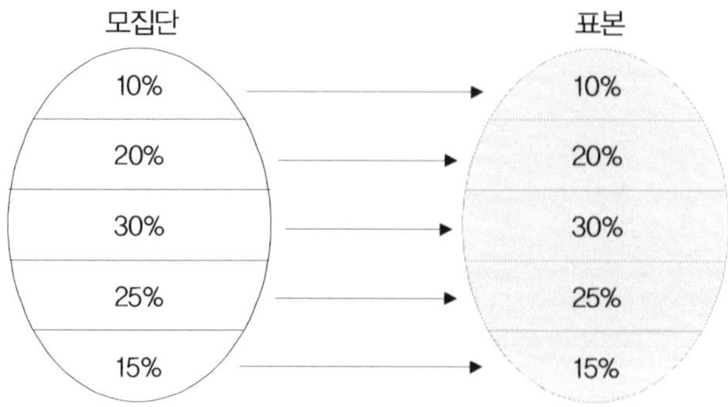

[그림 4-3] 할당표본추출

제 5 장

자료의 수집

Key Words

1차 자료, 2차 자료, 신뢰성, 양적 자료
질적 자료, 실험실조사, 현장실험, 우편조사법
전화조사법, On-line조사법

5.1 자료란 무엇인가

자료는 모든 연구에서 가장 핵심적인 역할을 하는 요소이다. 특히, 연구목적을 성공적으로 달성하기 위해서는 연구목적에 적합한 좋은 자료의 수집이 선행되어야 한다. "Garbage in, garbage out"이라는 말이 있듯이, 좋은 분석결과를 얻어내기 위해서는 우선 좋은 자료의 선택이 중요하다.

경험적 연구에서 필요하고 유용한 자료는 계산되고, 분류되고, 측정되고, 가중할 수 있으며, 크기에 따라 배열되고, 척도화될 수 있는 자료이다.

다음의 [사례 5-1]에서는 교통행정을 보다 체계화하기 위해 필요한 자료들이 무엇인가를 보여주고 있다. 여기서 보는 바와 같이 어떤 현상 자체는 자료가 될 수 없다. 자료가 되기 위해서는 기록 및 측정이 가능하고, 분류할 수 있고, 상호간의 관계를 비교할 수 있어야 한다.

사례 5-1 ▶ 교통행정 체계화에 필요한 자료

현 상		자 료
도로가 자동차로 붐비고 있다 도로 위에는 자동차가 수없이 많다	→	• 자동차의 도로점유율 • 주행속도 • 시간대별 정체구간 • 시간대별 속도변화 • 자동차 증가율 • 도로율 추이

이와 같이 어떤 사실이나 현상은 과학적 연구에서 무의미하다. **과학적 연구에 필요하고 유용한 자료가 되기 위해서는 연구자에 의해 의사결정에 도움이 되는 정보로 활용될 수 있어야 한다.**

5.2 자료에는 어떤 종류가 있는가

자료는 연구자가 연구의 목적을 달성하는데 매우 중요한 역할을 한다. 그러면 연구문제를 해결하기 위해 필요한 자료는 어디서 얻을 수 있으며, 어떤 것들이 있는가 알아보기로 한다.

자료는 그 원천에 따라 1차 자료와 2차 자료로 나누어진다. 그리고 숫자로 표현이 가능한지 여부에 따라 질적 자료와 양적 자료로 나눌 수 있다.

1. 1차 자료와 2차 자료

(1) 1차 자료

1차 자료(primary data)란 연구자가 조사문제의 해결을 위해 사전에 작성한 조사 설계에 따라 필요한 자료를 직접 수집한 자료를 말한다.

1차 자료는 연구자가 직접 수집한 자료이기 때문에 조사목적에 적합한 신뢰도와 타당도를 평가할 수 있으며, 필요한 시기에 적절히 이용할 수 있다는 장점이 있다. 반면에 연구자가 직접 자료를 수집하는 과정을 거쳐야 하기 때문에 많은 시간과 비용이 소요되며, 또한 조사방법에 필요한 지식과 기술도 필요하다.

그래서 보다 경제적으로 자료를 수집하기 위해서는 1차 자료를 얻기 전에 조사목적에 적합한 2차 자료가 있는가를 검색해 보는 것이 좋다. 만일 이용가능한 자료나 정보가 있다면 최대한 2차 자료를 이용하고, 조사목적에 적합한 2차 자료가 없는 것에 한하여 1차 자료를 수집하는 것이 좋다. 1차 자료를 얻는 방법에는 실험법, 관찰조사법, 질문지법 등이 있다.

(2) 2차 자료

2차 자료(secondary data)는 다른 연구자나 조사기관에 의해 수집되어 공개된 자료를 말한다. 이미 공개되어 존재하고 있는 자료이기 때문에 자료수집에 따른 시간과 비용이 상당히 절약되고, 일반인이 수집할 수 없는 방대한 것도 있다. 그렇기 때문에 연구자는 1차 자료를 수집하기 전에 2차 자료의 존재 여부를 각종 정부기관이나 연구소의 홈페이지를 통하여 적극적으로 검색해 보는 것이 좋다.

한편, 2차 자료는 대체적으로 현재의 조사목적과 다른 목적으로 수집된 경우가 많기 때문에 해당 자료를 현재의 연구 분석을 위해 사용할 수 있는가를 잘 판단하여야 한다.

다음의 [사례 5-2]는 중소기업의 인력부족실태와 그 대응방안을 모색하기 위한 보고서의 연구목적과 연구방법을 요약한 것이다.

이 보고서에서 연구자들은 우선 고용노동부, 중소기업청, 통계청에서 발간된 보고서들을 이용하여 우리나라 기업의 인력실태를 파악하였다. 이때의 자료가 바로 2차 자료인 것이다. 그런데 연구자들은 세 기관에서 조사한 보고서들에서 각 기관별로 자료의 개념과 측정도구가 일치하지 않아 중소기업 인력실태에 대한 정확한 파악이 곤란하게 되었다. 이러한 상황이 바로 2차 자료의 장점이면서 또한 한계이다. 그래서 결국 연구자들은 독자적인 측정도구를 이용한 설문조사를 실시하여 연구를 진행하였다. 이때 수집된 자료가 바로 1차 자료인 것이다.

사례 5-2 ▶ 1차 자료와 2차 자료

제　　목 : 중소기업 인력부족 실태와 대응방안
연구목적 : 우리나라 중소기업의 인력부족 실태를 파악하고 그 대응방안을 모색
연구방법 : 1. 중소기업 인력실태 파악을 위한 기초조사
　　가. 자료원 : 고용노동부 「노동력 수요 동향조사」, 「고용전망 조사 보고서」
　　　　중소기업청 「중소기업 인력실태 조사」
　　　　통계청 : 「사업체 기초통계조사」
　　나. 문제점 : ① 각 기관별 조사 자료의 개념과 측정도구가 불일치
　　　　② 중소기업 인력실태에 대한 정확한 파악이 곤란
　2. 소속 대학 사회발전연구소에서 독자적으로 표본조사 및 설문조사 실시
　　설문지 「중소기업 인력부족 실태 및 대응방안 조사연구」
　　「한국의 노동시장 부조화 극복방안 조사연구」

2차 자료는 개인이 수집할 수 없는 방대한 자료로 이용될 수 있을 뿐더러, 비교연구를 용이하게 해주기도 한다. 그러나 위의 사례와 같이 2차 자료를 잘 활용하기 위해서는 연구목적에 적합한 자료인가를 우선 판단해야 한다.

2차 자료를 활용하기 위한 판단의 기준으로는 자료의 적합성, 신뢰성, 정확성, 적시성의 네 가지가 있다.

자료의 적합성이란 자료의 내용이 측정하고자 하는 내용이나 대상과 일치해야 한다는 것이다. 예를 들어 A전자가 PC의 시장점유율을 조사한다고 하자. 이때 필요한 2차 자료는 무엇일까? 모든 전자제품 제조기업들의 전자제품 생산량인가, 아니면 판매액인가? 물론 둘 다 적합한 자료가 될 수 없다. 왜냐하면 A전자가 조사하려는 것은 PC의 시장점유율이기 때문에 전체시장의 PC판매량과 자사의 PC 판매량이 중요한 자료가 된다.

다음으로 **자료의 신뢰성**이란 자료의 수집이나 측정이 신뢰할 수 있는 방법으로 이루어졌는가를 의미하는 것이다. 자료의 수집 과정이나 측정도구를 명확히 밝히지 않은 경우나 표본의 규모가 적은 경우, 자료들 간에 일관성이 없는 경우, 영리 목적으로 제시한 경우의 자료들은 신뢰성에 문제가 있을 수도 있다.

그리고 **자료의 정밀성**이란 자료의 분류나 측정이 정확해야 한다는 것을 의미한다. 정밀성은 대부분 기간이나 화폐단위, 측정단위의 일관성과 관련이 있다. 예를 들어 화폐단위가 천 원 단위로 나타낸 자료가 필요한데 만 원 단위로 측정된 자료를 사용한다면 그만큼 정밀도가 떨어지고 비교 · 설명이 곤란하게 된다.

끝으로 **자료의 적시성**이란 수집하고자 하는 자료가 현재 조사하고 있는 문제와 시간적으로 근접해 있어야 한다는 것이다. 만일 너무 오래된 자료를 이용하여 현재의 현상을 설명한다면, 잘못된 의사결정을 가져올 수도 있다. 위의 [사례 5-2]에서, 만일 201×년 현재 중소기업의 인력부족 실태와 대응방안을 조사하는데, 5년 전의 중소기업 고용실태와 관련된 자료를 이용한다면 어떠한 조사결과가 나올까? 그리고 그러한 조사결과를 이용하여 중소기업의 인력 수급과 관련된 정책을 수립한다면 어떻게 될까? 이와 같이 자료의 적시성은 조사결과에 중요한 영향을 미칠 수 있기 때문에 연구자는 가능한 한 최근의 자료를 찾아내기 위해 적극적으로 검색을 해보는 것이 바람직하다.

(3) 2차 자료의 원천

최근 IT 기술의 급속한 발전에 따라 대용량의 자료들을 데이터베이스화한 사이트들이 많아졌다. 따라서 연구자는 조사를 하기 전에 적극적으로 2차 자료를 검색해 보는 것이 좋다. 2차 자료를 가지고 있는 사이트 주소와 주요 정보내용은 각종 검색엔진들을 이용하여 찾아낼 수 있다.

[그림 5-1], [그림 5-2]는 주요 2차 자료원의 하나인 통계청의 국가통계포털과 한국사회과학데이터센터의 사이트이다.

자료 : http://kosis.nso.go.kr/

[그림 5-1] 통계청의 국가통계포털

자료 : http://www.ksdc.re.kr

[그림 5-2] 한국사회과학데이터센터

2. 질적 자료와 양적 자료

질적 자료(qualitative data)와 양적 자료(quantitative data)의 차이는 기본적으로 비수치자료와 수치자료의 차이이다. 예를 들어 '지적이다'라고 하면 질적 표현이고, 이것을 'IQ가 145'와 같이 표현하면 양적 자료인 것이다.

양적 자료가 갖는 가장 큰 장점은 우리의 관찰을 보다 분명하게 해준다는 것이다. 또한 자료의 연산과 비교가 가능하고, 요약하기가 쉽다. 더 나아가 단순한 평균값에서부터 복잡한 공식과 수리모형에 이르기까지 통계적 분석을 가능하게 해준다는 것이다. 이와 같이 양적 자료는 어떤 특성을 측정하는 데 있어서 숫자가 단어에 비해 갖고 있는 이점을 모두 갖고 있다. 그러나 풍부한 의미를 상실할 수 있다는 약점을 갖고 있다.

한편 질적 자료는 이러한 양적 자료가 갖고 있는 한계를 보완해 준다. 예를 들어 '나이'는 양적 표현으로 하면 몇 살이라고 하면 그만이지만, 질적 의미에서는 '성숙함'이라든지 '삶의 경험'과 같은 의미로도 사용할 수 있다는 것이다.

그래서 사회과학에서는 연구상황과 연구주제에 따라 적합한 접근방법을 취하고 있다. 다만 조사의 편의와 분석결과의 명확화를 위해 질적 자료를 양적 자료화하려는 시도는 지속적으로 이루어지고 있다.

5.3 자료는 어떤 방법으로 수집하는가

연구목적과 연구방법이 결정되고 나면, 연구자는 분석에 적합한 자료를 어떻게 수집할 것인가를 결정해야 한다. 여기서는 질문지법, 실험법, 관찰조사법에 대해 살펴보기로 한다.

1. 질문지법

질문지법(questionnaire survey)은 조사대상자들에게 표준화된 질문지를 배포하여 응답케 함으로써 자료를 수집하는 방법이다. 질문지법은 조사방법에 따라 우편조사법, 전화조사법, 면접조사로 나눌 수 있으며, 최근에는 인터넷을 이용한 온라인조사법도 자주 이용되고 있다.

(1) 우편조사법

우편조사법(mail survey)은 인쇄된 질문지를 미리 추출한 응답자들에게 우송하여 기록하게 한 후 반송을 받는 방법이다. 이 방법은 우리 실생활에서 많이 접해 본 방법이다. 따라서 우리가 경험한 것들을 생각해 보면, 이 방법의 장단점을 쉽게 이해할 수 있을 것이다.

우편조사법의 장점에는 다음과 같은 것들이 있다.

① 우편을 이용하기 때문에 조사비용과 노력이 절약되고, 광범위한 지역을 조사할 수 있다.
② 현지 조사원을 고용할 필요가 없다.
③ 연구자나 면접원의 편견이 개입될 우려가 없다.
④ 피조사자가 충분한 시간을 갖고 솔직하게 답변할 수 있다.
⑤ 직접적인 응답을 회피하거나 접근이 어려운 사람에 대해서도 가능하다.

이상과 같이 장점들 때문에 우편조사법은 많이 활용되고 있다. 그러나 이 방법은 다음과 같은 한계를 사전에 고려하여야 한다.

① 회수율이 낮고, 회수에 소요되는 시간이 많이 걸린다.
② 설문에 해당되는 응답자가 아닌 응답자 주위 사람의 의견이 반영될 가능성이 있다.
③ 추가적인 보충설명이 불가능하기 때문에 응답자가 질문을 잘못 이해할 우려가 있다.

우편조사법은 회수율이 낮다는 것이 가장 중요한 문제점으로 제기되고 있으나, 방대한 지역에 걸쳐서 조사를 할 수 있다는 장점으로 인해 일반적으로 많이 이용되는 방법이다.

일반적으로 회수율이 50% 이상은 되어야 표본의 대표성 측면에서 적절한 것으로 간주하며, 70% 이상이면 아주 좋다고 본다. 우편조사의 회수율을 높이기 위해 응답을 권유하는 편지를 추가적으로 보내거나 추적우편(follow-up mailings)을 보내기도 한다. 선물이나 사례금 등의 유인책과 함께 2-3주 간격으로 2-3차례 추적우편을 계속 보내면 회수율 증대에 큰 도움이 된다. 질문지의 표지문

내용과 질문지의 전체적인 레이아웃도 회수율에 영향을 미치는 것으로 알려지고 있다.

(2) 전화조사법

전화조사법(telephone survey)은 긴급하게 조사를 실시하고자 할 때나 질문내용이 짧을 때 전화를 이용하여 연구자나 조사원이 직접 응답자에게 질문을 하여 자료를 수집하는 방법이다. 이 방법은 특히 근래에 와서 각종 정치 현안이나 사회 현안들에 대하여 짧은 시간에 의견을 알아보려고 할 때 주로 이용되고 있다. 전화조사법도 우편조사법과 마찬가지로 표준화된 질문지를 이용하여 질문하는 것이 보통이다.

최근에는 컴퓨터를 이용한 전화면접조사(Computer-Assisted Telephone Interviewing, CATI)가 널리 사용되면서 전화조사의 신속성과 편리성이 더욱 향상되고 있다. ARS를 이용한 전화면접조사가 대표적인 예인데, CATI를 이용하면 응답내용의 편집이나 자료입력 등에 소요되는 비용과 시간을 크게 줄일 수 있다.

전화조사법은 다음과 같은 장점이 있다.

① 얼굴을 맞대고 대화를 나누어야 하는 면접법에 비해 편안하게 응답할 수 있다.
② 대체로 적은 분량의 설문을 이용하기 때문에 조사가 간단하고, 조사비용이 저렴한 편이다.
③ 조사하기 어려운 사람들은 물론 응답자의 범위가 광범위한 편이다.
④ 조사 소요시간이 짧아 긴급한 문제들을 빨리 분석할 수 있다.

반면에 전화조사법은 다음과 같은 한계가 있기 때문에, 연구자는 이러한 문제점들에 대해 사전에 충분히 준비를 하고 조사를 해야 보다 충실한 자료를 얻어낼 수가 있다.

① 낯선 사람으로부터 받은 전화이기 때문에 응답자들은 경계심을 갖고 응답을 하게 되고, 이러한 응답은 결국 조사결과에 영향을 미칠 수 있다.
② 상대방이 응답할 수 있는 여건이 안 된 경우에는 임의로 전화를 끊어버릴 수 있다.

③ 필요로 하는 응답자가 누구인가에 따라 전화를 거는 시점을 잘 선택해야만 한다. 이러한 문제점은 전화조사의 응답률과 직결되고 있다. 예를 들면 주부를 대상으로 한 조사, 청소년을 대상으로 한 조사, 직장인들을 대상으로 한 조사가 각기 다른 시간에 실시되어야 높은 응답 결과를 가져올 수 있는 것이다.

전화조사의 경우 전화번호부를 사용하여 표본을 추출하는 것이 일반적이다. 그러나 전화번호부는 최근에 이사 등으로 변경된 전화번호들을 반영하지 못하고 있고, 또한 가입자의 요구로 전화번호가 등재되어 있지 않은 경우가 많다. 이러한 문제를 해결하기 위해서 개발된 방법이 임의번호걸기(Random Digit Dialing)이다.

다음의 [사례 5-3]은 임의번호걸기를 실시할 때 표본을 무작위로 결정하는 과정을 보여주고 있다. 여기서 두 번째 과정인 가입자 수를 확인하는 단계에서 국번별 비율은 응답자의 분포를 국번별 분포에 따라 고르게 결정하기 위해서 확인하는 것이다.

사례 5-3 ● 전화번호 무작위추출방법

1. 담당 전화국번 결정 → 2. 가입자 수 확인(국번별 비율 확인) → 3. 임의로 4개의 숫자를 선정 → 4. 임의로 선정한 숫자들을 조합하여 가입자 수 비율로 번호를 할당 → 5. 결번, 영업용일 경우 나머지 전화번호로 대체 → 6. 예상한 표본수에 이르기까지 반복 실행

(3) 면접조사법

면접조사법(interview survey)은 면접자가 피면접자와 서로 얼굴을 맞대고 상호작용하면서 피면접자로부터 응답을 얻어내는 방법으로서 다른 질문지조사법과 마찬가지로 사회과학에서 널리 사용되는 자료수집방법의 하나이다. 면접자를 활용하는 면접조사는 몇 가지 장점이 있다. 첫째, 80~85% 이상의 높은 응답률을 달성할 수 있다. 둘째, 면접자의 활용을 통해 '모른다'는 응답이나 무응답의 수를 줄일 수 있다. 셋째, 혼란스러운 문항이 있을 경우 면접자가 설명을 해줌으로써 피면접자로부터 적절한 응답을 얻어낼 수 있다. 마지막으로, 면접자는 면접조사를 하면서 동시에 피면접자의 주거나 생활수준, 연구에 대한 반응 등을 관찰할 수 있다.

그러나 면접조사는 일반적으로 비용과 시간이 많이 들고, 면접자의 특성에 따라 조사결과가 달라질 수도 있다는 문제점이 있다. 면접자가 다르더라도 동일한 피면접자로부터 정확히 같은 답을 얻을 수 있다면 가장 이상적이라고 할 수 있다. 그러나 현실적으로 이것은 어려우므로, 면접자의 특성이 피면접자의 응답에 미치는 영향을 최소화하도록 노력해야 한다. 이를 위해서 현지조사를 나가기 전에 면접자들의 복장과 행동, 질문지 내용과 면접조사요령 숙지, 모의면접 실시 등 면접조사 전반에 대한 사전교육과 훈련이 철저히 이루어져야 한다.

교육과 훈련이 아무리 철저하게 이루어졌다고 하더라도 연구자가 면접자들에게 면접조사를 일방적으로 맡기는 것은 현명한 처사가 아니다. 연구자는 면접자들에게 매일 일정 수의 피면접자를 할당하고 조사가 끝나는 대로 그날 저녁 때 결과를 보고토록 해야 한다. 그리고 조사된 질문지를 검토하고 다시 그 다음날 조사할 피면접자를 할당하는 식으로 조사과정을 조정하고 통제하는 것이 바람직하다. 즉 연구자는 예상치 못했던 문제들이 발생할 경우에 이를 확인 · 해결하고, 또한 면접자들의 성실한 조사를 담보하기 위해서 면접자들을 감독하고 통제해야 한다.

(4) 온라인 조사법

온라인 조사법(online survey)은 컴퓨터 통신망이나 인터넷의 전자우편을 이용해 설문을 전송하여 응답을 받아 자료를 수집하는 방법을 말한다. 이 방법은 최근 컴퓨터 보급과 전자우편 이용이 증가하면서 많이 이용되고 있는 새로운 방법이다.

온라인 조사의 과정은 기본적으로 우편조사의 절차와 동일하다. 즉 표본추출 → 질문지 작성 → 질문지 전송 → 회수율 확인 → 자료 분석과 같은 순서로 이루어진다.

다음의 [그림 5-3]은 온라인 조사 전문기관의 홈페이지를 보여주고 있다.

[그림 5-3] 온라인 조사 전문기관 홈페이지(예시)

1. 설문 작성	2. 설문 진행	3. 설문 관리	4. 통계 분석 & Report
· 50여 종의 업종 및 유형별 설문 샘플 · Click & Modify 방식의 손쉬운 설문 마법사 · 선택형, 단답형, 척도형, 매트릭스형 등 · 모든 종류의 설문 문항 표현 · 설문 랜딩 페이지 기능 · 페이지 당 설문 개수 지정 · 33문항, 100문항, 200문항 · 설문 구성 편집 기능 (organizer) · 조건 질문 구성 기능 (Jump Logic) · 설문 미리보기 기능 · 설문편집 환경 설정기능 · 도입론 (Intro), 감사글 (Thanks Page) 편집 지원 · 설문 페이지 URL 제공 · PDF 출력 · 영문설문 지원 · My logo 적용 · 설문번호 자동 부여기능 · 설문문항 필수응답 요구기능	· 초청메일 발송을 통한 설문진행 기능 · 설문 대상자 이메일 주소록 구축기능 · 간편한 초청메일 작성기능 · 설문 초청메일 실시간 모니터링 기능 · 이메일 주소데이터 자동관리 기능 · 오류 이메일 주소 사전검사 기능 (옵션) · SMS를 이용한 설문참여 독려기능 · 영문 초청메일 발송 · SNS로 설문조사 링크	· 설문관리함을 통한 편집/ 진행/ 완료 설문관리 지원 · 설문기간 설정 기능 · 웹링크 on-off 스위치 기능 · 진행중인 설문의 일시중지 및 재개 기능 · 진행중인 설문의 응답기간 연장 기능 · 실시간 설문 응답상황 모니터링 기능 · 시스템 환경에 제한 받지 않는 Click & Pop-up 방식의 조사진행 · 100% 웹브라우저 호환성 · 설문 초청메일 재전송 기능	· 문항별 상세통계 및 분석 리포트 · 응답자 상세내역 · 개별 설문지 다운로드 (옵션) · 시나리오 분석 · 교차분석 및 연관분석 · 초청메일의 통계 및 분석 · URL/ 초청메일을 통한 참여자, 응답자 분석 · 분석자료 다운로드(엑셀, 텍스트파일) · 다운로드 자료 배열기준 선택 기능 · 종합 리포트 제공 · 설문 문항별 Chart · spss 활용 가능한 자료파일 다운로드 · Text 분석

[그림 5-4] 온라인 조사 전문기관의 조사 진행과정(예시)

그리고 [그림 5-4]는 위 온라인 조사 전문기관의 조사 진행과정과 주요 내용들을 참고로 제시한 것이다.

이 방법은 다음과 같은 장점이 있다.

① 저렴한 통신비용으로 지역이나 사람 수에 제한을 받지 않고 조사할 수 있다.

② 설문지가 조사 대상자에게 신속히 전달되어 자료수집기간이 짧다.

③ 전산망을 이용한 온라인으로 조사가 이루어지기 때문에 질문지 배부나 우편발송비와 같은 비용이 전혀 들지 않는다.

④ 응답자의 익명성이 보장되기 때문에 민감한 내용의 질문에 대해 솔직한 응답을 얻을 수 있다.

온라인 조사법이 이상과 같은 장점이 있음에도 불구하고, 다음과 같은 한계 때문에 그 이용이나 자료의 분석결과에 대해서 유의하여야 한다.

① 응답률이 매우 낮다. 응답률이 낮다는 것은 우편조사법에서도 언급하였듯이 분석결과에 대해 객관성이나 불편부당성을 확보하는 데 한계가 있음을 의미한다.

② 컴퓨터통신에 익숙한 사람이나 전자우편을 자주 활용하는 사람들에게만 가능하기 때문에 보다 광범위하고 대표성이 있는 표본추출이 어렵다.

온라인을 이용한 조사방법은 근래에 매우 활발하게 이용되고 있으나 아직 타당도나 신뢰도를 검증받은 단계가 아니기 때문에 신중한 계획이 필요할 뿐더러, 조사결과를 해석하는 데 있어서도 조심스럽게 한계와 문제점을 지적해야만 한다.

2. 실험

실험이란 다른 조건들을 통제한 후에 실험처치가 연구대상에 어떤 영향을 미치는지를 알아보는 방법이다. 이 방법은 자연과학에서 주로 사용되는 것이지만, 사회과학 분야에서도 많이 활용되고 있다. 실험은 인과관계를 규명하는 데 초점을 맞추기 때문에 기술적 연구보다는 가설검정을 목적으로 하는 설명적 연구에 특히 적합하다.

자연과학과 사회과학에서 실험은 일반적으로 (1) 독립변수와 종속변수, (2) 사전조사(pre-testing)와 사후조사(post-testing), 그리고 (3) 실험집단(experimental group)과 통제집단(control group)의 세 가지 요소로 구성된다. 실험에서 독립변수는 원인에 해당하며, 흔히 처치(treatment) 혹은 자극(stimulus)이라고도 불린다. 종속변수는 처치 혹은 자극에 대한 반응이나 결과를 가리킨다.

실험에서 어떤 자극의 효과를 알아보기 위해서는 피험자들을 대상으로 실험자극을 주기 이전과 이후의 차이를 비교해 보아야 한다. 실험 자극을 주기 이전의 상태를 측정하는 것을 사전조사라고 하며, 실험 자극을 준 이후의 상태를 측정하는 것을 사후조사라고 한다.

실험자극의 영향을 받는 집단을 실험집단이라고 한다. 과학적 조사연구에서 실험집단의 관찰만으로 실험이 이뤄지는 경우는 거의 없다. 실험자극의 영향을 정확하게 파악하기 위해서는 실험자극을 받지 않으면서 다른 모든 조건은 실험집단과 동일하게 통제된 집단인 통제집단도 함께 관찰한다.

실험집단과 통제집단을 구성할 때 실험자극을 제외하고는 두 집단이 모든 측면에서 유사성을 지니도록 해야 한다. 이를 위해서 사회과학에서 사용되는 피험자 선정방법은 크게 난선화(randomization)와 배합법(matching)이 있는데, 주로 난선화가 사용된다. 난선화는 피험자들을 실험집단과 통제 집단에 무작위적으로 배정하는 것이다.

실험의 가장 큰 장점은 실험자극을 조작하여 원인과 결과 간의 인과관계를 정확하게 파악할 수 있다는 데 있다. 또한 다른 자료수집방법들에 비해 상대적으로 시간과 비용이 많이 들지 않는다는 것이다. 그러나 실험실 내 실험의 인위성으로 인해 야기되는 일반화가능성의 문제가 실험의 가장 큰 약점으로 지적되고 있다. 다시 말해서, 인위적인 실험실내 상황에서 얻어진 결과가 자연스러운 사회적 상황에서는 발생하지 않을 수도 있다는 것이다. 사람을 대상으로 하는 사회과학적 연구에서 실험자극을 인위적으로 조작한다거나 피험자들을 실험집단과 통제집단에 유사하게 배치하는 것이 사실상 어려운 경우가 많다. 그래서 종종 실험의 여러 가지 원칙들이 엄격하게 지켜지지 못하는데, 이런 경우를 유사실험(quasi-experiment)이라고 한다. 실험집단만 가지고 사전 및 사후검사를 하여 비교를 한다거나, 실험집단과 통제집단의 유사성을 확보하지 못한 채 이뤄지는 실험 등을 예로 들 수 있다.

실험은 실험실 밖의 정상적인 사회적 상황에서도 이루어질 수 있다. 즉 각종 정치적 · 사회적 · 경제적 사건의 발생, 혹은 주요 의사결정자들의 내리는 의사결정이나 각종 자연재해 등이 실험자극의 기능을 수행한다. 이 경우 연구자는 이런 자극들의 영향이나 초래된 결과를 관찰하고 분석하면 되는 것이다. 이것을 자연적 실험(natural experiments)이라고 한다. 이러한 자연적 실험의 가장 큰 단점은 정확한 인과관계의 파악이 곤란하다는 것이다.

3. 관찰조사법

관찰조사법(obervation, field research, case studies)은 연구자가 연구대상을 직접 보고 듣고 관찰하면서 대상을 탐구하는 방법이다. 이 방법은 사회과학에서 주로 인류학자들에 의해 많이 사용되었는데, 그들에 의해서 과학적 조사연구기법으로 발전하였다. 관찰조사는 자료수집이자 동시에 이론생산활동이라는 특징을 지니고 있다. 다시 말해서, 개략적인 가설을 근거로 관찰을 하고 그로부터 다시 일반적인 결론을 끌어내고, 그 결론이 시사하는 특정유형의 관찰을 하는 식으로 조사연구가 진행된다. 질문지법이나 실험과는 달리, 관찰조사는 주로 질적 자료를 생산해 낸다. 그리고 관찰조사의 경우 질적 자료에 대한 정형화된 기록 및 분석방법이 존재하지 않는다. 따라서 경험이 풍부한 숙련된 연구자가 아니면 관찰조사를 제대로 수행하기 어렵다.

관찰조사과정에서 관찰자가 수행하는 역할은 크게 네 가지로 나누어볼 수 있다.

첫째, 완전한 참여자(complete participant)로서 역할을 수행하는 것이다. 이것은 연구자가 연구대상집단의 진정한 구성원이 되거나, 그런 것처럼 가장하는 것이다. 이것은 연구대상집단에 대한 생생하고 풍부한 자료를 얻어낼 수 있다는 이점은 있다. 그러나 완전한 참여자로서의 연구자의 참여 그 자체가 연구 중인 사회과정에 중요한 영향을 미칠 수 있으며, 경우에 따라서는 사회과정 그 자체를 근본적으로 바꾸어 놓을 수도 있다.

둘째, 관찰자적 참여자(participant-as-observer)로서의 역할이다. 이것은 연구대상집단에 완전한 참여자로서 참여하여 그들과 함께 활동하되, 연구자로서의 자신의 신분을 밝히는 것이다. 이것은 연구자의 신분을 속이지 않는다는 점에서 완전한 참여자로서의 역할이 지니는 윤리적 문제점을 극복할 수 있다는 장점이 있다. 그러나 연구대상자들의 관심이 연구프로젝트로 옮겨가면서 자연스러운 사회적 과정이 손상될 위험이 있다.

셋째, 참여자적 관찰자(observer-as-participant)로서의 역할이다. 이 경우 연구자는 연구자로서의 자신의 신분을 밝히고, 참여자인 것처럼 가장하지 않으면서 연구대상자들과 상호작용한다. 즉 참여자보다는 관찰자로서의 역할에 강조점이 있다. 기사취재를 위해서 취재대상자를 만나 인터뷰를 하는 신문기자의 역할이 참여자적 관찰자의 역할과 유사하다고 할 수 있다.

넷째, 완전한 관찰자(complete observer)로서의 역할이다. 이 경우 연구자는 어떤 식으로든 연구대상의 일부가 되지 않으면서 사회과정을 관찰하는 것이다. 사람들은 자신들이 연구대상이 되고 있다는 것을 모르기 때문에 그들의 정상적인 사회과정에 영향을 별로 미치지 않는다. 그러나 연구자가 연구대상에 대한 충분한 이해를 발전시키기 어렵기 때문에 관찰이 피상적이 될 가능성이 높다.

위의 네 가지 역할 중에서 특별히 어느 역할이 더 좋다고 할 수는 없다. 연구자가 어떤 역할을 선택할 것인가의 문제는 연구주제 및 대상의 성격과 연구상황에 달려 있다. 관찰조사가 갖는 장점은 연구대상에 대한 심층적인 이해가 가능하다는 점이다. 또한 연구진행 과정에 언제든지 필요에 따라 융통성 있게 조사 설계의 수정이 가능하다는 점도 관찰조사의 장점이다. 그러나 여러 가지 제약으로 인하여 관찰조사로는 규모가 큰 모집단을 연구하기는 어렵다. 또한 관찰조사로 얻어지는 자료는 주로 연구자의 사적 관찰에 의존하기 때문에 다른 방법에 비해 신뢰도가 많이 떨어지고 조사결과의 일반화 가능성도 낮다는 문제가 있다. 따라서 관찰조사에 의해서 얻어진 결론은 보통 결정적이라기보다는 잠정적 · 시사적인 것으로 간주되는 경우가 많다.

5.4 자료수집방법은 어떤 기준으로 선택하는가

이제까지 우리는 자료수집방법으로 질문지법, 실험, 관찰조사법에 대해서 살펴보았다. 연구자는 이러한 자료수집방법들 중에서 자신의 조사목적이나 자료의 특성에 적합한 방법을 선택하여야 한다. 자료는 연구목적을 달성하는 데 매우 중요한 역할을 한다. 따라서 어떠한 방법을 선택하는가에 따라 수집된 자료의 질도 달라질 수 있다. 질문지법과 관련하여 일반적으로 자료수집방법의 선정은 표본과 모집단의 형태, 질문형태와 내용, 응답률, 소요시간과 비용, 다양성 등에 의해서 결정된다.

(1) 표본과 모집단의 형태

표본이나 모집단의 특성에 따라 이에 적합한 자료수집방법을 선택하여야 한다. 예를 들어 조사대상이 교육수준이 대체로 낮은 집단인 경우라면 면접법이나 전화조사법이 우편조사법보다 유용할 수가 있다. 교육수준이 낮은 집단을 대상으로 우편조사법을 사용한다면, 글을 읽지 못하거나 설문에 관심이 별로 없을 수가 있어 그만큼 회수율이 낮을 수 있기 때문이다.

(2) 질문형태와 내용

질문이 얼마나 복잡하게 이루어졌는가, 또는 폐쇄형이나 개방형 중 주로 어느 형태로 되어 있는가에 따라 자료수집방법을 달리할 수 있다. 만일 복잡한 질문이 많은 조사라면 면접법을 이용하는 것이 좋다. 왜냐하면 연구자나 면접원이 질문에 대하여 충분히 설명할 수 있기 때문이다. 반면에 즉시 응답할 수 있는 질문이 많은 경우라면 전화조사법도 괜찮다. 한편 우편조사법은 일반적으로 폐쇄형 질문형태를 취한다. 왜냐하면 일반적으로 질문이 단순하고 객관적인 경우에는 응답자의 반응이 높아 회수율이 높아지기 때문이다.

(3) 응답률

응답률은 연구 분석의 질에 상당한 영향을 미친다. 적정 규모 이하의 자료를 가지고 분석할 경우 분석결과에 대한 유용성은 그만큼 낮아지게 된다. 따라서 연구자는 가능하면 응답률을 높일 수 있는 방법을 선택하는 것이 좋다.

가장 응답률이 높은 방법은 집단조사방법이다. 특정의 조직구성원을 대상으로 하는 이 방법은 응답률이 거의 100%에 이른다. 일반적으로 우편조사법의 경우 가장 응답률이 낮은데, 연구자는 응답률을 높이기 위해 적절한 후속조치를 취하여 적정 수준 이상의 응답률을 유지할 수 있도록 강구하여야 한다.

(4) 소요시간과 비용

일반적으로 면접법이 전화조사법이나 우편조사법에 비하여 비용이 많이 소요된다. 반면에, 비용이 가장 적게 드는 방법은 우편조사법이다.

한편 면접법이나 우편조사법은 비교적 시간이 오래 걸린다. 그러나 전화조사는 단시일에 끝낼 수 있다. 다만, 여기서 한 가지 고려해 볼 점은 소요되는 경비와 시간은 다소 상반될 수도 있다는 점이다. 즉 면접법을 이용하더라도 빠른 시간 안에 자료를 수집하고 싶으면, 보다 경비가 많이 소요되더라도 면접원들을 늘려서 실시하면 된다.

이와 같이 연구자에게 허용된 소요시간과 비용을 고려하여 자료수집방법을 선택함으로써 조사일정이나 예산을 맞출 수 있으며, 또한 조사분석을 충족시켜 줄 수 있는 자료를 확보할 수 있는 것이다.

(5) 자료의 다양성 정도

다양성이란 수집하고자 하는 자료의 종류나 계층이 많은 정도를 의미한다. 다시 말해서, 연구자가 인구통계적 자료, 경제적 자료, 사회계층적 자료 등과 같이 다양한 측면에서의 자료들을 필요로 한다면, 이러한 상황을 다양성이 높다고 한다. 일반적으로 다양성의 정도가 높은 경우에는 조사내용을 충분히 설명할 수 있는 면접법을 이용한다.

지금까지 자료수집방법을 선택하는 기준에 대하여 설명하였는데, 이상의 내용을 각 수집방법별로 간단히 요약하면 [표 5-1]과 같다.

[표 5-1] 우편조사법, 전화조사법, 온라인조사법, 면접법 비교

기	준	우편조사법	전화조사법	면접법	온라인조사법
표본특성	교육수준이 높음	○			○
	교육수준이 낮음		○	○	
질문형태	복잡한 질문			○	
	단순한 질문		○		
	개방형			○	
	폐쇄형	○	○		○
응 답 률		낮은 편임	보통임	높음	낮은 편임
소요시간		많이 소요	매우 빠름	보통임	빠른 편임
비 용		많이 소요	적게 소요	많이 소요	적게 소요
다 양 성		낮음	보통임	높음	보통임

제 6 장

질문지를 이용한 조사방법

Key Words

질문지조사, 표지문, 설문내용, 개방형 질문
폐쇄형 질문, 양자택일형, 다지선다형, 전반적 지시문
구체적 지시문, 사전조사

우리는 이제까지 제1장에서 제시한 과학적 조사방법의 일반적 과정에 따라 제2장에서는 연구문제의 제기와 연구의 일반적 요소에 대하여, 제3장에서는 조사설계와 측정을, 제4장에서는 표본추출에 대하여, 그리고 제5장에서는 자료의 수집에 대해 논의를 하였다.

그런데 사회과학에서 자료수집의 방법으로 가장 폭넓게 사용되는 방법이 질문지법이다. 따라서 본 장에서 질문지의 작성에 대하여 별도로 자세히 설명하고자 한다.

6.1 왜 질문지를 이용하는가

자료수집에서 질문지법은 매우 오래된 조사기법의 하나로 오늘날 사회과학에서 가장 보편적으로 사용되는 자료수집방법이다. 질문지를 이용한 조사방법이 여러 조사방법들 중에서 가장 폭넓게 보편적으로 이용되는 이유는 세 가지 정도로 요약할 수 있다.

우선, 질문지법은 조사하고자 하는 표본의 특성을 기술하고자 할 때 매우 유용하다. 즉 질문지법은 모든 응답자들에게 표준화된 질문을 가지고 똑같은 방법으로 질문을 하게 된다. 따라서 측정도구로 인한 오류를 최소화할 수 있으며, 또한 결과에 대한 비교를 쉽게 해주기 때문에 조사대상의 특성을 비교적 정확하게 기술할 수 있다.

또한 질문지법은 대부분 무기명으로 실시되는 경우가 많기 때문에 질문지를 통해서만 접근할 수 있는 응답자들까지도 포함할 수 있다. 따라서 비교적 큰 표본에도 용이하게 적용할 수 있다. 아울러 무기명으로 응답하기 때문에 비교적 객관적이고, 솔직하고, 정확한 정보를 얻을 수가 있다.

이상과 같은 이유 때문에 질문지법은 사회과학에서 폭넓게 이용되어 왔다. 그러면 질문조사의 목적은 무엇인가?

첫째, 문제해결을 위해 필요한 정보를 얻을 수 있다는 것이다. 모든 질문조사는 조사 목적이 있으며, 또한 현재의 문제를 파악하기 위해 중요한 역할을 할 수 있다는 가정에서 실시된다. 예를 들어 정당의 지지도에 대한 조사는 정당의 활동 목적과 정책수립에 영향을 주게 될 것이며, 이것은 결국 정당의 낮은 지지도를 높이는 데 기여하게 될 것이다.

둘째, 집단에 대한 정보를 얻을 수 있다는 것이다. 질문조사는 어떤 문제가 발생하면 그 문제를 해결하기 위해 문제가 발생된 사람들이나 조직을 대상으로 정보를 얻어내는 기능을 한다. [사례 6-1]에서는 집단을 통해서만 얻을 수 있는 정보의 예를 제시하고 있다.

사례 6-1 ▶ 다수/집단을 통해서만 얻을 수 있는 정보

1. 특정 기업에서 신제품을 출시하기 전에 불특정 다수의 소비자 집단들을 대상으로 해당 기업의 인지도, 신제품에 대한 인식, 문제점, 생각 등에 관한 정보
2. 동아리, 집단, 학생회, 학교, 노동조합, 기업 등과 같이 많은 사람들로 구성된 조직 내부에서 발생하는 문제를 해결하기 위해 필요한 정보

셋째, 질문지를 통하여 수집된 자료는 연구문제를 해결하기 위한 분석에 활용이 가능하다는 점이다. 자료는 연구자에게 연구에 필요한 정보를 제공해 주는 원천이다. 질문지는 바로 똑같은 질문과 응답방식을 이용하여 많은 사람들로부터 필요한 정보를 수집할 수 있다. 또한 연구자는 수집된 자료로부터 문제해결에 필요한 정보를 찾기 위해 여러 가지 방법을 이용하여 자료를 분석할 수가 있다.

6.2 질문지는 어떤 순서로 작성하는가

이제까지 설명한 바와 같이 질문지를 이용한 조사방법은 조사의 범위가 넓고, 조사목적을 보다 객관적으로 달성할 수 있으며, 다양한 분석방법을 활용할 수 있다는 장점 때문에 사회과학에서 유용한 수단으로 이용되고 있다. 그러나 실제로 많은 연구들에서 질문지 작성의 오류로 인해 조사목적을 달성하지 못하는 경우를 종종 목격할 수가 있다. 다시 말해서 질문지의 실사단계와 분석과정에서 의미있는 결론을 이끌어내기 위한 자료가 부족한 것을 발견하는 경우가 있다. 자료가 불충분다고 하여 모든 응답자들을 다시 추적하여 재조사할 수도 없고, 이제까지 조사한 자료들을 폐기시킬 수도 없는 경우이다.

그래서 이러한 오류를 사전에 방지하고 연구목적에 적합한 자료를 얻어내기 위해서는 치밀한 사전준비가 필요하다. 이와 같이 질문지 작성의 오류를 최소화하고 연구목적에 적합한 질문지를 작성하기 위해 필수적으로 거쳐야 하는 과정들을 질문지설계과정이라고 한다.

질문지설계과정은 전체적으로 연구의 주제와 내용의 확정, 질문형식의 확정, 원활한 질문의 흐름 구성에 그 목적이 있는데, 일반적으로 아래의 [그림 6-1]과 같이 여덟 단계를 거치면서 질문지를 작성하게 된다.

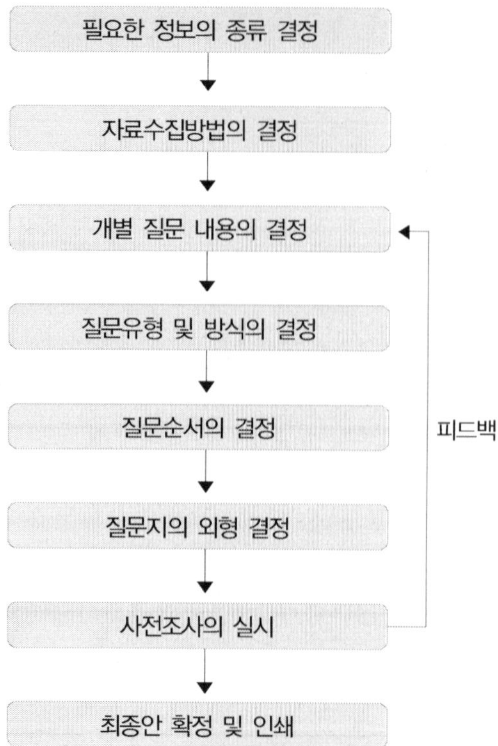

[그림 6-1] **질문지 작성 순서**

(1) 필요한 정보의 종류 결정

연구자는 질문지를 작성하고자 할 때 제일 먼저 조사를 통하여 얻어야 할 정보의 종류를 결정해야 한다. 다시 말해서 필요한 정보내용은 물론 그 정보에 대해 어느 정도의 범위와 깊이까지 알아낼 것인가를 결정해야 한다. 이 단계에서 연구자는 연구의 가설을 검정하기 위해서 측정해야 할 변수들을 구체적으로 제시하여야 한다.

예를 들어 응답자들의 인구통계적인 분포를 알고자 할 때 어떻게 해야 하는가? 그냥 인구통계학적인 변수들에 대한 정보를 얻고자 한다는 정도로만 알고 질문지를 작성하려고 하면 안 된다. 인구통계학적인 변수들 중에서 성별, 나이, 학력 등과 같이 좀 더 구체적으로 알고자 하는 변수들을 결정해야 한다. 더 나아가 학력의 예를 들면 그냥 중학교, 고등학교, 대학교 등과 같이 범주로 표현할 것인가, 아니면 교육받은 기간과 같이 연수로 측정할 것인가까지도 결정해야 한다.

이와 같이 필요한 정보를 분류하고 결정하는 일은 가설에 포함될 측정변수를 결정하는 작업이기 때문에 매우 중요하다.

(2) 자료수집방법의 결정

질문지 작성의 두 번째 단계는 자료의 수집방법을 결정하는 것이다. 우리가 제5장에서 설명한 바와 같이 자료를 수집하는 방법에는 우편조사법, 전화조사법, 면접법 등이 있다. 그런데 어떠한 방법을 선택하는가에 따라 정보의 양과 내용 및 설문의 표현방식이 달라질 수 있다. 또한 어느 한 가지 방법만으로 할 것인가, 아니면 두 가지 이상의 방법으로 자료를 수집할 것인가를 결정하여야 한다.

(3) 개별 질문내용의 결정

조사하고자 하는 정보의 종류와 자료수집방법이 결정되었다면, 다음 단계는 이러한 자료를 얻기 위한 질문들을 구성해야 한다. 즉 이 단계에서는 필요한 개념(변수)을 측정하기 위해 어떠한 내용의 문항이 포함되어야 할 것인지를 결정하고, 과연 응답자들로부터 자료를 얻을 수 있는가를 살펴보아야 한다.

질문의 내용을 결정할 때는 다음과 같은 요인들을 고려할 필요가 있다.

① 꼭 필요한 내용인가를 확인하여 필요한 내용만을 선별하여 설문의 양을 결정한다.

② 한 문항으로 충분한가를 확인해 보아야 한다. 즉 어떤 개념을 측정하기 위해서는 한 문항이 아니라 두 개 이상의 문항이 필요하다면 복수의 문항을 이용하는 것이 바람직하다.

③ 응답자가 요구하는 정보를 알고 있는지 여부를 고려해야 한다. 즉 응답자의 지식수준과 같은 특성을 고려하여 설문의 내용을 결정해야 효과적인 응답 결과를 얻어낼 수 있다.

④ 응답자가 기꺼이 정보를 제공해 줄 수 있는가 하는 측면도 고려해야만 한다. 다시 말해서 개인 신상에 관한 설문, 개인의 자존심과 관련된 설문, 정확히 기억해 내기 어려운 설문들은 적합한 응답을 얻어내기 힘들 수 있다. 따라서 응답에 필요한 시간과 노력, 측정방법, 표현방법 등에 대하여 고려할 필요가 있다.

(4) 질문유형 및 방식의 결정

질문의 내용이 결정된 다음에는 효과적으로 응답을 얻어내기 위해서는 각 문항별로 어떤 응답형식이 좋을 것인가를 결정해야 한다. 구체적인 질문 유형과 질문 방식의 결정 기준은 본 장의 6.3에서 상세히 설명하였다.

(5) 질문순서의 결정

질문의 형태와 방식이 결정되고 나면, 각 문항들을 응답자들에게 어떤 순서로 제시할 것인가를 결정해야 한다. 연구자는 응답률을 높이고 솔직한 응답을 얻어내기 위해서는 질문을 어떤 순서로 나열하는 것이 바람직한가를 결정해야 한다. 자세한 내용은 본 장의 6.3에서 설명하였다.

(6) 질문지의 외형 결정

일반적으로 질문지의 외형은 그리 중요하지 않게 생각할 수 있다. 물론 질문의 내용과 형식 및 순서를 결정하는 것이 우선 중요하다. 그러나 그러한 내용들 못지않게 질문지의 외관이나 배열과 같은 물리적인 인상도 응답자들의 협조나 관심도에 영향을 미칠 수 있다. 따라서 연구자는 질문지의 내용과 순서가 결정된 후에는 반드시 질문지의 외형에도 관심을 기울여야만 한다.

질문지의 외형을 결정할 때 고려해야 할 요인들로는 분명한 연구목적과 취지의 제시, 질문지 종이의 질과 크기, 활자의 크기, 응답자 중심의 문항배치, 쪽수, 기타 시각적인 효과 등을 들 수 있다.

(7) 사전조사 실시

질문조사는 일반적으로 시간과 비용이 많이 드는 작업이다. 따라서 조사의 목적을 분명히 하고, 조사목적에 적합한 가설을 세워 이를 검정할 수 있는 설문을 개발, 결정하여야 한다. 그런데 질문지를 완성하여 조사하다 보면 질문지 개발 시 전혀 생각하지 못했던 문제점들이 나오고, 더욱이 조사목적에 필요한 변수를 누락시켜 돌이킬 수 없는 낭패를 당하는 경우도 있다.

사전조사(pre-test)란 이러한 과오를 예방하기 위하여 최종 질문지를 인쇄하기 전에 모집단과 유사한 표본을 대상으로 그 질문지를 가지고 실제로 시험해 보는 것이다. 그래서 잘못된 문항을 수정하거나 추가, 삭제하기도 하고 문항의 순서를 바꾸기도 한다. 그리고 응답자들의 반응을 면밀히 관찰하거나, 응답자들과의 토의를 거쳐 설문 응답 시 어려웠거나 이해가 안 된 문항들을 조정하기도 한다. 또한 이러한 사전조사 과정과 더불어 해당 주제와 관련하여 전문적인 지식을 가지고 있는 전문가 집단에게도 사전조사를 실시하면 좋다. 이러한 과정까지 거치게 되면 일반인들이 지적하지 못하는 문제점까지도 발견해 낼 수 있다. 사전조사는 반드시 한 번 이상 실시하여야 한다. 사전조사를 위한 표본의 크기는 일반적으로 20-30명 정도가 적합하다. 그리고 본 조사를 실시할 때는 사전조사에 참여한 표본은 반드시 제외하여야 한다.

이제까지 설명한 것 이외에 사전조사 시 관심을 두어야 할 사항으로는 다음과 같은 것들이 있다.

① 연구자가 의도하는 내용이 응답자에게 충분히 전달되고 있는가?
② 조사목적에 필요한 응답항목이 빠져 있지는 않은가?
③ 설문에서 사용한 용어들이 응답자에게 생소하지 않은가?
④ 응답을 회피하는 문항은 없는가?
⑤ 사전조사에 참여한 응답자들이 모집단을 대표할 수 있는가?

만일 사전조사에서 문제가 발생하면, 그 이유를 규명하고 다시 세 번째 단계인 질문내용의 결정으로 피드백하여 질문지를 수정해 나가야 한다.

(8) 최종안 확정 및 인쇄

사전조사에서 발견된 문제점들을 수정하고 나면, 연구주제를 수행하기 위한 최종 질문지가 완성되는 것이다. 완성된 질문지는 인쇄나 복사과정을 거침으로써 질문지 작성과정이 끝나게 된다. 질문지를 인쇄할 때는 소요시간과 비용, 제본방식, 인쇄부수, 인쇄방식 등을 사전에 결정해 두는 것이 좋다.

6.3 질문지는 어떻게 구성하는가

앞에서 설명한 바와 같이 질문지를 이용한 조사방법은 다른 조사방법들보다 비교적 폭넓게 이용되어 왔다. 그렇기 때문에 그 형식도 대체로 표준화되어 있다. 물론 질문지의 구성은 연구자의 연구목적에 따라 달리할 수도 있다. 그러나 여기서 표준화된 질문지의 형식을 권장하는 이유는 응답자에게 설문의 목적이 잘못 전달됨으로써 나타날 수 있는 응답오류를 최대한 방지하고, 보다 충실한 응답결과를 얻어내기 위함이다. 질문지는 일반적으로 표지문과 설문내용으로 구성된다.

1. 표지문은 어떻게 작성하는가

표지문(cover letter)은 질문지의 맨 앞장에 해당되는 부분으로 일반적으로 다음과 같은 내용이 포함된다.

① 인사말
② 연구자(혹은 연구기관)에 대한 소개
③ 연구의 목적
④ 연구의 중요성과 용도
⑤ 설문개요 안내

다음의 [사례 6-2]에서는 일반적으로 사용되고 있는 표지문의 형식을 제시하고 있다. 본서의 [부록1]과 [부록2]에서는 수도권 주민을 대상으로 한 "주택수요조사" 질문지와 "직장인 근무환경조사" 질문지가 있다. 각 질문지의 표지문을 조금씩 다르게 구성하였다. 참고하기 바란다.

사례 6-2 표지문 예시

인 사 말	안녕하십니까?
연 구 자	저는 ○○○대학교 ○○대학원에 재학중인 ○○○입니다.
연구목적	본 조사는 호텔에 근무하고 계시는 분들의 근무환경에 영향을 미치는 다양한 요인들에 대하여 살펴보기 위한 것입니다. 본 조사를 통해서 얻어지는 결과는 호텔경영학 연구의 발전은 물론 여러 선생님들의 근무환경개선에도 크게 이바지할 것으로 기대됩니다. 따라서 여러분들의 긴밀한 협조만이 본 조사연구의 성공적인 수행을 가능케 할 것입니다.
용　　도	귀하께서 응답해 주신 자료는 연구목적에만 사용되며 어떤 다른 용도에도 사용되지 않습니다.
질문개요	본 질문지는 총 ○○문항, ○쪽으로 구성되어 있으며, 응답하시는데 필요한 소요시간은 8-10분 정도입니다.
	귀하의 건강과 행복을 기원합니다. 감사합니다.

201X년　3월　　일

연 구 자　○　○　○

본 조사와 관련하여 문의하실 사항이 있으시면 아래로 연락주시기 바랍니다.

휴대전화 :

E-mail :

2. 질문내용은 어떻게 구성하는가

질문지는 조사분석에 유용한 정보를 이끌어내기 위해 특별히 고안된 수단이다. 이러한 의미에서 질문지의 작성은 과학적인 요인보다는 기술(art)적인 측면이 더 많다고 할 수 있다.

어떤 질문지가 가장 이상적인가를 판단하는 기준은 질문지를 작성하는 상황에 따라 달라진다. 다만 잘못 작성된 질문지로 인해 오류에 빠지지 않고, 조사목적을 보다 효과적으로 달성하기 위해서는 질문지 작성 시 고려해야 할 요건들을 잘 알아둘 필요가 있다. 여기서 '효과적'이란 응답자가 솔직하고 정확한 응답을 하도록 유도한다는 의미이다.

여기서는 질문지 구성에 필요한 질문 표현 방법, 문항의 배열 요령, 각종 지시문의 종류 및 질문의 형식에 대하여 살펴보도록 한다.

(1) 효과적인 질문을 위한 표현 요령

좋은 자료가 수집되기 위해서는 응답자들이 끝까지 응답을 하고, 진실된 것을 응답할 수 있도록 질문지가 작성되어야만 한다. 비록 같은 의미의 말이라도 표현을 어떻게 하느냐에 따라 응답자의 반응이 달라질 수 있다. 따라서 명확하고 분명한 질문은 자료의 신뢰도와 타당도를 높이는 데 매우 중요하다.

질문지를 작성할 때 알아두어야 할 중요한 사항들은 다음과 같다.

1) 문항은 명료하게 표현한다

질문지의 문항이 명료하고 애매모호하지 말아야 한다는 것을 두말할 필요가 없다. 다만 여기서 유의할 점은 연구자가 알고 있는 질문의 범위와 관점이 분명하더라도 응답자의 관심 정도에 따라서는 달라질 수 있다는 것이다. 그래서 문항은 보다 객관적이고 일반화된 표현으로 명료하게 나타내는 것이 바람직하다. 또한 [사례 6-3]의 1번 문항과 같이 미묘한 의미의 차이가 있는 용어의 사용에 주의해야만 한다.

사례 6-3 ▸ 미묘한 의미의 용어를 이용한 질문

1. 당신의 가족은 외식을 얼마나 자주 하십니까?
   ① 가끔　② 종종　③ 때때로　④ 자주　⑤ 빈번하게

2. 이 제품이 어느 점에서 가장 마음에 들어서 선택하셨습니까?
   ① 디자인이 좋아서　② 스타일이 좋아서　③ 멋있어서
   ④ 가격이 적당해서　⑤ 실용적이어서

2) 짧은 문장이 좋다

일반적으로 애매하지 않고 정확하며, 연구문제와의 관련성을 잘 설명하기 위하여 연구자들은 길고 복잡한 문항을 만드는 경향이 있다. 그러나 응답자들은 문항을 빨리 읽고, 문항의 의도를 쉽게 이해하고, 어려움이 없이 답을 선택하려는 경향이 있다. 따라서 문항은 응답자들이 문항을 빨리 읽고 답을 즉시 줄 것이라는 가정을 하고 명료하고 짧은 문장으로 제공해야 한다.

3) 부정어가 있는 문항은 피하는 것이 좋다

질문지의 문항에서 부정어는 응답자로 하여금 쉽게 오해하도록 만드는 경향이 있다. "대통령의 재신임을 거론해서는 안 된다"는 진술에 동의하느냐 아니면 안 하느냐고 묻는다면 상당수의 응답자들은 '안'이라는 단어와 '동의'라는 단어를 다르게 생각하기 때문에 재신임에 반대하면서도 동의에 표기를 할 것이다. 결국 응답 결과는 어느 것이 정확한 응답인지를 혼란스럽게 하여, 정확한 측정결과를 가져올 수 없게 된다.

4) 편견이 작용할 가능성이 있는 문장과 용어는 사용하지 않는 게 좋다

어떤 현상이나 태도에 대하여 명성이 있는 인물이나 기관과 동일시하는 것은 응답을 왜곡시킬 수 있다. 예를 들어 "…라는 대법원의 판결에 대하여 동의하십니까? 반대하십니까?"라든가 "… 대통령이 즐겨하는 조깅은 건강에 도움이 됩니까?"와 같은 문항은 이미 명성이 있는 기관이나 인물과 동일시하는 입장을 지지하고 있기 때문에 그 응답 역시 비슷한 효과를 나타내게 될 것이다. 응답 결과를 왜곡시키지 않기 위해서는 용어나 문장이 가치중립적인 것이 좋다.

5) 질문은 응답자와 관계가 있어야 한다

질문지에 있는 질문들은 대부분 응답자들과 관계가 있어야 한다. 응답자들이 별로 생각해 보지 않았거나 실제로 관심도 갖고 있지 않은 주제에 대해 의견을 묻는다면, 그 결과가 과연 유용할 것인가를 생각해 볼 필요가 있다. 아주 드문 경우이지만 응답자들이 이러한 주제에 대해 생각한 적이 없으면서도 어떤 태도를 나타낼 수도 있다. 그렇기 때문에 연구자는 이러한 가능성을 사전에 충분히 검토해 보아야만 한다.

6) 쌍렬식 질문(double-barreled question)은 피해야 한다

여러 개의 부분들로 구성된 복합적인 질문을 던지고 하나의 대답을 요구하는 것은 응답자들을 혼란스럽게 만든다. 예컨대 "국방비 예산을 낮추고, 복지 예산을 늘려야 한다는 주장에 대해서 동의하십니까?"라고 묻는다면, 국방예산의 감축에는 동의하지만 복지예산의 증액에는 반대하는 응답자들은 이 질문에 대해 어떻게 응답해야 할지 혼란스러울 것이다.

7) 응답자는 대답할 수 있는 능력이 있어야 한다

응답자들에게 어떤 정보를 제공해 주도록 요구할 경우, 과연 정확한 응답을 할 수 있을지 면밀히 확인해 보아야 한다. 만일 "일 년에 소주를 몇 병 정도 마십니까?"라든지 "일 년에 술을 어느 정도 마십니까?"라는 질문을 준다면 응답자들이 얼마나 정확성을 갖고 기억해 낼 수 있을지 의심스러운 일이다. 결국 보다 정확한 응답을 얻어내기 위해서는 기간이나 내용이 광범위한 표현을 피하고 응답자가 쉽게 대답할 수 있도록 질문을 해야 할 것이다. 효과적인 질문을 위한 표현 요령으로 이제까지 설명한 것들 이외에도 응답자의 자존심을 건드리는 표현이라든지, 지나치게 자세한 설명, 유도적인 표현은 삼가는 것이 좋다. [사례 6-4]에서는 이러한 표현들에 대한 예문들을 제시하였다.

사례 6-4 ● 바람직하지 못한 표현방식

1. 자존심을 건드리는 표현
   우리나라 자동차 보급률은 한 가구당 1.2대인데 당신은 자가용을 가지고 계십니까?
2. 지나치게 자세한 설명
   정기적금은 매달 일정액을 불입하는 예금방식인데 이러한 예금에 가입하고 있습니까?
3. 유도적인 표현
   담배가 임산부에 매우 해롭다고 하는데 여자가 담배를 피우는 것에 찬성하십니까?

(2) 질문은 어떤 방법으로 하는가

많은 연구자들은 보다 유용한 정보를 얻기 위해서 질문을 어떻게 해야 하는가에 대해 관심을 가지게 된다. 그렇지만 또 한편으로는 응답자의 특성이나 응답환경도 고려해서 결정해야만 한다. 그래서 연구자의 정보획득 목적과 응답자의 다양한 특성을 잘 고려하여 적합한 질문형태를 찾는 것도 매우 중요하다. 질문의 형태는 크게 개방형 질문과 폐쇄형 질문으로 나누어진다.

1) 개방형 질문

개방형 질문(open-ended question)은 자유응답형 질문이라고도 하는데, 응답자가 아무런 제약 없이 자유롭게 응답할 수 있도록 만든 질문이다. 그래서 개방형 질문은 대답이 자유롭고, 개방되어 있으며, 응답에 어떤 제한이 없기 때문에 응답자 자신의 생각을 마음대로 표현할 수 있다.

사례 6-5 ▶ 개방형 질문

1. 여행사를 선택할 때 가장 먼저 고려하는 점은 무엇입니까?
2. 회사가 보다 나은 투자자관계를 위해서는 무엇을 해야 한다고 생각합니까?
3. 왜 그렇다고 생각하십니까?
4. 그 광고가 나타내려고 하는 것은 무엇이라고 생각하십니까?

개방형 질문은 대답하는 데 있어서 응답자가 어떠한 제약도 받지 않기 때문에 다양한 대답을 유도해 낼 수 있다. 또한 조사 주제를 소개하는 문장으로도 좋은 역할을 할 수 있으며, 후속적인 질문을 하는 데 응답자의 주의를 집중시키는 역할을 하게 된다. 그래서 개방형 질문은 다양한 응답을 유도해 낼 수 있어서 탐색적 질문에 유용하며, 응답자의 의견을 존중하는 느낌을 준다는 장점이 있다. 반면에, 응답에 일관성이 없으며, 표현상의 차이로 인하여 상이한 해석을 할 수 있고, 응답자들이 그냥 간과해 버리는 경향이 많아 무응답률이 높다는 단점이 있다.

2) 폐쇄형 질문

폐쇄형 질문(closed-ended question)은 대답할 내용을 미리 범주화하여 그것을 설명하거나 표현하는 항목에 응답하도록 고안된 질문이다. 폐쇄형 질문에는 양자택일형과 다지선다형이 있다.

① 양자택일형 질문

양자택일형 질문은 긍정이나 부정, 해당되는가 아니면 해당되지 않는가와 같이 극단적인 두 가지 범주의 응답 중에서 하나를 선택하도록 하는 방법이다. 이 질문형태는 응답이 쉽고, 자료의 처리가 간단하다는 장점이 있다. 또한 양자택일형 질문은 아래의 예시와 같이 조건부 질문을 할 때 유용하다. 반면에 가치중립적이거나 다른 대체안이 없어서 응답자의 의도와는 다른 응답이 나타날 수 있다. 그리고 현실적으로 단 두 개의 극단적인 내용만으로 응답조건을 만족할 수 없는 경우가 많아 분석상에 한계가 있다.

사례 6-6 ▶ 양자택일형 질문

1. 귀하는 해외여행을 다녀오신 적이 있습니까?
   ① 예 ( )
   ② 아니오 ( )

2. 귀하는 대마초를 피운 적이 있습니까?
   ① 예 ( )
   ② 아니오 ( )

   ▶ 예라면, 대마초는 몇 번 정도 피웠습니까?
   ① 한번 ( )
   ② 2–5번 ( )
   ③ 6–10번 ( )
   ④ 11번 이상 ( )

3. 귀하는 전국 도, 시 단위의 선거에 한번이라고 투표를 한 적이 있습니까?
   ① 예 ( ) (문항 23–28을 응답해 주십시오)
   ② 아니오 ( ) (문항 29–34를 응답해 주십시오)

② 다지선다형 질문

다지선다형 질문은 표현 그대로 응답할 수 있는 선택안이 많은 질문을 의미한다. 선택안의 수는 조사의 목적이나 편의에 따라 다양하게 만들 수 있다.

이러한 유형의 질문은 조사주제의 범위가 학생, 직장인, 가정주부와 같이 명확하게 구분이 가능하거나, 월급이 많다, 보통이다, 적다 등과 같이 등급화가 가능할 때 매우 유용하다.

다지선다형 질문에서 응답항목은 대체안이 될 수 있는 가능한 모든 조건을 제시하거나, 필요에 따라 공통된 몇 개의 범주로 나누어 응답항목을 구성하기도 한다. 이때 유의할 점은 항목 간에는 서로 배타적이어야 하며, 항목들이 포괄적이어야 한다. 즉 항목들 간에 의미상 중복이 있어서는 안 되며, 나타날 수 있는 모든 항목이 제시되어야 한다는 점이 중요하다. [사례 6-7]은 서로 배타적인 항목들로 질문을 작성한 예시이다. 그리고 [사례 6-8]은 척도화된 형태로 작성된 질문을 보여주고 있다.

사례 6-7 다지선다형 질문 – 예시 1

1. 귀하의 월평균 소득은 얼마입니까?
   ① 200만원 미만(　　)　② 200만원 이상-300만원 미만(　　)
   ③ 300만원 이상-400만원 미만(　　)　④ 400만원 이상(　　)

2. 귀하가 자동차 선택 시 가장 중요하게 생각하는 요인은 무엇입니까?
   ① 가격(　　)　② 디자인(　　)
   ③ 제조회사(　　)　④ 경제성(　　)
   ⑤ 성능(　　)

3. 당신은 실제로 당신이 속한 조직의 한 부분으로 생각하십니까?
   ① 실제로 조직의 한 부분으로 생각한다.
   ② 대부분 포함된다고 본다.
   ③ 어떤 부분은 포함되나 어떤 부분은 포함되지 않는다.
   ④ 실제로 소속되어 있다고 느끼지 않는다.
   ⑤ 확실한 것이 없다.

사례 6-8 다지선다형 질문 – 예시 2

1. 현재 우리나라는 경제개혁 조치가 잘 진행되고 있다고 생각하십니까?
   ① 매우 그렇다.(　　)
   ② 그렇다.(　　)
   ③ 보통이다.(　　)
   ④ 그렇지 않다.(　　)
   ⑤ 전혀 그렇지 않다.(　　)

2. 귀하는 현 대통령의 국정운영에 대하여 어느 정도 만족하는지를 10점 만점으로 평가하면 몇 점을 주시겠습니까?

불만족한다				보통이다		만족한다			
매우 불만		약간 불만				약간 만족		매우 만족	
1	2	3	4	5	6	7	8	9	10

다지선다형 질문은 응답항목이 명확하고, 신속한 응답이 가능하며, 측정자에 의한 편견이 작용하지 않으며, 자료의 처리가 쉽다는 장점이 있다. 그러나 응답

항목의 배열에 따라 응답이 달라질 수 있으며, 중요한 응답항목이 빠지는 경우에는 조사결과에 치명적일 수 있다. 따라서 적합한 응답항목을 개발하기 위해서는 사전조사와 더불어 응답가능항목에 대한 철저한 검토가 필요하다.

이제까지 설명한 질문방식 이외에도 다수의 항목을 선택하는 경우도 있으며, 여러 개의 항목을 제시해 놓고 중요도나 선호도 순으로 순위를 매기도록 하는 방식도 있다. 또한 해당 항목의 선택과 선택된 항목에 대한 평가도 병행하는 체크리스트방식도 있다. 이러한 내용들은 이미 본서 제3장의 3.3에서 자세히 다루었으니 다시 읽어보고 확인해 보기 바란다.

3) 질문방식의 선택기준

질문방식을 선택하는 기준은 주제의 범위, 응답자의 정보수준이나 경제력, 직업, 나이 등과 같은 응답자의 특성, 응답의 동기, 질문의 객관성 등에 의해서 결정된다.

만일 어떠한 견해에 이르게 되는 과정에 대해서 알고자 할 경우라면 개방형 질문이 좋다.

그리고 응답자가 응답하기를 망설이는 주제에 대해서는 폐쇄형 질문이 유용하다. 여기서 중요한 점은 어느 형태의 질문방식을 선택하느냐 하는 것은 응답자에게 얼마나 응답동기가 부여돼 있는가 하는 점이다. 응답동기가 낮다고 판단될수록 폐쇄형 질문이 유용하다. 우리가 사회문제나 정치문제에 대하여 조사를 비교적 빠르게 할 수 있는 것은 그만큼 응답자들이 현안문제에 대하여 관심을 갖도록 사회적으로 동기가 부여돼 있기 때문이기도 하다. 일반적으로 질문지는 어느 한 형태의 질문만 하는 것이 아니라, 개방형과 폐쇄형이 적절하게 섞여서 작성된다. 자세한 질문방식에 대해서는 제3장에서 자세히 설명하였으니 다시 참고하기 바란다.

(3) 지시문은 어떻게 쓰는가

응답자가 완성하든지 면접자가 기입하든지 간에, 모든 질문지는 적합한 위치에 명확한 지시문과 소개문이 들어가 있어야 한다. 모든 질문지는 완성도를 높이기 위해 기본적인 소개부터 시작하는 것이 좋다. 이와 같이 응답자가 각 문항들을 어려움 없이 응답할 수 있도록 응답방법이나 응답순서 및 질문의 개요 등에 대하여 상세히 소개한 부분을 지시문이라고 한다. 지시문에는 전반적 지시문과 구체적 지시문이 있다.

① 전반적 지시문

전반적 지시문(general instruction)은 질문의 맨 앞에 응답과 관련하여 질문 전반에 걸쳐서 준수해야 할 사항을 소개한 글이다. 폐쇄형 질문일 경우에는 선택 표시기호와 방법을 제시하고, 개방형 질문일 경우에는 제한하고자 하는 단어 수와 같은 응답요령과 주의사항에 대해 간단히 설명한다.

② 구체적 지시문

구체적 지시문(specific instruction)은 문항별로 응답요령을 제시한 소개문이다. 하나의 문항에서 여러 개의 응답을 선택하게 하는 질문이나, 순위를 표기하도록 하는 질문 등에는 구체적으로 응답요령을 설명한다.

(4) 문항은 어떤 순서로 배열하는가

앞에서도 설명한 바와 같이, 질문지의 작성은 과학적인 요인보다는 기술적인 측면이 더 많다. 그래서 문항을 배열하는 순서 역시 오랫동안 실행되어 온 결과에 근거하여 비교적 응답의 편의성을 제고하고, 응답의 효과를 높이기 위한 방식에 따르고 있다. 그래서 문항의 선정과 순서는 임의대로 나열하는 것이 아니라 논리적인 순서에 따라 배열해야 한다. 이처럼 문항을 논리적으로 배열하기 위해서는 다음과 같은 네 가지 기준을 참고할 필요가 있다.

첫째, 응답자에게 가장 흥미있는 문항을 앞부분에 배열한다. 이것은 맨 처음에 시작하는 문항은 응답자가 질문지의 끝까지 응답할 것인가를 결정하는 중요한 사항이고, 또한 처음부터 지루함을 느끼거나 어렵다고 느끼면 응답을 거부할 가능성이 높기 때문이다. **둘째, 문항은 자연스러운 흐름에 따라 배열해야 한다.** 일반적으로 볼 때 응답자로 하여금 질문에 응답하면서 논리적으로 사고할 수 있도록 배열하는 것이 좋다. 이것은 응답자로 하여금 사고의 논리적인 연결이 가능하여 응답을 쉽게 해주기 때문이다. 이와 같이 논리적 연결이 가능하도록 문항을 배열하는 방법은 크게 깔때기식 배열방법과 역깔때기식 배열방법으로 구분된다.

깔때기식 배열방법은 질문을 광범위한 것부터 시작해서 점차 구체적인 질문으로 배열해 나가는 방법이다. 이 방법은 응답자로 하여금 끝까지 응답할 수 있도록 동기유발을 하고자 할 때 유용하다.

역깔때기식 배열방법은 깔때기식 배열방법과 반대로 구체적인 문항을 먼저 배열하고 점차 광범위한 문항을 나중에 배열하는 방식이다. 이 방법은 응답자가 질문하는 주제에 대해서 별로 관심이 없거나 경험이 없는 경우 우선 구체적인 질문을 함으로써 동기를 유발시키고자 할 때 유용하다.

사례 6-9 ▶ 문항배열방식

1. 깔때기식 배열방법 : 국내 경제동향에 관한 질문
   제조 업계의 동향 > 자동차업계의 동향 > 특정 회사의 동향

2. 역깔때기식 배열방법 : 청소년 가치관의 변화에 대한 질문
   왕따 문제 < 패거리 문화의 문제점 < 청소년 가치관의 변화

셋째, 질문내용이 심각하거나 민감한 내용은 질문지의 가운데나 뒷부분에 배열하는 것이 좋다는 것이다. 심각한 내용의 질문은 다음의 문항들에 대해 영향을 강하게 미칠 가능성이 크다. 그래서 그 영향을 방지하기 위해서는 가능하면 뒷부분에 배치하는 것이 좋다. 이것은 응답자들이 이미 어느 정도 응답을 한 상태이므로 조금 지루하고 어렵더라도 계속 응답할 가능성이 높기 때문이다.

넷째, 인구통계적 배경이나 경제력, 직업 등과 같은 응답자 특성에 관한 질문은 질문지의 맨 뒤에 배열한다. 개인적인 문제를 먼저 물으면 자존심을 상하게 할 우려가 있다. 따라서 질문의 내용이 파악되고 난 뒤에 물음으로써 응답에 대한 불안감을 줄여주고 자존심을 덜 상하게 하는 효과가 있다.

사례 6-10 ▶ 질문순서의 효과

Gross(1964)는 연필 겸용 펜 제품에 대한 응답자들의 구매관심도를 조사하기 위해서 질문 순서가 다른 다섯 가지의 질문지를 작성하였다. 즉 첫 번째 집단에게는 제품을 제시한 후에 구매관심도를 물었고, 두 번째 집단에게는 제품의 장점을 물은 후 구매관심도를 물었다. 그리고 세 번째, 네 번째, 다섯 번째 집단에게는 각각 단점을 물은 후, 장점과 단점을 순서대로 물은 후, 단점과 장점을 순서대로 물은 후에 구매관심도를 살펴보았다. 구매관심도에 대한 질문순서의 효과는 다음과 같이 나타났다.

구매관심도	질문의 순서				
	제품을 제시한 직후	장점을 물은 후	단점을 물은 후	장점-단점 순서로 질문	단점-장점 순서로 질문
적극 관심	2.8%	16.7%	0%	5.7%	8.3%
보통 관심	33.3	19.4	15.6	28.6	16.7
다소 관심	8.3	11.1	15.6	14.3	16.7
관심 없음	25.0	13.9	12.5	22.9	30.6
전혀 관심없음	30.6	38.9	56.3	28.5	27.7

위의 표에서도 알 수 있듯이, 제품의 장점을 물은 후 구매관심도를 물은 경우에 구매관심도가 가장 높게 나타났으며, 단점을 물은 후 구매관심도를 물은 경우에는 가장 낮게 나타났다. 이와 같이 먼저 어떤 질문을 하였는가에 따라 다음 질문의 응답에 많은 차이가 있음을 알 수 있다.

제2부

SPSS 기초

제 7 장

SPSS 개관

Key Words

SPSS, 주요 메뉴, 도구상자, 데이터 창
상태표시줄, 편집메뉴, 변화메뉴

7.1 SPSS란 무엇인가

SPSS는 '사회과학을 위한 통계패키지(Statistical Package for the Social Science)의 약자로 사회과학연구에서 실증분석을 위하여 광범위하게 사용되고 있는 통계프로그램이다. 최초의 SPSS는 1965년 스탠퍼드대학교 정치학과와 정치학연구소에서 교육 및 연구용으로 개발하여 사용되었었다. 이처럼 특정 목적을 위하여 사용하던 것이 1970년 시카고대학교의 국민여론연구센터(National Opinion Research Center)에서 근무하던 나이(Norman H. Nie)와 그의 동료들에 의하여 본격적으로 추가 개발되면서 상품화하기 시작되었다. 그 후 개발이 계속되면서 개인용 컴퓨터에서 사용할 수 있도록 수정된 것이 SPSS PC+이다. 이때만 해도 PC의 운영체계가 DOS이기 때문에 SPSS를 통한 통계처리는 작업자가 직접 필요한 프로그램을 작성하여 수행해야만 했다.

PC의 운영체계가 DOS에서 Window로 바뀌면서 윈도우용 프로그램으로 개발된 것이 SPSSWIN(SPSS for Windows)이다. SPSSWIN은 DOS용에 비하여 주화면에 다양한 메뉴와 편리한 도구상자를 사용하게 함으로써, 매우 강력한 통계분석기능과 자료관리체계를 제공하고 있다.

특히 SPSS 20.0은 기존의 version들에 비하여 데이터 파일의 활용과 분석기능을 보다 편리하게 사용할 수 있도록 수정되었는데, SPSS 20.0에서 강화된 중요한 기능들은 다음과 같다.

- SPSS를 중복하여 실행할 수 있어 동시에 2개 이상의 데이터 파일을 분석할 수 있다.
- 이전의 version들과는 달리 파일 크기에 대한 제한이 없어졌다.
- SPSS 20.0에서는 Microsoft Excel 5.0 이후의 어떠한 version 형태로 데이터 파일을 작성해도 SPSS에서 읽어들일 수 있게 되었다.
- 주화면의 아래 부분에 [변수보기] 기능을 추가하는 등 [SPSS 데이터 편집기] 창을 새롭게 디자인하여 이용의 편의성을 향상시켰다.
- [도움말] 기능이 대폭 보강되었다. 특히 Statistics Coach는 데이터 분석의 성격에 따라 적절한 분석기법을 알려주고 있다.

7.2 SPSS의 시작과 종료

1. SPSS의 시작

우리가 일반적인 프로그램들을 사용하는 것과 마찬가지로 SPSS를 시작하는 데에도 두 가지 방법이 있다. 하나는 바탕 화면에 아이콘을 복사해 놓고 시작하는 것이고, 다른 하나는 화면 아래의 작업표시창의 [시작]에서 [프로그램] 메뉴를 통하여 시작하는 방법이다.

(1) 바탕화면에 SPSS 아이콘이 있는 경우

바탕화면에 SPSS 아이콘이 설치되어 있는 경우에는 다른 프로그램의 실행방법과 마찬가지로 아이콘을 마우스로 두 번 클릭하여 실행한다. [그림 7-1]은 SPSS 20.0 초기화면을 보여주고 있다.

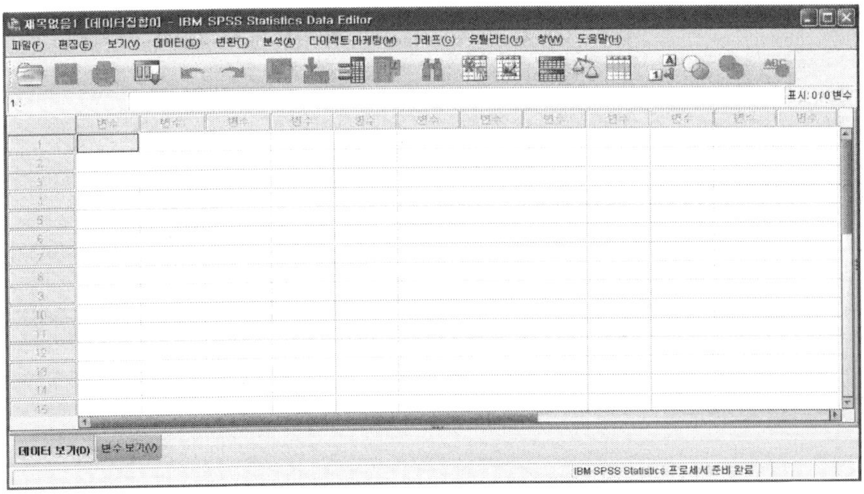

[그림 7-1] SPSS 초기화면

(2) 바탕화면에 SPSS 아이콘이 없는 경우

바탕화면에 SPSS 아이콘이 설치되어 있지 않은 경우에는 작업표시줄의 [시작] 단추를 누른 후, [프로그램] 메뉴에서 "SPSS 20.0 for Windows"를 두 번 클릭하여 실행한다.

시작 → 프로그램 → SPSS 20.0 for Windows

일반적인 프로그램의 실행과 마찬가지로 SPSS도 바탕화면에 아이콘을 만든 다음 실행하는 것이 편리하다. 다만 SPSS 20.0에서 추가된 기능인 2개 이상의 데이터 파일을 분석하고자 할 경우, 두 번째 데이터 파일을 불러들일 때 이용하기도 한다.

참고로, 바탕화면에 아이콘 만드는 방법은 작업표시줄의 [시작] 단추를 누른 후 [프로그램] 메뉴의 'SPSS 20.0 for Windows'로 이동한다. 그리고 마우스의 오른쪽 버튼을 클릭한 채, 바탕화면으로 끌어서 옮긴 후 여기서 "바로가기 만들기"를 선택하면 된다.

2. SPSS의 종료

SPSS을 종료하기 위해서는 주요 메뉴에서 파일(F) → 종료(X)를 선택하거나, 화면의 프로그램 조절창에서 ☒를 클릭하면 된다.

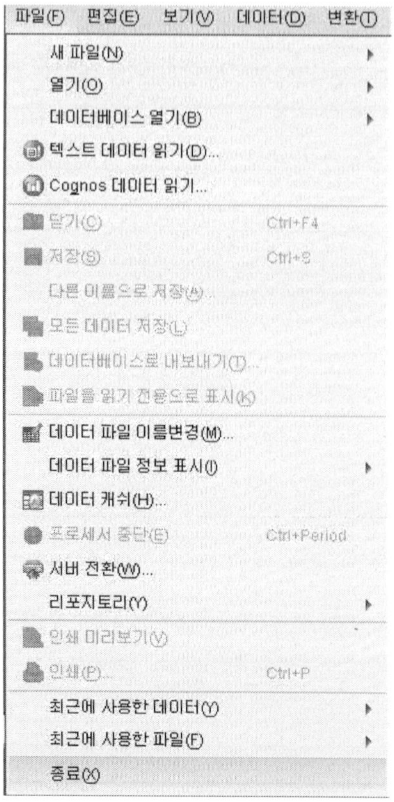

[그림 7-2] **파일메뉴**

SPSS를 종료할 때, 만일 작업자가 현재 작업 중인 파일을 저장하지 않은 상태로 종료하고자 했다면 작업하던 "데이터 편집기의 내용을 저장하겠는가"를 묻는 대화상자가 나온다.

이때 유의할 점은 SPSS를 종료하기 전에 현재 작업 중인 파일을 현재의 파일 이름으로 저장할 것인지, 아니면 새로운 파일 이름으로 저장할 것인지를 미리 결정한 후 종료절차를 수행하는 것이 좋다는 것이다. 일반적으로 통계처리는 원자료를 근거로 하여 여러 차례 데이터 파일의 변환과정을 거치면서 다양한 통계결과를 도출해 보게 된다. 그래서 작업을 하기 전에 자료변환작업의 체계와 변환시켰을 경우의 파일이름들을 미리 정리해 두기를 권장한다. 그리고 작업 중인 파일은 반드시 새로운 이름으로 저장하고, 새로운 파일 이름과 내용을 간략히 메모해 두는 습관을 가지는 것이 좋다. 이러한 습관은 원자료를 훼손시키지도 않을 뿐더러, 파일관리나 작업내용을 파악하는 데도 매우 유용하다.

7.3 SPSS 메뉴의 이해

1. 주화면의 내용

SPSS의 주화면은 [그림 7-3]에서 보는 바와 같이 제목표시줄, 주요 메뉴, 도구상자, 데이터입력창, 데이터 창, 상태표시줄로 구성되어 있다.

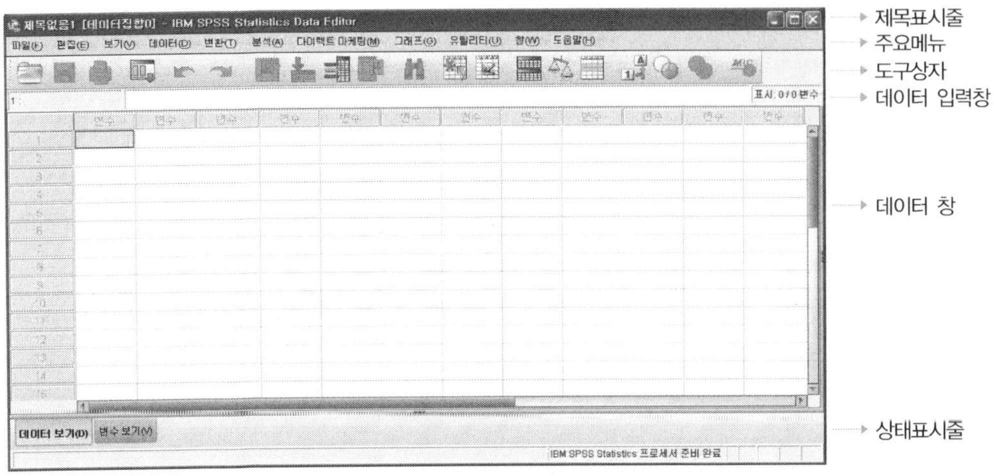

[그림 7-3] 주화면의 구성

(1) 제목표시줄

현재 작업하고 있는 데이터 파일의 이름과 종류를 표시한다. 새로운 데이터 파일을 작성할 때는 [제목없음-SPSS 데이터편집기]로 표시된다.

(2) 주요 메뉴

프로그램을 실행하는 데 필요한 대부분의 명령들이 나열되어 있는 곳이다. 주요 메뉴에는 파일(F), 편집(E), 보기(V), 데이터(D), 변환(T), 분석(S), 그래프(G), 유틸리티(U), 창(W), 도움말(H)이 있다.

(3) 도구상자

주요 메뉴에서 자주 이용하는 기능들을 사용하기 편리하도록 아이콘으로 제공한 부분이다. 클릭만 하면 해당 명령이 그대로 실행된다.

(4) 데이터 입력창

현재 선택된 셀의 위치와 해당 데이터 값을 표시해 주는 창이다. 새로운 데이터 값으로 바꾸고자 할 경우에는 기존의 데이터 값을 수정한 다음 새로운 데이터 값을 입력하고 Enter↵ 키를 치면 된다.

만일 해당 데이터 값의 일부만을 변경시키고자 할 경우에는 바꾸고자 하는 숫자로 커서를 옮긴 다음 수정한 후 Enter↵ 키를 치면 수정이 된다. 또한 해당 데이터 값을 두 번 클릭하여 활성화시킨 다음에 마우스나 방향키로 수정하려는 부분으로 이동, 수정한 후 Enter↵ 키를 쳐도 된다. 이러한 방법은 해당 셀에서 직접 실행해도 된다.

(5) 데이터 창

각 행(row)에 있는 케이스와 각 열(column)에 있는 변수들로 구성된 데이터 파일을 나타내는 창이다. 셀(cell)은 각 케이스의 해당 변수에 대한 데이터 값을 입력하는 곳이다.

각 셀에 데이터 값을 입력하는 방법에는 두 가지가 있다. 첫 번째 방법은 해당 셀로 마우스나 방향키로 커서를 옮긴 다음 직접 데이터 값을 입력하는 방법이다. 그리고 두 번째 방법은 데이터 입력창을 이용하여 입력하는 방법이 있다. 이때 유의해야 할 것은 기존의 자료가 있는 경우 새로운 데이터 값을 입력한 후 Enter↵ 키를 치면 새로운 데이터 값으로 수정되어 그 이전의 값은 없어진다는 점이다. 그래서 수정작업을 할 때는 거듭 확인하는 습관을 갖는 것이 좋다.

(6) 상태표시줄

상태표시줄은 현재 데이터 창에 있는 데이터 파일의 상태와 명령실행과정 및 현재 실행되고 있는 케이스의 수 등을 보여준다. 만일 상태표시줄을 보이지 않게 하거나 다시 보이도록 하려면 [보기(V)] 메뉴에서 "상태표시줄(S)"을 선택한 다음 "✔"표가 생기도록 하거나, 없애버리면 바뀌게 된다.

2. 주요 메뉴의 이해

SPSS의 주요 메뉴는 프로그램을 실행하는 데 필요한 명령들이 나열되어 있는 메뉴 바(menu bar)에 표시되어 있다. 주요 메뉴에는 파일(F), 편집(E), 보기(V), 데이터(D), 변환(T), 분석(S), 그래프(G), 유틸리티(U), 창(W), 도움말(H)이 있다.

이러한 주요 메뉴는 기능면에서 크게 세 부분으로 나누어볼 수 있다. 하나는 데이터와 파일의 관리와 변환을 위한 기능으로 (1) 파일(F)에서부터 (5) 변환(T)에 이르기까지의 메뉴들이다. 다음은 통계분석과 활용을 위한 부분으로 (6) 분석(S)과 (7) 그래프(G) 메뉴가 여기에 해당된다. 마지막으로 Window의 편리한 이용을 위한 메뉴들로 (8) 유틸리티(U), (9) 창(W), (10) 도움말(H)이 있다.

(1) 파일(File)

데이터 파일의 관리와 관련된 기능들을 관리하는 메뉴이다. 즉 파일 메뉴에는 새 파일, 열기, 데이터 베이스 열기, 텍스트 데이터 읽기, Cognos 데이터 읽기, 데이터 파일 이름 변경, 데이터 파일 정보표시, 데이터 캐쉬, 서버 전환, 리포지토리, 최근 사용한 데이터나 파일 읽기, 프로그램 종료하기 등과 같은 내용으로 구성되어 있다.

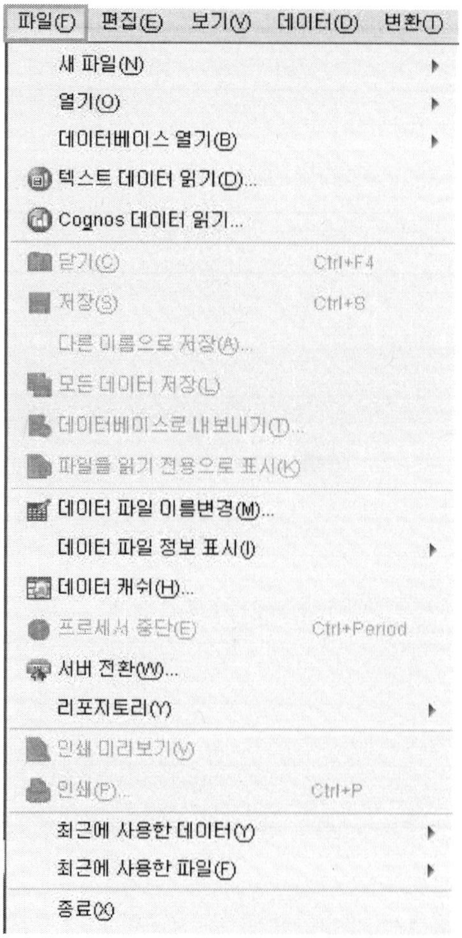

[그림 7-4] **파일 메뉴**

(2) 편집(Edit)

편집 메뉴는 입력되어 있는 데이터 파일의 일부를 편집하는 기능들을 담고 있는 메뉴이다. 즉 현재 [SPSS 데이터 편집기]에 있는 데이터 파일의 일부를 잘라내거나 복사하기, 붙여넣기, 지우기, 변수 삽입, 케이스 삽입 등을 수행할 수 있게 해준다.

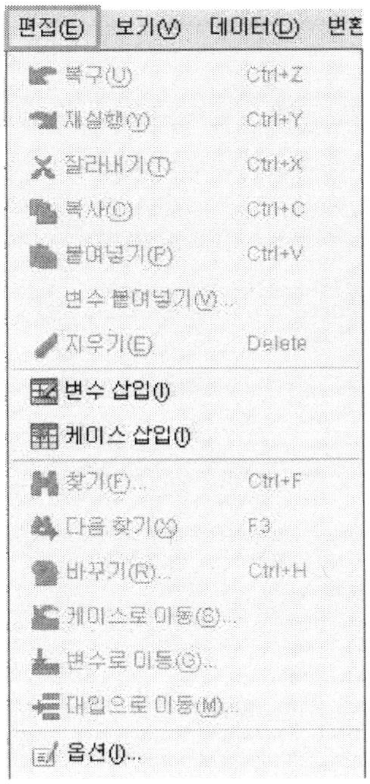

[그림 7-5] **편집 메뉴**

(3) 보기(View)

보기는 주화면에 상태표시줄이나 도구모음, 메뉴편집기, 글꼴, 격자선, 변수값 설명 등을 나타낼 것인가의 여부를 선택하기 위한 메뉴이다. 통계분석 시 보기 메뉴를 적절히 잘 조정하면 화면을 보다 효과적으로 활용할 수 있다.

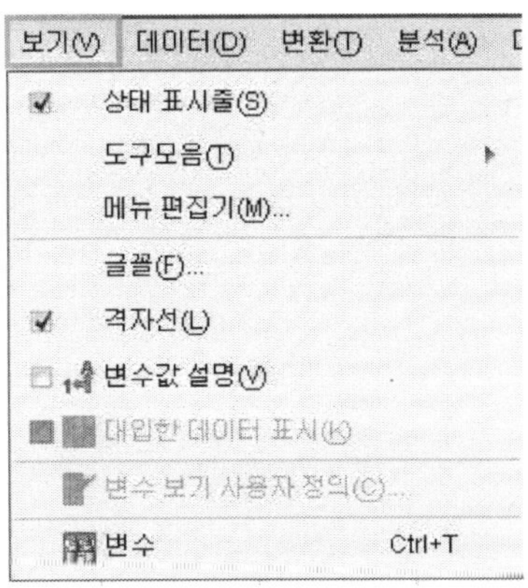

[그림 7-6] **보기 메뉴**

(4) 데이터(Data)

데이터 메뉴는 파일의 결합 및 분할, 새로운 변수나 케이스의 삽입, 특정의 케이스로 이동하거나 날짜 및 변수 정의하기 등과 같이 데이터 파일의 변환이나 수정과 관련된 기능들을 담고 있는 곳이다. 변환된 데이터 파일을 사용자가 저장하지 않는 한 임시파일로 이용될 뿐, 기존에 저장되어 있는 데이터 파일에는 영향을 미치지 않는다.

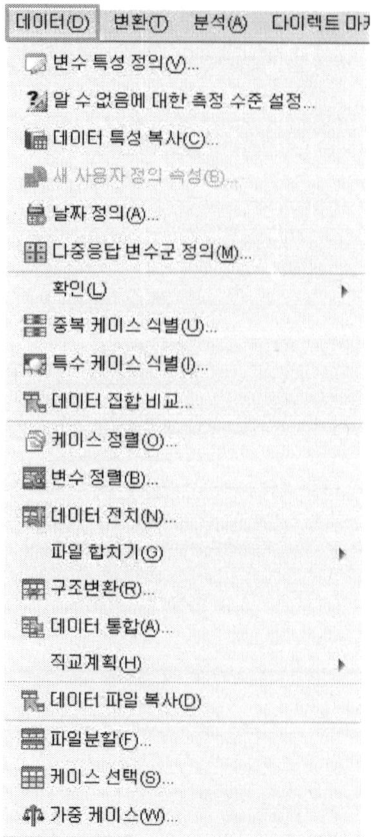

[그림 7-7] **데이터 메뉴**

(5) 변환(Transform)

변환 메뉴는 데이터 파일에서 선택한 변수의 값을 변환하거나, 기존의 변수값을 이용하여 새로운 변수값을 계산하기 위한 변수계산, 코딩변경과 같은 기능과 결측값을 특정의 숫자나 부호로 지정하기 위한 결측값 바꾸기 기능을 갖고 있다.

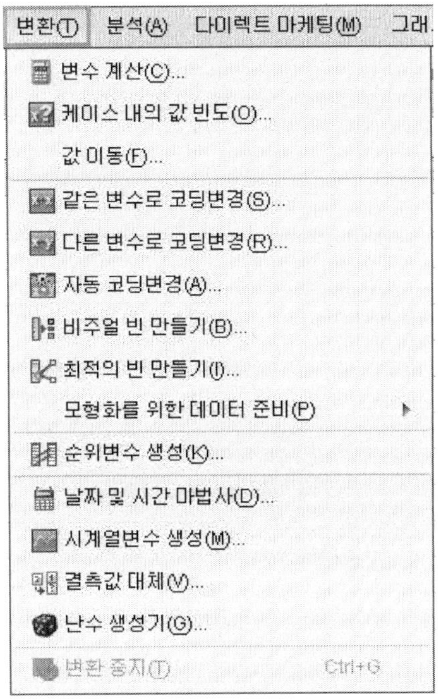

[그림 7-8] **변환 메뉴**

(6) 분석(Analysis)

분석 메뉴에는 데이터 파일을 이용하여 분석하고자 하는 각종 통계분석기법들이 나열되어 있다. 이 메뉴에는 보고서의 표현형식과 관련된 옵션, 기술통계, 통계표 작성과 관련된 옵션, 평균비교, 일반선형모형, 상관분석, 회귀분석, 분류분석, 차원감소 등 통계분석을 할 때 주로 사용되는 기능들이 있다.

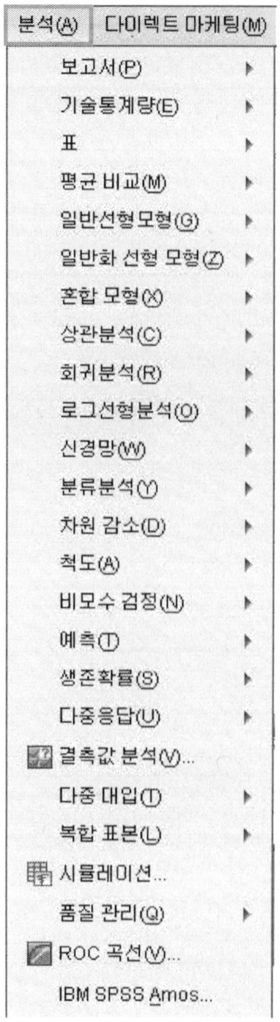

[그림 7-9] **분석 메뉴**

(7) 그래프(Graphs)

그래프 메뉴는 통계분석 결과에 대한 시각적 효과를 높이기 위하여 사용되는 막대그래프, 선그래프, 영역그래프, 원그래프 등과 같은 각종 그래프를 선택할 수 있는 기능을 갖고 있다. 특히 SPSS 20.0에서는 갤러리 기능을 추가하여 도표의 종류나 도표작성방법, 도표편집방법 등에 대하여 도움말을 주고 있어 사용하기에 매우 편리하게 되어 있다.

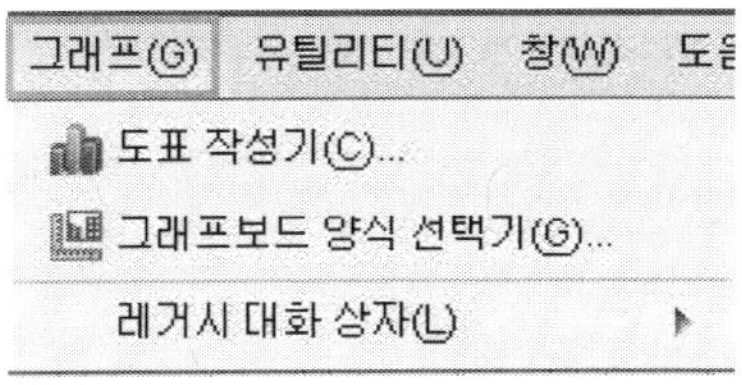

[그림 7-10] **그래프 메뉴**

(8) 유틸리티(Utility)

유틸리티 메뉴는 특정 변수나 파일에 대한 정보를 알려고 하거나, 변수군을 정의하거나 메뉴편집기를 변경하고 하고자 할 때 이용되는 기능들을 갖고 있다.

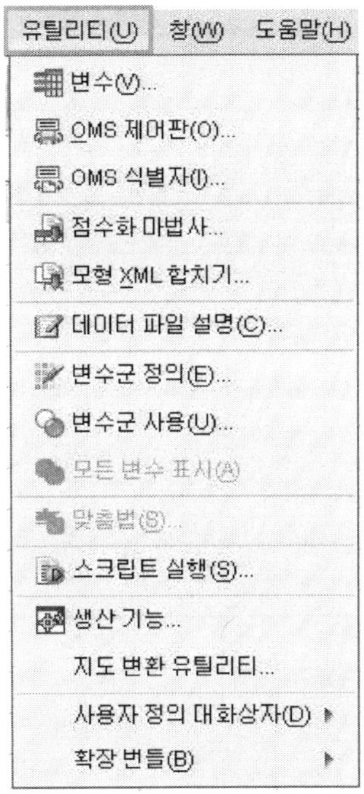

[그림 7-11] **유틸리티 메뉴**

(9) 창(Window)

SPSS가 가지고 있는 창에는 시스템 특성을 선택하게 하는 Application 창, 통계분석의 결과를 나타내는 Output 창, 분석할 데이터 파일을 보여주는 있는 데이터 편집기 창(현재 우리가 학습하고 있는 창), 그래프를 수정하거나 저장하는 도표 뷰어 창, 대화상자들을 통하여 처리된 프로그램의 내용들과 명령문의 내용들을 보여주는 Syntax 창 등 5가지가 있다. 창(W) 메뉴는 이와 같이 현재 SPSS에서 이용되는 창들의 속성을 배열하거나 선택하게 하는 기능을 담고 있다.

[그림 7-12] **창 메뉴**

(10) 도움말(Help)

도움말에서는 SPSS의 이용에 관한 정보나 이용방법에 대한 설명과 더불어, 대화상자들을 통하여 처리된 프로그램의 내용들과 명령문의 내용들을 보여주는 Syntax guide를 제공하고 있다. 특히 SPSS 20.0에서는 도움말이 대화식으로 되어 있는 다양한 안내를 받을 수 있도록 되어 있다.

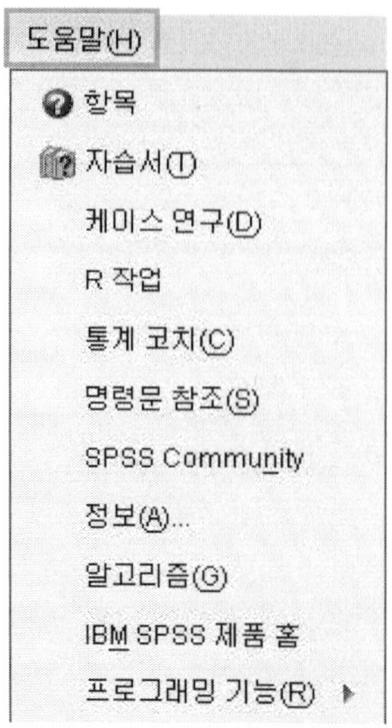

[그림 7-13] **도움말 메뉴**

3. 도구상자의 이해

도구상자(Icon Bar)는 주요 메뉴 중에서 특히 자주 사용하는 기능들을 빠르고 쉽게 수행할 수 있도록 아이콘으로 모아놓은 곳이다.

[그림 7-14] 도구상자

도구상자의 각 도구(icon)를 보면 활성화되어 있는 아이콘(색깔이 진하다)과 활성화되어 있지 않은 아이콘(색깔이 흐리다)이 있다. 활성화된 아이콘은 현 상태에서 간편하게 사용할 수 있는 기능을 가진 것들이고, 활성화되지 않은 아이콘은 다른 명령단계를 거쳐야만 활성화되어 사용이 가능해지는 것들이다.

만일 도구상자를 주화면에서 보이지 않게 하려면 주요 메뉴의 [보기(V)]에서 "도구모음(T)"을 선택한 다음 "데이터 편집기" 앞에 "✔"표를 제거하면 된다. 도구상자의 이름과 주요 기능은 다음의 [표 7-1]과 같다.

[표 7-1] 도구상자의 주요 기능

아이콘	메 뉴	설 명
	파일 열기	이미 만들어진 파일 열기
	파일 저장	새 파일이나 기존의 파일 저장하기
	인 쇄	선택한 파일을 인쇄하기
	최근 사용한 대화상자 다시 호출	최근 사용한 대화상자 다시 불러오기
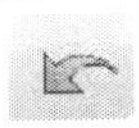	사용자 작업 실행 취소	
	사용자 작업 다시 실행	
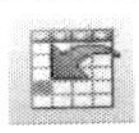	케이스로 이동	해당 숫자의 케이스로 이동하기
	변수로 이동	

	변수	
	기술통계량 실행	
	찾 기	기록 찾기
	케이스 삽입	데이터 파일에 새로운 케이스 추가
	변수 삽입	데이터 파일에 새로운 변수 추가
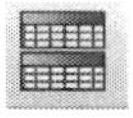	파일 분할	정의된 변수에 따라 데이터 파일 분할
	가중케이스	케이스들에 가중치 부여하기
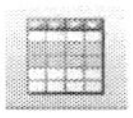	케이스선택	특정기준에 의해 케이스 set 찾기
	변수값 설명	변수값 설명을 보이게 하거나 감추기
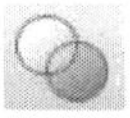	변수군 사용	변수군 만들기
	모든 변수 표시	
	맞춤법 검사	

7.4 SPSS를 이용한 분석과정

SPSS를 이용한 통계처리는 일반적으로 [그림 7-15]와 같이 데이터를 입력하고, 통계분석을 한 후, 분석결과를 편집 및 해석하는 과정을 거치게 된다.

[그림 7-15] SPSS를 이용한 통계분석과정

데이터의 입력 단계에서는 주로 데이터나 변수들을 입력하고, 각 변수들에 대하여 정의를 한다. 그리고 통계분석에 사용하기 편리하도록 데이터를 편집하고 변환한다. 이 단계에서 이루어지는 내용들에 대하여 우리는 다음의 제8장부터 제10장까지 배우게 된다.

통계분석 단계에서는 이미 조사설계에서 제시하였던 분석절차와 분석을 위한 변수들을 선택하여 분석을 실행한다. 이 단계에서 비로소 연구자가 수집한 방대한 양의 자료들이 의미 있게 정리된다. 의미 있는 분석결과를 얻기 위해서 연구자는 조사설계 시에 분석할 통계방법까지도 미리 고려해 두는 것이 좋다. SPSS를 이용하여 방대한 양의 자료들을 통계처리하고 나면 비로소 SPSS의 막강한 진가를 이해하게 된다. 우리는 제12장부터 기초적인 통계방법과 처리과정들을 배우게 된다.

마지막으로 분석단계는 분석결과를 편집하고 해석하는 과정이다. 분석결과를 이해하기 쉽도록 편집하는 것도 중요한 작업의 하나이다. 그리고 통계적 해석은 연구주제에 대한 해답과 동시에 연구의 한계나 미래의 연구방향에 대한 내용을 담아야 한다. 연구문제에 대한 명확한 개념체계와 더불어 기본적인 통계분석과정과 특성에 대한 이해를 가지고 있어야 좋은 해석을 할 수가 있다.

제 8 장

데이터의 입력과 저장

Key Words

데이터 파일, 코딩시트, 코드북, 고정형식
자유형식, 데이터 편집기

8.1 통계데이터는 어떻게 정리하는가

통계분석의 대상이 되는 데이터는 제5장 5.3에서 설명한 바와 같이 실험법, 질문지법, 관찰조사법 등을 이용하여 수집된다. 어떤 방법을 선택할 것인가에 대한 기준은 조사의 목적이나 자료의 특성에 따라 결정된다.

데이터들이 수집되고 나면 원활한 통계분석이 이루어질 수 있도록 잘 정리하여야 한다. 통계분석에 필요한 데이터를 정리하는 과정은 일반적으로 [그림 8-1]과 같이 세 단계를 거치면서 이루어진다.

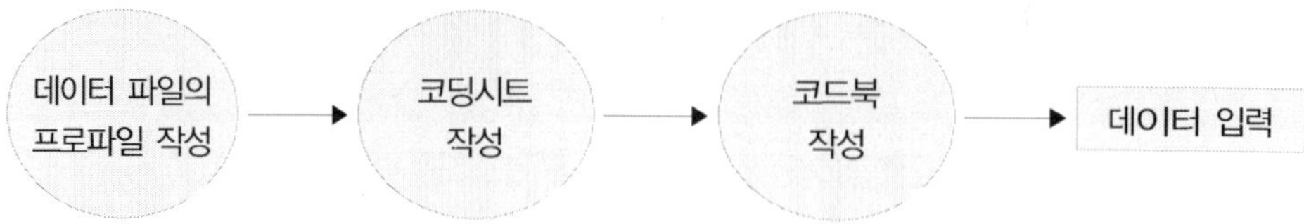

[그림 8-1] **데이터 파일의 작성과정**

1. 데이터 파일의 프로파일 작성

데이터 파일의 프로파일(profile)은 [사례 8-1]에서 보는 바와 같이 질문지의 문항들을 변수명, 문항, 변수값, 응답 항목 등으로 요약·정리한 것이다. 그래서 데이터 파일의 프로파일을 통하여 질문지의 전체적인 내용과 구성을 일목요연하게 파악할 수 있다.

이러한 데이터 파일의 프로파일은 반드시 데이터의 입력과정에서 작성하는 것은 아니다. 오히려 질문지 작성 시에 프로파일을 작성하는 것이 바람직하다. 왜냐하면 프로파일을 통해서 질문의 체계와 변수들의 형태는 물론 변수들 간의 관계 등에 대해서 보다 체계적으로 검토할 수 있기 때문이다.

사례 8-1 ▶ 데이터 파일의 Profile

변수명	문 항	변수값	내 용
ID			
X1	골프연습장의 선택 시 위치나 거리	1 2 3 4 5	전혀 중요하지 않다 중요하지 않다 그저 그렇다 중요하다 매우 중요하다
X2	골프연습장의 선택 시 주차시설	1 2 3 4 5	전혀 중요하지 않다 중요하지 않다 그저 그렇다 중요하다 매우 중요하다
. . .	···	. . .	. . .

2. 코딩시트의 작성

코딩시트(coding sheet)는 질문지의 응답내용들을 데이터 파일에 정확하고 편리하게 입력하기 위하여 응답내용들을 한데 모아 숫자로 기록해 두는 시트이다. 코딩시트는 특별한 양식이 있는 것은 아니고, 응답자 ID와 변수명에 따른 응답내용을 기재할 수 있도록 작성하면 된다. [사례 8-2]는 코딩시트의 한 예를 보여주고 있다. 여기서 ID의 자릿수는 백 명 단위인 경우는 세 자리, 십 명 단위인 경우에는 두 자리로 한다.

사례 8-2 ▶ 코딩시트

변수명 / ID	X1	X2	X3	X4	X5	X6	X7	. . .
001								
002								
003								
. . .								

3. 코드북의 작성

코드북(code book)은 코딩시트의 내용을 가지고 데이터 파일을 작성할 때(즉 데이터를 입력할 때) 입력 오류를 최소화하기 위하여 데이터 파일의 틀을 정의해 놓은 참고서이다. 그래서 코드북에는 문항내용, 변수명, 칼럼위치, 변수값들을 정리해 놓는다. 이때 칼럼의 위치는 변수값이 입력될 위치를 말한다. 이러한 칼럼위치는 변수값을 Excel이나 SPSS에 직접 입력할 때는 의미가 없다.

코드북은 데이터 파일의 프로파일로도 서로 대체할 수 있다. 다만 코드북을 대체하여 한 가지로 사용하고자 할 때는 프로파일에 칼럼 수(변수값이 입력될 위치)를 적을 칸을 추가하여야 한다.

사례 8-3 코드북

문항내용	변수명	칼럼위치	변수값
일련번호	ID	1-3	
골프연습장의 위치(거리)	X1	4	1=전혀 중요하지 않다 2=중요하지 않다 3=그저 그렇다 4=중요하다 5=매우 중요하다
편의시설	X2	5	〃
. . .	. .	. .	. . . .

8.2 데이터의 입력과 저장 및 불러오기

이제까지 설명한 바와 같이 데이터 파일의 프로파일과 코딩시트 및 코드북을 작성하고 나면 데이터를 입력해야 한다. 데이터를 입력하고 저장하는 방법에는 훈글이나 MS Word와 같은 텍스트 문서를 이용하는 방법, 엑셀과 같은 스프레드시트를 이용하는 방법, SPSS에 직접 입력하는 방법이 있다.

SPSS 프로그램은 비교적 고가이기 때문에 개인적으로 구입하기는 매우 부담스럽다. 그래서 데이터를 입력할 때는 텍스트 문서(훈글, MS word)나 스프레드 시트(Excel, Lotus)를 주로 이용한다. 여기에서는 텍스트문서로 훈글을, 스프레드시트는 엑셀을 이용하여 설명한다.

1. 훈글을 이용한 입력, 저장 및 불러오기

(1) 입력하기

훈글이나 MS word와 같은 텍스트 문서로 데이터를 입력할 때는 코딩시트에 기록된 내용을 그대로 입력하면 된다. 입력하는 방법에는 고정형식으로 입력하는 방법과 자유형식으로 입력하는 두 가지 방법이 있다.

어떠한 방법으로 입력하든 텍스트 파일을 작성할 때, 다음과 같은 점에 유의하여야 한다.

첫째, 마침표(.)나 쉼표(,)를 사용하지 않는 것이 좋다. 마침표나 쉼표를 사용하게 되면 [SPSS 데이터 파일]에서 불러들일 때 다시 없애는 절차를 거쳐야 하는 번거로움이 따른다. **둘째**, 데이터의 크기가 A4 용지를 넘는 경우에는 용지방향을 넓게 설정(F7 키 이용)하여 데이터를 연달아 입력하는 것이 편리하다. **셋째**, 케이스의 입력 시 데이터와 데이터의 사이를 띄어서 입력하므로 한 행까지 입력이 다 끝나도 Enter↵ 키를 치면 안 되고, 그냥 계속해서 입력을 한 뒤에 다른 케이스의 자료를 입력할 때 Enter↵ 키를 쳐야 한다. 즉 다른 케이스의 데이터를 입력할 때는 항상 첫 번째 칼럼부터 다시 입력해야 케이스 간에 구분이 된다.

1) 고정형식 입력방법

고정형식으로 입력하는 방법은 변수값을 입력할 때 변수값들 간의 간격을 구분하지 않고 입력하는 방법이다. 이 방법은 변수값들이 대부분 한 자릿수로 이루어졌을 경우에 유용하다.

고정형식으로 입력할 때 유의할 점은 사전에 변수들의 자릿수를 확인한 후 입력해야 오류의 발생을 최소화할 수 있다는 것이다. 예를 들어 같은 변수값에서 자릿수가 다를 경우는 003, 058과 같이 작은 자릿수 앞에 '0'을 붙여 자릿수를 같게 해야 한다.

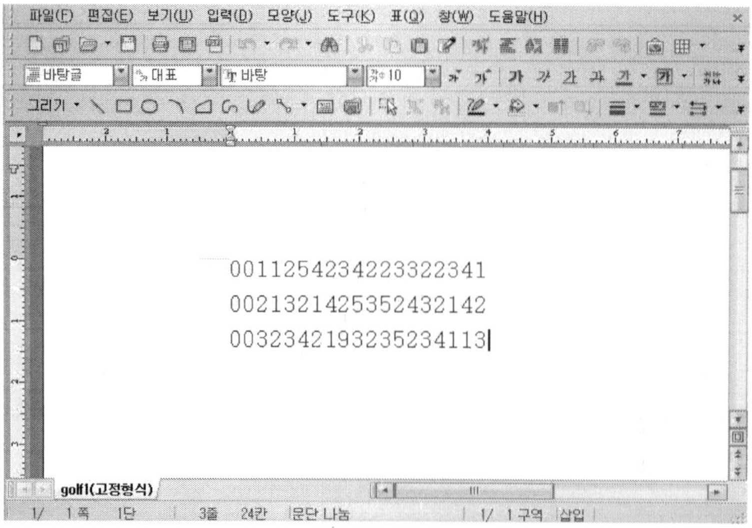

[그림 8-2] 흔글에서의 고정형식 입력방법

2) 자유형식 입력방법

자유형식으로 데이터를 입력하는 방법은 변수값을 입력할 때마다 변수값들 사이의 간격을 한 칸씩(Space Bar 이용) 혹은 일정 간격씩(Tab 키 이용) 구분하여 입력하는 방법이다. 이 방법은 변수값들이 두 자릿수 이상인 경우가 많을 때 유용하다.

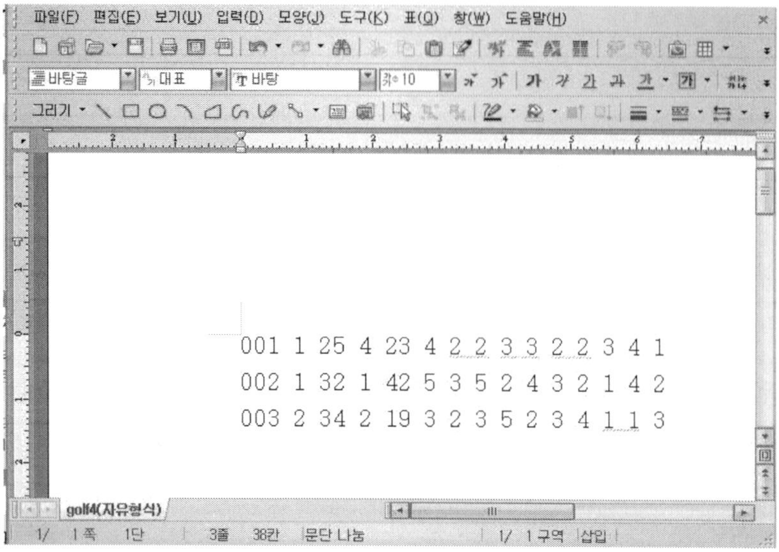

[그림 8-3] 흔글에서의 자유형식 입력방법

흔글을 이용하여 고정형식이나 자유형식으로 데이터를 입력하는 방법은 부득이한 경우에 고려해 볼 수 있는 방법이다. 그러나 연구대상이나 변수가 많은 경우에는 입력 시 오류의 발생가능성이 높고 데이터의 입력내용을 확인하기가 어렵다는 한계가 있다. 그래서 데이터를 입력할 때는 일반적으로 Excel과 같은 스프레드 시트를 많이 이용한다.

(2) 저장하기

자유형식이나 고정형식이든 흔글로 작성한 데이터 파일을 저장할 때는 저장화면 창에서 우선 저장할 [위치]와 [파일이름]을 입력한 뒤 [파일형식]을 선택해야 한다. 이때 파일형식은 반드시 "텍스트 문서(*.txt)"로 지정하여 저장해야 한다. 그래야 SPSS에서 읽어들일 수가 있다.

[그림 8-4] **흔글에서의 저장방법**

(3) SPSS에서 불러오기와 저장

1) 고정형식 불러오기

고정형식으로 저장한 데이터 파일은 SPSS의 주화면에서 파일(F) → 텍스트 데이터 읽기(R)로 들어가면 [그림 8-5]와 같은 [데이터열기] 대화상자가 나온다. 여기서 앞에서 텍스트 형식으로 입력한 [파일]을 선택한 후 [열기]를 누르면 [그림 8-5]와 같은 [텍스트 가져오기 마법사 6단계 중 1단계] 대화상자가 나온다.

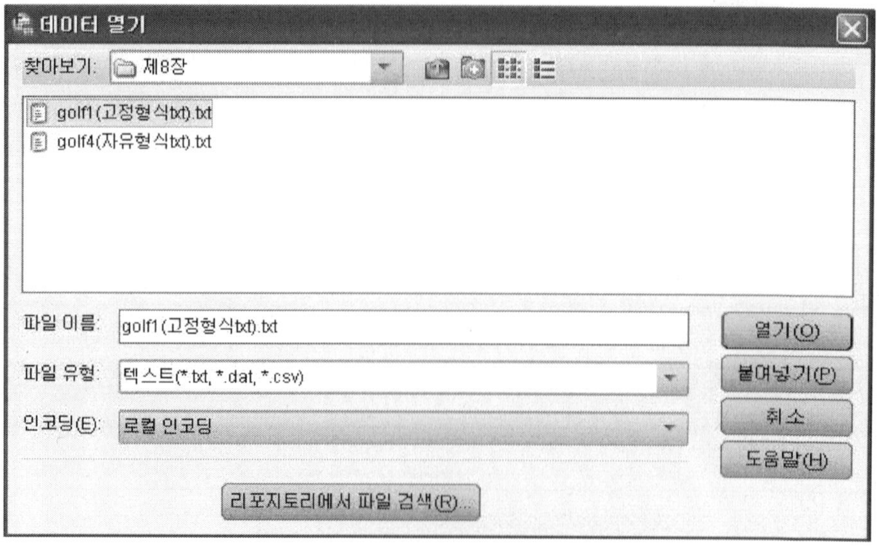

[그림 8-5] **텍스트 파일열기 대화상자**

텍스트 가져오기 마법사 6단계 중 1단계는 텍스트 파일이 사전에 정의된 형식과 일치하는가를 확인하는 과정이다. 여기서 기본설정(default)인 "◉ 아니오"로 그대로 두고 다음 단계로 넘어간다.

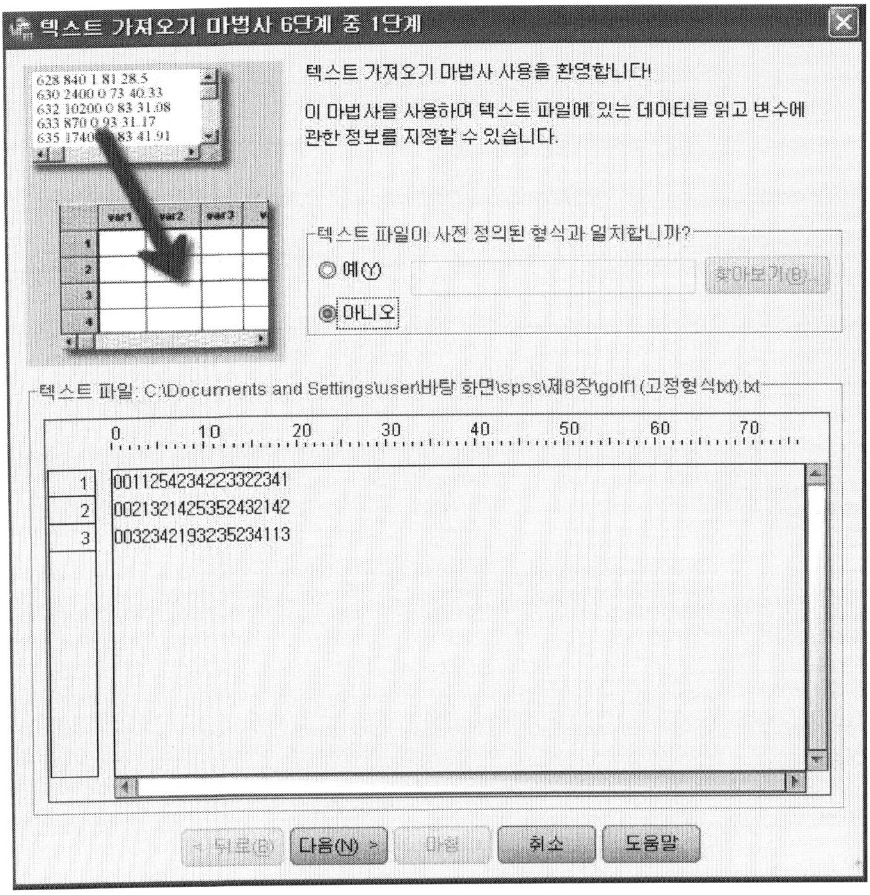

[그림 8-6] **텍스트 가져오기 마법사 6단계 중 1단계**

텍스트 가져오기 마법사 6단계 중 2단계는 [그림 8-7]에서 보는 바와 같이 변수의 배열상태와 변수이름의 위치를 묻는 단계이다. 우선 변수의 배열에 대한 질문에서, 구분자에 의한 배열은 코딩 시 응답값들 사이에 쉼표나 탭으로 구분지은 경우에 선택하는 것이고, 고정너비 배열은 우리가 한 것과 같이 연속적으로 코딩을 한 경우에 해당되는 것이다. 우리는 연속적으로 코딩을 하였기 때문에 기본설정된 "◉ 고정너비로 배열"을 그냥 선택한다. 그리고 코딩 시에 변수명을 입력하지 않았기 때문에 변수이름의 파일에 있는가에 대한 질문도 기본설정된 "◉ 아니오"를 선택한다. 그리고 다음 단계로 넘어간다.

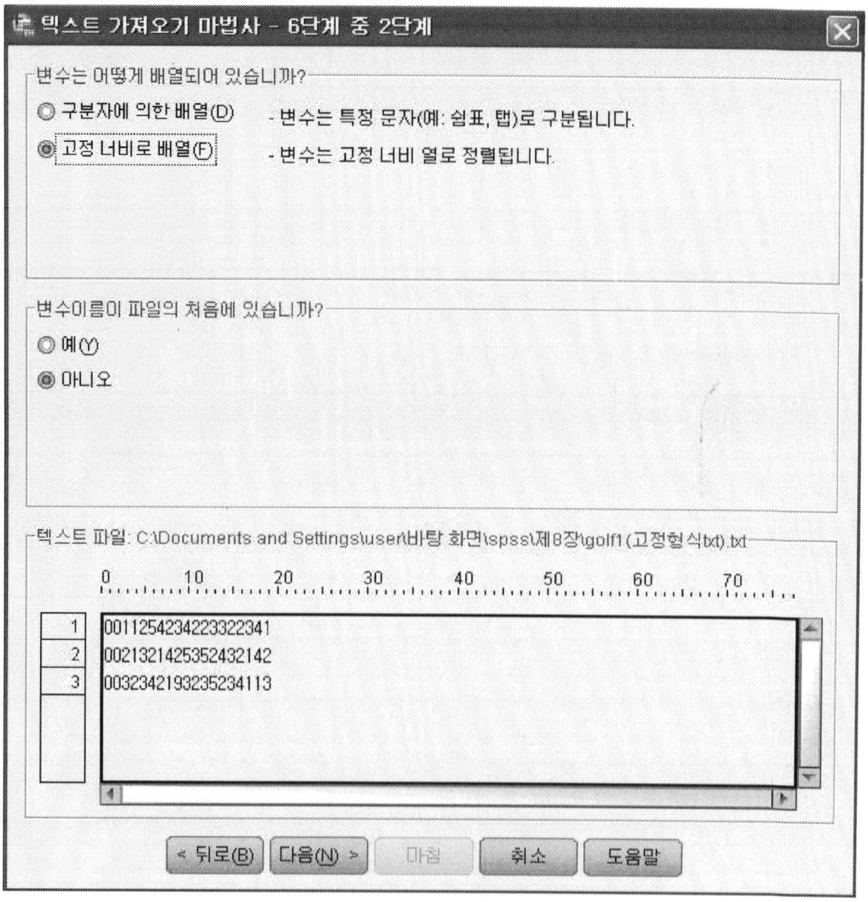

[그림 8-7] **텍스트 가져오기 마법사 6단계 중 2단계**

텍스트 가져오기 마법사 6단계 중 3단계는 데이터 파일의 형태에 대하여 확인하는 과정이다. 여기에서는 데이터의 케이스가 시작되는 줄과 하나의 케이스가 차지하는 줄 수 및 가져올 사례의 수를 지정한다. 우리는 첫줄부터 케이스가 시작되고, 각 케이스는 한 줄로 이루어져 있으며, 모든 케이스를 이용하기 때문에 [그림 8-8]과 같이 이미 기본설정된 "1", "1", "◉ 모든 케이스"를 선택하고, 다음 단계로 넘어간다.

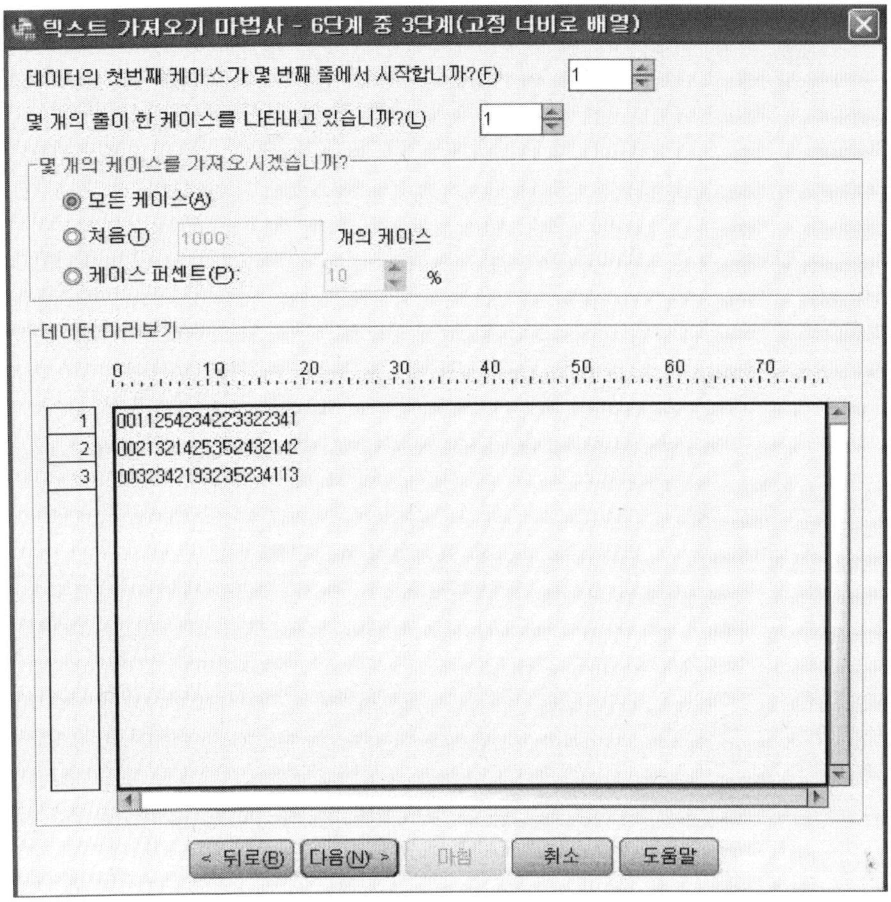

[그림 8-8] **텍스트 가져오기 마법사 6단계 중 3단계**

텍스트 가져오기 마법사 6단계 중 4단계는 각 변수를 구분하기 위한 단계이다. 우리가 [사례 8-3]의 코드북에서 지정한 칼럼 위치와 칼럼 수를 확인하면서, 구분하고자 하는 위치에 마우스를 클릭하면 [그림 8-9]와 같이 수직 화살표가 생긴다. 만일 ID가 "1-3"으로 입력되어 있다면, 세 번째 칸 다음에 마우스를 한번 클릭하면 수직 화살표가 생기면서 ID 위치가 확정된다.

만일 구분선의 위치를 바꾸려면, 해당 구분선 상단의 머리 부분을 마우스로 클릭한 채 변경하고자 하는 위치로 끌어서 옮기면 된다. 그리고 구분선을 없애려고 하면, 해당 구분선 상단의 머리부분을 마우스로 한번 클릭하거나, 구분선을 클릭한 채 [데이터 미리보기] 상자 밖으로 끌고 나가면 된다.

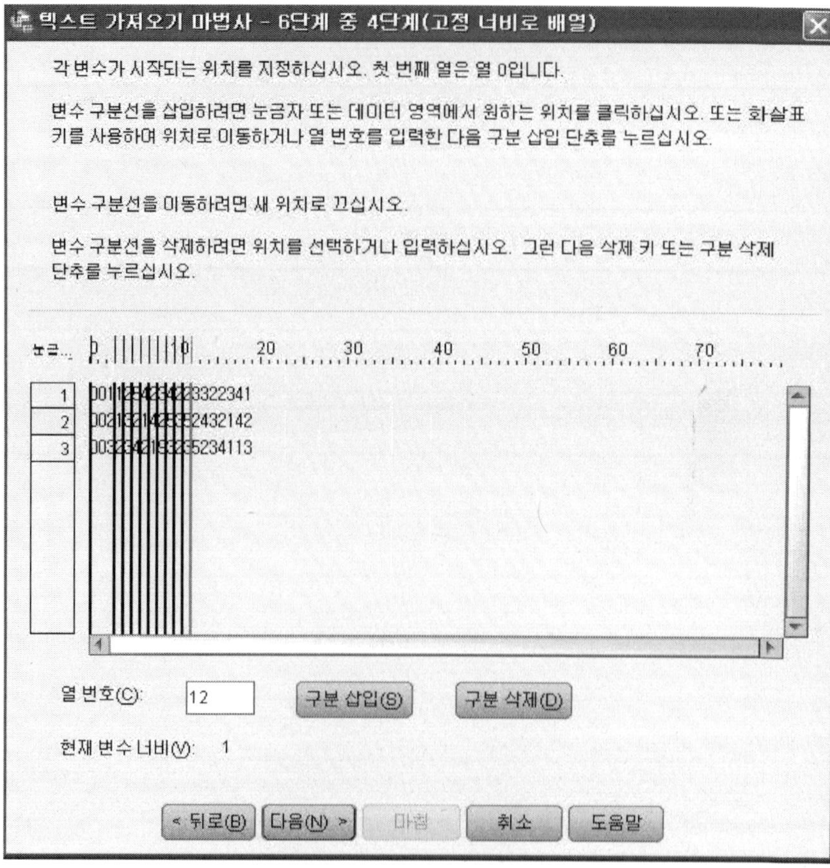

[그림 8-9] **텍스트 가져오기 마법사 6단계 중 4단계**

텍스트 가져오기 마법사 6단계 중 5단계는 변수이름과 변수형식을 지정하는 절차이다. [변수 미리보기] 상자에서 변수를 지정하면 [그림 8-10]과 같이 [변수이름]과 [데이터형식]이 활성화된다. 그러면 코드북에서 지정했던 변수이름을 입력하고, 데이터의 형식을 선택하면 된다. 데이터 형식은 숫자, 문자, 시간, 달러, 콤마, 마침표 등으로 변경할 수 있다.

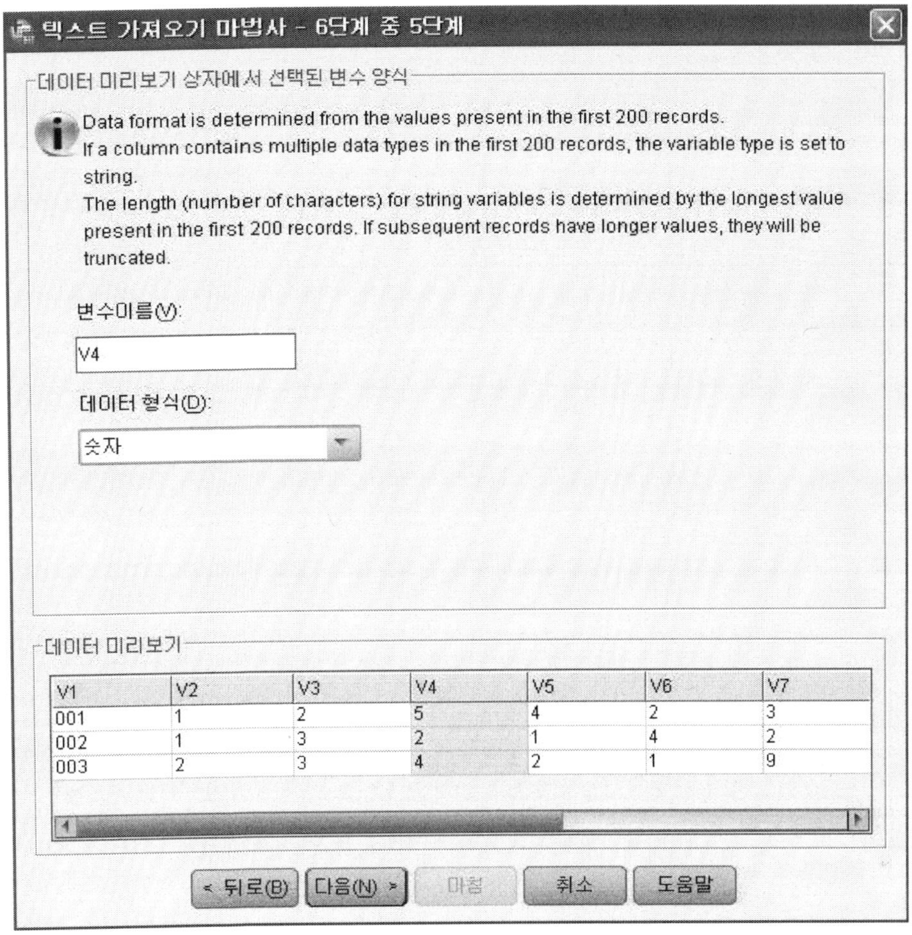

[그림 8-10] **텍스트 가져오기 마법사 6단계 중 5단계**

텍스트 가져오기 마법사 6단계 중 6단계는 파일 형식 저장과 Syntex 창 열기를 지정하는 단계이다. 우리는 현재 상태의 파일을 그대로 사용하려고 하기 때문에 [그림 8-11]에서 보는 바와 같이 기본설정되어 있는 "◉ 아니오", "◉ 아니오"를 선택한 후 [마침]을 클릭한다. 그러면 [그림 8-12]와 같이 SPSS 제목창에 "제목없음-SPSS 데이터 편집기"라는 내용이 표시되며 데이터 파일이 열린다.

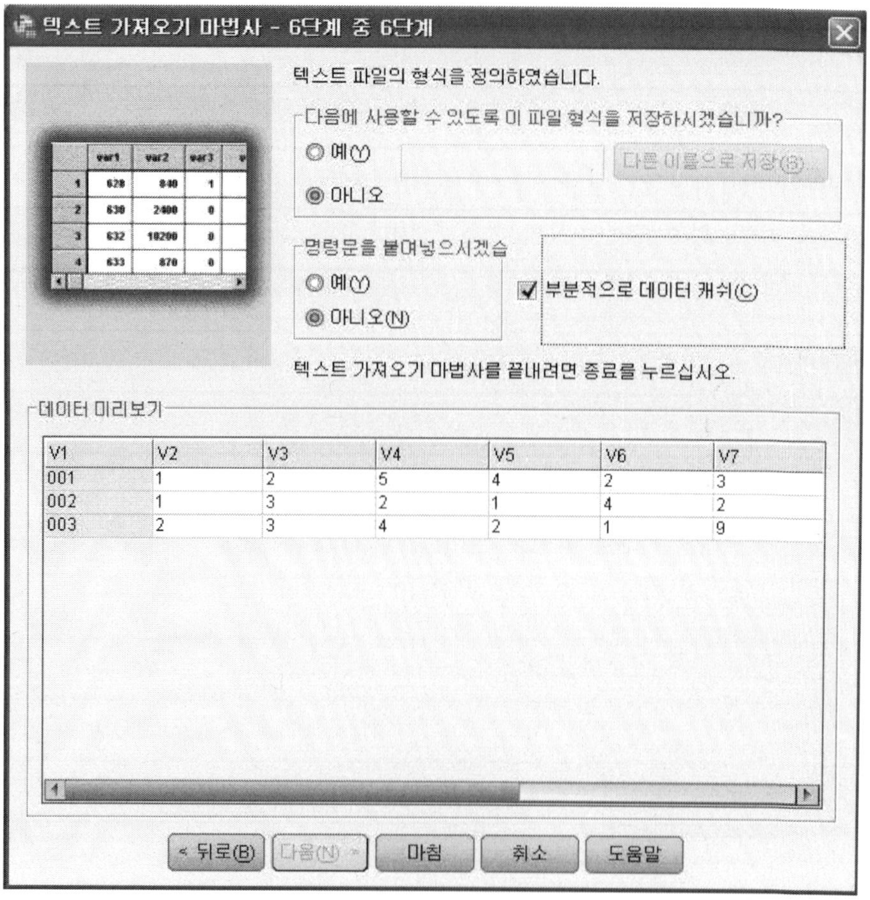

[그림 8-11] **텍스트 가져오기 마법사 6단계 중 6단계**

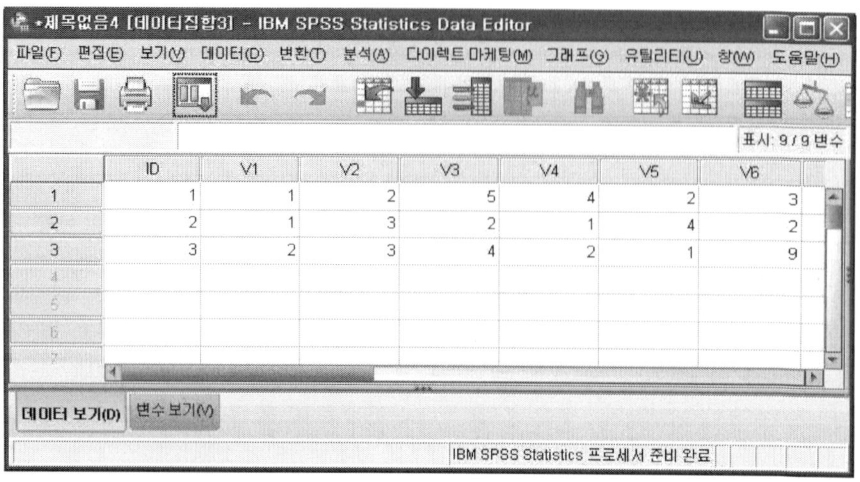

[그림 8-12] **데이터 편집기에 불러온 최종 텍스트 파일**

이상과 같은 과정을 거치면서 작성된 데이터 파일은 주요 메뉴에서 파일(F) → 저장하기(S)를 선택한 다음, 저장위치를 지정하고 파일이름을 입력하여 저장한다. SPSS에서 저장된 파일들은 확장자가 .sav로 표시된다.

참고로 [그림 8-12]에 나타난 [SPSS 데이터 편집기]를 통해서 두 가지만 정리해 두자.

우선, 변수이름을 확인해 보자. 변수이름을 보면 우리가 5단계에서 지정한 ID 만을 제외하고 나머지는 모두 "v2, v3 · · "처럼 SPSS 자체적으로 지정되어 있다. 그래서 처음부터 코드북에서 지정한 변수이름으로 지정하려면, 5단계에서 지정하는 것이 좋다. 그러나 만일 우리가 연습한 것처럼 지정하지 못했다면, 다음 제9장에서 배울 변수정의 절차에 따라 별도로 변수이름을 지정하면 된다.

다음으로 확인해 볼 점은, ID의 자릿수이다. 다른 변수와는 달리 ID는 소수점 둘째 자리까지 표기되었다. 이러한 이유는 데이터를 코딩할 때 "001, 002 · · "와 같이 세 자리로 코딩을 해서 그만큼 자릿수를 차지하였기 때문이다. 만일 다른 변수들과 같이 한 자리로 코딩하였다면 소수점이 없는 정수로 나타난다.

2) 자유형식 불러오기

자유형식으로 저장한 데이터 파일을 SPSS로 불러오는 방법은 고정형식과 마찬가지로 주 화면에서 파일(F) → 텍스트 데이터읽기(R) 과정을 거치면서 이루어진다. 다만 텍스트 가져오기 마법사 6단계 중 2단계와 4단계만 다르다.

텍스트 가져오기 마법사 6단계 중 2단계는 변수의 배열상태와 변수이름의 위치를 묻는 단계이다. 이 단계의 변수의 배열에 대한 질문에서 고정형식은 "고정 너비로 배열"한 것을 선택하였는데, 자유형식은 변수들을 일정한 간격으로 배열하였기 때문에 [그림 8-13]과 같이 "구분자에 의한 배열"을 선택해야 한다.

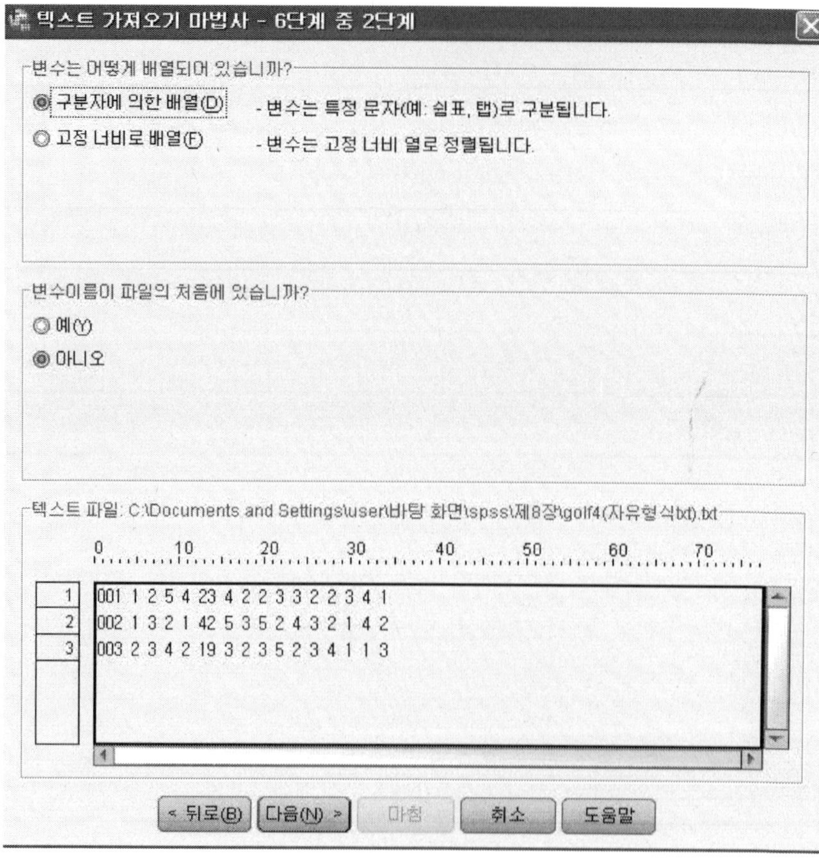

[그림 8-13] **텍스트 가져오기 마법사 6단계 중 2단계**

텍스트 가져오기 마법사 6단계 중 4단계는 각 변수의 구분자를 선택하는 과정이다. 앞의 고정형식에서는 구분할 위치를 클릭하여 수직 화살표로 구분하였다. 그런데 자유형식에서는 데이터 파일을 이미 한 칸씩 띄어 작성하였기 때문에, [그림 8-14]와 같이 기본설정된 "◉ 공백"을 선택한 후 다음 단계로 넘어가면 된다.

텍스트 가져오기 마법사 6단계 중 5단계와 6단계는 고정형식과 같은 내용으로 선택하면 SPSS용 데이터 파일이 완성된다.

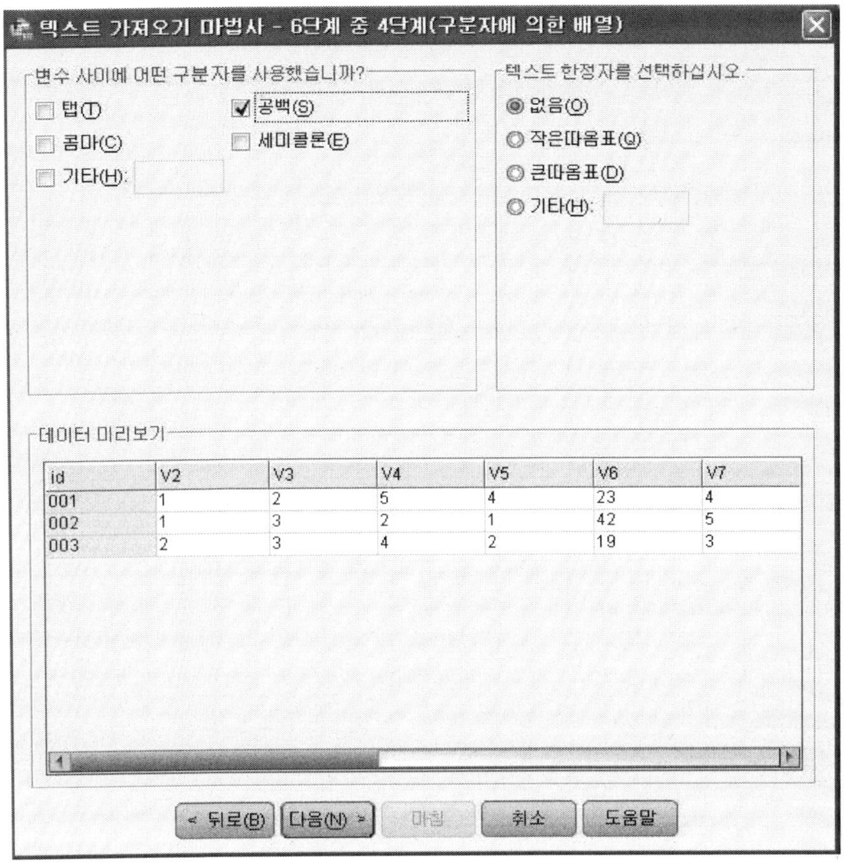

[그림 8-14] **텍스트 가져오기 마법사 6단계 중 4단계**

[예제 8-1]

다음은 골프연습장에서 골프연습을 하는 고객들을 대상으로 실시한 설문의 코드북과 코딩시트 #1, #4이다. 코딩시트의 내용들을 혼글 고정형식으로 입력, 저장한 후 SPSS에서 불러낸 다음 golf1과 golf4라는 파일이름(확장자는 *.sav)으로 저장하시오. (본 설문은 간단한 연습용으로 개발된 것이기 때문에 설문체계나 내용상에 어떤 의미는 없으며, 연습용으로 계속 이용되므로 잘 저장해 두기 바란다.)

코드북

기록내용	변수명	칼럼	변수값
일련번호	ID	1–2	
골프연습장선택 위치(거리)	X1	3	1=전혀 중요하지 않다 2=중요하지 않다 3=그저 그렇다 4=중요하다 5=매우 중요하다
주차시설	X2	4	〃
편의시설	X3	5	〃
비거리	X4	6	〃
서비스	X5	7	〃
체계적 지도	X6	8	〃
대인관계	X7	9	〃
이용요금	X8	10	〃
이용회수(주)	X9	11–12	○ ○ 회
골프연습이유	X10	13	1=건강 2=선수희망 3=자세교정 4=사업상 5=친분관계 6=기타
이용유형	X11	14	1=연회원 2=월회원 3=비회원
성별	X12	15	1=남자 2=여자
결혼여부	X13	16	1=미혼 2=기혼
골프경력	X14	17	1=1년 미만 2=2년 미만 3=3년 미만 4=3년 이상
연령	X15	18–19	○ ○ 세
연간총소득	X16	20	1=2,000만 원 미만 2=2,000만 원 이상 3,000만 원 미만 3=3,000만 원 이상 4,000만 원 미만 4=4,000만 원 이상
학력수준	X17	21	1=고졸미만 2=고졸 3=대중퇴 4=대졸 5=대학원이상
직업	X18	22	1=교직원 2=공무원 3=회사원 4=학생 5=자영업 6=기타

코딩시트 #1

ID	X1	X2	X3	X4	X5	X6	X7	X8	X9
1	1	5	3	1	1	1	1	1	6
2	2	2	4	2	3	2	2	2	12
3	2	1	5	4	2	5	4	3	3
4	3	4	4	2	4	2	2	5	2

5	5	2	5	3	2	4	5	3	9
6	3	5	2	5	3	1	1	5	7
7	1	3	5	3	5	5	3	4	5
8	4	2	1	1	1	3	4	2	3
9	2	4	1	4	4	2	2	4	2
10	5	3	3	4	2	3	4	1	12
11	3	5	2	3	4	5	3	3	3
12	4	1	4	5	5	4	5	1	3
13	1	1	3	2	3	3	3	4	3
14	4	2	2	1	1	1	1	2	3
15	2	3	4	3	3	2	3	3	2
16	3	2	5	2	2	3	5	4	1

코딩시트 #4

ID	X1	X2	X3	X4	X5	X6	X7	X8	X9
17	5	4	1	2	5	2	4	3	10
18	2	3	5	2	5	3	2	1	5
19	3	2	4	2	4	5	5	2	7

2. Excel을 이용한 입력, 저장 및 불러오기

Excel은 가장 일반적으로 사용되는 스프레드 시트로 흔글과 같은 텍스트 문서를 이용하는 방법보다 훨씬 간단하고 여러 가지 면에서 편리하다.

Excel의 각 시트는 수많은 셀로 구성되어 있어 각 셀에 직접 변수명이나 데이터 값을 입력할 수 있으므로 입력오류의 확인이 쉽다. 그리고 스스로 자릿수를 맞춰주기 때문에 자릿수를 맞추기 위하여 흔글에서 '001'과 같이 입력하지 않고 그냥 '1' 만을 입력해도 된다. 또한 데이터 값이 천 단위를 넘는 경우에도 스스로 ' , ' 표시를 해주기 때문에 큰 숫자의 입력에도 편리하다.

Excel을 이용하여 데이터 파일을 입력할 때는 [그림 8-15]에서 보는 바와 같이 우선 1행에 ID와 변수명들을 입력한다. 그리고 1열(A열)의 ID 아래에는 ID 번호나 이름을 입력하고, 각 변수명 아래로는 데이터 값을 입력하면 된다. 이와 같이 데이터 파일을 모두 입력하고 나면 파일(F) → 저장(S)을 선택한 다음, 저장위치를 지정하고 파일이름을 입력하여 저장을 한다. 파일형식은 이미 설정되어 있는 "Microsoft Excel 통합문서"를 그대로 선택하면 된다. 그런 다음 SPSS를 불러오기에 앞서 Excel 문서를 종료한다.

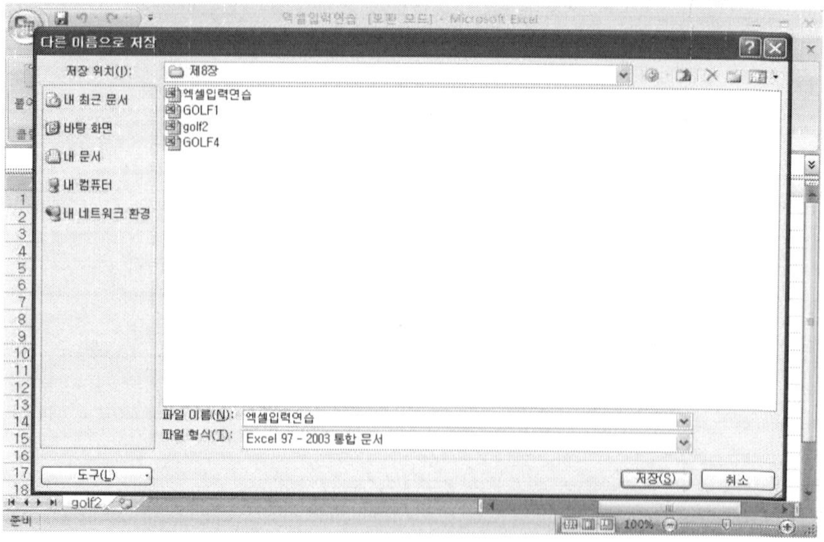

[그림 8-15] **Excel을 이용한 입력과 저장**

Excel을 이용한 저장이 끝나면, SPSS를 열고 [그림 8-16]과 같이 파일(F) → 열기(O) → 데이터(A)를 선택한다. 그러면 [그림 8-17]과 같은 [파일열기] 대화상자가 나타나는데, 여기서 파일형식을 "Excel(*.xls)"을 선택한다. 그리고 Excel에서 작성한 파일을 선택한 다음 [열기]를 클릭한다.

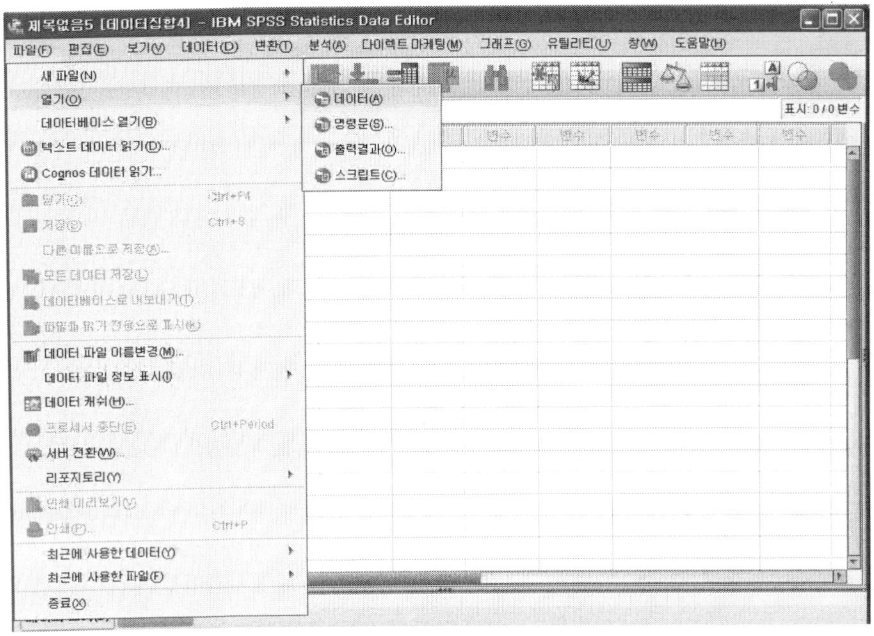

[그림 8-16] Excel로 작성한 데이터 파일 열기

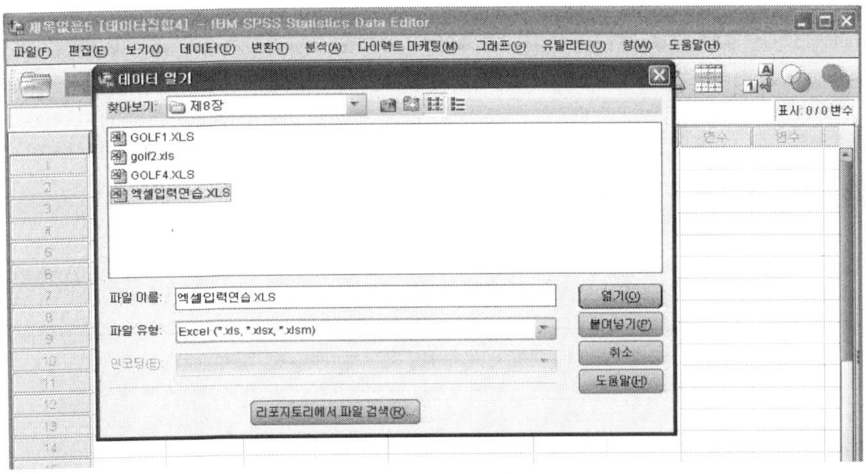

[그림 8-17] 파일열기 대화상자

Excel에서 작성한 파일을 선택한 다음 [열기]를 클릭하면 [그림 8-18]과 같이 [Excel 데이터 소스열기] 대화상자가 나타난다. 여기서 데이터의 첫 행에 변수이름을 입력했으면 기본설정된 상태로 놓아두고, 변수이름을 입력하지 않았으면 다시 체크한 다음 [확인]을 선택한다. 우리는 변수이름을 입력하였기 때문에 기본설정된 상태에서 그대로 [확인]을 선택하면 된다.

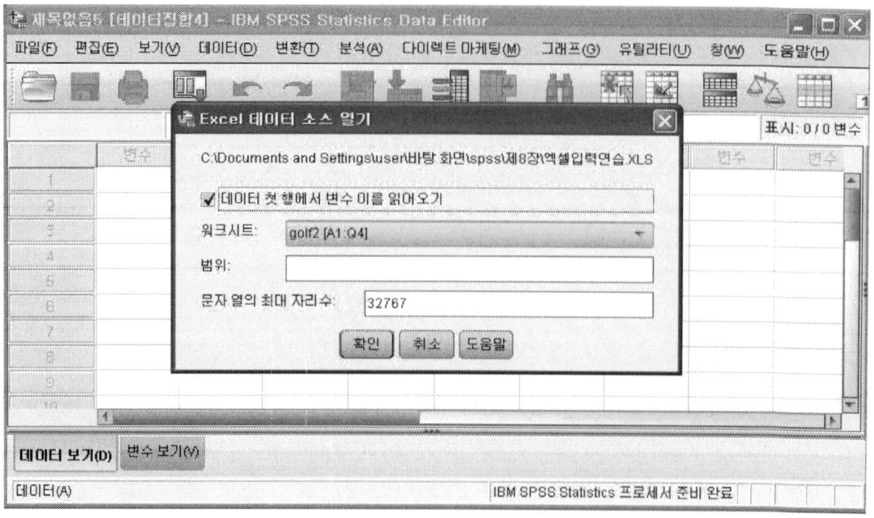

[그림 8-18] Excel 데이터 소스열기 대화상자

이상과 같은 단계를 거치면 [그림 8-19]와 같은 "제목 없음 - SPSS 데이터 편집기" 창이 나타난다. 만일 Excel에서 변수이름을 한글로 입력했다면 SPSS 20.0에서는 한글이름 그대로 인식하게 된다.

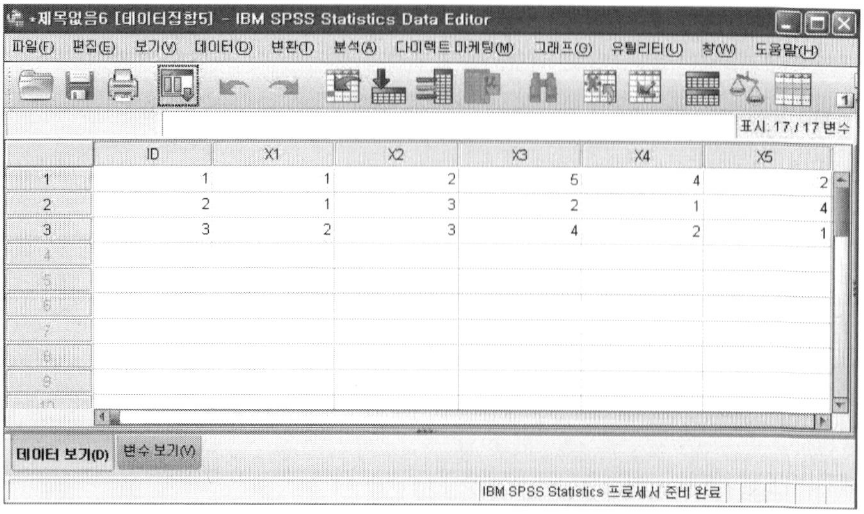

[그림 8-19] SPSS 데이터 편집기

이제 Excel로 작성한 데이터 파일을 "제목없음" 상태로 불러들였으면, SPSS파일로 저장하여야 한다. 일반적인 저장방법과 마찬가지로 파일이름을 입력하여 파일(F) → 저장(S) 과정을 거쳐서 SPSS 파일로 저장한다.

[예제 8-2]

다음의 코딩시트 #2의 내용들을 Excel에서 입력, 저장한 다음, SPSS에서 불러낸 다음 "golf2.sav"라는 파일이름으로 저장하시오.

코딩시트 #2

ID	X10	X11	X12	X13	X14	X15	X16	X17	X18
1	3	2	1	2	2	40	3	3	1
2	5	3	2	2	1	26	2	4	2
3	2	1	1	1	1	9	1	1	4
4	6	3	2	1	1	32	4	2	2
5	1	1	11	2	3	48	3	5	5
6	4	1	2	1	2	30	2	2	3
7	2	1	2	1	1	8	1	1	4
8	4	1	12	1	4	34	3	4	6
9	5	2	2	2	1	32	4	5	5
10	1	2	1	1	3	29	3	3	3
11	2	2	2	1	3	17	1	1	4
12	3	2	2	2	3	44	4	4	1
13	6	3	2	1	2	29	2	3	6
14	1	1	1	2	4	52	2	2	1
15	4	2	22	2	3	16	3	4	3
16	2	2	2	2	2	23	2	2	5
17	5	2	1	2	3	17	2	2	3
18	4	1	2	2	4	25	3	4	5
19	2	3	1	1	2	34	4	6	6

3. SPSS에서의 입력과 저장

SPSS에서 데이터를 입력하는 방법은 Excel에서 입력하는 요령과 거의 유사하다. 다만, SPSS에서는 기본적으로 변수이름이 "var00001"과 같이 주어졌기 때문에 Excel에서와 같이 1행에 변수이름을 입력하지 않고 [그림 8-20]과 같이 바로 데이터 값을 입력한다.

데이터 값의 입력은 원하는 셀까지 방향키나 엔터키를 이용하여 이동한 다음 데이터 값을 입력해 나간다. 이때 데이터 값은 기본적으로 소수 두 자리까지 나타나는데, 이것을 없애는 방법과 소수점의 자릿수를 더 많게 하는 방법은 제9장에서 자세히 설명한다.

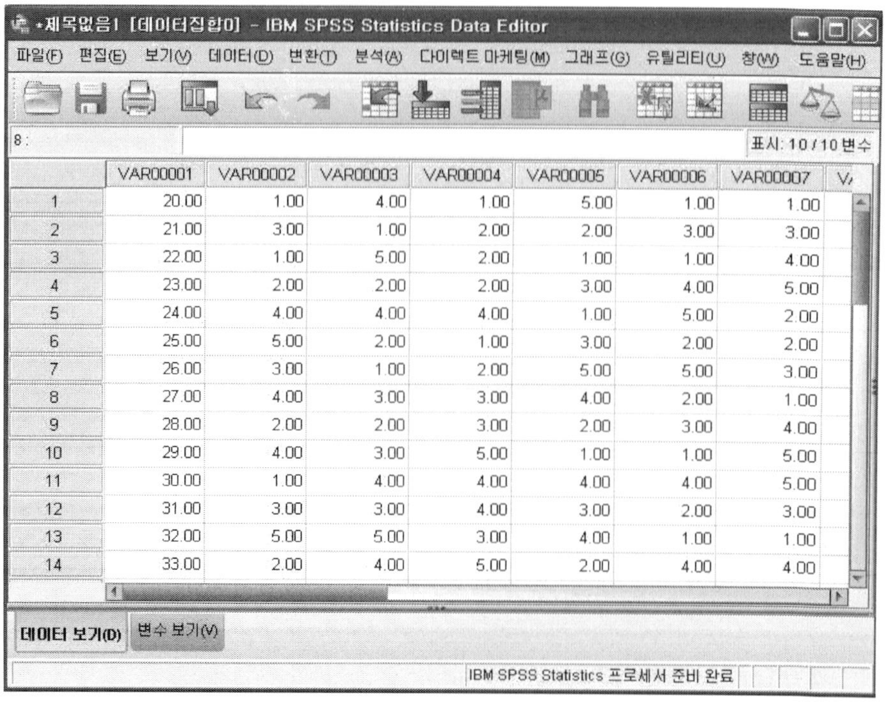

	VAR00001	VAR00002	VAR00003	VAR00004	VAR00005	VAR00006	VAR00007
1	20.00	1.00	4.00	1.00	5.00	1.00	1.00
2	21.00	3.00	1.00	2.00	2.00	3.00	3.00
3	22.00	1.00	5.00	2.00	1.00	1.00	4.00
4	23.00	2.00	2.00	2.00	3.00	4.00	5.00
5	24.00	4.00	4.00	4.00	1.00	5.00	2.00
6	25.00	5.00	2.00	1.00	3.00	2.00	2.00
7	26.00	3.00	1.00	2.00	5.00	5.00	3.00
8	27.00	4.00	3.00	3.00	4.00	2.00	1.00
9	28.00	2.00	2.00	3.00	2.00	3.00	4.00
10	29.00	4.00	3.00	5.00	1.00	1.00	5.00
11	30.00	1.00	4.00	4.00	4.00	4.00	5.00
12	31.00	3.00	3.00	4.00	3.00	2.00	3.00
13	32.00	5.00	5.00	3.00	4.00	1.00	1.00
14	33.00	2.00	4.00	5.00	2.00	4.00	4.00

[그림 8-20] **SPSS에서의 데이터 입력방법**

입력을 마치고 나면 저장을 해야 되는데, 앞의 방법들과 마찬가지로 파일(F) → 저장(S)을 선택한 후 파일 위치를 결정하고 파일이름을 입력하면 된다. 이때 파일형식은 SPSS(*.sav)를 선택하는 것이 좋다.

[예제 8-3]

다음 코딩시트 #3의 내용들을 SPSS에서 입력한 후, "golf3.sav"라는 파일이름으로 저장하시오.

코딩시트 #3

ID	X1	X2	X3	X4	X5	X6	X7	X8	X9	X10	X11	X12	X13	X14	X15	X16	X17	X18
20	1	4	1	5	1	1	1	1	10	3	1	2	2	4	40	4	5	2
21	3	1	2	2	3	3	4	5	2	6	3	1	1	1	38	2	2	3
22	1	5	2	1	1	4	1	1	6	2	2	1	1	4	23	1	3	5
23	2	2	2	3	4	5	5	3	3	3	2	2	2	2	54	2	2	3
24	4	4	4	1	5	2	2	2	1	1	2		1	1	43	4	5	3
25	5	2	1	3	2	2	1	1	2	4	1	11	2	3	51	2	2	3
26	3	1	2	5	5	3	5	3	6	5	3	1	1	2	3	3	3	5
27	4	3	3	4	2	1	3	2	3	3	1	2	2	2	31	2	2	5
28	2	2	3	2	3	4	2	4	10	2	3	2	1	3	21	1	5	2
29	4	3	5	1	1	5	3	3	3	5	2	2	1	1	23	4	4	6
30	1	4	4	4	4	5	4	2	12	4	1	1	1	2	28	3	5	6
31	3	3	4	3	2	3	2	5	1	1	3	3	2	4	43	3	4	1
32	5	5	3	4	1	1	5	1	3	4	2	2	1	3	26	2	5	6
33	2	4	5	2	4	4	1	4	2	3	1	1	2	4	26	1	3	1
34	5	4	5	3	3	2	3	2	1	5	3	1	1	4	38	3	3	1
35	1	5	3	2	1	5	4	4	4	2	2	21	1	1	98	1	1	4
36	3	1	1	4	5	1	3	3	12	6	2	2	1	2	57	4	4	2
37	2	5	1	1	2	2	2	5	3	1	1	1	2	1	24	4	4	3

제 9 장

데이터의 편집

Key Words

셀, 영역, 케이스, 편집메뉴
변수정의, 변수유형, 결측값, 케이스 합치기

9.1 셀 이동과 영역 지정방법

통계분석을 실행하기에 앞서서 원래의 데이터 파일을 분석대상이 되는 변수들이나 케이스들끼리 결합하기도 하고 때로는 새로운 변수나 케이스를 추가하는 경우가 있다. 이와 같은 데이터 파일의 편집을 보다 효과적이고 능률적으로 수행하기 위해서는 우선 데이터 편집 시에 많이 이용하는 기본적인 셀 이동 방법과 영역 지정방법에 대하여 익혀 둘 필요가 있다. 셀 이동과 영역 지정 방법은 우리가 제8장 [연습 8-3]에서 작성한 "golf3.sav" 파일을 이용하여 연습하기로 한다.

1. 셀 이동방법

셀이란 가로 줄(열)과 세로 줄(행)이 만나는 부분을 말한다. SPSS의 [데이터 편집기]에서 가로 줄(열)은 변수를 나타내며, 세로 줄(행)은 케이스를 나타낸다. 따라서 각 셀은 케이스에 대한 변수들의 값을 나타낸다.

SPSS의 [데이터 편집기]는 Excel과 같은 스프레드 시트에서와 마찬가지로 수많은 셀로 구성되어 있다. 그래서 데이터 편집을 보다 효율적으로 하기 위해서는 각 셀 사이를 자유롭게 이동할 수 있어야 한다. 각 셀 사이를 이동하는 방법에는 마우스를 이용하는 방법, 키보드를 이용하는 방법 및 주요 메뉴의 편집창에서 찾기 기능을 이용하는 방법 등 세 가지가 있다.

(1) 마우스를 이용하는 방법

가장 보편적으로 많이 사용하는 방법으로, 화면에서 이동하고자 하는 셀로 마우스 포인터를 이동하여 클릭하는 방법이다. 한 화면에 있는 데이터들을 자세히 확인하면서 특정 셀로 이동하고자 할 때 유용한 방법이다.

(2) 키보드를 이용하는 방법

Ctrl 키, Alt 키 및 방향키 등을 이용하여 이동하고자 하는 셀까지 움직이는 방법이다. 주로 화면 단위나 파일 단위로 셀을 이동하고자 할 때 유용하다. 원하는 작업에 따른 주요 키보드의 사용방법은 [표 9-1]과 같다.

[표 9-1] 키보드를 이용한 셀 간 이동방법

원하는 작업	사용하는 키
셀 아래로 이동	↓ 혹은 Enter↵
셀 위로 이동	↑
케이스의 시작부분으로 이동	Home
케이스의 끝부분으로 이동	End
파일의 시작부분으로 이동	Ctrl + Home
파일의 마지막 부분으로 이동	Ctrl + End
변수의 첫 번째 케이스(행)로 이동	Ctrl + ↑
변수의 마지막 케이스(행)로 이동	Ctrl + ↓
케이스 전체의 선택	Shift + Space Bar
변수 전체의 선택	Ctrl + Space Bar
한 화면 아래(위)로 이동	Page Down(Page Up)
한 화면 오른쪽(왼쪽)으로 이동	Ctrl + Page Up(Page Down)

(3) 찾기 기능을 이용하는 방법

이 방법은 편집(E) 메뉴의 찾기(F) 기능을 이용하는 방법으로, 입력오류를 수정하거나 특정의 변수나 데이터 값을 찾을 때 이용되는 방법이다. 자세한 방법은 "9.2 데이터의 편집"의 "3. 찾기"에서 설명하기로 한다.

2. 영역 지정방법

영역이란 하나 이상의 셀들로 구성된 단위를 의미한다. 통계분석을 위하여 데이터 파일을 편집할 때 일반적으로 이용하는 영역 지정방법에는 연속적인 영역을 설정하는 경우와 분할된 영역을 지정하는 경우가 있을 수 있다.

(1) 연속적인 영역을 지정하는 방법

연속적인 영역을 설정하는 방법에는 일반적으로 가장 많이 사용하는 마우스를 이용하는 방법과 Shift 키를 이용하는 방법, 그리고 방향키를 이용하는 방법이 있다.

1) 마우스를 이용하는 방법

마우스를 이용하는 방법은 지정하고자 하는 영역의 왼쪽 상단의 첫 번째 셀을 클릭한 후, 끝나는 셀까지 마우스를 끌어서 설정하는 방법이다. 이 방법은 주로 일련의 변수들이나 케이스들을 연속적으로 설정할 때와 한 화면 내에서 영역을 설정할 때 유용하다.

2) 방향키를 이용하는 방법

이 방법은 지정하고자 하는 영역의 왼쪽 상단의 첫 번째 셀에서 Shift 키를 누른 채 원하는 위치까지 방향키를 누른 채 이동하면서 영역을 지정하는 방법이다.

3) 마우스와 Shift 키를 이용하는 방법

이 방법은 비교적 넓은 범위의 영역을 지정할 경우에 유용한 방법이다. 먼저 지정하고자 하는 영역의 왼쪽 상단의 첫 번째 셀에서 Shift 키를 누른 채, 지정하고자 하는 마지막 셀에서 마우스를 클릭하면 해당되는 모든 셀들이 선택된다.

(2) 분할된 영역을 지정하는 방법

이 방법은 떨어져 있는 영역을 함께 지정하려는 경우에 사용하는 방법이다. 먼저 지정하려는 변수이름이나 케이스 번호에 마우스 포인트를 옮긴 후, Ctrl 키를 누른 채 지정하고자 하는 변수이름이나 케이스 번호를 마우스로 선택하면 된다. 이러한 과정을 반복하면서 [그림 9-1]과 같이 떨어져 있는 여러 개의 케이스를 선택할 수 있다. 이 방법은 통계분석을 위하여 특정 사례들이나 특정 변수들에 대해 편집할 때 많이 이용되는 기능이므로 알아두면 매우 편리하다.

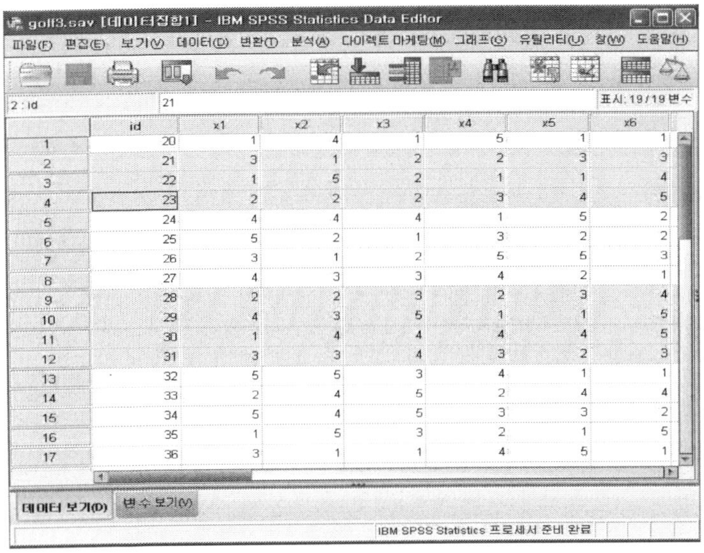

[그림 9-1] 분할된 케이스의 지정

(3) 특정 변수나 케이스만을 지정하는 방법

일정한 영역이 아닌 특정의 변수나 케이스만을 지정하고자 할 때는 분할된 영역을 지정하는 방법과 마찬가지로 Ctrl 키를 누른 채 지정하고자 하는 변수이름이나 케이스 번호를 클릭하면 된다. 이 방법도 통계분석을 위한 데이터 편집을 할 때 많이 이용되는 기능이므로 알아두면 편리하다.

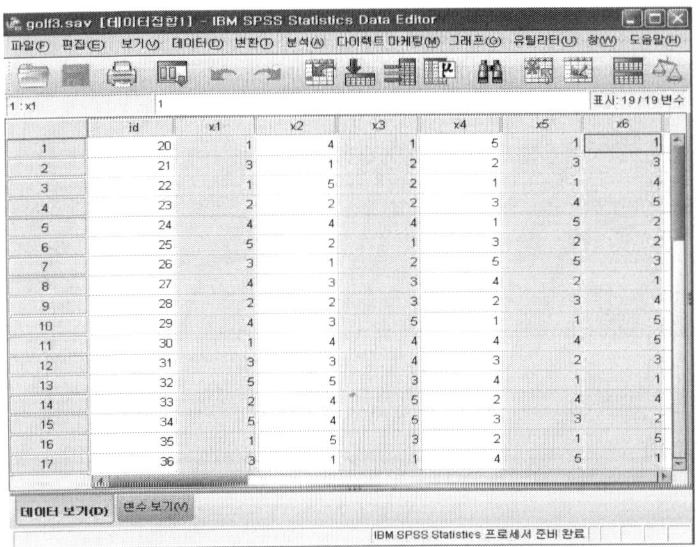

[그림 9-2] 특정 변수의 지정

9.2 데이터의 편집

데이터의 편집기능은 [그림 9-1]과 같이 SPSS의 주요 메뉴에서 편집(E) 메뉴에 있는 기능들이다. 이 기능들은 훈글과 같은 워드 프로세서나 Excel과 같은 스프레드 시트에서도 많이 이용하고 있으며, 실행방법 역시 상당히 유사하기 때문에 쉽게 익숙해질 수 있을 것이다.

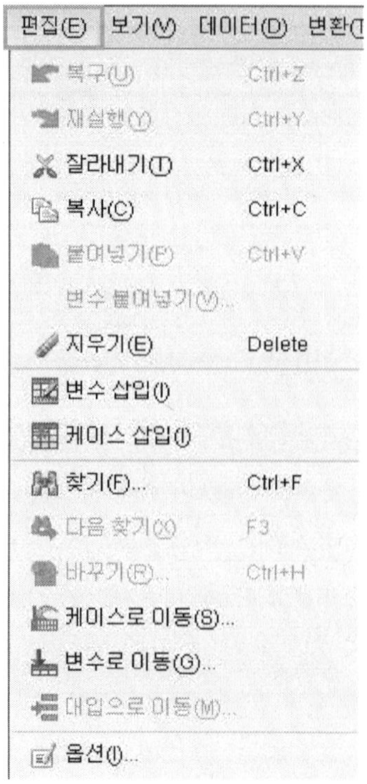

[그림 9-3] **SPSS의 편집 기능들**

데이터 파일을 편집 작업할 때, 한 가지 권장하고 싶은 점은 작업하기 전에 편집하려는 데이터 파일을 다른 이름으로 저장한 후 작업하라는 것이다. 물론, 편집 작업을 하다가 오류가 발생할 경우 복구(U) 기능을 이용하여 오류 수정 이전의 데이터 파일로 돌아갈 수 있다. 그러나 원 자료의 보존과 관리는 통계분석을 수행할 때 매우 중요하기 때문에 편집 작업을 하기 이전에 기존의 파일을 다른 이름으로 변경한 다음에 작업하기를 권장한다.

1. 복구

(1) 기능

복구(Undo)는 데이터를 잘못 수정하였거나 잘라내기, 복사 및 지우기 등을 잘못 수행하여 현재 작업 이전의 파일로 되돌아가고자 할 때 이용하는 기능이다. 유의할 점은 SPSS에서의 복구기능은 Excel이 여러 차례 이전 작업으로까지 복구되는 것과는 달리 단 한 차례밖에 수행할 수 없다는 것이다. 그래서 위에서도 언급하였지만, 편집 작업을 하기 이전에 원 자료와 다른 이름으로 저장한 파일을 이용하여 편집 작업을 하는 것이 바람직하다.

(2) 실행 방법

복구 기능을 실행하는 방법은 세 가지가 있다. 첫째는 SPSS의 주요 메뉴의 편집 메뉴에서 복구(U)를 선택하면 된다. 두 번째 방법은 단축키인 Ctrl+Z를 사용하면 된다. 세 번째 방법은 도구상자에서 ↶를 클릭하면 된다.

2. 잘라내기, 복사, 붙여넣기 및 지우기

(1) 기능

잘라내기(cut), 복사(copy), 붙여넣기(paste), 지우기(clear) 기능들은 데이터를 편집할 때 주로 많이 이용되는 기능들이다. 그리고 이러한 기능들은 기존의 워드 프로세서나 스프레드 시트가 갖고 있는 기능들과 상당히 유사하다.

잘라내기(T)는 지정한 셀이나 영역을 잘라내어, 프로그램 내부에 일차적으로 갖고 있는 기능이다.

복사(C)는 잘라내기(T) 기능과는 달리 **지정한 셀이나 영역을 그대로 복사하여 프로그램 내부에 일차적으로 갖고 있는 기능이다.** 두 가지 기능 모두 특정한 셀이나 영역을 다른 곳으로 옮기고자 할 때 유용하다. 여기서 프로그램 내부에 일차적으로 보관하고 있다는 말은 또 다른 셀이나 영역을 잘라내기(T)하거나 복사(C)를 하면, 이전에 설정한 셀이나 영역은 없어지고 새로이 잘라내거나 복사한 것을 갖게 되는 기능을 의미한다. **붙여넣기(P)는 잘라내기(T)나 복사(C)를 한 셀이나 영역을 지정한 셀이나 영역에 기존의 데이터를 없애고 덮어씌우는 기능이다.** 이 붙여넣기(P) 기능은 기존의 데이터를 없애고 잘라내기(T)나 복사(C)한 데이터로 대체되기 때문에 사용 시 유의하여야 한다.

지우기(E)는 지정한 셀이나 영역을 지우는 기능이다. 잘라내기(T)의 경우 지정한 셀이나 영역을 일차적으로 프로그램에 보관하고 있는 데 반하여, 지우기(E)는 데이터에서 완전히 지워버리기 때문에 사용 시 특별히 유의하여야 한다.

(2) 실행방법

이상에서 설명한 네 가지 기능의 실행방법과 단축키는 아래와 같다. 어떤 워드프로세서나 스프레드시트 프로그램이든지 데이터의 편집을 보다 원활하고 편리하게 실행하기 위해서는 단축키의 사용을 익숙하게 하는 것이 매우 유용하다.

잘라내기 : 편집 메뉴 → 잘라내기(T) 혹은 Ctrl+X
복　　사 : 편집 메뉴 → 복사(C) 혹은 Ctrl+C
붙여넣기 : 편집 메뉴 → 붙여넣기(P) 혹은 Ctrl+V
지 우 기 : 편집 메뉴 → 지우기(E) 혹은 Del

3. 찾기

(1) 기능

찾기(F)는 입력된 데이터의 오류를 수정하거나 확인하기 위하여 특정의 변수나 데이터 값을 찾을 때 이용되는 기능이다.

통계분석 시 올바른 통계결과를 가져오기 위해서는 통계분석 이전에 데이터 파일에 이상값이나 극단값이 있는가를 확인해 보아야 한다. 예를 들어 성별에서 남자인 경우 1에 여자인 경우 2에 표기하도록 하였는데 3이라는 숫자가 있는 상태로 빈도분석을 하였거나, 연령이 235세로 입력되어 있는 상태로 나이의 평균값을 구했다면 유용한 결과라고 말할 수가 없다. 그래서 통계처리 이전에 잘못 입력된 값이 있는지의 여부를 확인해 보고 잘못 입력된 변수나 데이터 값을 찾아 수정해 주어야 한다. 찾기(F)는 주로 이러한 경우에 유용하게 이용할 수 있는 기능이다. 데이터 파일에 이상값이나 극단값이 존재하는가의 여부는 일반적으로 명목척도나 순위척도인 경우는 빈도분석을 통하여, 비율척도인 경우는 기술통계분석을 실행하여 확인한다.

이상값이나 극단값을 찾는 방법을 제8장 [예제 8-3]에서 작성하여 저장한 "golf3.sav"를 이용하여 이해해 보자.

다음의 [그림 9-4]는 "golf3.sav"에서 성별을 나타내는 변수인 "var00013"을 빈도분석을 실행(분석 → 기술통계량 → 빈도분석)한 결과이다.

VAR00013

		빈도	퍼센트	유효 퍼센트	누적퍼센트
유효	1.00	7	38.9	41.2	41.2
	2.00	7	38.9	41.2	82.4
	3.00	1	5.6	5.9	88.2
	11.00	1	5.6	5.9	94.1
	21.00	1	5.6	5.9	100.0
	합계	17	94.4	100.0	
결측	시스템 결측값	1	5.6		
합계		18	100.0		

[그림 9-4] **빈도분석 결과(var00013)**

분석결과를 살펴보면, 총 응답자 18명 중에서 1(남자)이 7명, 2(여자)가 7명이고 3이 1명, 11이 1명, 21이 1명, 그리고 결측값이 하나 있는 것으로 나타났다. 여기서 변수가 성별을 나타내는 것이기 때문이 3, 11, 21은 있을 수 없는 숫자이다. 즉 잘못 입력된 사례인 것이다. 또 하나 "golf3.sav"에서 "var00016"은 응답자의 나이를 나타낸 변수이다. 이 변수를 가지고 기술통계를 실행(분석 → 기술통계량 → 기술통계)하였더니 [그림 9-5]와 같은 결과가 나왔다.

기술통계량

	N	최소값	최대값	평균	표준편차
VAR00016	18	3.00	98.00	37.0556	20.3223
유효수 (목록별)	18				

[그림 9-5] **기술통계분석 결과(var00016)**

기술통계량의 결과를 보면, 사례 수가 18개이고, 최소값이 3, 최대값이 98, 평균이 37.05로 나타났다. 그런데 골프 연습을 하는 성인을 대상으로 한 설문이기 때문에 최소값이 3이라든가, 최대값이 98과 같은 값은 있을 수 없는 숫자이다. 일종의 이상값으로 잘못 입력된 것이다.

이상과 같은 입력오류는 해당 값을 찾아내어 수정해 주어야만 한다.

(2) 실행방법

① 빈도분석이나 기술통계분석을 통하여 오류값을 확인한다.

② 오류값이 있는 변수열의 아무 곳에나 마우스 포인터를 이동한다.

③ 주요 메뉴에서 편집(E) → 찾기(F)(단축키는 Ctrl+F, 또는 도구상자에서)를 선택한다.

④ [그림 9-6]과 같이 [변수에서 데이터 찾기] 상자가 나오면, [데이터 찾기]에 찾을 숫자를 기입하고 [다음 찾기]를 클릭한다. 그러면 해당 오류값이 있는 셀로 커서가 옮겨진다. 여기에 수정될 값을 입력한 뒤 엔터키를 누르면 수정이 된다.

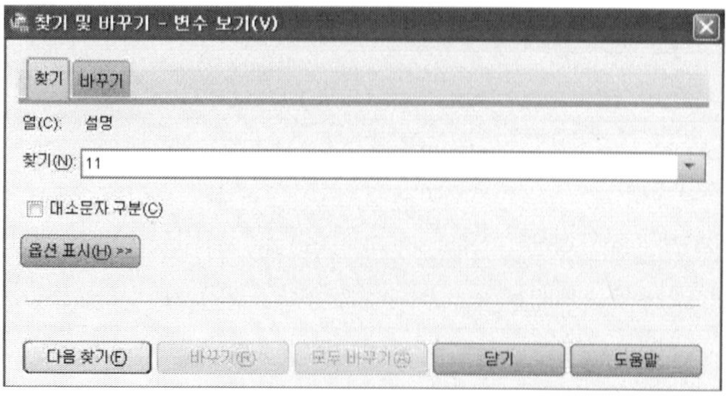

[그림 9-6] **변수에서 데이터 찾기**

[예제 9-1]

위에서 실행한 빈도분석의 결과를 확인해 보니 다음과 같은 입력오류인 것으로 확인되었다. "golf3.sav" 파일을 바르게 수정하시오.

• 11 → 1 • 3 → 1 • 21 → 1 • 결측값 → 1

[예제 9-2]

위에서 실행한 기술통계의 결과를 확인해 보니 다음과 같은 입력오류인 것으로 확인되었다. "golf3.sav" 파일을 바르게 수정하시오.

• 3 → 27 • 98 → 68

4. 옵션

옵션(N)은 통계분석 결과물의 출력형태를 지정해 주는 기능이다.

옵션 기능에는 [그림 9-7]에서 보는 바와 같이 작업기록과 변수목록을 지정하는 일반메뉴, 출력결과물의 상태를 지정하는 뷰어와 데이터, 출력결과를 설명하는 출력결과설명, 도표의 양식과 형태를 지정하는 도표 및 표 모양을 지정하는 피벗표, 파일위치 등이 있다.

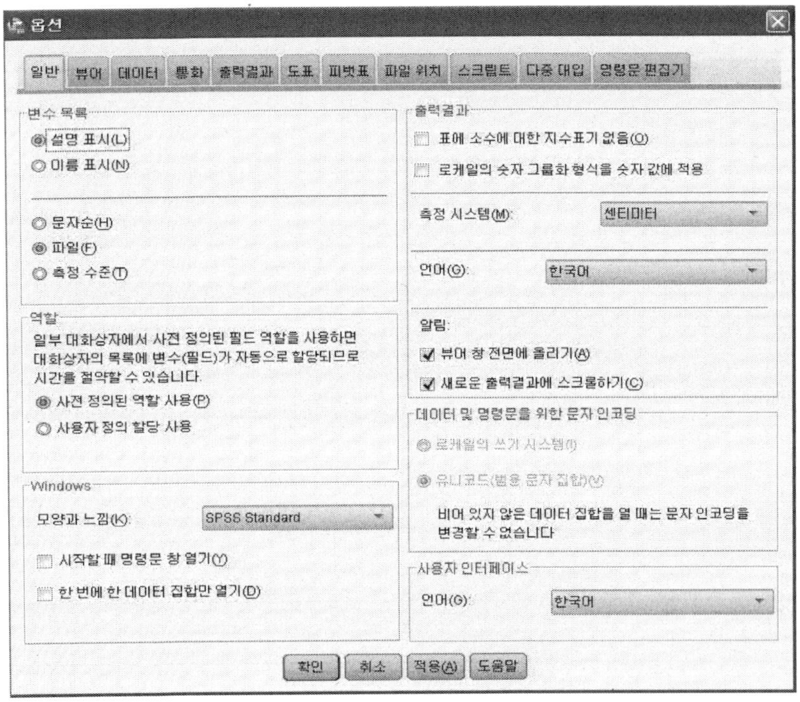

[그림 9-7] 옵션 창

9.3 변수의 정의

변수의 정의란 분석하고자 하는 데이터의 특성에 적합하도록 변수이름(variable name)과 변수의 유형(variable type), 변수 설명(variable label), 결측값(missing value), 열 형식(column format) 등에 대하여 설명하는 절차를 의미한다.

SPSS에서는 주화면의 아래 부분에 [변수보기] 기능을 이용하여 보다 쉽게 변수 정의를 할 수 있도록 되어 있다. 우선 제8장 [예제 8-3]에서 저장한 "golf3.sav"를 [SPSS 데이터 편집기]에 불러들인 다음, 주화면 아래에 있는 [변수보기]를 클릭한다. 그러면 [그림 9-8]과 같은 [SPSS 데이터 편집기-변수보기]가 나타난다.

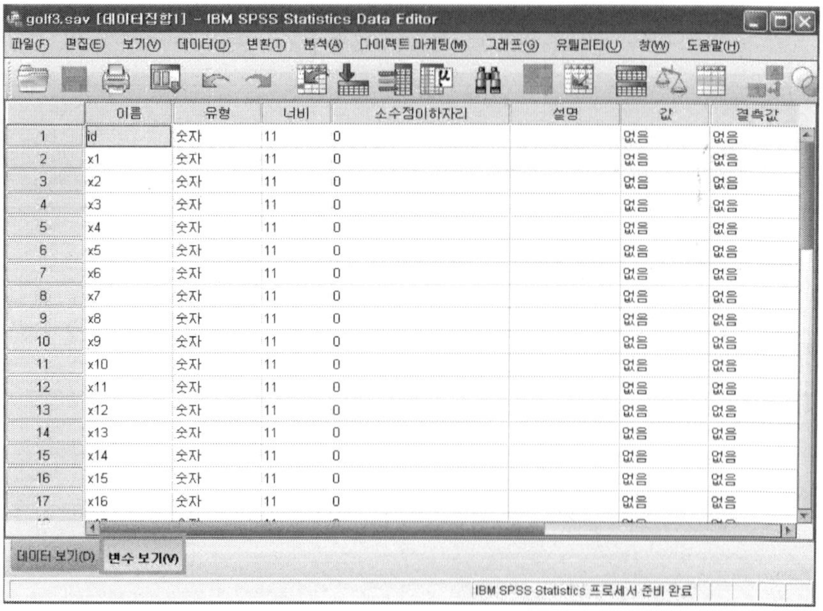

[그림 9-8] **SPSS 데이터 편집기 - 변수보기**

1. 단일 변수의 정의

(1) 변수이름

[SPSS 데이터 편집기]를 보면 변수이름은 "var00001, var00001, · · · "로 표기되어 있다. 변수의 이름을 정의하는 것은 이렇게 일률적으로 'var' 형태로 표기되어 있는 것을 "ID", "X1", "X2", "INCOME", "AGE", "월급", "직업" 등과 같이 고유의 변수이름을 부여하는 것이다.

변수이름 정의는 [그림 9-9]와 같이 해당되는 셀로 마우스 포인트를 옮긴 다음, 원하는 변수이름을 간단히 입력하면 된다. 변수이름은 영문이나 한글, 또는 영문과 숫자조합으로 입력할 수 있다.

변수이름은 제8장 8.2의 1.(3)에서 설명한 바와 같이 텍스트 가져오기 마법사 6단계 중 5단계에서도 정의를 할 수 있다.

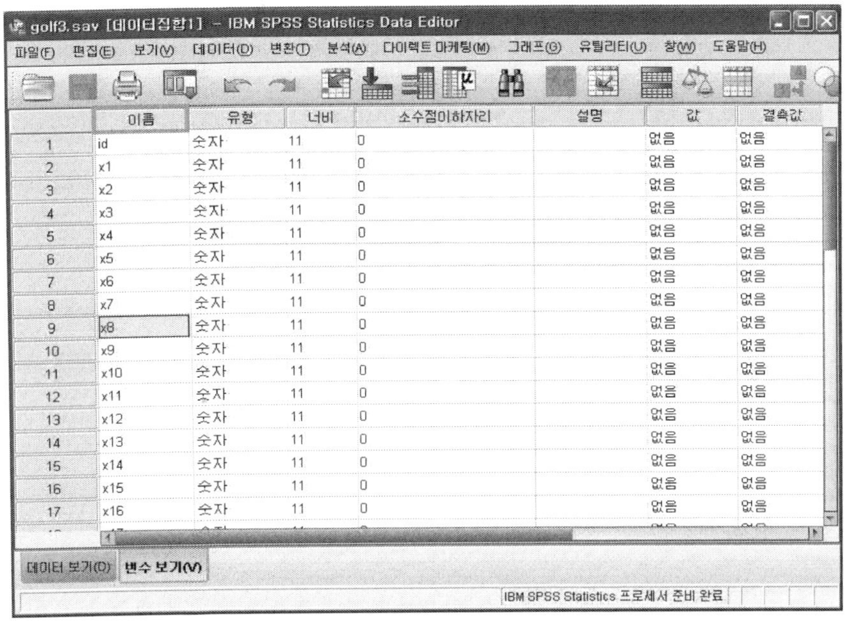

[그림 9-9] **변수이름 설정**

(2) 변수유형

변수유형의 설정이란 변수가 숫자인지, 숫자에 콤마나 점 표기가 되어 있는지 (SPSS에서 입력된 숫자는 기본적으로 콤마 표기가 되어 있지 않음), 혹은 자릿수 (기본 설정은 소수점을 포함하여 8자리)와 소수점 자릿수(기본 설정은 소수점 이하 두 자리)들에 대하여 설정하는 절차를 의미한다.

실행방법은 "유형"의 숫자 칸을 클릭하면 ⋯버튼이 나타나는데, 이를 누르면 [그림 9-10]과 같은 [변수유형] 대화상자가 나타난다.

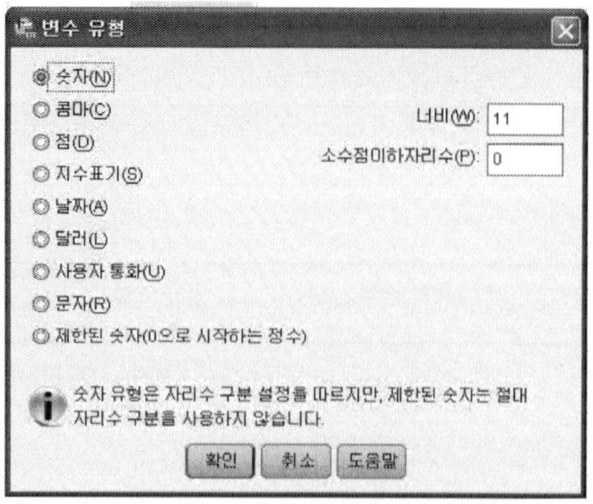

[그림 9-10] **변수유형 대화상자**

[변수유형] 대화상자에서 "자릿수"와 "소수점 이하 자릿수"를 지정하면 자릿수와 소수점을 수정할 수 있다. 현재 데이터 편집기의 변수들이 "2.00, 1.00 · · "과 같이 소수점 이하 자릿수가 두 자리로 되어 있는데, "소수점 이하 자릿수"를 "0"으로 바꾸면 소수점이 없어진다. 변수의 "자릿수"도 같은 방법으로 수정하면 된다. [변수유형] 대화상자에 있는 키워드의 내용은 [표 9-2]와 같다.

[표 9-2] **변수유형 대화상자의 내용**

키워드	내　　　용
◉ 숫자(N)	데이터가 숫자인 경우에 지정
○ 콤마(C)	숫자 데이터의 천 단위마다 자동으로 콤마가 붙음
○ 점(D)	숫자 데이터의 천 단위마다 자동으로 점이 붙음
○ 지수 표기(S)	일반 숫자나 숫자 사이에 문자 표기나 +, −표기를 넣은 경우에 지정 (예: 32, 32+15, 135K2, 253E+3 등)
○ 날짜(A)	날짜를 나타내는 경우에 이용
○ 달러(L)	US달러를 나타낼 경우로 천 단위마다 콤마가 붙음
○ 사용자 통화(U)	US달러 이외의 화폐단위인 경우에 이용
○ 문자(R)	문자나 숫자 및 특수문자 등을 지정
자릿수(W)	소수점을 포함한 데이터의 길이(width)를 설정함. 기본값 8은 정수 6자리, 소수 두 자리를 나타내줌
소수점 이하 자릿수(P)	소수점의 자릿수를 설정함. 기본값은 소수 두 자리임

"자릿수"와 "소수점 이하 자릿수"를 변경하는 또 다른 방법으로는 해당 변수값의 셀을 클릭하면 [그림 9-11]과 같이 셀 안에 위 · 아래 버튼이 나타난다. 이때 마우스로 위 · 아래버튼을 조정하여 자릿수를 수정하면 된다.

"자릿수"의 기본 설정은 "8"로 되어 있다. 그리고 최소 설정은 "1"이고, 최대 설정은 "40"이다. "소수점 이하 자릿수"의 기본 설정은 "2"로 지정되어 있다. 변수가 비율척도가 아니면 보기 편하게 소수점을 "0"으로 지정하는 것이 좋다.

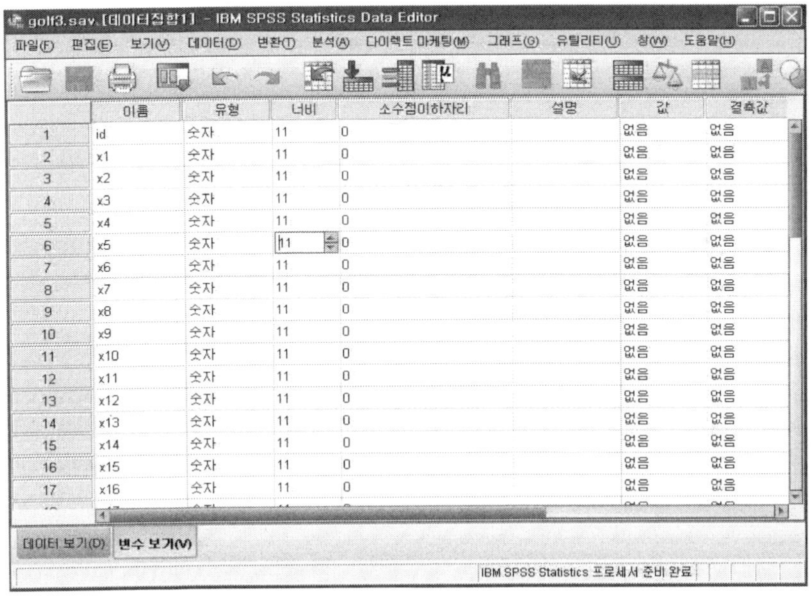

[그림 9-11] **변수의 자릿수 수정**

참고로 각종 대화상자에 있는 원 모양(○)과 사각형 모양(□)의 차이에 대하여 알아보자. 각 대화상자 안에 있는 선택상자(check box)에서는 일반적으로 원 모양(○)과 사각형 모양(□)으로 된 옵션을 선택하게 되어 있다. 그런데 두 가지 모양의 성격이 다르다. 원 모양(○)은 해당 옵션들 중에서 하나만 선택하는 것으로 클릭할 경우 ◉와 같이 표시된다. 그리고 사각형 모양(□)은 해당 옵션들 중에서 동시에 여러 가지를 선택할 수 있는 것으로 클릭할 경우 ☒와 같이 표시된다. 기본 설정된 경우는 해당 옵션에 이미 클릭되어 있다.

(3) 변수 설명

변수 설명이란 변수이름이나 변수값에 대하여 설명해 주는 절차를 말한다. 예를 들어 "서비스의 중요도"를 묻는 문항에 대하여 [데이터 편집기] 대화상자의 변수이름에 "X5"라고 정의를 하였다면, 여기에 "서비스"라는 설명을 붙여두면 변수의 내용을 쉽게 확인할 수 있을뿐더러 통계처리결과에서도 이 명칭이 나타나기 때문에 편리할 수 있다. 또한 각 변수값에 대해서도 설명을 붙여두면 변수값의 내용에 대한 확인이 쉽고, 변수이름과 마찬가지로 통계처리결과에서도 나타나기 때문에 매우 편리하다.

변수 설명은 [그림 9-12]와 같이 해당 셀에서 설명내용을 입력해 나가면 된다. 변수이름에 대한 설명은 한글의 경우 60자, 영문의 경우는 120자까지 가능하다.

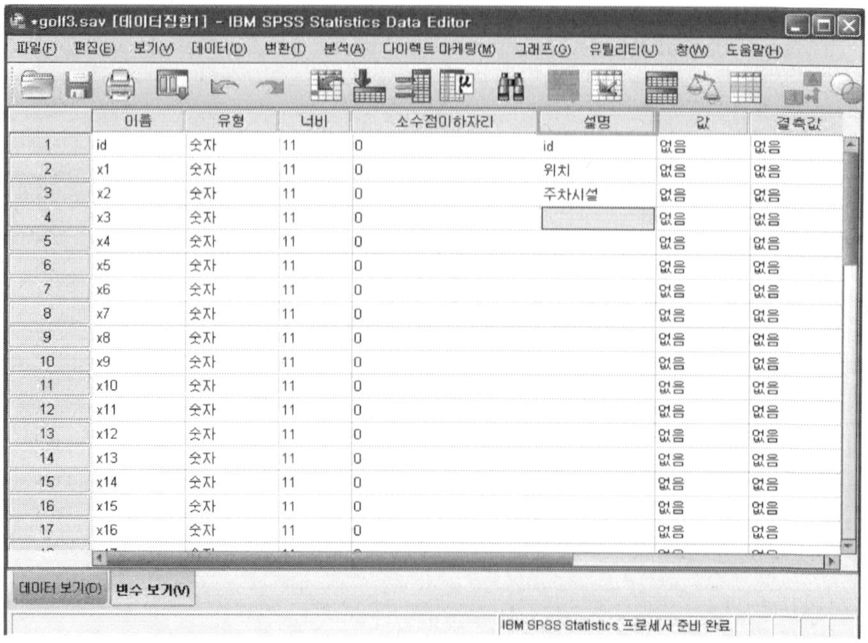

[그림 9-12] **변수 설명**

(4) 변수값 설명

변수값 설명은 변수에 대한 응답 번호값에 대한 설명을 부여하는 것이다. 변수값을 지정하는 방법은 우선 해당 변수의 변수값 셀로 마우스 포인트를 옮긴 다음 …클릭을 한다. 그러면 버튼이 나타나는데, 이를 누르면 [그림 9-13]과 같은 [변수값 설명] 대화상자가 나타난다.

변수 "x1"의 경우, "1 = 전혀 중요하지 않다, 2 = 중요하지 않다, 3= 그저 그렇다, 4 = 중요하다, 5 = 매우 중요하다"라고 하였다. 이러한 변수값에 대한 설명을 하려면, 우선 변수값 대화상자의 "변수값"에 "1"을, '변수값 설명'에 "전혀 중요하지 않다"를 입력한다. 그러면 [추가] 버튼이 활성화된다. 이때 [추가] 버튼을 누르면 변수값 상자에 1 = "전혀 중요하지 않다"라는 설명이 추가된다. 이러한 방법으로 변수 "x1"의 변수값에 대한 설명을 모두 마치면 [확인] 버튼을 누른다. 그리고 다음 작업을 한다. 만일 변수값 설명이 잘못되었으면 [추가] 버튼 대신에 [변경] 버튼을 이용하여 수정하면 되고, 변수값 설명을 삭제하려면 [제거] 버튼을 이용하면 된다.

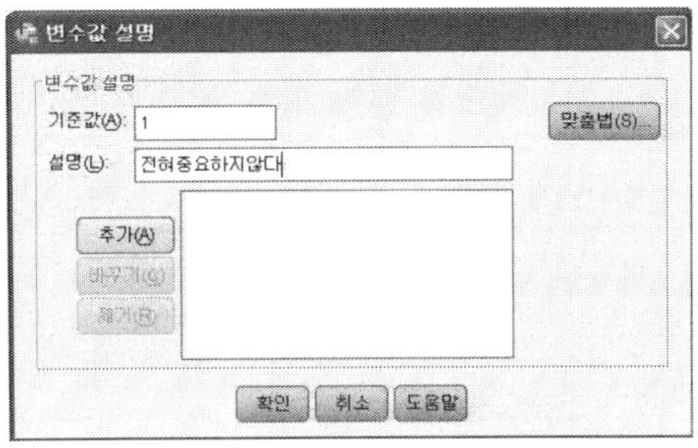

[그림 9-13] **변수값 설명 대화상자**

(5) 결측값 지정

결측값이란 조사결과의 값이 없거나 설문에 응답하지 않은 경우를 의미한다. 결측값은 코딩 시에 공백으로 남겨두거나 특정값(예를 들면 선다형 문항의 경우 "9"나 "99" 등과 같이 측정값으로 나올 수 없는 값)을 부여한다. 그리고 부여한 특정값이 결측값임을 인식하기 위하여 통계분석을 하기 이전에 결측값을 정의해 주어야 한다.

SPSS에서 처리되는 결측값에는 시스템 결측값(system-missing value)과 사용자 결측값(user-missing value)이 있다. **시스템 결측값**은 데이터가 기록될 셀이 공백인 경우로 보통 점(·)으로 표시되며, **사용자 결측값**은 누락된 데이터라는 것을 표시하기 위하여 "9"나 "99" 등과 같은 특정값을 부여한 것이다.

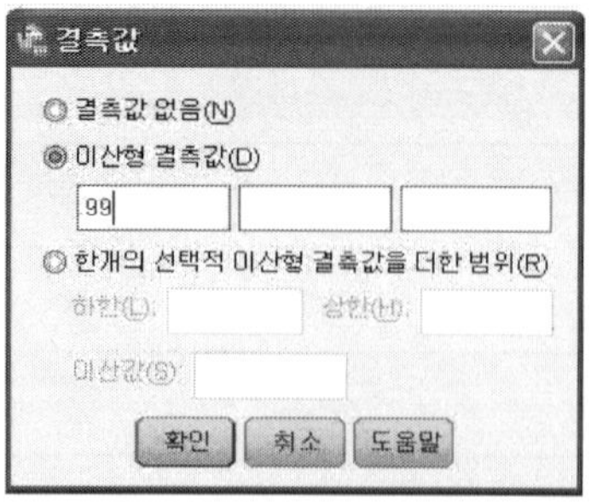

[그림 9-14] **결측값 대화상자**

결측값 지정은 [그림 9-14]와 같이 해당 셀을 클릭하면 버튼이 나타나는데, 이를 누르면 [그림 9-14]와 같은 [결측값] 대화상자가 나타난다. 여기서 [결측값] 대화상자의 내용에 따라 정의하고자 하는 방법을 선택하면 된다. 결측값 대화상자의 내용은 [표 9-3]을 참고하기 바란다.

[표 9-3] 결측값 대화상자의 내용

키워드	내 용
◉ 결측값 없음(N)	사용자 결측값이 없음을 지정한 것으로 모든 데이터 값들이 유용한 것으로 처리됨
○ 이산형 결측값(D)	변수에 대하여 세 개까지의 이산적(개별적)인 사용자 결측값(예: 0, 9, 99)을 기입할 수 있음
○ 한 개의 선택적 이산형 결측값을 더한 범위(R)	일정 범위에 있는 모든 데이터 값들이 결측값으로 처리됨. 데이터 값이 기호변수(string variable)인 경우는 사용할 수 없음

(6) 열 지정

열 지정은 해당 변수열의 크기를 결정해 주는 것이다. 이제까지 지정한 방법과 마찬가지로 셀을 클릭하여 위·아래 버튼을 이용해 지정하면 된다. 기본 설정은 8이며, 최소 설정은 1, 최대 설정은 255이다.

(7) 정렬방식

정렬방식은 변수값을 셀의 어느 위치에 설정할 것인가를 지정하는 것이다. 기본 설정은 오른쪽으로 되어 있고, 왼쪽 정렬이나 가운데 정렬로 변경할 수 있다.

(8) 척도

척도는 변수의 측정방법을 지정해 주는 것으로, 해당 셀을 클릭한 다음 확장버튼을 이용하여 순서척도와 명목척도를 선택할 수 있다.

2. 여러 변수의 동시 정의

우리가 이제까지 설명한 단일 변수 정의 방법은 데이터 파일에서 한 변수씩 정의해 나가는 방법이다. 그러나 대부분의 설문지들은 변수값이 동일한 문항들을 많이 가지고 있다. 이러한 경우 여러 변수들을 한꺼번에 정의해 주는 것이 편리하다. 이와 같이 변수값과 그에 대한 설명이 동일한 변수들에 대하여 일괄적으로 정의하고자 할 때 이용하는 방법이 곧 여러 변수를 동시에 정의하기이다. 특히 이 방법은 설문지를 이용한 조사인 경우에 응답 항목이 동일한 형태가 많기 때문에 보다 유용하게 사용할 수 있다.

SPSS에서는 이전의 버전에 비하여 여러 변수들의 속성을 동시에 지정하는 방법이 간편하고 매우 쉬워졌다. 여러 변수들에 동일한 속성을 부여하기 위해서는 일단 한 개의 변수 속성을 마우스의 오른쪽을 클릭하여 복사한 다음, 이를 다른 변수(들)에 붙여넣기를 하면 된다.

예를 들어 우리가 연습한 "golf3.sav"는 "x1"부터 "x8"까지 변수값이 똑같다. 그러면 먼저 [그림 9-15]와 "x1"의 변수값을 설정한 다음, 마우스의 오른쪽을 눌러 보기 창이 나타나면 복사를 선택한다. 또는 Ctrl + C나 편집(E) 메뉴에서 복사(C)를 선택하여 해당 셀의 속성을 복사해도 된다.

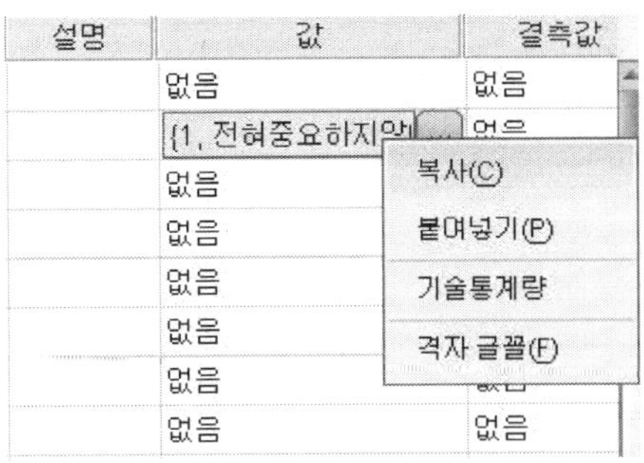

[그림 9-15] 변수값 속성 복사

다음에는 동일한 변수값 속성을 부여하고자 하는 변수들의 영역을 설정한다. 그리고 마우스 오른쪽을 눌러 보기 창이 나타나면 "붙여넣기"를 선택한다. 복사할 때와 마찬가지로 Ctrl+ V나, 편집(E)메뉴에서 붙여넣기(P)를 선택하여도 된다.

이때 만일 하나의 다른 변수에만 동일한 속성을 부여하고자 하면, 해당 셀로 이동한 다음에 위와 같은 방법으로 복사를 실행하면 된다.

[그림 9-16] **변수값 속성 붙여넣기**

이상과 같은 순서로 속성을 복사하고 나면 [그림 9-17]과 같이 동일한 변수값이 설정된다. 다른 변수들의 속성에 대해서도 이상과 같은 방법으로 편리하게 정의를 할 수가 있다.

[그림 9-17] **여러 변수값 동시 정의 결과**

9.4 변수의 삽입과 삭제

1. 변수의 삽입

(1) 기능

통계분석을 위하여 새로운 변수를 추가하거나, 통계분석과 관련이 있으나 멀리 떨어져 있는 변수들을 한자리에 모아 놓고 확인하는 경우가 있다. 이와 같이 **새로운 변수를 추가하거나, 뒤에 있는 변수를 앞으로(혹은 앞에 있는 변수를 뒤로) 옮기는 기능이 변수의 삽입 절차이다.**

(2) 실행방법

변수의 삽입은 새로운 변수를 삽입하는 경우와 잘라내기(T)를 했던 변수를 붙여넣는(P) 경우가 있을 수 있다. 두 경우 모두 실행절차는 똑같다. 여기에서는 제8장 [예제 8-1]에서 저장해 두었던 "golf1.sav" 파일을 이용하여 연습한다. 우리는 변수 "x2"와 "x3" 사이에 새로운 변수를 추가한다고 하자.

먼저 변수를 삽입하고자 하는 위치의 오른쪽 변수(열)의 변수이름(최상단)을 클릭한다. 그러면 [그림 9-18]과 같이 변수 영역이 설정된다.

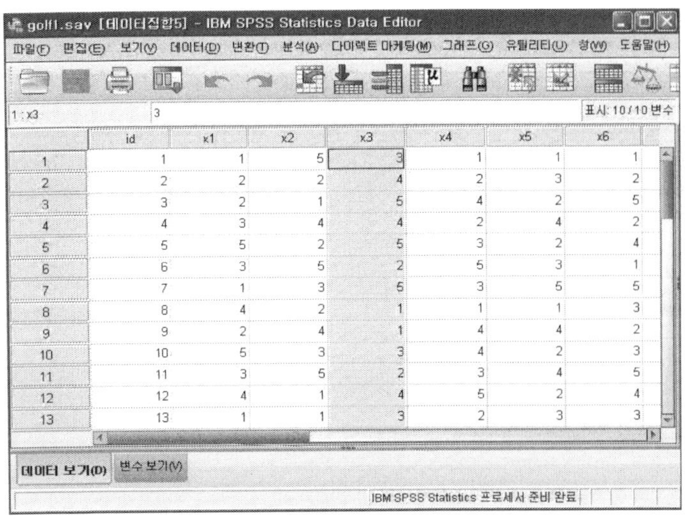

[그림 9-18] 변수삽입을 위한 블록 설정

다음에는 주요 메뉴에서 다음의 순서로 선택해 나간다.

데이터(D) → 변수삽입(V)(혹은 마우스의 오른쪽을 눌러 "변수삽입" 을 선택)

그러면 [그림 9-19]와 같이 "x2"와 "x3" 사이에 새로운 변수가 추가된다.

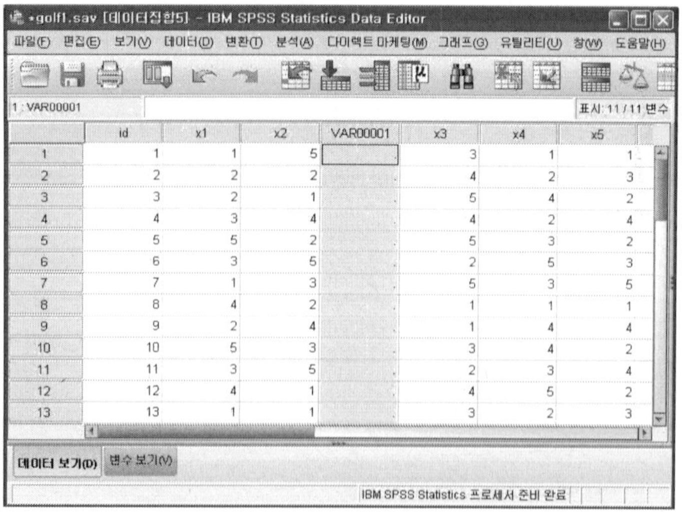

[그림 9-19] **새로운 변수 추가**

2. 변수의 삭제

변수의 삭제는 특정 변수(열)를 데이터 파일에서 없애는 과정이다. 변수를 삭제하는 방법은 다음과 같이 실행한다.

우선 삭제하려는 변수이름(열의 최상단)을 클릭하여 영역을 설정한다. 그리고 주요 메뉴에서 다음과 같이 하면 삭제하고자 했던 변수가 없어진다.

편집(E) → 지우기(E)(혹은 Del 키나 마우스 오른쪽을 눌러 "잘라내기" 선택)

이렇게 하여 삭제된 변수의 오른쪽에 있던 변수들이 왼쪽으로 이동한다. [그림 9-20]은 [그림 9-19]에서 삽입했던 변수를 다시 삭제하려는 것으로, 마우스의 오른쪽을 눌러 잘라내기를 하려는 것이다.

[그림 9-20] **변수의 삭제**

9.5 케이스의 삽입과 삭제

1. 케이스의 삽입

(1) 기능

케이스의 삽입은 새로운 케이스를 추가하거나, 다른 위치에 있는 케이스를 원하는 위치로 옮기고자 할 경우에 이용하는 기능이다. 반대로, 케이스의 삭제는 특정 케이스를 데이터 파일에서 지우고자 할 때 사용하는 절차이다. 두 가지 기능 모두 변수를 삽입하거나 삭제하는 방법과 비슷하다.

(2) 실행방법

케이스의 삽입은 데이터 파일의 마지막 행에 입력할 수도 있고, 데이터 파일의 특정한 곳에 삽입하는 경우도 있다. 데이터 파일의 일정한 곳에 케이스를 삽입하는 절차는 다음의 순서로 실행한다.

먼저 케이스를 삽입하고자 하는 위치의 아래 케이스(행)의 맨 왼쪽 번호를 클릭한다(혹은 해당 행의 어느 한 셀에서 Shift + Space Bar 키를 누름). 우리는 예제에서 id 번호 "2"와 "3" 사이에 새로운 케이스를 추가해보기로 하자.

이 경우 주요 메뉴에서 다음의 절차를 따른다.

데이터(D) → 케이스 삽입(I)(혹은 마우스의 오른쪽을 눌러 케이스 삽입을 선택)

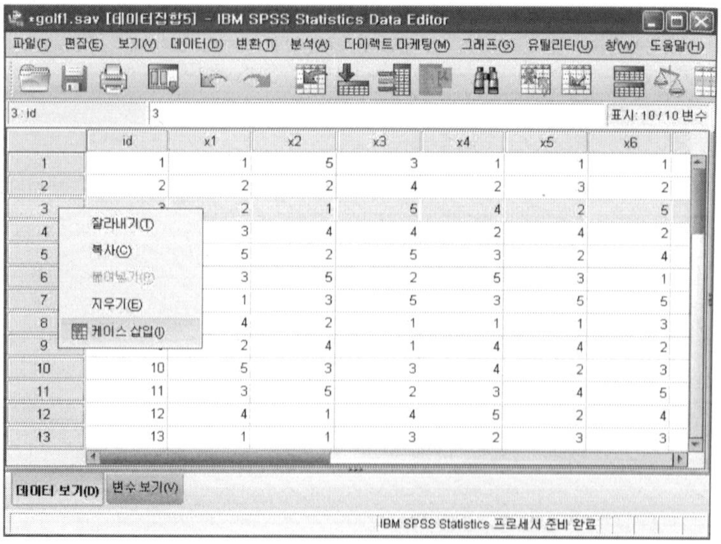

[그림 9-21] **케이스 삽입**

[그림 9-21]은 마우스의 오른쪽을 눌러 케이스 삽입을 선택하려는 것이다. 케이스 삽입을 선택하면 id 번호 "2"와 "3" 사이에 새로운 케이스가 추가된다.

2. 케이스의 삭제

케이스의 삭제는 특정 케이스(행)를 데이터 파일에서 없애는 절차이다. 삭제방법은 삭제하고자 하는 케이스의 영역을 설정한 다음, 변수 삭제와 같은 방법으로 케이스를 삭제하면 된다.

9.6 데이터 파일의 결합

데이터 파일의 결합은 두 개의 데이터 파일을 하나의 데이터 파일로 묶는 절차를 말한다. SPSS에서 데이터 파일을 결합하는 방법은 두 가지 방법이 있다. 하나는 변수이름이 같으나 케이스가 다른 두 개의 데이터 파일들을 결합하는 방법이고(케이스 합치기), 다른 하나는 변수이름이 다른 두 개의 데이터 파일을 결합하는 방법(변수 합치기)이다.

1. 케이스 합치기

(1) 기능

케이스 합치기는 변수들은 같으나 케이스들이 다른 두 개의 데이터 파일을 결합하는 절차이다. 예를 들어 설문지의 분량이 너무 많아 여러 명이 나누어 코딩 작업을 하였을 경우 각기 다른 데이터 파일들을 하나로 결합하고자 할 경우가 있다. 이런 경우에는 케이스가 서로 다른 여러 개의 데이터 파일들을 합쳐서 하나의 데이터 파일로 만들어야 한다.

우리가 제8장에서 다루었던 [예제 8-1]에서 "golf1.sav" 파일과 "golf4.sav" 파일이 바로 이러한 경우이다. "golf1.sav" 파일은 변수가 "x1"부터 "x9"까지 9개가 있고 사례수는 16개이다. "golf4.sav" 파일은 변수는 "golf1.sav" 파일과 마찬가지로 "x1"부터 "x9"까지 9개가 있으나, 사례수는 3개이다. 이와 같이 변수가 같은 여러개의 데이터 파일을 하나의 파일로 결합하고자 할 때 유용한 방법이 케이스 합치기 기능이다.

(2) 실행방법

1) 변수이름이 같은 경우

① 먼저 합치기를 하려는 데이터 파일 중에서 하나의 데이터 파일을 불러와서 [SPSS 데이터 편집기]에 올려놓는다(케이스의 추가작업은 현재 작업 중인 데이터 파일에 다른 SPSS 데이터 파일을 추가하는 것이기 때문에 결합하고자 하는 데이터 파일들 중에서 하나는 이미 열려 있어야만 한다). 우리는

"golf1.sav" 파일과 "golf4.sav" 파일을 합치기 위하여 먼저 [데이터 편집기]에 "golf1.sav"을 불러들이자.

② 그리고 다음의 절차를 따른다.

데이터(D) → 파일 합치기(G) → 케이스 추가(C)

그러면 [그림 9-22]와 같은 [케이스 추가] 대화상자가 나타난다.

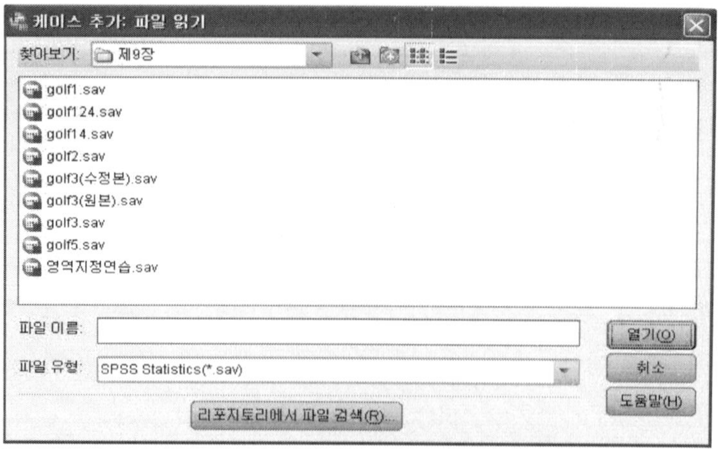

[그림 9-22] **케이스 추가 대화상자**

③ [파일이름]에 합치고자 하는 데이터 파일인 "golf4.sav"를 선택하여 입력한다. 그리고 [열기]를 누르면 [그림 9-23]과 같은 [golf4.sav로부터 케이스 추가] 화면이 나타난다.

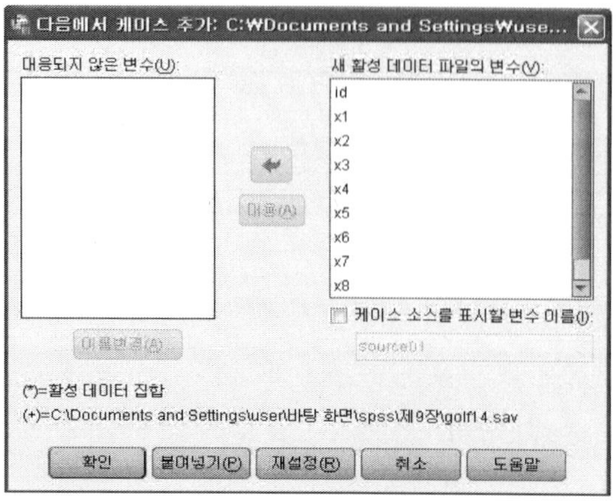

[그림 9-23] **지정한 파일로부터 케이스 추가**

④ 현재 대응되지 않는 변수가 없기 때문에 [확인]을 누르면, [그림 9-24]와 같이 케이스가 합쳐진 파일이 나타난다. 이렇게 합쳐진 파일은 다음 연습을 위하여 저장하지 말고 작업을 끝내기 바란다.

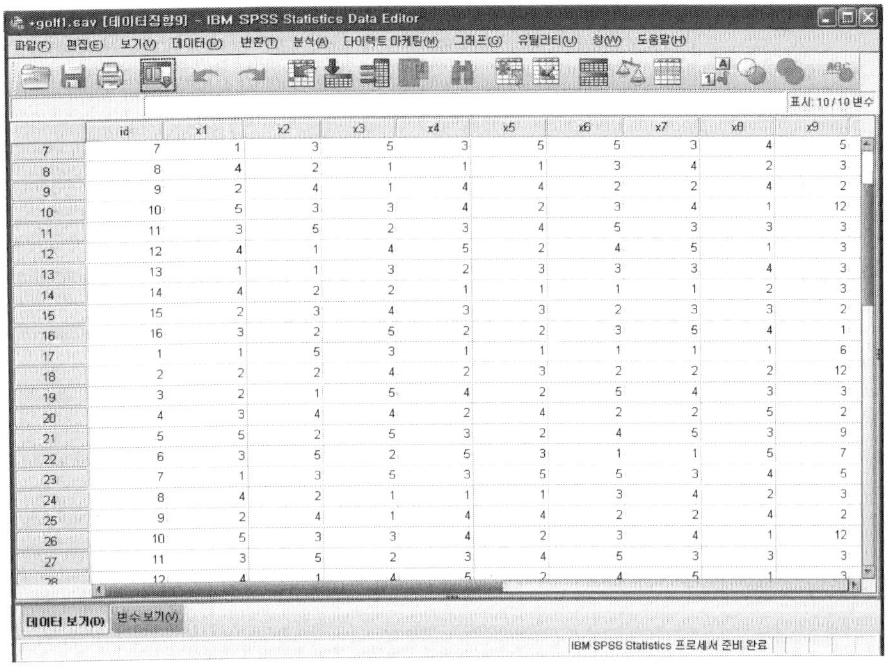

[그림 9-24] **케이스 합치기 결과**

2) 변수이름이 다른 경우

만일 변수의 이름이 실제로는 동일한데 여러 명이 코딩을 하였기 때문에 서로 다른 변수이름으로 코딩된 경우도 있을 수 있다. 이와 같이 변수의 이름이 다르게 코딩된 케이스를 추가하는 방법은 다음과 같다. 참고로 우리가 사용했던 golf 파일을 계속 이용하기 위해서 “golf4.sav” 파일에서 변수 “x7”, “x8”, “x9”를 “x77”, “x88”, “x99”로 바꾸어보자. 그러면 변수 “x7”과 “x77”, “x8”과 “x88”, “x9”와 “x99”는 같은 변수인데 이름이 다른 경우가 된다.

①에서 ③까지는 위와 같은 방법으로 실행한다. 다만 여기서 [그림 9-25]와 같이 [대응되지 않은 변수] 상자의 내용이 다르게 나타난다.

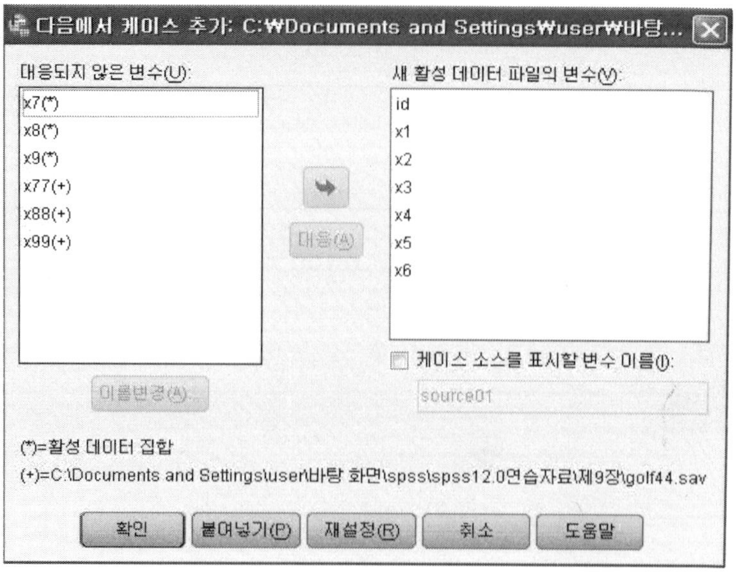

[그림 9-25] **지정한 파일로부터 케이스 추가 1**

④ [대응되지 않은 변수] 상자에 [그림 9-25]와 같이 변수이름이 다른 6개의 변수가 나타나면, 각기 다른 6개의 변수가 사실상 서로 동일한 변수인가를 확인해야 한다. 그리고 동일한 변수인데 이름이 다른 것이라면, 이름이 다른 두 변수를 서로 대응시켜 주어야 한다. 이런 경우 "x7(*)"을 마우스로 선택한 다음, Ctrl 키를 누른 채 마우스로 "x77(+)"을 선택한다(두 변수의 색이 까맣게 반전된다). 그런 다음에 [대응(A)] 단추를 누르면, 두 변수는 [새로운 작업 데이터 파일의 변수(V)] 상자에 [그림 9-26]과 같이 "x7 & x77"의 형태로 입력된다. 이렇게 대응되는 변수들을 모두 오른쪽 상자로 이동한 다음 [확인]을 누르면, 두 파일의 케이스들이 합쳐진 파일이 나타난다. 이렇게 케이스가 합쳐진 데이터 파일은 파일(F) 메뉴에서 "golf14.sav"라는 다른 이름으로 저장하기 바란다.

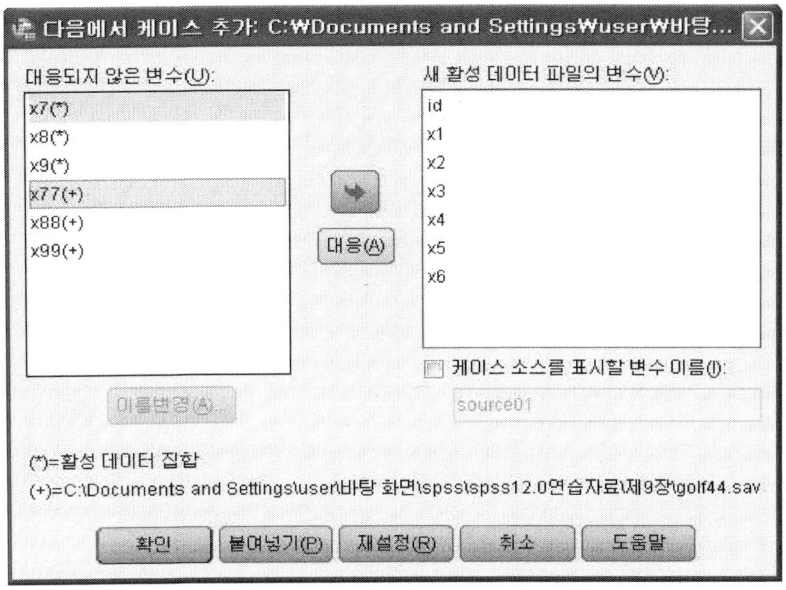

[그림 9-26] **지정한 파일로부터 케이스 추가 2**

2. 변수 합치기

(1) 기능

변수 합치기는 케이스는 동일하지만 변수들이 다른 두 개 이상의 데이터 파일을 하나의 데이터 파일로 결합하는 경우에 이용하는 절차이다. 이 기능은 일반적으로 변수가 여러 개인 데이터 파일을 결합하는 경우에 이용되고, 추가하려는 변수가 한두 개인 경우는 앞에서 설명한 변수의 삽입방법을 이용한다.

예를 들어 우리가 앞에서 저장한 "golf14.sav" 파일은 변수가 "x1"부터 "x9"까지 9개가 있고 사례 수는 19개이다. 그리고 제8장 [예제 8-2]에서 저장한 "golf2.sav" 파일의 사례 수는 "golf14.sav" 파일과 마찬가지로 19개이지만, 변수는 "x10"부터 "x18"까지 이루어져 있다. 이와 같이 변수의 수가 다른 여러 개의 데이터 파일을 하나의 파일로 결합하고자 할 때 유용한 방법이 변수 합치기 기능이다.

(2) 실행방법

① 먼저 변수 합치기를 하려는 데이터 파일 중에서 하나의 데이터 파일을 불러온다. 우리는 "golf14.sav" 파일과 "golf2.sav" 파일을 합치기 위하여 먼저 데이터 편집기에 앞에서 저장해 놓은 "golf14.sav"를 불러들이자.

② 그리고 다음의 절차를 따른다.

데이터(D) → 파일 합치기(G) → 변수추가(V)

그러면 [그림 9-27]과 같은 [변수추가 : 파일열기] 대화상자가 나타난다.

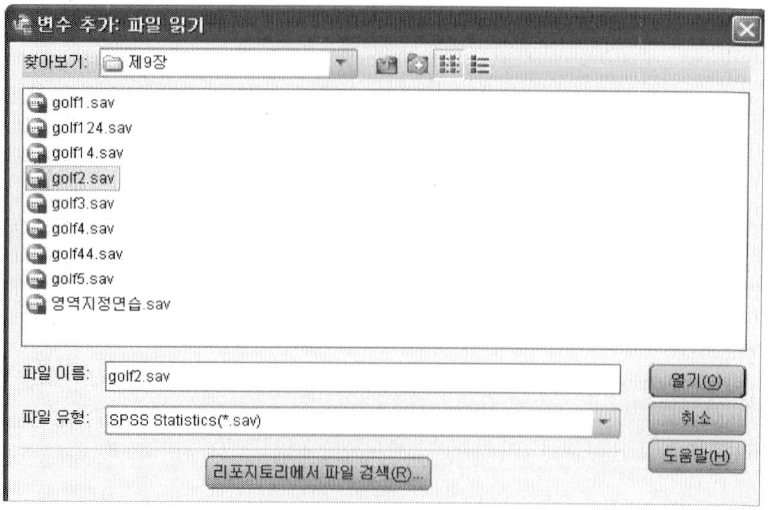

[그림 9-27] **변수추가 : 파일열기 대화상자**

③ [위치] 상자에서 추가할 데이터 파일이 있는 위치를 지정하고 해당 파일을 선택한 후 [열기]를 클릭한다. 그러면 [그림 9-28]과 같은 [저장될 파일부터 변수추가] 대화상자가 나온다.

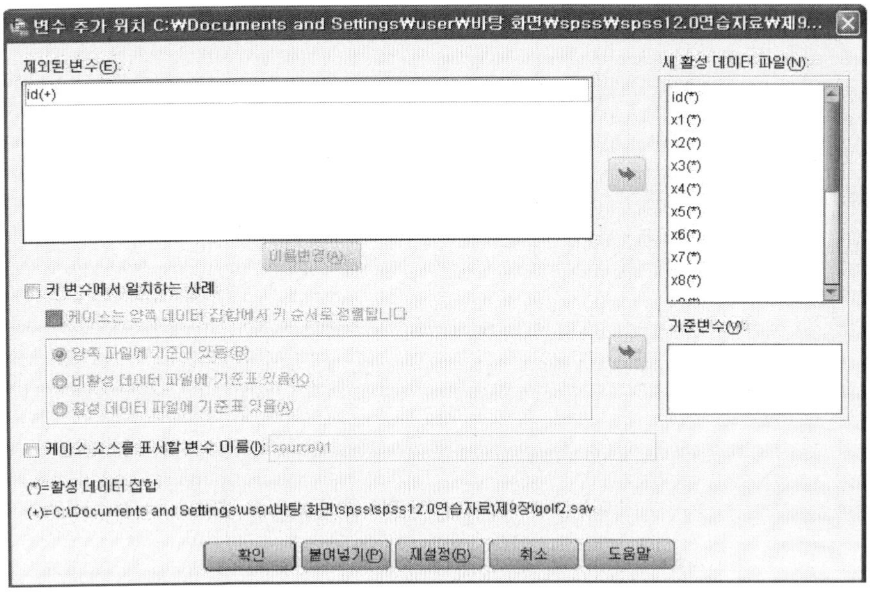

[그림 9-28] **저장될 파일로부터 변수추가**

④ [저장될 파일로부터 변수 추가] 대화상자의 오른쪽에 있는 [새로운 작업 데이터 파일(N)] 상자에는 기존의 데이터 파일 변수들은 (*) 표시가 붙어 나타나고, 결합하고자 하는 데이터 파일의 변수들은 (+)가 표시되어 나타난다. 즉 두 개의 데이터 파일이 결합된 후의 변수들을 나열한 것이다.

⑤ 한편, 왼쪽의 [제외된 변수] 상자에는 새 데이터 파일에 결합할 수 없거나 추가할 필요가 없는 변수들이 나타난다. 이런 경우 변수의 내용을 검토한 후에 이상이 없으면 [확인] 단추를 누른다. 그러면 [그림 9-29]와 같은 변수 합치기를 한 데이터 파일이 나타난다. 이렇게 변수가 합쳐진 데이터 파일은 파일(F) 메뉴에서 "golf124.sav"라는 다른 이름으로 저장하기 바란다.

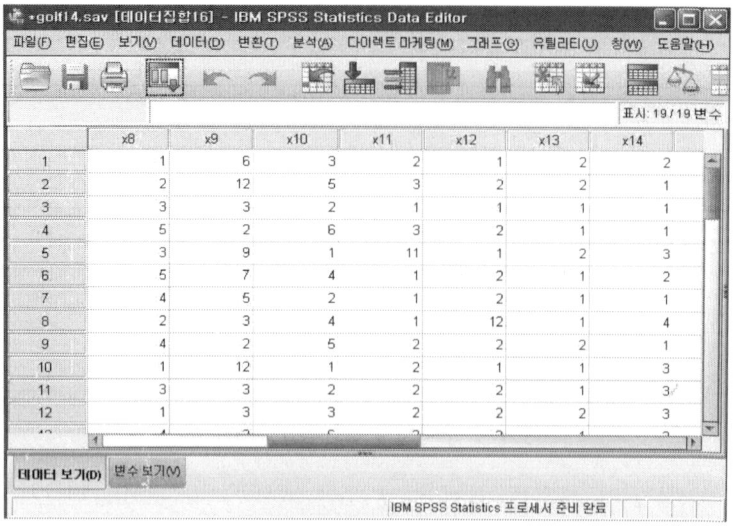

[그림 9-29] **변수 합치기 결과 데이터 파일**

[예제 9-3]

"golf124.sav"와 "golf3.sav"의 구성을 자세히 살펴보고 파일 합치기를 하여 "golf5.sav"로 저장하시오.

제 10 장

데이터 파일의 변환

Key Words

케이스, 변수계산, 계산대, 조건식
연산, 변환, 코딩변경

10.1 일부 케이스의 선택

1. 왜 일부 케이스를 선택하는가

통계분석을 하다 보면 현재 사용하고 있는 데이터 파일에서 일정한 조건에 해당하는 케이스만을 대상으로 분석하고자 할 때가 있다. 예를 들어 전체 케이스 중에서 특정 지역의 응답자만을 별도로 분석하려거나, 연구대상을 남녀로 구분하여 비교연구를 할 때, 또는 현재의 데이터 파일에서 일정 비율만을 무작위로 분석대상으로 선택하려고 하는 경우이다.

이처럼 케이스 선택은 데이터 파일을 연구자의 분석 목적에 맞는 케이스들만을 선택하려고 할 때 활용하는 방법이다.

2. 실행방법

SPSS에서 일부 케이스를 선택하는 방법에는 특정 조건을 만족하는 케이스를 선택하는 방법과 케이스의 무작위 표본추출방법, 시간 또는 케이스 범위를 기준으로 선택하는 방법, 필터변수 사용방법 등 네 가지가 있다. 우리는 이 중에서 특정 조건을 만족하는 케이스를 선택하는 방법만을 설명한다. 나머지 방법은 이 방법과 거의 비슷하기 때문에 혼자서 충분히 학습할 수 있을 것이다.

우리가 여기서 연습할 데이터 파일은 제8장 [예제 8-3]에서 저장해 두었던 "golf3.sav"를 이용하다. "golf3.sav" 파일에서 "x15"는 연령을 나타내는 변수인데, 이 중에서 30세 이상인 케이스만을 선택하려고 한다.

① 먼저 [SPSS 데이터 편집기]에 "golf3.sav" 파일을 불어온 다음, 주요 메뉴에서 다음과 같이 실행한다. 그러면 [그림 10-1]과 같은 [케이스 선택] 대화상자가 나타난다.

데이터(D) → 케이스 선택(C)(혹은 도구상자에서 선택)

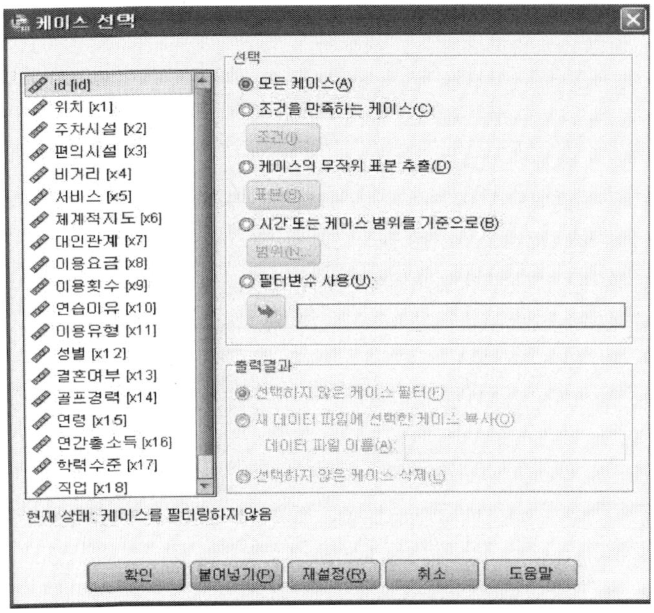

[그림 10-1] **케이스 선택 대화상자**

② [케이스 선택] 대화상자에는 기본설정으로 "◉ 전체 케이스(A)"가 지정되어 있다. 여기서 "○ 조건을 만족하는 케이스"를 선택하고, [그림 10-2]와 같이 바로 아래에 있는 [조건(I)] 버튼을 누른다.

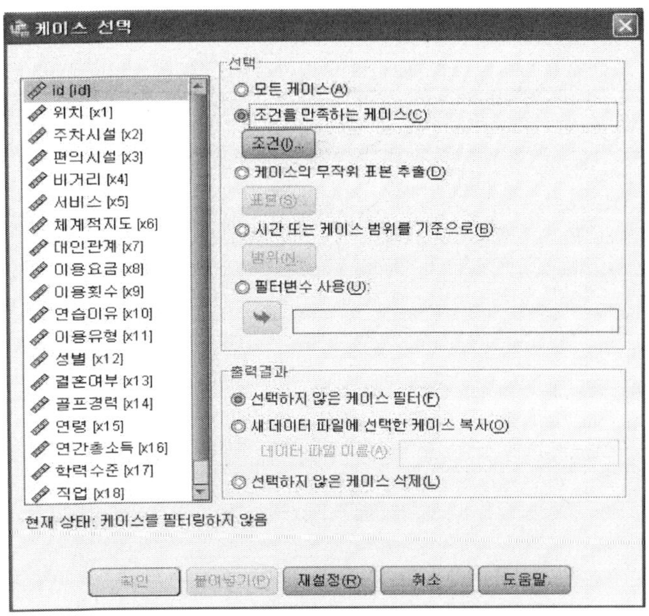

[그림 10-2] **케이스 선택에서 조건 선택**

③ [케이스 선택: 조건] 대화상자가 열리면, 변수이름이 있는 왼쪽 상자에서 "x15" 변수를 마우스로 클릭한다. 그리고 이동 버튼을 누른 다음 계산기를 이용하여 ">", "=", "30"을 입력한다. 이때 직접 키보드를 이용해서 입력해도 된다. 그러면 입력 내용은 [그림 10-3]과 같이 계산기 위의 상자에 나타난다. 그런 다음 [계속]을 누른다.

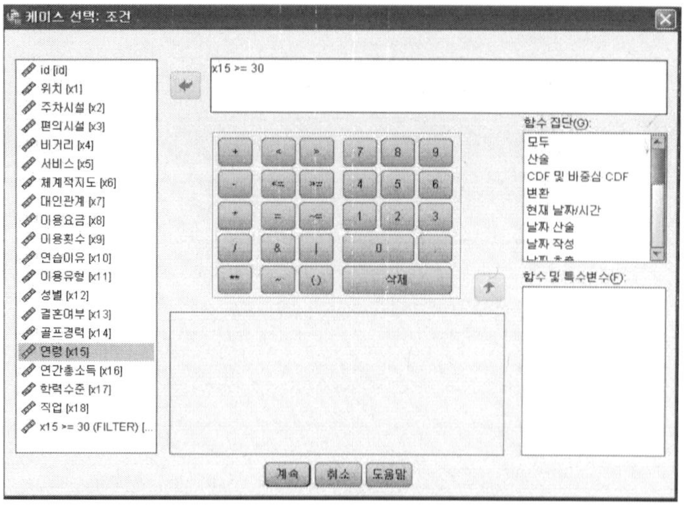

[그림 10-3] **케이스 선택 : 조건**

④ [케이스 선택] 대화상자가 다시 열리면 위의 [그림 10-1]과는 달리 [조건(I)] 버튼 옆에 ③단계에서 입력하였던 "x15>=30"이라는 조건식이 표시되어 있다. 이상이 없으면 [확인]을 누른다.

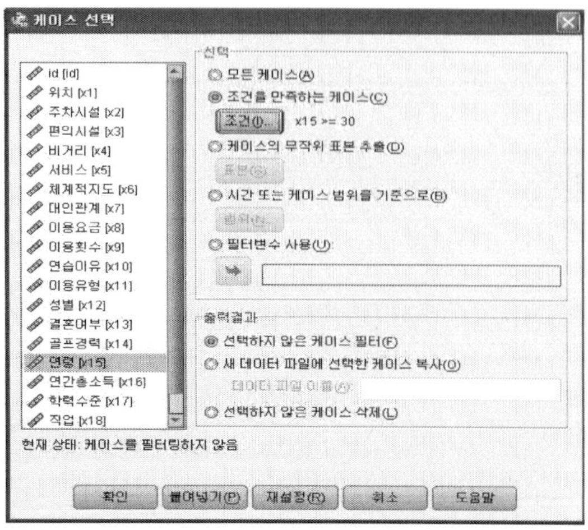

[그림 10-4] **케이스 선택 조건 확인**

⑤ [SPSS 데이터 편집기] 창에는 [그림 10-5]와 같이 연령이 30세 이상인 케이스만이 선택되어 나타난다. 여기서 제외된 케이스들은 맨 왼쪽에 있는 행 번호에"/" 표시가 되어 있고, 변수이름은 자동적으로 "filter_$"로 표기된다. 그리고 조건을 만족하여 선택된 케이스의 셀에는 "1", 조건을 만족하지 않는 케이스의 셀에는 "0"으로 나타난다.

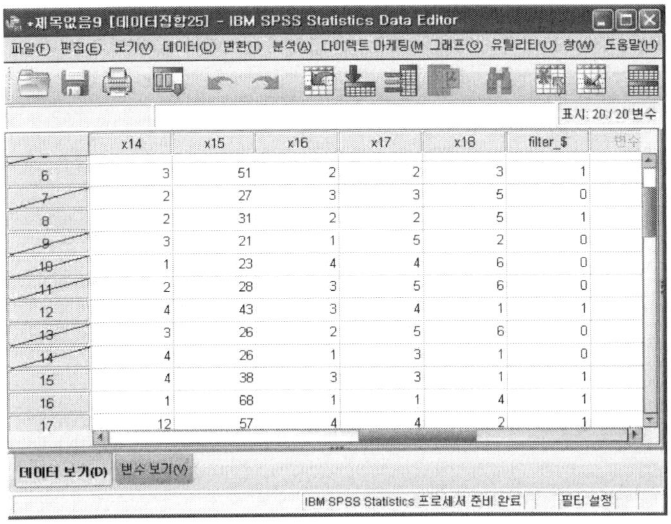

[그림 10-5] **케이스 선택된 데이터 파일**

10.2 변수 간의 계산

1. 왜 변수 간 계산을 하는가

변수들 간의 계산은 기존의 데이터 파일에 있는 변수들을 계산하여 새로운 변수를 생성하거나 변환시키는 방법을 말한다.

예를 들어 기업에서 발표하는 재무정보에는 매출액과 당기순이익에 대한 정보가 있다. 그런데 연구자는 매출액 1원 당 얼마의 순이익을 올렸는가(매출액이익률)를 이용하여 분석하려 한다. 이 비율은 발표되지 않기 때문에 연구자가 직접 계산하여 새로운 변수로 만들어야만 한다. 이와 같이 기존의 데이터 파일에 있는 변수들을 계산하여 새로운 변수를 만들어내는 방법이 바로 변수계산절차인 것이다.

2. 변수계산 대화상자

(1) 주요 내용

다음에 나올 [그림 10-6]에 있는 변수계산 대화상자에는 [대상변수(T)], [숫자표현식(E)] 상자와 변수상자, [함수집단(G)] 선택상자, 계산대가 있다. 대상변수(T)는 계산된 변수값을 받아들이는 변수이름을 의미한다.

숫자표현식(E)은 대상 변수값을 계산하기 위한 수식을 나타낸 것이다. [변수계산] 대화상자의 왼쪽에 있는 변수들과 계산대에 있는 각종 연산자, 함수를 이용하여 수식을 입력한다. 이때 키보드를 이용해도 된다. 함수집단(G)은 SPSS에서 사용할 수 있는 산술함수나 통계함수, 분포함수, 확률변수함수 등과 같은 함수들을 말한다. SPSS에는 70가지 이상의 내장된 함수를 사용할 수 있고, 각 함수들에 대한 자세한 내용은 도움말을 이용하면 된다.

(2) 계산대의 이용

[변수계산] 대화상자에 있는 계산대는 수, 산술연산자 및 관계연산자를 나타낸 것이다. 마우스를 이용하여 필요한 숫자나 연산자를 클릭하면 [변수계산] 대화상자의 오른쪽에 있는 [숫자표현식(E)] 상자에 그대로 나타난다.

SPSS에서 사용할 수 있는 산술연산부호와 관계연산부호는 [표 10-1]과 같다. 산술연산부호는 변수계산에 이용되는 부호를 나타낸 것이고, 관계연산부호는 두 값을 비교하기 위하여 사용되는 기호들이다.

[표 10-1] SPSS 계산대의 연산부호

산술 연산부호(Arithmetic Operators)			관계 연산부호(Relational Operators)		
기호	의미	예	기호	의미	예
+	덧셈	a+b	>	–보다 크다	x〉y
–	뺄셈	a–b	<	–보다 작다	x〈y
*	곱셈	a*b	>=	–보다 크거나 같다	x+26〉=30
/	나눗셈	a/b	<=	–보다 작거나 같다	x+6〈=15
**	제곱	ab	=	–와 같다	x=52
( )	수식의 괄호		~=	–와 같지 않다	x~=0

SPSS의 계산대에서 매우 복잡한 수식을 계산하는 경우에는 계산 순서에 유의하여야 한다. 계산 순서는 함수가 먼저 계산되고 난 후 지수가 계산되고, 다음으로 곱셈과 나눗셈이 계산되고, 마지막으로 덧셈과 뺄셈이 계산된다. 물론 괄호 안에 있는 식이 우선 계산된다.

3. 변수값 계산방법

① SPSS 데이터 편집기에 "golf3.sav" 파일을 불러들인 다음, 주요 메뉴에서 다음과 같은 절차를 수행한다. 그러면 [그림 10-6]과 같은 화면이 나타난다.

변환(T) → 변수계산(C)

우리는 여기서 "x2", "x3", "x4" 세 변수에 대한 태도값 평균을 구하려고 한다. 이때 계산식은 "(x2 + x3 + x4)/3"이 된다. 그리고 평균값을 "시설평균"이라는 새로운 변수로 만들려고 한다. 변수계산은 두 가지 방법으로 할 수 있다. 하나는 계산식으로 하는 방법이고, 다른 방법은 함수식을 이용하는 방법이다. 우리는 두 가지 방법을 같이 해보기로 한다.

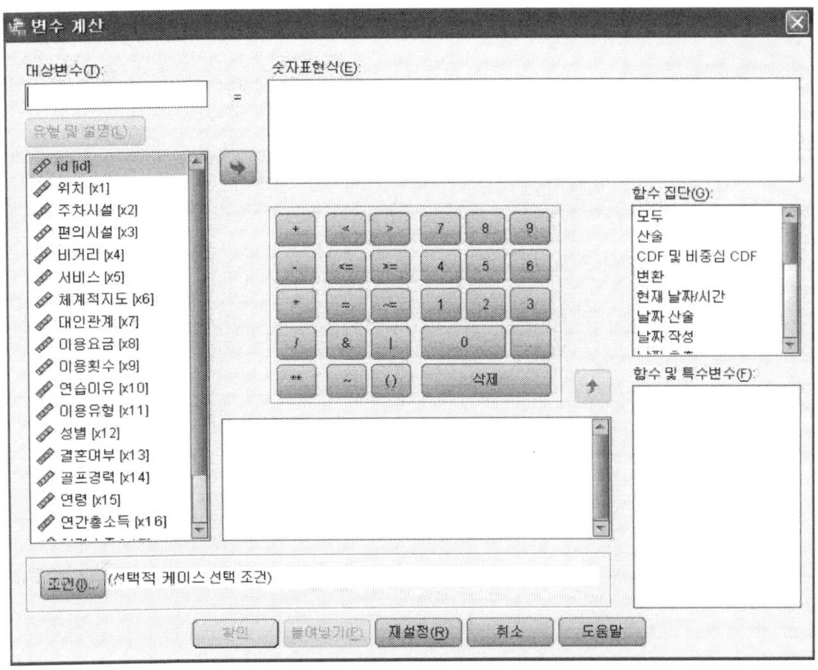

[그림 10-6] **변수계산 대화상자**

② [변수계산] 대화상자가 열리면 [대상변수(T)] 상자에 계산된 변수값을 받아들이는 새로운 변수이름을 입력한다. 우리는 "시설평균"이라고 입력하였다. 다음에는, 먼저 부호를 사용하기 위해 계산대에서 ( )를 클릭하여 [숫자표현식] 상자로 보낸다. 그리고 왼쪽의 [변수] 상자에서 "x2"을 지정한 다음, 마우스로 방향 버튼을 눌러 [숫자표현식] 상자 안으로 보낸다. 다음에는 다시 계산대에서 "+" 기호를 선택해서 [숫자표현식] 상자로 보낸다. 이렇게 반복하면서 [그림 10-7a]와 같은 계산식을 만든다. 이러한 과정이 번거로우면 [숫자표현식] 상자에서 바로 키보드를 이용하여 직접 계산식을 입력하여도 된다. 그런 다음 [확인] 버튼을 누른다.

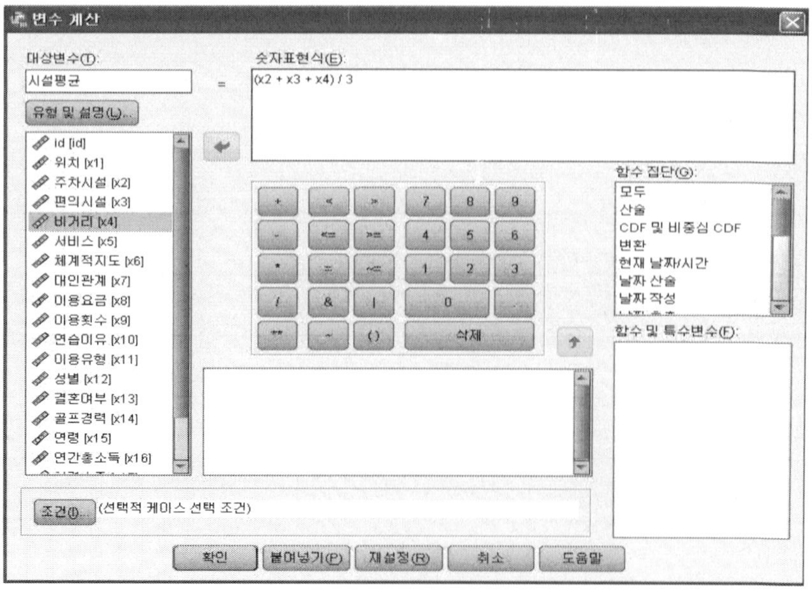

[그림 10-7a] **변수계산 입력**

한편, 계산식이 다소 복잡한 경우에는 함수식을 이용하는 것이 편리할 경우도 있다. 다만 함수식에 대한 이해는 도움말을 많이 참고 하여야 한다. 아래의 [그림 10-7b]는 위의 계산식을 함수식으로 나타낸 것이다.

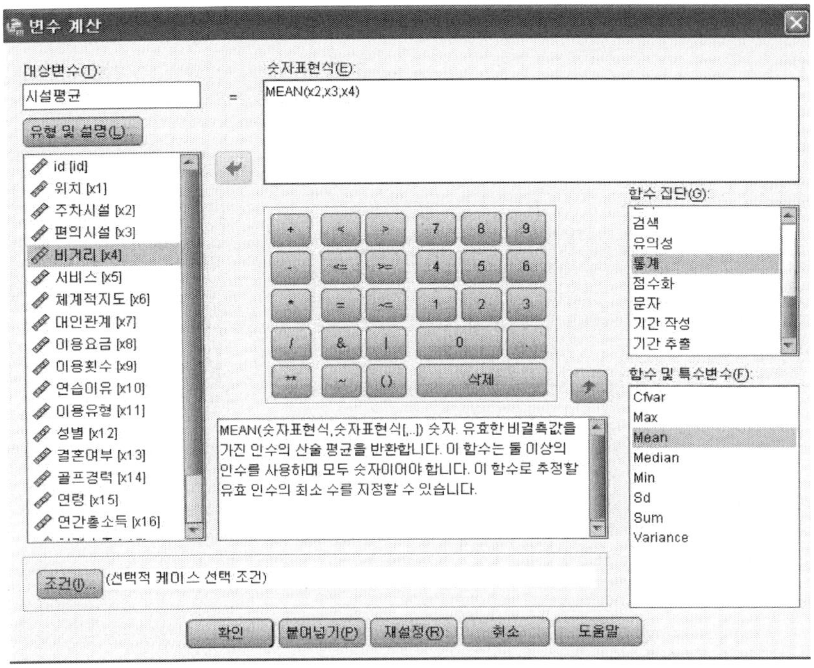

[그림 10-7b] **함수를 이용한 변수계산 입력**

③ [SPSS 데이터 편집기]에 [그림 10-8]과 같이 새로운 변수인 "시설평균" 및 각 케이스에 해당되는 변수값이 계산되어 나타났다.

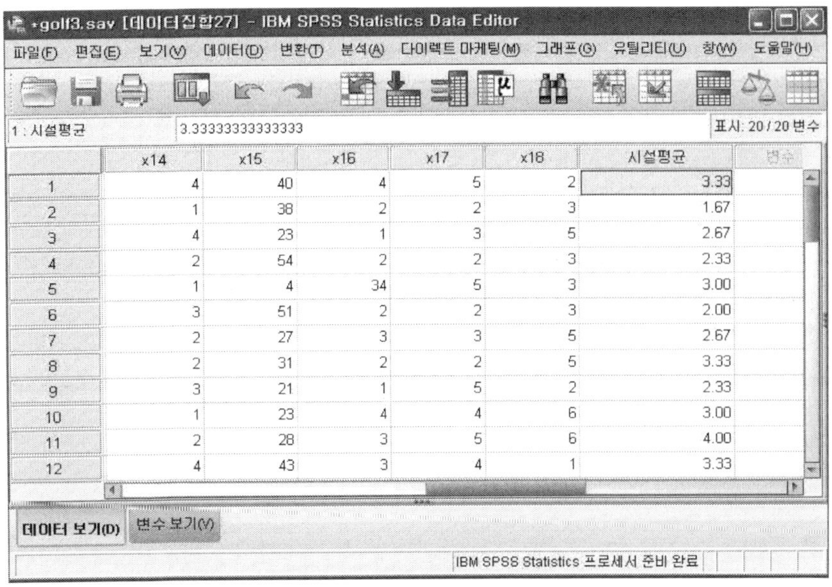

	x14	x15	x16	x17	x18	시설평균
1	4	40	4	5	2	3.33
2	1	38	2	2	3	1.67
3	4	23	1	3	5	2.67
4	2	54	2	2	3	2.33
5	1	4	34	5	3	3.00
6	3	51	2	2	3	2.00
7	2	27	3	3	5	2.67
8	2	31	2	2	5	3.33
9	3	21	1	5	2	2.33
10	1	23	4	4	6	3.00
11	2	28	3	5	6	4.00
12	4	43	3	4	1	3.33

[그림 10-8] **변수계산 결과**

10.3 변수의 코딩변경

1. 왜 변수 코딩변경을 하는가

변수의 코딩변경이란 기존에 있는 변수를 필요에 따라 다시 분류하는 것을 말한다. 예를 들어 연령의 경우 실제 나이로 분석하는 경우도 있지만, 경우에 따라서는 20대, 30대와 같이 나이의 범주로 다시 분류하여 사용할 필요가 있는 경우도 있다. 이와 같이 코딩변경은 변수들의 값이나 범주들을 다시 분류하고 결합하는 데 유용하게 사용된다. 코딩변경 방법에는 같은 변수로 코딩을 변경하는 경우와 새로운 변수로 코딩을 변경하는 경우가 있다. 같은 변수로 코딩을 변경하는 방법은 자칫 기존의 변수가 가지고 있는 정보내용을 손상시킬 수 있기 때문에 새로운 변수로 코딩을 변경하는 방법을 추천한다. 우리는 여기서 위에서 사용하였던 "golf3.sav" 파일에서 연령을 나타내는 변수인 "x15"를 가지고 설명해 나간다.

2. 코딩변경 방법

(1) 같은 변수로 코딩변경하기

① 먼저 [데이터 편집기]에서 "golf3.sav" 파일을 불러온다. 그리고 다음과 같은 순서를 선택해 나간다.

변환(T) → 같은 변수로 코딩변경(S)

[같은 변수로 코딩변경] 대화상자가 열리면 [그림 10-9]와 같이 변화시킬 변수인 x15를 선택하여 [변수(V)] 상자로 이동시킨다. 이와 같이 변환시킬 변수를 [변수(V)] 상자로 옮기면, 하단부의 [기존값 및 새로운 값(O)] 버튼이 활성화된다.

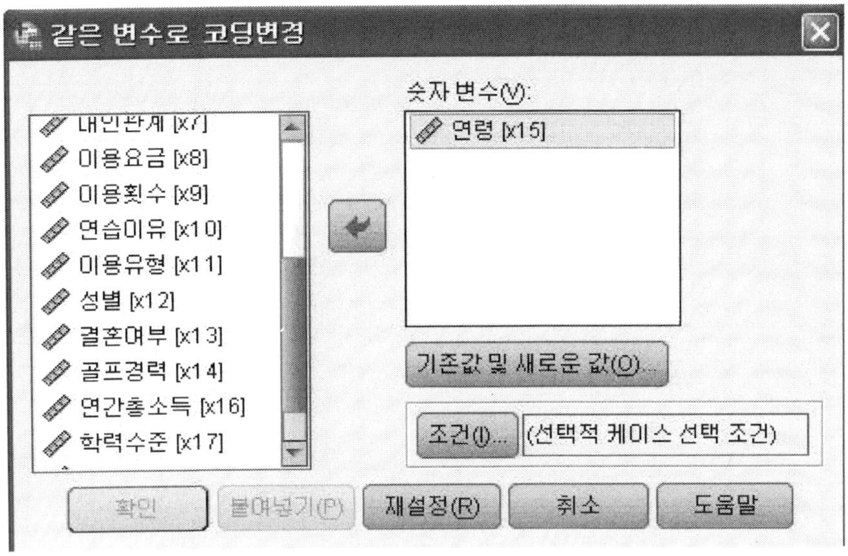

[그림 10-9] **같은 변수로 코딩변경 대화상자**

② 활성화된 [기존값 및 새로운 값(O)] 버튼을 누르면 [그림 10-10]과 같은 [같은 변수로 코딩변경: 기존값 및 새로운 값] 대화상자가 나타난다. 여기서 [기존값]은 예를 들어 변수 "x15"의 현재 값들을 의미하는 것이고, [새로운 값]은 변수 "x15"의 값들을 다시 분류했을 때 가지게 될 값을 말한다.

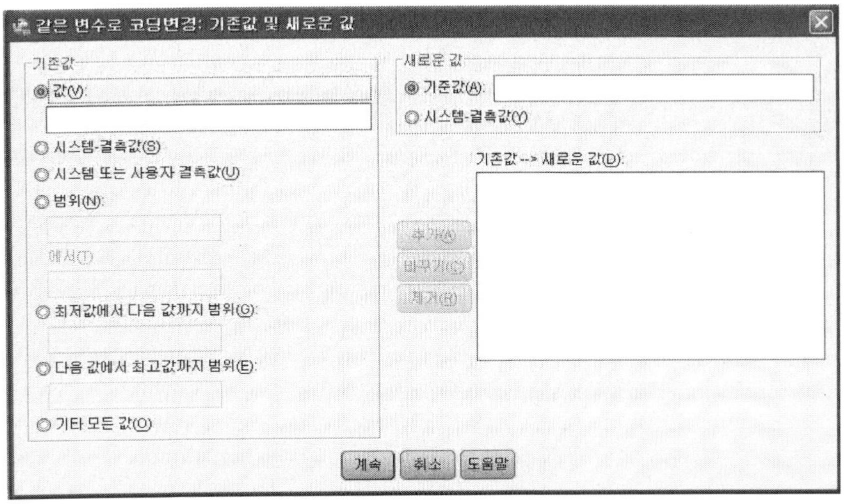

[그림 10-10] **같은 변수로 코딩변경: 기존값 및 새로운 값 대화상자**

[그림 10-10] 대화상자에 있는 선택 항목들의 내용은 다음의 [표 10-2]와 같다.

[표 10-2] 같은 변수로 코딩변경 대화상자의 주요 선택 항목

주요 선택 항목		내 용
기존값	○ 값	하나의 변수값을 지정한다.
	○ 시스템 결측값	데이터의 무응답값을 지정한다.
	○ 시스템 또는 사용자 결측값	이미 지정한 무응답값을 다시 지정한다.
	○ 범위(N)	변수값의 범위(~부터 ~까지)를 지정한다(예 : ~이상~미만).
	○ 범위(G)	지정한 변수값의 최소값에서 특정한 값까지 지정한다(예 : ~미만).
	○ 범위(E)	지정한 변수값의 특정한 값에서 최대값까지 지정한다(예 : ~이상).
	○ 기타 모든 값	기타 명시되지 않은 모든 값을 지정한다.
새로운 값	◉ 값	변수값을 입력한다.
	○ 시스템 결측값	시스템 무응답치를 말한다.

③ 예를 들어 다음은 golf3.sav 파일에서 연령 변수인 x15의 값을 코딩변경하려고 할 때, [기존값] 상자와 [새로운 값] 상자에 입력하는 방법이다. [그림 10-11]을 참고하여 실행해 보기 바란다.

코딩변경할 내용	[기존값] 상자	[새로운 값] 상자
• 20세 미만은 "1" 로	◉ 범위(G)에 "20" 입력	"1" 입력 후 [추가]
• 20세 이상 30세 미만 "2" 로	◉ 범위(N)에 "20" 과 "30" 입력	"2" 입력 후 [추가]
• 30세 이상 40세 미만 "3" 으로	◉ 범위(N)에 "30" 과 "40" 입력	"3" 입력 후 [추가]
• 40세 이상 50세 미만 "4" 로	◉ 범위(N)에 "40" 과 "50" 입력	"4" 입력 후 [추가]
• 50세 이상 "5" 로	◉ 범위(E)에 "50" 입력	"5" 입력 후 [계속]

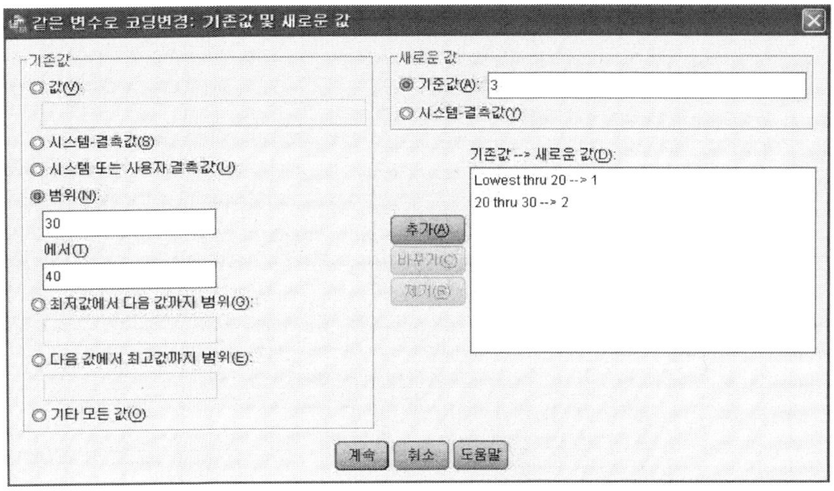

[그림 10-11] **같은 변수로 코딩변경 입력과정**

④ 이상과 같은 절차를 모두 마치고 나면, 다시 [같은 변수로 코딩 변경] 대화상자가 나타난다. 만일 또 다른 변수에 대해서도 코딩변경을 하려면 위와 같은 방법으로 계속해 나가고, 그렇지 않으면 [확인] 버튼을 누른다. 그러면 [그림 10-12]와 같이 "x15" 변수가 코딩변경된 값으로 표기되어 나타난다. 우리는 여기서 일단 이제까지 코딩변경한 데이터 파일을 파일(F) 메뉴에서 golf33.sav라는 다른 이름으로 저장(A)을 하자.

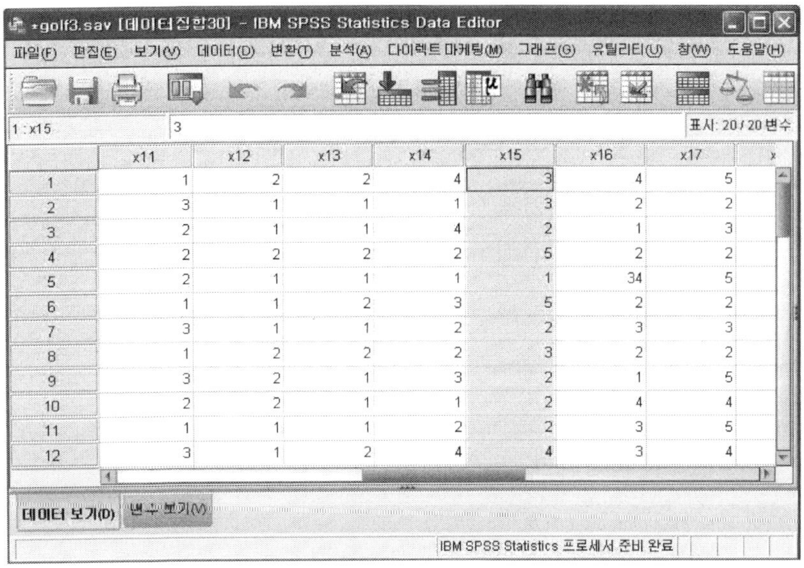

	x11	x12	x13	x14	x15	x16	x17
1	1	2	2	4	3	4	5
2	3	1	1	1	3	2	2
3	2	1	1	4	2	1	3
4	2	2	2	2	5	2	2
5	2	1	1	1	1	34	5
6	1	1	2	3	5	2	2
7	3	1	1	2	2	3	3
8	1	2	2	2	3	2	2
9	3	2	1	3	2	1	5
10	2	2	1	1	2	4	4
11	1	1	1	2	2	3	5
12	3	1	2	4	4	3	4

[그림 10-12] **코딩변경된 SPSS 데이터 편집기**

[그림 10-12]에서 보는 바와 같이 같은 변수로 코딩변경을 하고 나면, 변수이름은 그대로 있지만 변수값은 코딩변경한 값으로 변경돼 버린다. 만일 이 상태로 저장을 하면 원래의 데이터 파일 대신에 코딩변경된 데이터 파일이 남게 된다. 따라서 원래의 데이터 파일을 보존하기 위해서는 각별히 주의하여 다른 이름으로 저장하든지, 아니면 처음부터 다음에 배울 '새로운 변수로 코딩변경하기'를 해야 한다. 앞에서도 거듭 설명하였지만, 코딩변경 작업은 새로운 변수로 코딩변경하는 것을 권장한다.

(2) 새로운 변수로 코딩변경하기

같은 변수이름으로 코딩변경을 하고 나면 기존의 변수값이 바뀌게 되어 기존의 정보가 손실될 수도 있다. 그래서 가능하면 기존의 정보를 그대로 보존하면서 새로운 변수를 생성하는 방법이 바람직하다.

우리는 변수 x15를 '세대별'이라는 다른 변수로 코딩변경하기로 하자. 그러기 위해서 먼저 [SPSS 데이터 편집기]에 제9장 [예제 9-1]에서 저장하였던 "golf3.sav" 파일을 다시 불러온다. 그리고 다음과 같은 순서로 선택해 나간다.

변환(T) → 코딩변경(R) → 새로운 변수로(D)

① [새로운 변수로 코딩변경] 대화상자가 나타나면, 변환시킬 변수인 x15를 선택하여 가운데 상자로 옮긴다. 그런 다음 오른쪽의 [이름(N)] 상자에 새로 만들어질 변수이름인 "세대별"을 입력하고 [바꾸기(C)] 버튼을 클릭한다. 그러면 [그림 10-13]과 같이 가운데 상자에 "연령→세대별"이 만들어진다. 여기서 대화상자 아래에 있는 [기존값 및 새로운 값(O)] 버튼을 누른다.

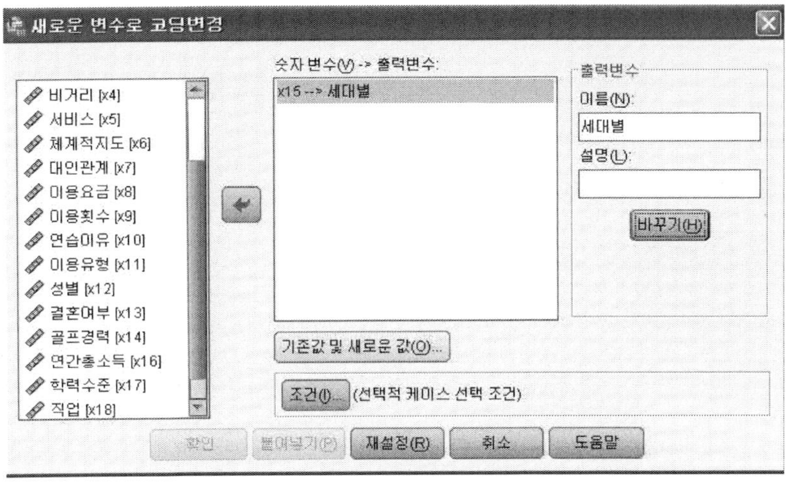

[그림 10-13] **새로운 변수로 코딩변경 대화상자**

② [새로운 변수로 코딩변경: 기존값 및 새로운 값] 대화상자가 나타나면 같은 변수 코딩하기의 ③단계와 같이 입력을 마친 뒤 [계속] 버튼을 누른다.

③ 다시 [새로운 변수로 코딩 변경] 대화상자가 나타나면, 더 이상 추가 작업이 없으므로 [확인] 버튼을 누른다. 그러면 [그림 10-14]와 같이 변수 "x15"는 그대로 있으면서 데이터 파일의 오른쪽 끝에 "세대별"이라는 변수가 새로이 생기게 된다. 이렇게 코딩변경한 파일은 "golf55.sav"라는 이름으로 저장을 해두자.

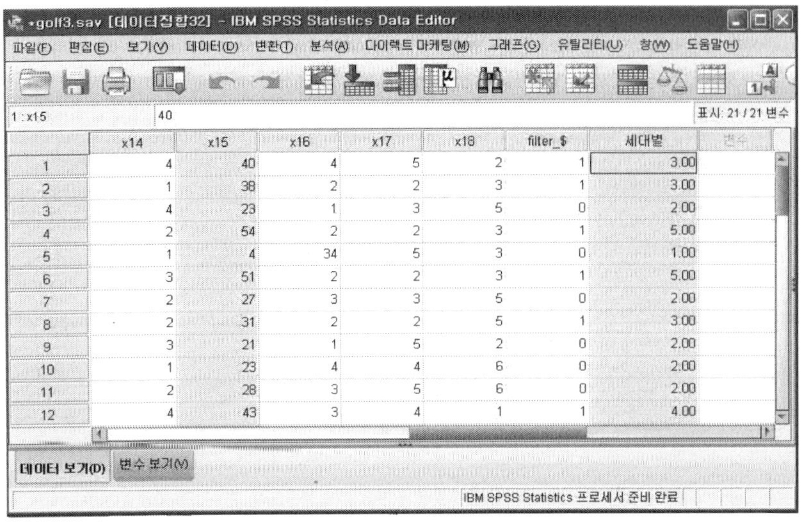

[그림 10-14] **새로운 변수로 코딩변경된 데이터 파일**

제 11 장

분석결과의 시각화와 활용

Key Words

SPSS, 뷰어창, 축이름, 피벗테이블
주석달기, 인터넷 문서, 텍스트 문서

11.1 분석결과의 시각화

통계분석을 마치고 나면 분석결과를 연구보고서에 제시하여야 한다. 이때 분석결과에 대한 시각적 효과나 이해력을 높이기 위하여 또는 연구자의 의도에 맞도록 차트나 도표를 다시 작성하기도 한다.

본 절에서는 [SPSS 출력결과 뷰어] 창에서 할 수 있는 작업들의 일부를 살펴보고자 한다. 여기서 이용할 연습 파일은 제9장 [예제 9-3]에서 저장해 두었던 "golf5.sav"이다. 먼저 "golf5.sav"를 [SPSS 데이터 편집기]에 가지고 온다. 그리고 연간총소득 변수인 "x16"을 가지고 빈도분석을 실시한다. 이때 [도표] 옵션에서 "◉ 막대도표(B)"와 도표화 값 "◉ 빈도(P)"를 선택한다. 다음의 [그림 11-1]과 [그림 11-2]는 빈도분석 결과 피벗 테이블과 차트이다.

연간소득

		빈도	퍼센트	유효 퍼센트	누적퍼센트
유효	2,000미만	7	18.9	18.9	18.9
	2,000이상 3,000미만	11	29.7	29.7	48.6
	3,000이상 4,000미만	10	27.0	27.0	75.7
	4,000이상	9	24.3	24.3	100.0
	합계	37	100.0	100.0	

[그림 11-1] x16(연소득) 빈도분석 결과 피벗 테이블

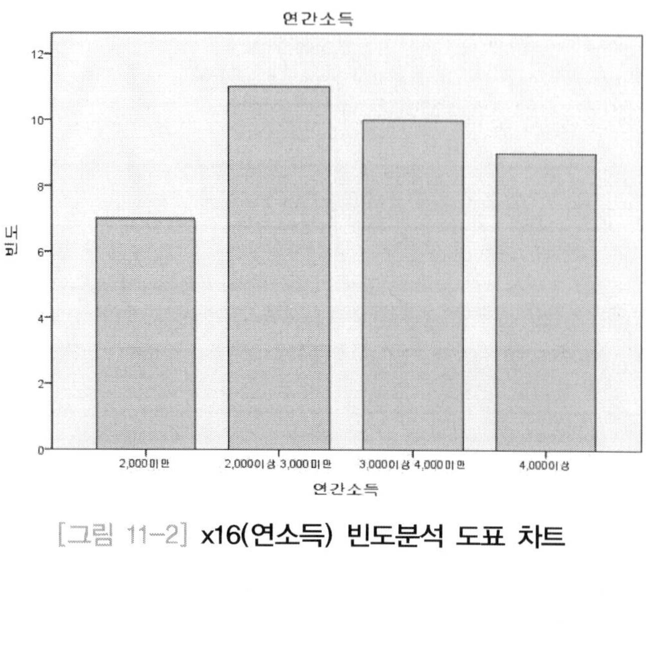

[그림 11-2] x16(연소득) 빈도분석 도표 차트

분석결과를 시각화하는 작업은 피벗테이블이나 차트를 편집하는 과정이다. 여기서는 제목을 "연평균소득"으로 바꾸고, 도표를 변경하는 방법에 대해 간단히 설명한다.

① 먼저 [x16 빈도결과 - SPSS 뷰어창]에서 차트 위로 마우스 포인트를 옮긴 다음 두 번 클릭을 한다. 그러면 [그림 11-3]과 같이 차트가 활성화된다.

연간소득

		빈도	퍼센트	유효 퍼센트	누적퍼센트
유효	2,000미만	7	18.9	18.9	18.9
	2,000이상 3,000미만	11	29.7	29.7	48.6
	3,000이상 4,000미만	10	27.0	27.0	75.7
	4,000이상	9	24.3	24.3	100.0
	합계	37	100.0	100.0	

[그림 11-3] **x16(연간소득) 빈도분석 결과 차트**

② 제목에 마우스 포인트를 놓고 두 번 클릭한 다음 바꾸고자 하는 "연평균소득"을 입력한다. 표 안의 설명도 위와 같은 방법으로 실행하면 된다.

③ 도표의 제목이나 축에 대한 설명을 추가하거나 바꾸고자 할 경우에는 변경하고자 하는 곳에 마우스 포인트를 갖다 놓고 두 번 클릭하면 [그림 11-4]와 같은 [도표 편집기] 창이 나타난다.

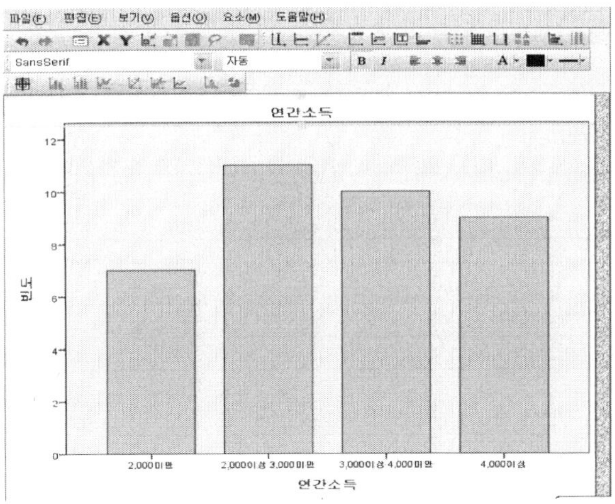

[그림 11-4] **도표 편집기**

④ 이 도표 편집기에서 위의 ①, ②와 같은 방법으로 해당되는 곳을 두 번 클릭하여 수정해 나간다. 수정할 수 있는 것으로는 도표크기, 텍스트, 척도, 축설명, 숫자형식, 범주 등이 있다.

11.2 분석결과의 활용

1. 분석결과 저장하기

[SPSS 뷰어창]에서 SPSS 분석결과를 변경하고 나면, 이러한 출력물은 연구자가 작업하기 편리한 방법으로 저장을 하여야 한다. SPSS 결과물을 저장하는 방법은 SPSS 파일로 저장하는 방법과 인터넷 문서로 저장하는 방법, 텍스트 문서로 저장하는 방법, 복사하여 골라 붙이는 방법 등 네 가지가 있다.

어느 방법을 선택하여 사용하는가는 연구자의 작업환경에 따라 다를 수 있다. 그러나 본서에서는 SPSS 파일로 저장하는 방법과 복사하여 골라 붙이는 방법을 권장한다. SPSS 파일로 저장하는 것은 출력물 원본을 그대로 저장하는 것이기 때문에 나중에 원하는 방법으로 다시 활용할 수 있어 유용하다. 그리고 복사하여 골라 붙이는 방법은 원하는 부분만을 복사하여 이용하기 때문에 워드 프로세서에서 활용하기가 매우 편리하다.

먼저 우리가 저장해 두었던 "golf3.sav" 파일을 [SPSS 데이터 편집기]에 불러온 후 다음과 같은 순서로 빈도분석을 한다.

분석(A) → 기술통계량(E) → 빈도분석(F)

빈도분석 대화상자가 나타나면 [그림 11-13]과 같이 골프경력을 나타내는 변수인 "x14"를 선택하여 오른쪽에 있는 [변수(V)] 상자로 보낸다.

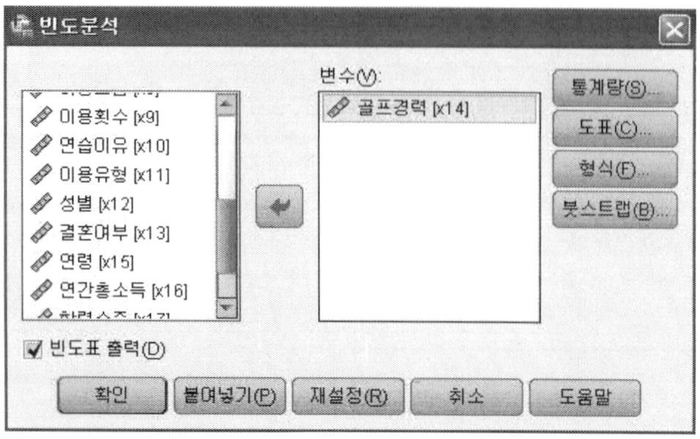

[그림 11-5] 빈도분석 대화상자

그리고 도표의 형태를 선택하기 위하여 대화상자 아래 부분에 있는 [도표(C)] 버튼을 클릭한다. 그러면 [그림 11-6]와 같은 [빈도분석: 도표] 대화상자가 나온다.

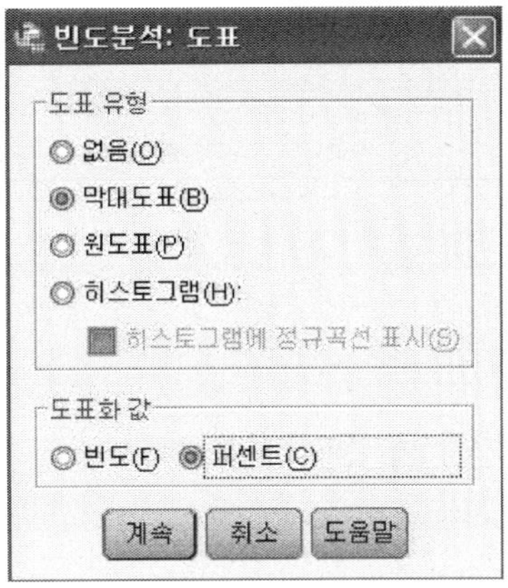

[그림 11-6] **빈도분석: 도표 대화상자**

여기서 "◉ 막대도표"와 "◉ 퍼센트"를 선택한다. 그리고 [계속] 버튼과, 이어서 [확인]을 누르면 [그림 11-7]과 같은 [출력결과 SPSS 뷰어창]이 나타난다. 이 [SPSS 뷰어창]을 가지고 여러 가지 저장방법을 살펴보도록 한다.

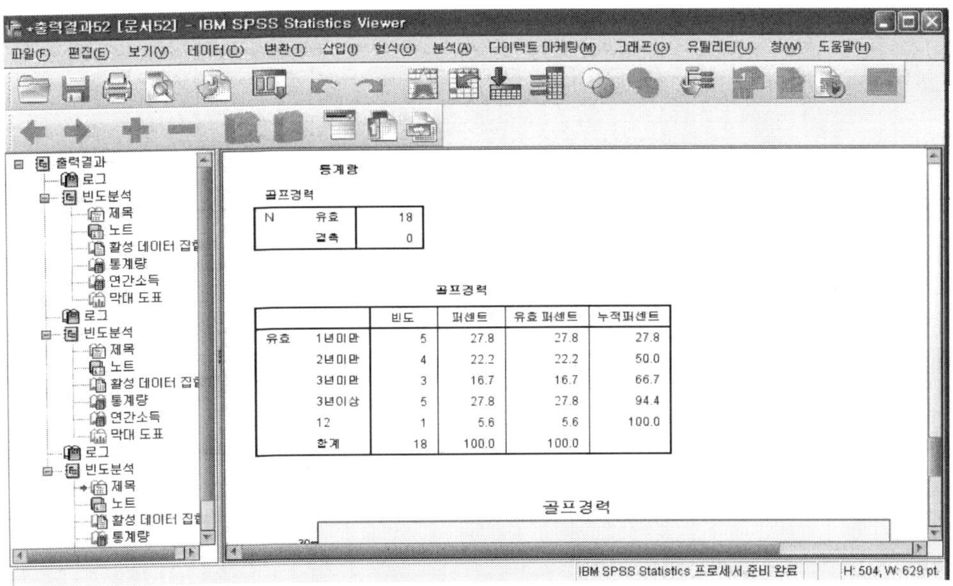

[그림 11-7] **출력결과 SPSS 뷰어창**

(1) SPSS 파일로 저장하기

이제까지 살펴본 바와 같이 통계분석을 한 결과물은 [SPSS 뷰어창]에 나타난다. 이와 같이 [SPSS 뷰어창]에 제시된 결과물을 SPSS 파일로 저장하기 위해서는 [SPSS 뷰어창]에서 파일(F) → 다른 이름으로 저장(A)을 선택한다.

SPSS 뷰어창 : 파일(F) → 다른 이름으로 저장(A)

그리면 [그림 11-8]과 같은 [다른 이름으로 저장] 대화상자가 나타난다. 여기서 위치와 파일이름을 확인한 다음 저장을 한다. SPSS 분석결과물은 파일형식이 (*.spv)로 지정되어 있다. 우리가 연습한 "x14" 변수에 대한 빈도분석 결과는 "output14.spv"로 저장해 놓자.

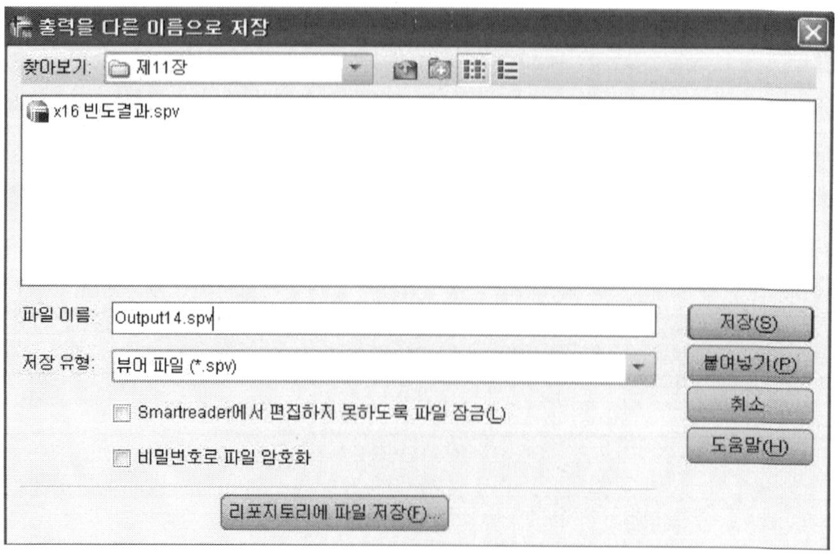

[그림 11-8] **다른 이름으로 저장하기 대화상자**

(2) 인터넷 문서로 저장하기

인터넷 문서로 저장하는 방법은 다른 방법들에 비하여 세 가지 측면에서 유용한 면이 있다. 첫째는 SPSS에 없는 작업환경에서도 훈글이나 MS word를 이용하여 분석결과물을 프린트할 수 있다는 점이다. 둘째는 출력물 전체를 워드프로세서에서 읽어들이려 하는 경우에 이용할 수 있는 방법이다. 셋째는 인터넷이나 훈글에서도 도표가 그대로 남아 있어 재편집이 가능하다는 것이다. 그러나 이 방법은 결과물의 차트가 저장되지 못한다는 단점이 있다.

SPSS 뷰어창 : 파일(F) → 내보내기(T)

인터넷 문서로 저장하기 위해서는 위와 같은 순서를 선택해 나가면 [그림 11-9]와 같은 [내보내기 출력결과] 대화상자가 나타난다. 여기서 [내보내기(E)] 형태와 [파일이름(E)], [파일유형(T)]을 확인한 다음 [확인]을 클릭하면 된다. 인터넷 문서로 저장된 파일의 형식은 (*.htm)이다. 우리가 연습한 "x14" 변수에 대한 빈도분석 결과는 "output14.htm"로 저장해 놓자.

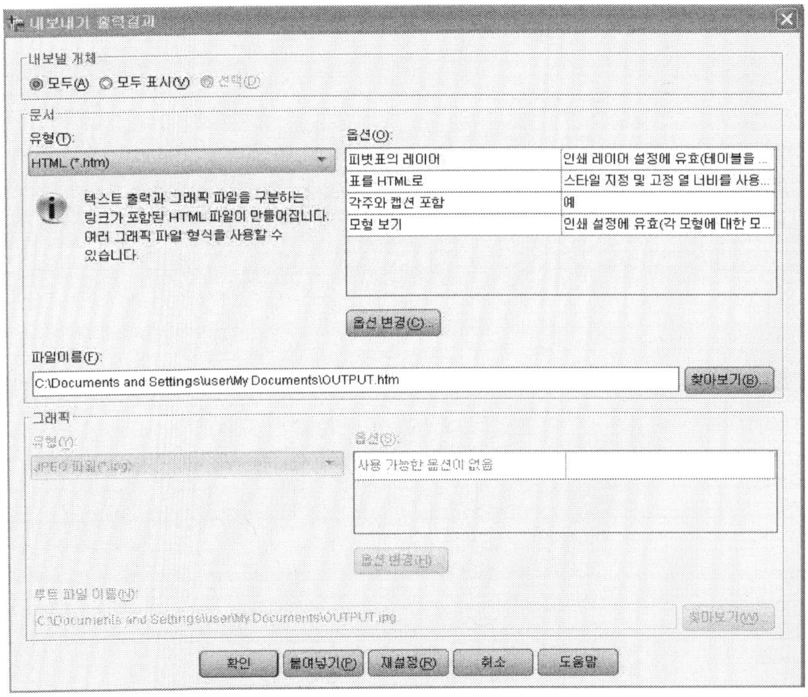

[그림 11-9] **내보내기 출력결과 대화상자**

(3) 텍스트 문서로 저장하기

텍스트 문서로 저장을 하면 인터넷 문서로 저장하는 방법과 마찬가지로 여러 가지 프로그램과 워드프로세서에서 자유롭게 읽어들일 수 있다는 장점이 있다. 그러나 텍스트 문서는 기본적으로 문자로 처리된 것이기 때문에 결과물의 도표들이 깨진다는 한계가 있다.

저장방법은 인터넷 문서로 저장하는 방법과 같으나, 다만 [파일유형(T)]을 "text file(*.txt)"로 선택해야만 한다. 우리가 연습한 "x14" 변수에 대한 빈도분석 결과는 "output14.txt"로 저장해 놓자.

(4) 복사하여 골라 붙이기

이제까지 설명한 SPSS 파일로 저장하는 방법과 인터넷 문서로 저장하는 방법, 텍스트 문서로 저장하는 방법은 출력물 전체를 저장하는 방법이다. 따라서 워드프로세서를 사용하려면 출력물 전체를 불러와야만 한다.

우리는 위에서 한 가지 변수를 가지고 빈도분석만을 연습하였기 때문에 출력물이 단순하였다. 그러나 일반적인 통계분석에서는 변수의 수도 많고, 통계기법도 여러 가지 방법을 사용하기 때문에 출력물의 분량도 상당히 많아진다. 그래서 사례별 출력물을 호글과 같은 워드프로세서에서 활용하려면 복사하여 골라 붙이는 방법이 가장 효과적이고 능률적일 수 있다.

이 방법은 크게 두 단계를 거친다. 하나는 [SPSS 뷰어창]에서 출력물을 복사하는 과정이고, 다음으로는 호글과 같은 워드프로세서에서 골라 붙이는 절차이다.

① 먼저 [그림 11-10]의 [SPSS 출력결과 뷰어 창]을 보면 오른쪽 상자에 분석결과들이 나열되어 있다. 여기서 원하는 결과물(우리의 경우는 "경력")을 클릭하면 [그림 11-10]과 같이 해당 부분이 설정된다. 여기서 마우스의 오른쪽을 눌러 "복사"를 선택한다.

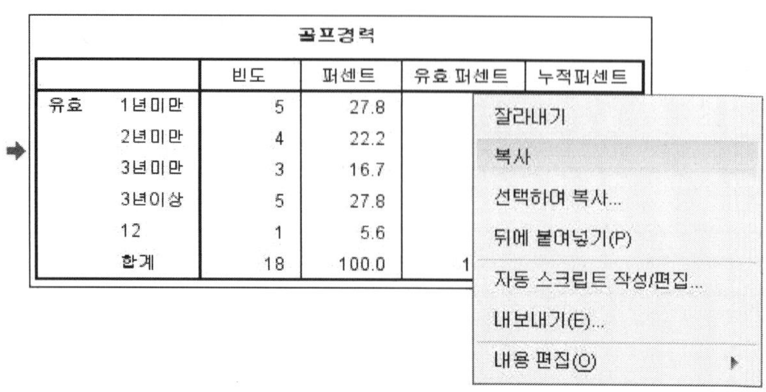

[그림 11-10] SPSS 출력물 복사하기

② 다음에는 혼글과 같은 워드프로세서로 복사한 내용을 골라 붙여넣는 절차이다. 혼글의 경우 편집(E) 메뉴에서 "골라 붙이기"(MS word의 경우는 "선택하여 붙여넣기")를 선택하면 [그림 11-11]과 같은 [선택하여 붙여넣기] 대화상자가 나타난다.

혼글 메뉴: 편집(E) → 골라 붙이기(S) (혹은 Ctrl + Alt + V)

[선택하여 붙여넣기] 대화상자가 나타나면, [데이터 형식(A)] 상자에서 "그림 텍스트"를 선택한 다음 [확인]을 누르면 된다.

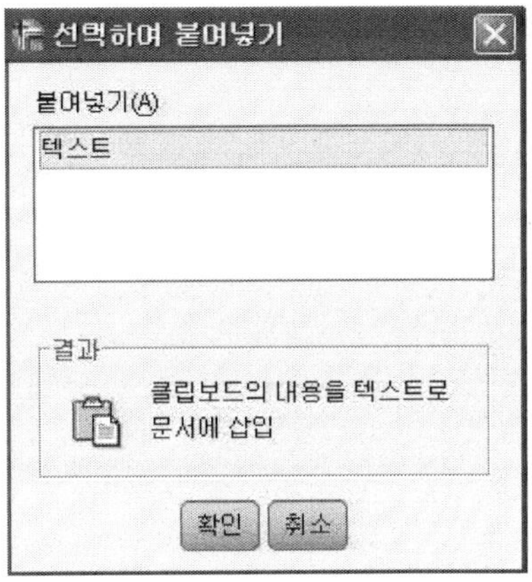

[그림 11-11] **선택하여 붙여넣기 대화상자**

이 방법은 워드프로세서에서 도표를 편집할 수 없다는 한계가 있다. 그러나 원하는 부분만을 가져올 수 있고, 크기 조정이 가능하기 때문에 유용한 방법이다. 만일 내용을 편집하려면 [SPSS 뷰어창]에서 하여야 한다.

만일 도표를 혼글에서 다시 편집하려는 경우에는 [데이터 형식(A)] 상자에서 "서식 있는 문서"를 선택하여 가져오면 된다.

2. 혼글에서 불러오기

SPSS 분석결과물을 SPSS 피일(*.spv)로 저장하면 출력물 원본을 그대로 저장하게 되어 나중에 다시 SPSS 환경에서 원하는 방법으로 활용할 수 있다는 장점이 있다. 그러나 워드프로세서나 인터넷에서는 사용할 수 없다는 한계가 있다.

그래서 좀 더 활용범위를 넓히기 위해서 인터넷 문서나 텍스트 문서로 저장을 하게 되는데, 여기에서는 그렇게 저장한 결과물을 불러오는 방법을 익히도록 한다. 앞에서도 거듭 설명하였지만 복사하여 골라 붙이는 방법이 가장 편리한 방법이지만, 부득이 출력물 전체를 불러오기 위해서는 인터넷 문서나 텍스트 문서로 저장한 파일을 불러오는 방법을 이용해야만 한다.

우리가 앞에서 저장해 두었던 "output14.htm" 파일과 "output14.txt" 파일을 기억해 두자. 그리고 본서에서는 흔글 프로그램을 가지고 작업한 것을 기준으로 하였다.

(1) 인터넷 문서로 불러오기

인터넷 문서로 저장된 파일(*.htm)을 흔글로 불러오려면 다음과 같은 순서로 수행한다. 그리고 우리가 앞에서 저장해 두었던 "output14.htm"이 있는 위치를 지정해 주고, 파일이름과 파일형식을 선택한 다음 [열기]를 누르면 된다. MS word에서는 파일형식이 "웹 페이지"로 되어 있다.

흔글 메뉴: 파일(F) → 불러오기(O) → 파일형식에서 인터넷 문서(*.htm) 선택

아래 [그림 11-12]의 출력물은 인터넷 문서로 저장된 것을 불러온 것이다. 여기서 표를 클릭하면 표 주변이 활성화되는데 이는 편집이 가능하다는 것을 의미한다. 인터넷 문서를 불러오는 방법은 여러 개의 표를 한꺼번에 불러와 편집할 때는 유용한 방법이다. 그러나 차트를 가져오지 못하는 단점이 있다.

		빈도	퍼센트	유효 퍼센트	누적퍼센트
유효	1	5	27.8	27.8	27.8
	2	5	27.8	27.8	55.6
	3	3	16.7	16.7	72.2
	4	5	27.8	27.8	100.0
	합계	18	100.0	100.0	

[그림 11-12] 인터넷 문서로 가져온 출력물

(2) 텍스트 문서로 불러오기

텍스트 문서로 저장된 결과물을 훈글로 불러오는 방법은 인터넷 문서의 경우와 비슷하다. 다만 파일형식에서 "텍스트 문서(*.txt)"를 선택하는 과정만 다르다. 참고로 MS word에서는 파일형식이 "텍스트 파일"로 되어 있다.

> 훈글 메뉴: 파일(F) → 불러오기(O) → 파일형식에서 텍스트 문서(*.txt) 선택

텍스트 문서로 불러오기를 하면 [그림 11-13]과 같이 표가 깨진 상태로 문자와 숫자만 나타난다. 그래서 출력결과를 이해하기가 상당히 어려워진다.

```
경력
|              | 빈도 | 퍼센트 | 유효 퍼센트 | 누적퍼센트 |
| ---- | ---- | ---- | ------- | ----------- |
| 유효 | 1    | 5    | 27.8   | 27.8       | 27.8        |
|      | ---- | ---- | ------- | ------------|
|      | 2    | 5    | 27.8   | 27.8       | 55.6        |
|      | ---- | ---- | ------- | ------------|
|      | 3    | 3    | 16.7   | 16.7       | 72.2        |
|      | ---- | ---- | ------- | ------------|
|      | 4    | 5    | 27.8   | 27.8       | 100.0       |
|      | ---- | ---- | ------- | ------------|
|      | 합계 | 18   | 100.0  | 100.0      |             |
```

[그림 11-13] **텍스트 문서로 가져온 출력물**

제3부

SPSS를 활용한 통계분석과 보고서 작성

제 12 장

통계분석을 위한 기초개념의 이해

Key Words

기술통계, 모수통계, 모수, 통계량
도수분포, 중심화, 경향, 산포도
가설, 가설검정, 영가설

12.1 통계학이란 무엇인가

1. 통계학이란 무엇인가

"어느 기업의 200×년도의 매출액은 ○○○억 원이다"라는 표현에 대하여 생각해 보자. 어떤 의미가 있는가? 이 자료는 단순히 매출액이 얼마라는 것 이외에는 다른 의미가 없다. 그러나 이러한 자료를 제품별, 사업부별, 월별 매출액으로 나누어보고, 또 연도별 자료를 추가하여 정리해 보면 그 나름대로 어떤 분포나 경향을 추출해 낼 수 있을 것이다. 그리고 이렇게 추출한 자료를 가지고 다음 연도의 예상매출액과 더불어 판매전략을 수립해 낼 수 있을 것이다.

이러한 통계적 방법은 오늘날 우리 주변의 거의 모든 분야(경제, 경영, 정치, 교육은 물론 농업, 공업에 이르기까지)에서 매우 중요하게 활용되고 있다. 우리가 매일같이 읽고 있는 신문을 보더라도 여러 분야에서 각종 통계자료들이 다양하게 게재되고 있다. 이와 같이 통계적 방법은 우리 사회 전반에 걸쳐서 광범위하게 이용되고 있는데, 그렇다면 통계학이란 무엇이며 통계적 방법은 어떤 특징이 있는가에 대하여 알아보자.

통계학(statistics)이란 관심의 대상이 되는 집단에 대한 자료를 수집 · 정리 · 분석하기 위한 과학적 방법과 이를 근거로 추론을 하고, 그 추론을 바탕으로 최적 의사결정을 제시하는 데 필요한 이론적 체계라고 말할 수 있다. 즉 **통계학**이란 **관심의 대상이 되는 집단의 특성을 기술(description)하고, 최적의 의사결정을 도출하기 위해 추론(inference)하는 방법에 관한 학문인 것이다.**

그렇다면 우리 생활에서 통계학이 갖는 중요성이나 특징은 무엇인가? 통계학이 가지고 있는 특징은 대략 다음과 같이 네 가지 정도로 요약할 수 있다.

첫째, 통계학은 일반적인 경향과 결론의 추출을 가능하게 해준다. 앞에서 설명한 바와 같이 통계적 방법에 의하여 비로소 수많은 자료들이 의미 있게 분류되고 또 그 자료들에 근거하여 어떤 추론이 가능해지는 것이다.

둘째, 통계학은 관심이 되는 대상으로부터 도출한 변수들 간의 인과관계를 밝혀준다. 예를 들어 물가 인상에 영향을 미치는 요인들에 대하여 분석한 결과 환율과 이자율이 가장 많은 영향을 미치는 것으로 밝혀졌다고 가정을 하자. 그러면 이때 환율과 이자율이 원인이 되어 물가가 인상되는 결과를 가져왔다는 것을 밝혀낸 것이라고 할 수 있다. 이와 같이 통계적 방법은 변수 간의 인과관계를 밝혀주는 역할을 한다.

셋째, 일정한 조건하에서 사건(event)의 발생을 예측하게 해준다. 이것은 통계학이 가지고 있는 가장 중요한 역할 중 하나인데, 통계학은 바로 추론과정을 거치면서 불확실한 미래상황에 대하여 최적의 의사결정을 내릴 수 있도록 해준다.

넷째, 다수의 자료와 조사결과를 의미 있고, 간결한 형식으로 요약해 준다. 우리는 통계적 방법을 통하여 비로소 자료가 가지고 있는 어떤 의미를 찾아낼 수 있을뿐더러, 그러한 의미를 보다 효과적으로 전달할 수 있다는 것을 알 수 있다.

2. 통계학과 통계분석기법의 분류

통계학은 기본적으로 수리통계와 응용통계로 대별된다. 수리통계(mathematical statistics)는 통계이론, 공식 그리고 법칙을 개발·도출·증명하는 분야이고, 응용통계(applied statistics)는 실제 세계의 문제를 해결하기 위해 통계학의 이론과 공식이나 법칙을 응용하는 분야이다. 여기서 응용통계는 다시 기술통계와 추리통계로 나누어진다.

기술통계(descriptive statistics)는 자료를 수집·정리 및 도표화하여 자료의 특성을 기술하는 방법에 관한 통계이다. 기술통계에서는 자료의 특성을 간단하게 요약하여 전달하기 위해 분포의 모양이나 평균, 분산 등과 같은 특정값을 계산한다. 추리통계(inferential statistics)는 기술통계에서 정리하고 계산된 자료를 근거로 하여 모집단에 관하여 의사결정을 내린다거나, 모집단의 특성을 예측하기 위해 표본의 결과를 이용하는 방법에 관한 통계이다. 우리가 앞에서 통계학의 정의에 대하여 언급을 하면서 통계학이 가지고 있는 두 가지, 즉 기술 기능과 추론기능에 대하여 지적하였다. 여기서 기술통계가 가지고 있는 특성이 바로 기술기능이고, 추리통계가 가지고 있는 역할이 곧 추론기능에 해당되는 것이다.

추리통계는 다시 모수통계와 비모수통계로 나누어진다.

모수통계(parametric statistics)는 표본에서 얻어낸 통계량으로부터 모집단의 특성을 나타내는 모수를 추정하는 것과 관련된 통계기법이다. 모수통계기법을 적용할 때는 흔히 가정이 필요하며, 주로 연속변수를 분석하는 데 이용된다. 비모수통계(non-parametric statistics)는 비록 모집단의 특성을 추정하기는 하나 모수와 통계량의 관계를 다루지 않는다. 따라서 가정이 필요하지 않으며, 이산변수를 분석하는 데 주로 이용된다.

한편, 통계분석기법은 독립변수와 종속변수를 측정한 척도에 따라 그 방법이 달라진다. 변수와 척도에 따른 통계분석방법의 분류는 [표 12-1]과 같다.

[표 12-1] 통계분석기법의 분류

변수의 수	독립변수	종속변수	분석기법
단일변량	이산	이산	카이제곱분석, 빈도분석
	이산	연속	t검정, 분산분석, 회귀분석
	연속	이산	Logit 분석, Probit 분석
	연속	연속	상관관계분석, 회귀분석
다 변 량	이산	이산	로그선형분석
	이산	연속	MANOVA
	연속	이산	로지스틱모형, 판별분석
	연속	연속	다변량회귀분석
	독립, 종속변수의 구분이 없음		요인분석, 군집분석

또한 통계분석방법은 분석목적에 따라서도 분류할 수 있는데, [표 12-2]는 분석목적에 따른 분석기법들을 나타내고 있다.

[표 12-2] 분석목적별 통계분석기법

분석목적	분석기법
기술통계분석	빈도분석, 기술분석, 교차분석
변수 간 관계분석	상관관계분석, 회귀분석, t검정, 분산분석
집단화 분석기법	요인분석, 군집분석

3. 기초적인 통계용어의 이해

통계학의 정의를 자세히 살펴보면, 앞에서도 설명하였듯이 크게 두 가지의 기능이 있다고 볼 수 있다. 하나는 자료를 수집 · 정리 · 분석하여 집단의 특성을 기술하는 기능이고, 또 다른 하나는 불확실한 미래의 의사결정을 위하여 추론하는 기능이다. 이러한 통계학의 두 가지 기능 중에서 최근에 이르러 점차 기술적 측면보다는 추론기능의 중요성이 커지고 있다. 여기에서는 이러한 추론통계에서 자주 사용하는 용어들에 대하여 간단히 살펴보도록 한다. 일부는 제4장 표본의 추출과 중복되는 것도 있으니 참고하기 바란다.

(1) 모집단과 표본

모집단은 연구자의 관심대상이 되는 모든 개인이나 사건, 사물의 집합체를 의미한다. 이에 대하여 표본은 연구대상으로 선택된 모집단의 한 부분 또는 일부를 말한다. 모집단의 모든 구성요소들을 대상으로 전부 조사하는 방법을 전수조사라고 한다. 우리가 인구센서스라는 말을 들은 적이 있는데, 인구센서스란 우리나라의 경우 10년에 한번씩 전 국민을 대상으로 인구분포와 주택에 대하여 조사하는 것을 말한다. 일반적으로 전수조사는 비용과 시간이 많이 소요되기 때문에 사회과학에서는 매우 제한적으로 사용되고 있다. 반면에, 대상모집단 전체에 대하여 완전한 정보의 획득이 불가능하거나 무의미하다고 판단될 때는 모집단으로부터 일부를 추출하여 조사하는 경우가 있는데, 이를 표본조사라고 한다. 사회과학에서 통계분석의 대부분은 이러한 표본조사에 의해 수집된 자료들을 가지고 실행한다.

(2) 모수와 통계량

모수란 모집단의 특성을 나타내는 값을 말한다. 모수에는 모집단의 중심경향을 나타내는 평균(μ), 모집단의 산포도를 나타내는 분산(σ^2)이나 표준편차(σ), 모비율(p) 등이 있다.

통계량은 표본의 특성을 나타내는 값을 말한다. 통계량에는 표본의 중심경향을 나타내는 표본평균($\overline{X}$), 표본자료의 산포도를 나타내는 표본분산(s^2), 표본표준편차(s), 표본비율($\hat{p}$) 등이 있다.

이상과 같은 모수와 통계량에 대한 통계적 표현들은 [표 12-3]에 비교하여 나타냈다.

[표 12-3] 모수와 통계량

	모 수	통계량
평 균	μ	$\bar{X}$
비 율	p	$\hat{p}$
표준편차	σ	s
분 산	σ^2	s^2
상관관계계수	ρ	r

12.2 통계적 추리와 가설검정

1. 증명과 가설의 기각

가설검정, 즉 어떤 연구가설의 진위를 검정하는 방법에는 참입증접근법(verification approach)과 허위입증접근법(falsification approach)의 두 종류가 있다.

참입증접근법은 명제가 참(true)이라는 것을 증명하는 방법이다. 명제가 참이라는 것을 증명하기 위해서는 그 명제가 시공을 초월해서 보편타당하게 적용된다는 것을 보여주어야 한다. 그러나 이미 지나간 과거나 미래에 관해서 조사연구를 한다는 것은 현실적으로 거의 불가능하기 때문에 증명을 명제의 진위를 입증하는 기준으로 삼는다는 것은 비현실적이라고 할 수 있다.

과학에 있어서 어떤 명제가 참이라는 것을 입증하는 것보다는 허위라는 것을 입증하는 것이 훨씬 쉽다. 이러한 이유 때문에 가설검정에서는 허위라는 것을 입증적 접근법을 사용한다. 다시 말해서, 연구가설(혹은 대립가설이라고도 불림)과 반대되는 가설(가설검정에서 보통 영가설 혹은 귀무가설이라고 불린다)을 설정하고, 그 가설을 기각하는 방법을 통해서 연구가설을 지지하는 간접적인 방법을 사용한다.

허위입증접근법을 사용한다고 할지라도 명제가 참이라는 것을 증명할 수 있는 것은 아니다. 단지 현재의 연구결과에 의해서 그 명제가 지지된다는 것을 보여줄 뿐이다. 물론 시간적 간격을 두고 여러 다른 문화권에서 실시된 수많은 연구를 통해서 지지된 명제는 단 하나의 연구에 의해서 지지된 명제보다 진리에 더 가까울 것이다. 이러한 점에서 진리란 점진적으로 가까이 다가갈 수 있는 목표라고 볼 수 있다.

2. 연구가설과 영가설

가설검정(hypothesis test)이란 모집단의 특성에 대해 어떤 가설을 설정하고, 이 가설의 진위 여부를 표본의 데이터로 판단하여 통계적 의사결정을 내리는 추론방법을 말한다. 그리고 통계적 추리란 표본 자료에 근거하여 그 표본이 추출된 모집단의 특성에 대하여 일반화하는 것을 가리킨다.

가설검정과 관련하여 가설에는 두 가지 종류가 있다. 하나는 연구가설(혹은 대립가설)이고, 다른 하나는 영가설(혹은 귀무가설)이다.

연구가설은 이론이나 선행연구에 근거하여 설정된 가설로써 "~관계가 있을 것이다"라든가 "~차이가 있을 것이다" 혹은 "~영향이 있을 것이다"라는 식으로 표현되며, 기호로는 H_1으로 표기한다. 가설검정 시 연구가설과 내용이 대립되는 가설을 설정하는데, 이를 영가설이라고 한다. 영가설은 보통 "~관계가 없을 것이다"라든가 "~차이가 없을 것이다" 혹은 "~영향이 없을 것이다"와 같이 부정적으로 표현되며, 기호로 H_0으로 표기한다. 이 두 가설은 상호배타적이며, 동시에 모집단의 모수가 취할 수 있는 모든 가능한 값을 포함하도록 정의된다. 예컨대 성별과 소득 간의 관계를 연구가설과 영가설로 표현하면 다음과 같다.

H_1 : 성별과 소득 간에는 관계가 있을 것이다.
(혹은 남성의 소득과 여성의 소득 간에는 차이가 있을 것이다.)
H_0 : 성별과 소득 간에는 관계가 없을 것이다.
(혹은 남성의 소득과 여성의 소득 간에는 차이가 없을 것이다.)

가설검정에서 표본의 자료를 가지고 직접 검정하는 것은 연구가설이 아니라 영가설이다. 앞에서 설명했듯이, 검정결과 영가설이 기각된다면 이는 간접적으로 연구가설을 지지하는 셈이 되는 것이다. 즉 영가설이 틀렸다는 것을 보여줌으로써 간접적으로 연구가설이 옳다는 것을 확인하는 방식이 가설검정의 토대를 형성하는 기본논리이다. 이렇듯 가설검정에서 연구가설의 수용은 조건적이다.

3. 확률과 영가설

가설검정에서 표본의 자료에 모집단의 특성을 정확하게 추정한다는 갓은 거의 불가하며 오류(error)가 발생하기 마련이다. 이러한 오류에는 제1종 오류와 제2종 오류가 있다.

제1종 오류(Type Ⅰ Error 또는 α오류)는 옳은 영가설을 틀리다고 기각하여 잘못된 결론을 내리는 오류를 말한다. 제2종 오류 (Type Ⅱ Error 또는 β 오류)는 틀린 영가설을 옳다고 잘못 받아들이는 오류를 의미한다. 이러한 구분을 구체적으로 표로 나타내면 다음의 [표 12-4]와 같다.

[표 12-4] 제1종 오류와 제2종 오류의 구분

표본통계량에 의한 의사결정		모집단에서의 영가설	
		H_0이 옳음	H_0이 틀림
표본 결과에 따른 결정	H_0 기각	제1종 오류(α 오류)	옳은 결정
	H_0 기각 안 함	옳은 결정	제2종 오류(β 오류)

여기서 α값과 β값은 각각의 오류를 범할 확률을 의미한다. 특히 제1종 오류를 범할 확률을 유의수준(significance level) 혹은 α수준이라고도 하며, 가설검정 시 미리 그 값을 정해 놓는 것이 일반적이다. 일반적으로 유의수준으로 .05수준 혹은 .01수준이 가장 널리 사용된다.

제2종 오류를 범할 확률은 단순히 1에서 제1종 오류를 범할 확률을 뺀 값이 아니며, 제2종 오류의 계산은 이보다 훨씬 복잡하다. 이에 대한 자세한 내용은 통계학 교재를 참고하기 바란다.

4. 가설검정의 일반적 절차

가설검정은 일반적으로 (1) 가설 설정, (2) 유의수준 설정, (3) 임계값 결정, (4) 검정 통계량 계산, (5) 결정, (6) 결론의 6단계를 거쳐서 이뤄진다.

(1) 가설 설정과 유의수준 설정

가설검정은 연구가설과 영가설 설정으로부터 시작된다. 두 번째 단계에서는 영가설의 기각을 위한 유의수준을 설정한다. 가설 및 유의수준에 대해서는 이미 위에서 상세하게 설명한 바 있다.

(2) 임계값 결정

임계값(critical value)이란 두 번째 단계에서 설정한 유의수준에서 영가설 기각에 필요한 검정통계량의 최저값을 가리킨다. 임계값 결정을 위해서는 우선 가설검정에 사용될 확률분포를 알아야 한다. 여기서 확률분포란 어떤 모집단으로부터 특정 크기의 가능한 모든 무작위표본을 추출했다는 가정하에서 각 표본으로부터 얻은 검정통계량으로 만들어진 이론적 분포를 가리키는데, 가설검정에 주로 사용되는 확률분포에는 χ^2분포, t분포, F분포 등이 있다. χ^2분포, t분포 및 F분포는 각각 χ^2 검정, t검정 및 F검정 시에 사용된다.

임계값을 결정하기 위해서는 유의수준뿐만 아니라 자유도(degrees of freedom)도 함께 알아야 한다. 왜냐하면 자유도의 크기에 따라 확률분포의 형태가 달라지기 때문이다. 자유도는 자유롭게 결정할 수 있는 수를 가리키는데, 구체적인 계산방법은 나중에 해당 절에서 설명하기로 하겠다. χ^2검정이나 F검정(분산분석에서 사용)의 경우, 유의수준과 자유도가 주어지면 해당분포에서 바로 임계값을 결정할 수 있다. 예를 들어 [부표2]에 있는 χ^2 분포표에서 유의수준.05이고 자유도가 3일 경우, 임계값은 7.8147이다.

그러나 t 분포(두 평균 간 차이의 검정이나 상관계수나 회귀계수의 유의성 검정 시에 사용됨)에서 임계값을 결정하기 위해서는 유의수준 및 자유도와 더불어 어떠한 검정방법을 사용할 것인가에 대한 정보도 필요하다. 단측 검정(one-tailed test)을 할 것인가 아니면 양측 검정(two-tailed test)을 할 것인가에 따라서 임계값이 달라지기 때문이다. 단측 검정은 기각영역을 확률분포의 한쪽 끝에 두는 검정방법이고, 양측 검정은 기각영역을 확률분포의 양쪽 끝에 똑같이 두는 검정방법이다.

두 변수 간의 관계나 종속변수에 대한 독립변수의 영향의 방향이 예측될 경우에는 단측 검정을 사용하고, 예측할 수 없을 때는 양측 검정을 사용한다. 양측

검정보다는 단측 검정을 할 때 영가설을 기각할 가능성이 훨씬 높아진다. 따라서 관계나 영향의 방향을 알 때는 단측 검정을 하는 것이 좋다. [부표4]에 있는 t분포표에서 유의수준이 .05, 자유도가 21이고 단측 검정을 할 경우, 임계값은 1.721이다.

(3) 검정 통계량 계산

넷째 단계에서 표본 자료에 근거하여 검정통계량(test statistic)을 계산한다. 검정통계량에는 χ^2검정통계량, t검정통계량, F검정통계량 등이 있으며 검정되는 가설의 성격과 변수들의 측정수준에 따라 그에 적합한 검정통계량을 계산하면 된다. 검정통계량의 구체적 계산방법은 관련 절에서 설명하도록 하겠다.

(4) 결정과 결론

검정통계량과 임계값을 비교한다. 예컨대, χ^2검정의 경우 검정통계량이 임계값보다 크면 영가설이 기각되고, 그렇지 않으면 영가설은 기각되지 않는다.

SPSS 통계프로그램은 주어진 자유도 수준에서 표본 자료로부터 계산된 검정통계량에 대한 유의확률을 제공해 준다. 따라서 그 유의확률을 두 번째 단계에서 설정된 유의수준과 비교하면 영가설 기각여부를 쉽게 판단할 수 있다. 다시 말해서, 유의확률이 유의수준보다 작으면 영가설은 기각되고, 그렇지 않으면 영가설은 기각되지 않는다. 이와 관련된 구체적인 내용은 나중에 관련 부분에서 상세하게 설명하기로 하겠다.

영가설의 기각여부에 대한 결정은 바로 연구가설의 채택여부에 대한 결정으로 이어진다. 영가설이 기각되면 연구가설이 지지되는 것이고, 영가설이 기각되지 않는다면 연구가설은 지지되지 않는 셈이 된다. 마지막 단계에서는 이러한 검정결과를 바탕으로 결론을 내린다.

제 13 장

빈도분석과 기술통계

Key Words

빈도분포표, 백분위, 누적백분율, 중심경향
산포도, 정규분포, 기술통계

13.1 빈도분석과 기술통계분석

1. 목적

자료수집이 완료되면 일차적으로 분석의 대상이 되는 표본이 지니고 있는 분포의 특성을 파악하기 위하여 빈도분포를 작성하고 분포의 특징을 기술해 주는 기술통계를 계산한다. 이러한 빈도분포와 기술통계는 자료의 특성들을 간편하면서도 생생하게 요약·정리해 주는 기능을 갖고 있다. 그래서 빈도분포의 작성과 기술통계 분석은 본격적인 통계분석을 하기 이전에 우선 자료의 특성을 개괄적으로 알기 위하여 실행한다.

자료의 특성은 중심경향, 산포도 및 분포의 형태로 파악할 수 있다. 중심화 경향은 산술평균, 중앙값, 최빈값 등과 같은 통계량으로, 산포도는 표준편차, 분산 등과 같은 통계량, 그리고 분포의 형태는 왜도와 첨도 등을 나타내는 통계량을 이용하는 것이 일반적이다.

SPSS에서는 이산변수나 측정값의 변이가 크지 않은 연속변수의 경우에는 주로 빈도분석절차를, 그리고 연속변수의 경우에는 기술통계절차를 이용하여 자료의 특성을 나타내는 통계량들을 구한다.

2. 기초 개념의 이해

(1) 빈도분포표

빈도분포표(frequency distribution)는 변수의 응답범주와 각 응답범주에 해당되는 관찰빈도수를 나타낸 표이다. 그런데 빈도분포표의 경우 각 범주 간의 상호비교나 이해가 쉽지 않다. 이 문제를 해결하기 위해서 백분율을 계산하여 표본의 크기를 표준화시킨 것이 백분율 빈도분포표(percentage frequency distribution)이다. 백분율 빈도분포표는 만일 전체 사례 수가 100일 경우 변수의 각 응답범주에 속하게 될 관찰수를 나타낸다. 경우에 따라서는 어떤 응답범주가 전체 분포에서 차지하는 상대적 위치를 알 필요가 있다. 이는 누적백분율분포표(cumulative percentage distribution)를 작성하면 쉽게 알 수 있다. 어떤 점수의 누적백분율(cumulative percentage)은 그 점수까지의 총 백분율을 말하여, 이러한 누적백분율들로 이루어진 분포가 누적백분율분포표이다. 누적백분율분포에서 구할 수 있는 유용한 통계량은 백분위(percentile)인데, 이것은 분포상에서 특정 누적백분율에 해당하는 값을 말한다. 백분위는 비율적 분할(quantile)의 특별한 종류인데, 비율적 분할이란 관찰대상을 일정한 비율의 몇 개 집단으로 나누는 것을 말한다.백분위 외에 다른 비율적 분할의 예로는 사분위(quartiles)와 십분위(deciles)가 있다. 사분위는 관찰대상을 4개의 같은 크기의 집단으로 나누는 값을 말한다. 십분위는 관찰대상을 10개의 동등한 집단으로 나누는 값들이다. 백분위는 관찰대상을 100개의 동등한 집단으로 나눈 것이다. 따라서 첫 번째 사분위는 25번째 백분위와 같고, 두 번째 십분위는 20번째 백분위와 같다.

다음의 [그림 13-1]은 [부록1] 주택수요조사에서 주택유형 변수에 대한 빈도분석을 한 것이다. 이 빈도분석 결과를 통해 알 수 있듯이, 총 응답자 665명 중 아파트에는 61.4%가 살고 있으며, 단독주택에는 14.7%가 거주하는 것으로 나타났다. 만일 아파트와 단독주택에 거주하는 비율을 알고 싶으면 누적백분율(누적퍼센트)을 보면 된다. 표에서 보면 아파트와 단독주택에 거주하는 비율이 총 응답자의 76.1%를 차지하는 것으로 나타났다. 이와 같이 빈도분포표로부터 빈도수와 백분율, 누적백분율에 대한 정보를 알아낼 수가 있다.

주택유형

		빈도	퍼센트	유효 퍼센트	누적퍼센트
유효	아파트	408	61.4	61.4	61.4
	단독주택	98	14.7	14.7	76.1
	연립주택	73	11.0	11.0	87.1
	다가구/다세대주택	73	11.0	11.0	98.0
	기타	13	2.0	2.0	100.0
	합계	665	100.0	100.0	

[그림 13-1] **주택 유형에 대한 빈도분포표**

(2) 중심경향

중심경향(central tendency)은 자료들의 분포를 대표하는 값을 나타내는 것으로, 이에는 최빈값, 중위수, 평균 등이 있다. 최빈값(mode)은 빈도수(혹은 백분율)가 가장 많은 변수값(혹은 응답범주)을 말하는 것으로, 명목변수의 중심경향을 측정하는 데 사용된다. 중위수(median)는 변수의 관찰값들이 서열적인 경우,

즉 낮은 값에서부터 높은 값의 순서로 되어 있는 분포의 집중경향을 측정하는 데 사용된다. 중위수는 관찰값이 순서대로 나열된 분포를 같은 크기의 두 개의 집단으로 나누는 값을 의미한다. 사례수가 홀수인 경우에는 한가운데 있는 사례의 값이 중위수다. 사례수가 짝수일 경우에는 한가운데 위치한 두 관찰값의 평균이 중위수가 된다. 백분위와 관련해서 말하면, 중위수는 50번째 백분위에 해당하는 값이다.

예컨대 5개의 자료 3, 4, 5, 7, 9가 있을 때 사례수가 홀수이므로 중위수는 가장 가운데 값인 5가 된다. 자료의 분포가 3, 4, 5, 7, 9, 11로서 사례수가 짝수인 경우 중위수는 5와 7의 평균값인 6이 된다.

평균(mean)은 가장 많이 사용되는 중심경향 측정치로서, 이것은 연속변수에만 사용될 수 있다. 평균은 관찰값들을 모두 더한 후에 그것을 사례수로 나눈 값이다. 만약 N개의 사례수를 가진 표본의 평균을 $\overline{Y}$라고 한다면 $\overline{Y}$를 구하는 공식은 다음과 같다.

$$\overline{Y} = \frac{\sum_{i=1}^{K} Y_i}{N}$$

(3) 산포도

산포도(dispersion)란 관찰값들의 분포가 흩어져 있는 정도를 나타내는 것으로 범위, 평균편차, 분산과 표준편차 등이 있다. 범위(range)는 산포도를 측정하는 가장 단순한 방법인데, 이것은 분포의 모든 관찰값들을 포함하는 두 개의 양극단 값을 나타낸다. 다시 말해서, 분포의 범위는 최대값과 최소값의 차이로 정의된다. 범위가 클수록 데이터들의 분포가 넓게 흩어져 있음을 의미한다.

평균편차(average deviation)는 관찰값과 평균과의 차이의 절대값들의 평균을 의미한다. 단순히 관찰값과 평균과의 차의 평균을 구하면 그 값은 0이 된다. 이런 문제를 해결하기 위한 방법으로 관찰값과 평균의 차이에 절대값 부호를 붙여 평균을 구한 것이 평균편차이다. 관찰값과 평균과의 차이 $d_i = Y_i - \overline{Y}$라고 하면, 평균편차(AD)를 구하는 공식은 다음과 같이 표현된다.

$$AD = \frac{\sum_{i=1}^{N} |d_i|}{N}$$

산포도 측정에 가장 널리 사용되는 것은 분산(variance)과 표준편차(standard deviation)이다. **분산은 평균과 각 관찰값의 편차의 제곱에 대한 평균을 의미한다.** 그리고 **분산값을 원래의 측정단위로 복귀시키기 위해서 분산의 제곱근을 구하는데, 이것을 표준편차라고 부른다.** 변수 Y의 분산(S_y^2)과 표준편차(S_y)를 구하는 공식은 다음과 같다.

$$S_y^2 = \frac{\sum_{i=1}^{N}(Y_i - \overline{Y})^2}{N-1}$$

$$S_y = \sqrt{s_y^2}$$

(4) 분포의 형태

1) 정규분포

정규분포(normal distribution)는 관찰값들의 위치가 평균값을 중심으로 좌우 대칭인 종모양의 곡선을 갖는 분포를 말한다.

정규분포곡선은 **세 가지 특징**이 있다. **첫째**, 곡선 밑의 총면적은 1이다. **둘째**, 정규곡선은 평균값(μ)을 중심으로 서로 대칭이다. **셋째**, 곡선의 양끝은 무한대로 연장된다. 이러한 특징들은 [그림 13-2]에 잘 나타나 있다. [그림 13-2]는 평균값을 0으로 하고 표준편차를 1로 표준화한 정규분포곡선(Z분포라고도 함)이다.

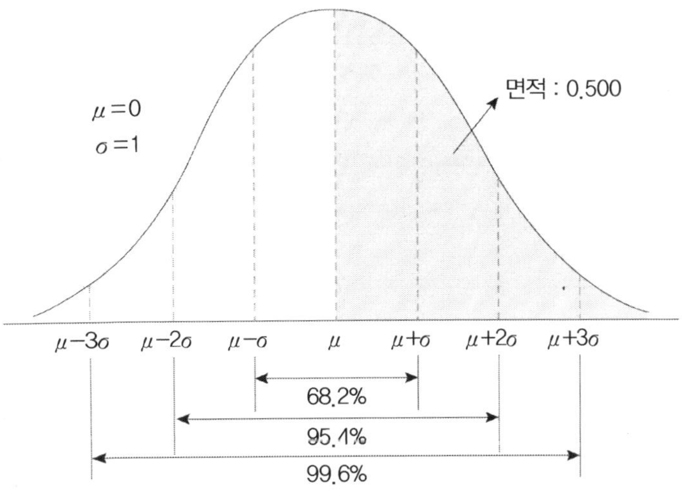

[그림 13-2] 정규분포곡선과 확률값

표준정규분포에서 면적의 95%가 Z = -1.96과 Z = +1.96 사이에 있다. 그리고 전체 사상(event)의 약 68%가 표준편차 -1과 +1 사이에 있으며, 전체 사상의 약 99.7%가 표준편차 -3과 +3 사이에 있다. 따라서 정규분포를 가정할 때 평균에서 3 표준편차 이상 떨어진 사상은 실제 거의 일어나지 않는다.

[표 13-1] **표준정규분포표**

Z	.00	.01	…	.06	…	0.09
0.0	.0000	.0040	..	.0239	..	.0359
..	..	..	..	..	..	..
1.9	.4713	.47191	..	.4750	..	.4767
..	..	..	..	..	..	..
3.0	.4487	.4987	..	.4989	..	.4990

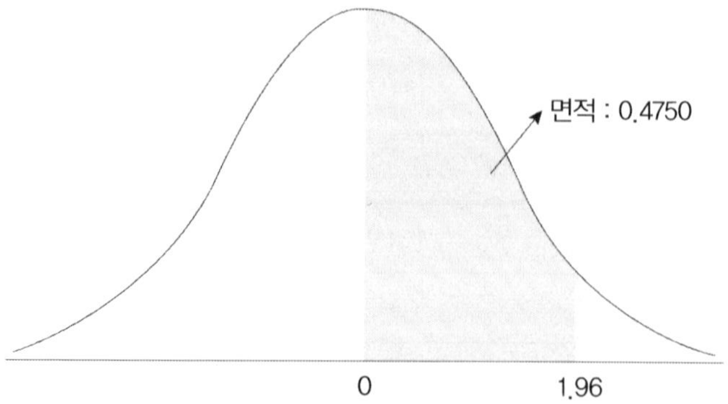

[그림 13-3] **Z=0과 Z=1 사이의 면적**

2) 왜도와 첨도

관찰값들의 분포가 정규분포로부터 얼마나 벗어나 있는가를 나타내는 통계량으로 왜도와 첨도가 있다.

왜도(skewness)는 분포의 비대칭 정도를 나타내는 통계량이다. 왜도값이 0이면 정규분포와 마찬가지로 좌우대칭인 경우이고, 0보다 크면 오른쪽 꼬리를 가지는 분포, 그리고 0보다 작으면 왼쪽 꼬리를 가지는 분포를 나타낸다.

첨도(kurtosis)는 분포도가 얼마나 중심에 집중되어 있는가를 측정하는 것이다. 첨도의 측정값이 3보다 크면 정규분포보다 높은 봉우리를 가지며, 3보다 작으면 정규분포보다 낮은 봉우리를 가진 분포를 나타낸다.

13.2 실행방법과 결과해석

1. 빈도분석의 실행

(1) 실행절차

[부록1]의 "주택수요조사.sav"는 수도권에 거주하는 가구주 665명을 대상으로 수행된 주택수요조사 결과를 담고 있다. "주택수요조사.sav" 파일에서 주택유형과 주거만족도 변수를 선택하여 이 변수들에 대한 빈도분석을 실시해 보기로 하자.

① [SPSS 데이터 편집기]에 "주택수요조사.sav" 파일을 불러들인 다음, 주요 메뉴에서 다음과 같은 순서에 따라 실행한다.

분석(A) → 기술통계량(E) → 빈도분석(F)

② [빈도분석] 대화상자가 나타나면 왼쪽의 변수상자에서 "주택유형"과 "주거만족도"의 두 변수를 선택하여 오른쪽 [변수(V)]상자로 옮긴다. 그리고 아래 부분에 있는 [통계량(S)] 버튼을 누른다. 그러면 [그림 13-4]와 같은 [빈도분석 : 통계량] 대화상자가 나타나는데, 필요한 통계량을 선택하면 된다. [중심경향]에서 "평균", "중위수", "최빈값"을 선택하고, [산포도]에서 "표준편차"와 "분산"을 선택한 다음 [계속]을 누른다. 다시 [빈도분석] 대화상자가 나타나면 [확인]을 누른다. [빈도분석 : 통계량] 대화상자에 있는 각 통계량의 선택 항목들에 대해서는 이미 본장의 기초개념의 이해에서 설명하였다.

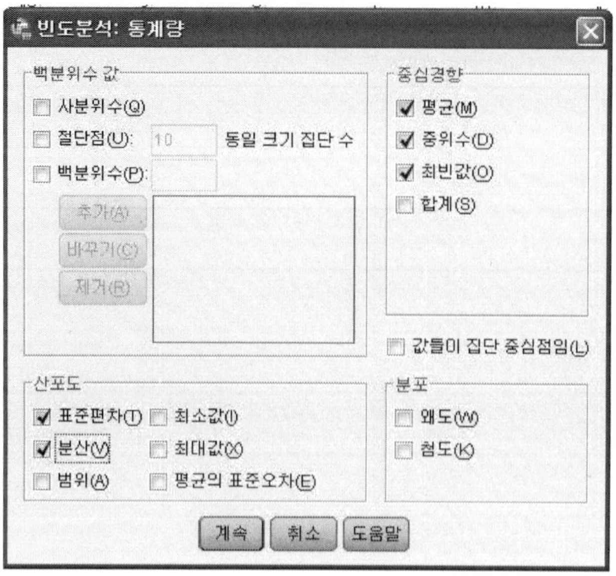

[그림 13-4] **빈도분석 : 통계량 대화상자**

참고로 [빈도분석] 대화상자와 같은 데서 여러 개의 변수들을 한꺼번에 [변수(V)]상자로 보내는 방법에 대해 잠시 알아보자. 먼저 나란히 있는 여러 개의 변수들을 동시에 보내려면 맨 위에 있는 변수를 클릭한 다음, 콘트롤(ctrl) 키를 누른 채 마지막 변수를 클릭하면 그 사이에 있는 변수들이 선택된다. 그리고 떨어져 있는 여러 개의 변수들을 선택하여 옮기려고 할 경우는 콘트롤(ctrl) 키를 누른 채 원하는 변수들만 클릭하면 된다.

③ 다시 [빈도분석] 대화상자에서 [도표(C)]를 선택한다. 그러면 [그림 13-5]와 같은 [빈도분석 : 도표] 대화상자가 나타나는데, "없음"이 기본설정으로 지정되어 있다. 여기서 기본설정을 그대로 선택하고 [다음]을 누른다. 만일 도표작성을 원하면 여러분들이 원하는 [도표유형]과 [도표화 값]을 선택한 다음 [계속]을 누른다. 막대도표는 명목변수의 경우에 적합하고, 히스토그램은 서열변수나 연속변수의 경우에 적합하다. 참고로 도표나 그래프 작성을 원한다면 주 메뉴에 있는 [그래프(G)] 메뉴를 이용하는 것이 훨씬 더 편리하고 유용하다.

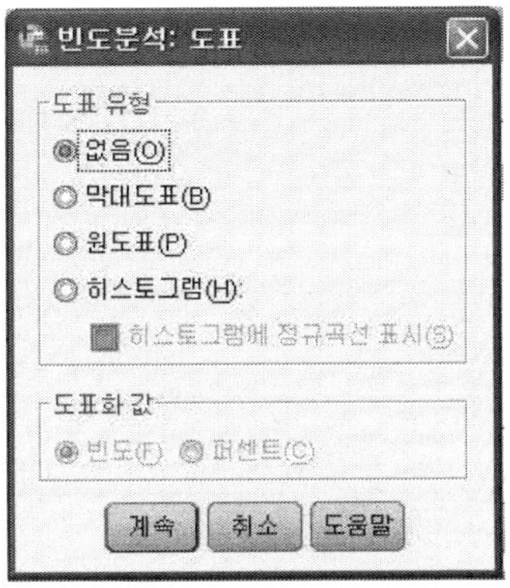

[그림 13-5] **빈도분석 : 도표 대화상자**

④ [빈도분석] 대화상자에서 [형식(F)]도 살펴본 다음 [확인]을 누르면 [Output - SPSS 뷰어창]에 통계량, 빈도분석표, 차트가 나타난다. [빈도분석 : 형식] 대화상자에 있는 선택항목들에 대해서는 [표 13-2]에서 제시하였다.

[표 13-2] 빈도분석 출력형식 대화상자

선택항목	내용
출력형식 지정 : 빈도분석 결과의 출력형식을 지정함	
○ 변수값 오름차순	변수값을 오름차순으로 정리
○ 변수값 내림차순	변수값을 내림차순으로 정리
○ 빈도값 오름차순	빈도수에 따라 오름차순으로 정리
○ 빈도값 내림차순	빈도수에 따라 내림차순으로 정리

(2) 분석결과와 해석

주택유형과 주거만족도 변수에 대한 빈도분석의 결과는 아래와 같다([Output - SPSS 뷰어창]에서 복사하여 골라 붙이기를 한 것임). [표 13-4]에 주택유형과 주거만족도 변수에 대한 통계량이 제시되어 있다. 주택유형은 명목변수이기 때문에 "최빈값"을 제외한 다른 통계량들은 의미를 가질 수 없으며 따라서 필요 없는 통계량들이다. 주거만족도 변수는 "아주 불만"에서 "아주 만족"까지의 다섯 개의 응답범주를 갖는 리커트 척도로 측정되있다. 엄격히 말하면 이런 유형의 척도는 서열변수에 해당되지만, 연속변수로 간주하여 통계분석을 하는 것이 일반적이다. 주택유형 변수의 경우 최빈값이 "1(아파트)"로서 아파트가 수도권의 대표적인 주택유형으로 자리 잡고 있음을 알 수 있다. 주거만족도 변수의 경우 "평균", "중위수", "최빈값"이 3점 정도로 거의 같다. 즉 수도권 주민들의 주거만족도는 전반적으로 "보통"이라고 할 수 있다. 두 변수의 빈도분포, 백분율빈도분포 및 누적백분율빈도분포는 [표 13-4]와 [표 13-5]에 제시하였다. 주택유형은 명목변수이기 때문에 이 변수에 대한 누적백분율빈도분포는 의미가 없다.

[표 13-3] 빈도분석 통계량

통계량

		주택유형	주거만족도
N	유효	665	664
	결측	0	1
평균		1.77	3.26
중위수		1.00	3.00
최빈값		1	3
표준편차		1.136	.757
분산		1.289	.574

[표 13-4] 빈도분포(주택유형)

주택유형

		빈도	퍼센트	유효퍼센트	누적퍼센트
유효	아파트	408	61.4	61.4	61.4
	단독주택	98	14.7	14.7	76.1
	연립주택	73	11.0	11.0	87.1
	다가구/다세대주택	73	11.0	11.0	98.0
	기타	13	2.0	2.0	100.0
	합계	665	100.0	100.0	

[표 13-5] 빈도분포(주거만족도)

주거만족도

		빈도	퍼센트	유효퍼센트	누적퍼센트
유효	아주 불만	14	2.1	2.1	2.1
	불만	75	11.3	11.3	13.4
	보통	307	46.2	46.2	59.6
	만족	259	38.9	39.0	98.6
	아주 만족	9	1.4	1.4	100.0
	합계	664	99.8	100.0	
결측	0	1	.2		
합계		665	100.0		

2. 기술통계분석의 실행

(1) 실행방법

① "주택수요조사.sav" 파일에서 "주택규모", "거주기간" 변수를 가지고 기술통계를 산출해 보자. 먼저 [SPSS 데이터 편집기]에 "주택수요조사.sav" 파일을 불러온 후, 다음과 같은 절차로 실행한다.

분석(A) → 기술통계량(E) → 기술통계(D)

② "주택규모"와 "거주기간"을 선택하여 오른쪽 [변수(V)]상자로 옮긴다. 그리고 [기술통계] 대화상자 아래 부분에 있는 [옵션(O)] 버튼을 선택한다. [그림 13-6]은 [기술통계: 옵션] 대화상자인데, 필요한 통계량들을 선택한 후 [확인]을 누르면 된다. 이 대화상자에 제시된 선택항목들은 본장의 기초 개념의 이해에서 모두 설명하였다. 통계량 중에서 가장 널리 사용되는 "평균"과 "표준편차", 그리고 "최소값"과 "최대값"은 기본설정으로 이미 지정되어 있다. 본 분석에서는 기본설정을 그대로 사용하여 분석하기로 하겠다. 그리고 [출력순서]에서 "○ 문자(A)"는 출력물을 변수명이 알파벳순으로 제시하는 것이고, "○ 변수목록(B)"은 변수명이 제시되는 것이다.

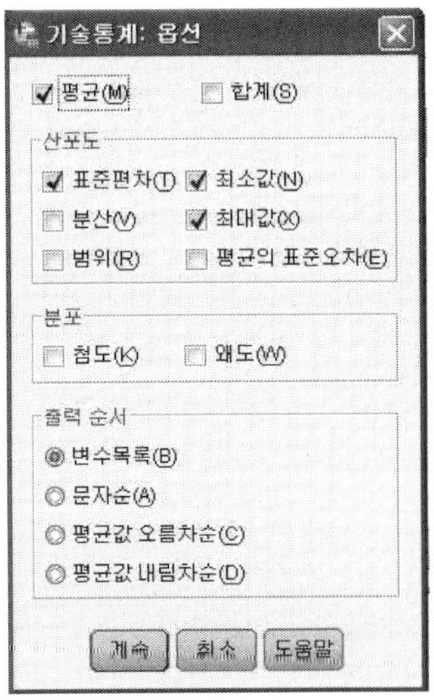

[그림 13-6] **기술통계: 옵션 대화상자**

(2) 분석결과와 해석

기술통계분석의 통계량은 빈도분석의 통계량과 동일하다. 다음의 [표 13-6]은 주택규모와 거주기간의 두 변수에 대한 기술통계분석 결과를 보여주고 있는데, 수도권 주민들의 평균주택 규모는 33.76평, 그리고 평균 거주기간은 55.98개월로 나타나고 있다.

[표 13-6] 기술통계 분석결과

기술통계량

	N	최소값	최대값	평균	표준편차
주택규모	664	8	160	33.76	15.566
거주기간	665	1	600	55.98	61.451
유효수(목록별)	664				

제 14 장

교차분석과 다중응답분석

Key Words

교차분석, 카이제곱검정, 교차표, 누계분포
상관성측도, 감마, 다중응답분석
중복법, 이분법

14.1 교차분석

1. 목적

빈도분포와 기술통계는 이산변수의 질적 속성이나 연속변수의 양적 속성을 잘 나타내준다. 그러나 사회과학자들은 주로 분포의 변이를 설명하는 데 관심을 가지고 있다. 왜 가구별 월평균소득이 다른가? 왜 어떤 유권자들은 여당을 지지하고 다른 유권자들은 야당을 지지하는가? 왜 어떤 직장인들은 자신의 직업에 대해서 만족해 하고 다른 직장인들은 자신의 직업에 대해서 불만을 느끼는가?

사회과학자들은 이론이나 선행연구, 혹은 단순한 직관에 근거하여 이 변이들을 설명하기 위한 가설을 세운다. '독립변수 X가 종속변수 Y를 유발할 것'이라는 가설을 세운다면, 이는 X와 Y 간에 관계가 존재한다는 것을 가리키는 것이다. 이러한 가설을 우리는 추리통계를 이용하여 검정하며, 통계적 분석기법은 독립변수와 종속변수의 측정수준에 따라 달라진다. [표 14-1]은 독립변수와 종속변수의 측정수준에 따라 어떤 통계적 분석기법이 사용되는지를 보여주고 있다.

[표 14-1] 변수의 측정수준과 통계적 분석기법

구 분		독립변수	
		이산변수	연속변수
종속변수	이산변수	교차분석, χ^2 검정	
	연속변수	t검정, 분산분석	상관분석

[표 14-1]에서 알 수 있듯이, **교차분석(crosstabulation analysis)은 명목 또는 서열측정 수준의 이산변수들 간의 관계를 분석**하기 위한 것으로, 두 개 혹은 그 이상의 변수들의 범주를 서로 교차하는 표를 만들어 각각에 해당하는 빈도와 비율을 분석하는 통계방법이다.

교차분석에서 두 변수 간의 관계에 대한 분석은 우선 응답범주들 간의 백분율 비교를 통해서 이루어진다. 그리고 두 변수 간에 관련이 있는가의 여부를 알아보기 위한 통계적 유의성 검정방법으로는 카이제곱 검정(χ^2 test)을 사용한다.

2. 기초 개념의 이해

(1) 교차표

교차표(cross-tabulation)는 두 변수 간의 결합빈도를 나타낸 표이다. 만일 어떤 두 변수가 각각 r개와 c개의 범주를 가지고 있다면 교차표는 (r*c)개의 셀로 이루어지게 된다.

예를 들어 무작위로 선정된 20대 남녀 300명을 대상으로 기혼여성의 취업에 대한 찬반 태도에 대하여 조사를 하였다고 하자. 이때 성별 빈도분포표에는 남자 몇 명, 여자 몇 명, 그리고 기혼여성 취업에 대한 태도와 관련된 빈도분포표에는 각각 찬성 몇 명, 반대 몇 명씩인가가 표시된다.

그러나 교차표에서는 남자 중에서 기혼여성의 취업에 찬성하는 사람 몇 명, 반대하는 사람 몇 명과 같이 두 변수가 교차된 형태로 나타낼 수 있다. 다음의 [표 14-2]는 이러한 교차표의 한 예를 보여주고 있다.

[표 14-2] 성별과 기혼여성 취업에 대한 태도 간의 교차표

A. 빈도교차표

구 분		성 별		합 계
		남 자	여 자	
기혼여성 취업	찬 성	66	120	186
	반 대	84	30	114
합 계		150	150	300

B. 백분율 교차표

구 분		성 별		합 계
		남 자	여 자	
기혼여성 취업	찬 성	44%	80%	62%
	반 대	56%	20%	38%
합 계		100%	100%	100%

[표 14-2]의 A에 원자료의 교차표가 제시되어 있는데, 각 칸은 두 변수 간의 결합빈도를 나타낸다. 표의 오른쪽에 있는 합계(행의 누계; row marginals)와 표의 아래쪽에 있는 합계(열의 누계; column marignals)를 누계분포(marginal distribution), 혹은 간단하게 누계(marginals)라고 부른다. 누계분포는 교차된 두 변수 각각의 빈도분포를 말한다. A와 같은 빈도교차표에서는 두 변수 간에 어떤 관계가 존재하는지 파악하기 어렵다. 비교를 용이하게 하기 위해서는 공통의 기준을 갖도록 빈도교차표를 표준화시킬 필요가 있다. 표준화된 교차표가 바로 백분율 교차표(percentage crosstabulation)이다. 백분율 교차표에서 백분율은 [표 14-2]의 B처럼 독립변수의 각 범주의 합에 대해 계산해야 한다. 다시 말해서, 열 백분율(column percentage)을 구해야 한다. 그리고 종속변수의 각 행을 따라서 백분율 차이를 비교하면 두 변수 간 관계의 존재유무를 알 수 있다. 만일 두 변수 간에 관계가 없다면, 남자나 여자나 기혼여성의 취업에 대한 찬성비율이나 반대비율이 같을 것이다.

[표 14-2]의 B에서 기혼여성의 취업에 대한 찬성비율이 남자는 44%인 반면에 여자는 80%로서 36%의 차이가 있다. 따라서 두 변수 간에는 관계가 있으며, 기혼여성의 취업에 대해서 대부분의 여성들은 찬성하는 반면에 절반이 넘는 남자들이 반대하고 있다는 것을 알 수 있다.

(2) 카이제곱(χ^2) 검정

백분율 교차표에서는 백분율차이를 계산하여 두 변수 간의 관계여부를 확인한다. 그러나 백분율 차이가 작을 때 이것이 우연에 의한 차이인지 유의미한 차이인지 판단하기가 쉽지 않다. 이때 **교차표로 제시된 두 변수 간의 통계적 유의성을 알아보는 적절한 방법이 카이제곱 검정**이다.

카이제곱 검정은 교차표의 각 칸의 관찰빈도와 두 변수 간에 아무런 관계가 없다는 영가설이 참일 때 기대되는 빈도와의 비교에 기초를 둔 통계적 검정방법이다.

만일 X와 Y의 두 변수가 통계적으로 독립적이라면 i개의 행과 j개의 열을 가진 교차표의 기대빈도 $\hat{f}_{ij}$를 구하는 공식은 다음과 같다.

$$\hat{f}_{ij} = \frac{f_i f_j}{N}$$

f_i = i 번째 행의 누계

f_j = j 번째 열의 누계

N = 표본의 크기

χ^2값은 각 범주의 실제빈도와 기대빈도의 차이를 제곱하여, 이 값을 다시 기대빈도로 나눈 다음 합한 값이다. 만양 영가설이 사실이라는 가정하에서의 기대빈도가 $\hat{f}_{ij}$,이고 그 칸의 관찰빈도가 f_{ij}라면, χ^2검정통계량은 다음과 같은 공식으로 계산된다.

$$\chi^2 = \frac{\sum_{i=1}^{R}\sum_{j=1}^{C}(\hat{f}_{ij} - f_{ij})^2}{\widehat{f_{ij}}}$$

C = 열의 수

R = 행의 수

만일 실제빈도가 기대빈도와 서로 비슷하면 (실제빈도-기대빈도) 값의 차이가 작아져 χ^2값이 작아진다. χ^2값은 두 빈도의 차이를 제곱하기 때문에 항상 양의 값을 가지며, 값이 클수록 상관도가 높다(영가설이 기각될 가능성이 높다)는 것이 된다.

교차표에서 자유도는 누계가 고정된 상태에서 값이 자유롭게 변할 수 있는 칸의 수를 의미한다. 교차표의 행의 칸 수를 R이라고 하고 열의 칸 수를 C라고 하면, 자유도를 계산하는 공식은 다음과 같이 표현된다.

df = (R-1)(C-1)

[표 14-2]의 자유도는 (2-1)(2-1) = 1이다.

(3) 상관성 측도

카이제곱 검정은 단지 두 변수 간의 관계의 존재 여부만을 알려줄 뿐이다. 두 변수 간의 관계의 강도를 측정하기 위해서는 다음과 같은 측도들을 사용한다. 상관성 측도(association measures)는 이산변수가 명목형이냐 서열형이냐에 따라 두 종류로 구분된다. 상관성 측도값은 0과 1 사이의 값을 가지며, 1에 가까울수록 두 변수 간의 강도가 강하다는 것을 의미한다.

1) 명목변수들 간의 상관성 측도

① 파이계수(Phi, Φ): 2 × 2 교차표에서만 사용하며, χ^2값을 표본의 크기로 나눈 값의 제곱근이다. 계산공식은 다음과 같다.

$$\Phi = \sqrt{\frac{\chi^2}{N}}$$

② 분할계수(contingency coefficient C): 파이계수와 마찬가지로 χ^2값에 기초한 상관성 측도이다. 두 변수가 무관할 때는 0의 값을 가지나, 행과 열의 수에 따라 상한값이 달라진다는 문제점이 있다. 계산공식은 다음과 같다.

$$c = \sqrt{\frac{\chi^2}{\chi^2 + N}}$$

③ Cramer's V: 일반적인 R*C 교차표에서 파이계수가 0가 1 사이의 값을 갖도록 보정한 상관성 측도로서, 분할계수와 달리 행과 열의 수에 영향을 받지 않는다. 계산공식은 다음과 같다.

$$v = \sqrt{\frac{\chi^2}{(N)(Min(r-1, c-1))}}$$

④ 람다(Lambda, λ): PRE(proportionate reduction in error) 측도로서 위의 다른 상관성 측도들보다 우수하기 때문에 일반적으로 많이 사용되는 측도이다. 비대칭적 측도로서 독립변수와 종속변수가 바뀌면 값이 변화한다. 계산공식은 다음과 같다.

$$\lambda = (E_y - E_x)/E_y$$

E_y = Y의 최빈범주를 가정할 때 생기는 오차(독립변수에 대한 정보가 없을 때 생기는 오차)

E_x = X의 각 범주에서 Y의 최빈범주를 가정할 때 생기는 오차(독립변수에 대한 정보가 있을 때 생기는 오차)

⑤ 불확실성 계수(contingency coefficient): 람다와 비슷한 PRE측도로서 종속변수의 예측에 독립변수가 얼마나 기여하는지를 나타내는 값이다.

2) 서열변수들 간의 상관성 측도

① 감마(gamma, G): 서열변수들 간의 상관성 측도로서 가장 널리 사용된다. 교차표에 있는 관찰치(빈도수)들의 모든 짝(pair)을 비교하여 같은 범주에 속하는 사례(tied pairs)들을 제외하고 일치하는 짝들과 불일치하는 짝들을 이용하여 계산한다. 0과 ±1 사이의 값을 가지며, 계산공식은 다음과 같다.

$$G = \frac{n_s - n_d}{n_d + n_d}$$

n_s: 두 변수에 대한 서열적 방향이 서로 같은 짝들(concordant pairs)
n_d: 두 변수에 대한 서열적 방향이 서로 다른 짝들(discordant pairs)

② 타우-b(tau-b, τ_b): 행과 열의 수가 다른 경우에 사용된다. 감마와 달리 독립 및 종속변수에 같은 응답을 한 사례들의 짝들을 계산에 사용한다. 행과 열의 수가 같을 때만 0 ~ ±1의 값을 가지며, 계산공식은 다음과 같다.

$$\tau_b = \frac{n_s - n_d}{\sqrt{n_s + n_s + T_r}\sqrt{n_s + n_d + T_c}}$$

T_r 및 T_c : 행 및 열 변수에서 같은 범주에 있는 짝의 수

③ 타우-c(tau-c, τ_c): 행과 열의 수에 영향을 받지 않기 때문에 행과 열의 수가 다를 경우 타우-b보다 더 적합하다. 행과 열의 수에 관계없이 항상 0 ~ ±1의 값을 가지며, 계산공식은 다음과 같다.

$$\tau_c = \frac{2m(n_s - n_d)}{N^2(m-1)}$$

m은 행과 열 중에서 더 작은 것

④ 소머즈의 D(somers' d_{YX}): 비대칭적 측도로서 따라서 독립변수와 종속변수가 바뀌면 값도 바뀐다. 계산공식은 다음과 같다.

$$d_{YX} = \frac{n_s - n_d}{n_s + n_d + T_r}$$

3. 실행방법

교차분석을 연습하기 위하여 “주택수요조사.sav”파일에서 연령과 학력 간의 관계를 분석해 보자. 우리나라의 경우 점차로 소득과 생활수준이 향상되면서 젊은 층일수록 학력수준이 높아지는 것으로 알려져 있다. 다음과 같이 연구가설과 영가설을 설정하고 가설검정을 해보도록 하자.

H_1: 연령과 학력 간에는 관계가 있을 것이다.
H_0: 연령과 학력 간에는 관계가 없을 것이다.

① 먼저 [SPSS 데이터 편집기]에 “주택수요조사.sav”을 불러온 후, 다음과 같이 선택해 나간다.

분석(A) → 기술통계량(E) → 교차분석(C)

② [그림 14-1]과 같이 [교차분석] 대화상자가 나타나면, “학력” 변수를 [행(O)] 상자로 보내고, “연령” 변수를 [열(C)] 상자로 보낸다. 독립변수와 종속변수의 구별이 있을 경우 독립변수에 해당하는 변수를 [열(C)] 상자로 보내고, 종속변수에 해당하는 변수를 [행(O)] 상자로 보내는 것이 일반적이다. 독립변수와 종속변수 간에 구별이 없는 경우에는 행과 열에 배치할 변수를 바꿔 넣어도 관계가 없다. 단지 행과 열이 바뀌어 출력될 뿐이다.

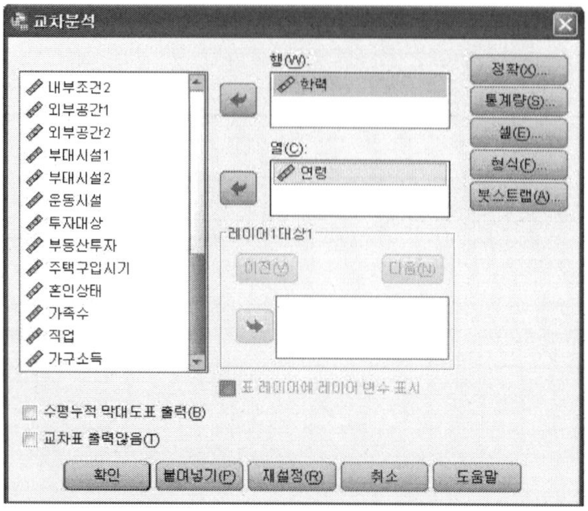

[그림 14-1] **교차분석 대화상자**

③ 열 변수와 행 변수를 선택하고 나면 검정하고자 하는 통계량을 결정하기 위하여 [통계량(S)] 버튼을 선택한다. 그러면 [그림 14-2]와 같은 [교차분석 : 통계량] 대화상자가 나타난다. 여기서 카이제곱과 서열변수들 간의 상관성 측도로 널리 사용되는 감마를 선택하고 [계속] 버튼을 누른다. 감마를 선택한 이유는 분석에 포함된 연령과 학력의 두 변수를 서열변수로 간주했기 때문이다. [교차분석: 통계량] 대화상자의 선택항목 중 교차분석과 밀접한 관련이 있는 항목에 대해서는 이미 본장의 기초개념의 이해에서 모두 설명해 놓았다.

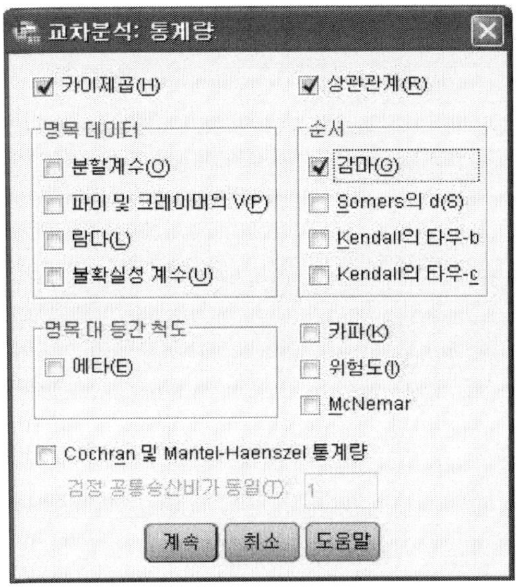

[그림 14-2] **교차분석 : 통계량 대화상자**

④ 다시 [교차분석] 대화상자가 나타나면 [셀(E)] 버튼을 선택하여 [퍼센트] 항목에서 "열(C)"을 선택하고 그 밖에 셀 출력 시 나타내고자 하는 항목들을 선택한다. 백분율은 독립변수의 각 범주별로 백분율 합계가 100%가 되도록 작성해야 하기 때문에 독립변수에 해당하는 변수를 [열(C)] 상자로 보냈을 경우 열 백분율(column percentage)을 계산하는 것이 일반적이다. 선택을 완료한 후 [계속] → [확인] 버튼을 누르면 된다.

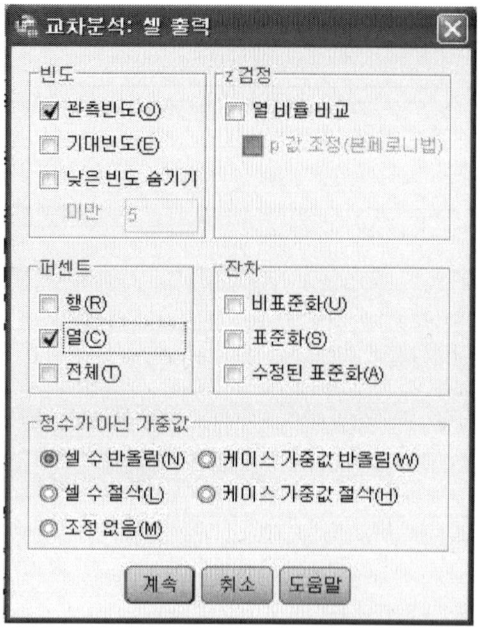

[그림 14-3] **교차분석 : 셀 출력 대화상자**

4. 분석결과와 해석

[표 14-3]의 학력*연령 교차표를 보면, 대학 이상의 비율이 30대는 77.5%, 40대는 69.3%, 그리고 50대 이상은 58.2%로서 나이가 젊을수록 대학 이상 학력자가 증가하는 추세를 보이고 있다. 이것은 연령과 학력 간에 관계가 있다는 것을 의미한다.

[표 14-3] 학력 * 연령 교차표

			연령			전체
			30대	40대	50대	
학력	고졸이하	빈도	51	75	81	207
		연령의 %	22.5%	30.7%	41.8%	31.1%
	대학이상	빈도	176	169	113	458
		연령의 %	77.5%	69.3%	58.2%	68.9%
전체		빈도	227	244	194	665
		연령의 %	100.0%	100.0%	100.0%	100.0%

연령과 학력 간의 관계에 대한 통계적 유의성을 검정하기 위해서 카이제곱 검정을 한 결과가 [표 14-4]에 제시되어 있다. 여기서 Pearson 카이제곱 값이 18.175, 자유도가 2, 그리고 점근 유의확률이 .000이다. 유의확률이 유의수준(일반적으로 .05 혹은 .01을 사용)보다 작으면 영가설이 기각되며, 같거나 크면 영가설이 기각되지 않는다. 본 분석결과에서는 유의확률이 유의수준 .01보다 작기 때문에 영가설이 기각되고 대안가설이 채택된다. 즉 연령과 학력 간에는 관계가 있다.

[표 14-4] 카이제곱 검정 결과

	값	자유도	점근유의확률 (양측검정)
Pearson카이제곱	18.175[a]	2	.000
우도비	18.161	2	.000
선형 대 선형결합	18.013	1	.000
유효 케이스 수	665		

a. 0셀(.0%)은(는) 5보다 작은 기대 빈도를 가지는 셀입니다. 최소 기대빈도는 60, 39입니다.

[표 14-4]의 카이제곱 검정 결과는 연령과 학력 간에 관계가 있다는 것을 보여줄 뿐이며, 두 변수 간의 관계의 강도가 얼마나 되는지에 대해서는 알려주지 않는다. 이것은 [표 15-5]의 감마값을 통해서 알 수 있다. 이 표에서 유의확률이 .000으로 유의수준 .01보다 작으므로, 감마값이 -.286은 유의미하다. 감마값이 0에 가까우면 강도가 약한 것이고 ±1의 값에 가까울수록 강한 것이다. 감마값이 음수라는 것은 연령과 학력 간에 부적인 관계가 있다는 것을 의미한다. 즉 연령이 높을수록 학력수준이 낮다는 것을 가리킨다.

[표 14-5] 대칭적 측도

		값	점근 표준 오차[a]	근사T값[b]	근사 유의확률
순서척도 대 순서척도	감마	-.286	.064	-4.285	.000
	Spearman 상관	-.164	.038	-4.290	.000[c]
등간척도 대 등간척도	Pearson의 R	-.165	.038	-4.300	.000[c]
유효 케이스 수		665			

a. 영가설을 가정하지 않음

b. 영가설을 가정하는 점근 표준오차 사용

c. 정규 근사법 기초

14.2 다중응답분석

1. 목적

질문지는 일반적으로 한 문항에 대해 한 개의 응답을 하도록 되어 있다. 그러나 때로는 한 문항에서 한 가지 이상 복수로 선택하도록 하는 경우도 있고, 때로는 선호도 순위를 기록하도록 하는 문항도 있다. 예를 들면 좋아하는 연예인들의 인기 순위, 좋아하는 음료수의 종류 등에 대하여 조사하는 경우가 이에 해당된다.

이와 같이 두 개 이상의 응답을 선택하도록 구성된 질문에 대해서는 코딩방법은 물론 빈도분석이나 교차분석과 같은 기초적인 통계분석방법도 다소 차이가 있다. 그래서 제8장 데이터의 입력 부분보다는 빈도분석과 교차분석을 마친 다음에 별도로 설명하는 것이 보다 쉽게 이해될 수 있으리라 판단하여 이곳에서 다루고자 한다.

2. 다중응답 코딩방법

두 개 이상의 응답을 선택하도록 구성된 질문지를 코딩하는 방법은 질문방식에 따라 중복법과 이분법으로 구분되고, 자료를 입력하는 코딩방식도 서로 다르다.

중복법은 한 질문에서 응답자로 하여금 임의로 중복 응답하도록 한 경우에 이용되는 방법이고, 이분법은 선택항목에 제한을 두는 설문을 코딩할 때 사용하는 방법이다. 다음의 [표 14-6]은 중복법과 이분법에 따른 질문을 보여주고 있다.

[표 14-6] 다중응답 설문

1. 귀하가 자주 이용하는 백화점에서 주로 구입하는 품목은 무엇입니까?(세 가지만 순서대로 골라 주십시오)(중복법)

① 주방용품( )	② 남성 정장( )	③ 남성 캐주얼( )
④ 주방용품( )	⑤ 여성 정장( )	⑥ 여성 캐주얼( )
⑦ 스포츠용품( )	⑧ 아동의류( )	⑨ 농수산물( )
⑩ 신변잡화( )	⑪ 생활필수품( )	⑫ 시계보석류( )

2. 아래의 건강유지방법 중에서 귀하가 평소에 활용하고 있는 방법들을 모두 선택해 주십시오.(이분법)

① 식사조절( )	② 금주금연( )	③ 영양제복용( )	④ 운동( )
⑤ 단전호흡( )	⑥ 목욕( )	⑦ 기타( )	

[표 14-6]에서 1번 문항이 중복법의 질문이고, 2번 문항은 이분법에 해당하는 문항이다. 다음의 [표 14-7]은 두 가지 방법으로 코딩시트에 기록한 것이다. [표 14-6]에 제시한 바와 같이 중복법은 응답의 수가 제한되어 있기 때문에 변수순서에 따라 응답내용을 기록해 나가면 된다. 그러나 이분법은 선택항목의 수가 응답자마다 다르기 때문에 모든 응답번호 각각에 대하여 하나의 변수로 처리하여 응답 여부를 기록해야 한다.

[표 14-7] 다중응답 코딩방법

[중복법에 의한 코딩방법]

	변수순서	1	2	3
	변수이름	순서1	순서2	순서3
케이스	1	7	5	11
	2	10	8	4

[이분법에 의한 코딩방법]

	변수순서	1	2	3	4	5	6	7
	변수이름	식사	금주	영양제	운동	단전	목욕	기타
케이스	1	1	1	2	1	2	1	2
	2	1	2	2	2	1	2	2

3. 실행방법과 분석결과

(1) 변수군 정의

① 수도권 주민 주택수요조사 질문지를 보면 중복법을 사용하여 질문한 문항들이 많이 있다. 이 중에서 "외부공간1"과 "외부공간2"의 두 변수를 골라 다중응답분석을 연습하도록 하겠다. 이 변수들은 아파트 외부공간을 설계할 때 중요하게 고려해야 할 사항 두 가지를 골라 응답을 해달라고 한 것이다. "주택수요조사.sav"를 [SPSS 데이터 편집기]에 불러온 후, 주요 메뉴에서 다음과 같은 순서로 선택을 하면 [그림 14-4]와 같은 [다중응답 변수군 정의] 대화상자가 나타난다.

분석(A) → 다중응답분석(L) → 변수군 정의(D)

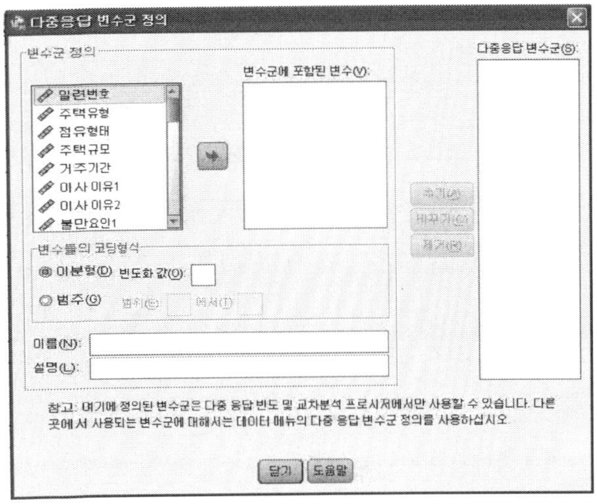

[그림 14-4] **다중응답 변수군 정의 대화상자**

② [다중응답 변수군 정의] 대화상자가 열리면 [변수군 정의]상자에서 "외부공간1"과 "외부공간2"의 두 변수를 [응답변수(V)]로 옮긴다. 그리고 코딩형식을 지정해 주기 위해 [변수들의 코딩형식]에서 "◉ 범주형"을 선택한다. 외부공간 변수가 1에서 7 사이의 값을 가지므로 범위값 "1"과 "7"을 입력한다. 그런 다음[이름(N)]에 "공간"이라 입력하고 [설명(L)]에 "아파트 외부공간"이라고 입력하여 임시로 설정한 변수이름에 대하여 설명을 해준다. 그러면 [추가(A)] 버튼이 활성화되는데, 이 버튼을 클릭하면 임시변수 "공간"은 [다중응답 변수군(S)] 상자로 옮겨지면서 "$공간"으로 나타난다.

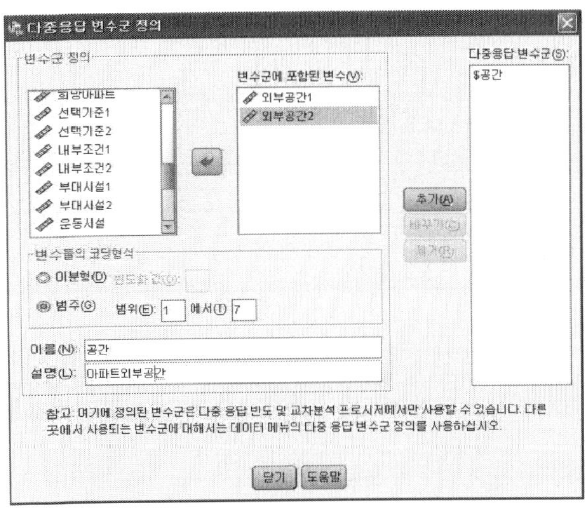

[그림 14-5] **다중응답 변수군 정의 입력**

참고로 다중응답분석 결과에 대한 출력은 텍스트로 [SPSS 출력결과 뷰어 창]에 나타나기 때문에 설문의 선택항목이 많은 경우에는 지나치게 길거나 칸이 깨진 상태로 출력되기도 한다. 그래서 미리 글자 크기를 작게 지정해 주는 것이 좋다. [SPSS 출력결과 뷰어 창]의 글씨를 작게 설정하는 방법은 주요 메뉴에서 편집(E) → 옵션(N)을 선택하면 [옵션] 대화상자가 나타난다. 여기서 [뷰어]를 선택하면 [그림 14-6]과 같은 "뷰어"에 대한 [옵션] 대화상자가 나타난다. 그러면 [제목 글꼴]에서 글자 크기를 "12" 정도로 지정하는 것이 좋다.

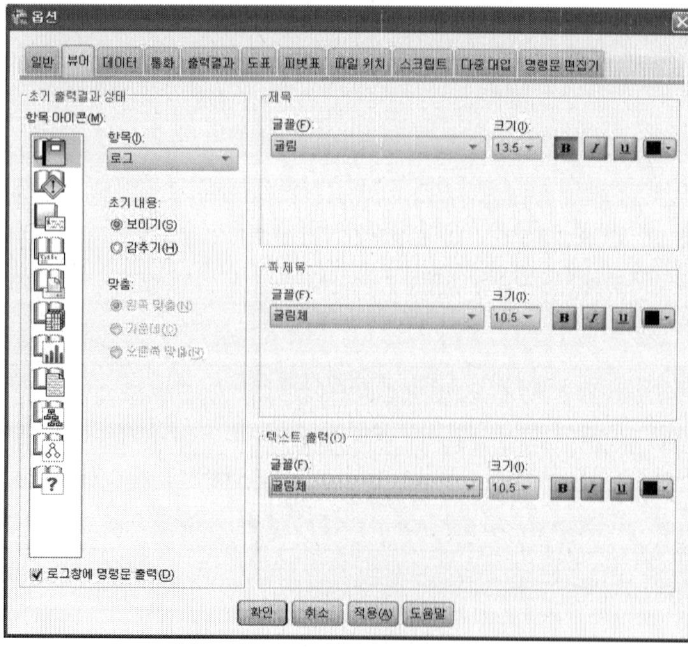

[그림 14-6] **옵션 대화상자 - 뷰어**

(2) 다중응답 빈도분석

① 이상과 같이 변수군 정의가 끝나면 빈도분석이나 교차분석이 가능해지는데, 빈도분석은 다음과 같은 순서로 실행한다.

분석(A) → 다중응답분석(L) → 빈도분석(F)

② [그림 14-7]과 같이 [다중응답 빈도분석] 대화상자가 열리면, 임시변수 "아파트외부공간[$공간]"을 선택하여 오른쪽에 있는 [표작성응답군(T)] 상자로 옮긴다. 그리고 대화상자 왼쪽 아래의 [결측값]에서 "범주형 결측데이터의 목록별 제외"를 선택한 후 [확인]을 누르면 빈도분석 결과표가 [SPSS 출력결과 뷰어 창]에 나타난다. 출력결과는 [표 14-8]에 제시되어 있다.

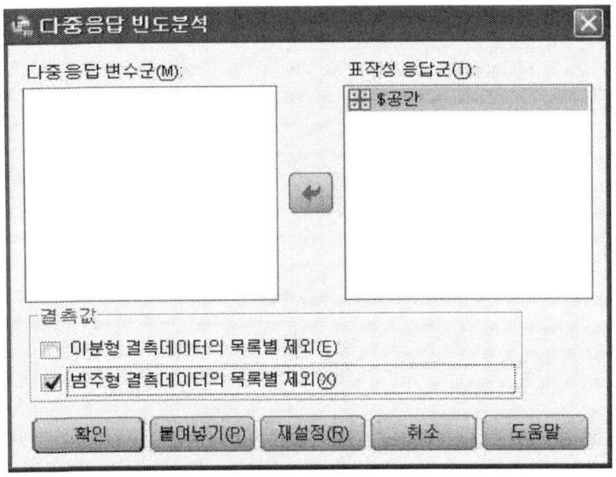

[그림 14-7] 다중응답 빈도분석 대화상자

[표 14-8] 다중응답 빈도분석결과($공간)

Group $공간 아파트 외부공간

Category label	Code	Count	Pct of Responses	Pct of Cases
놀이공간	1	469	35.4	70.7
주차시설	2	423	31.9	63.8
휴식공간	3	169	12.7	25.5
산책로	4	139	10.5	21.0
친환경조성	5	103	7.8	15.5
주민공동공간	6	23	1.7	3.5
Total responses		1326	100.0	200.0

2 missing cases ; 663 valid cases

(3) 교차분석

① 교차분석도 빈도분석과 마찬가지로 다중응답에 대한 변수군 정의가 먼저 이루어져야 한다. 여기에서는 "연령"과 "$공간"의 두 변수 간에 교차분석을 해보기로 하겠다. 우선 다음과 같은 순서로 실행한다.

분석(A) → 다중응답분석(L) → 교차분석(C)

② [그림 14-8]과 같은 [다중응답 교차분석] 대화상자가 나타나면, 교차분석에서 행했던 방법과 마찬가지로 [행(W)] 상자에 변수 "$공간"을 이동시키고, [열(N)] 상자로는 "연령"을 옮긴다.

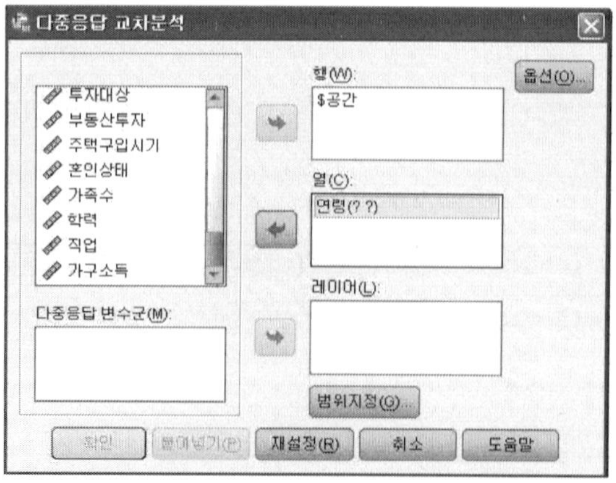

[그림 14-8] **다중응답 교차분석 대화상자**

③ 그리고 연령변수의 범위를 지정하기 위하여 [범위지정(G)] 버튼을 누르면 [그림 14-9]와 같은 [다중응답 교차분석: 변수 범위 지정] 대화상자가 나타난다. 연령변수가 1에서 3 사이의 값을 가지므로 [최소값(N)]에는 "1"을 [최대값(X)]에는 "3"을 입력하고, [계속]을 누른다.

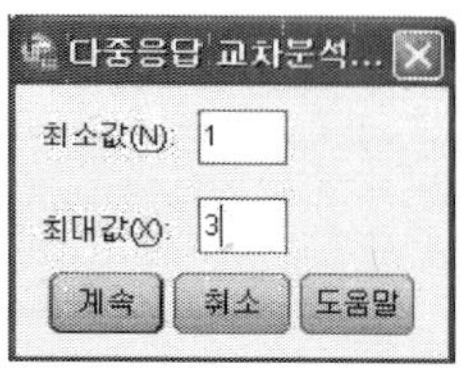

[그림 14-9] **다중응답 교차분석: 변수 범위 지정 대화상자**

④ 다시 [다중응답 교차분석] 대화상자가 나오면 [옵션(O)]을 선택하여 [셀 퍼센트]에서는 열(C), [퍼센트 계산기준]에서는 "응답", 그리고 [결측값]에서는 "범주형 결측데이터의 목록별 제외"를 지정해 준 다음 [계속]을 누르고 다시 [확인]을 선택하면 교차분석이 이루어진다. 출력결과는 [표 14-9]에 제시되어 있다.

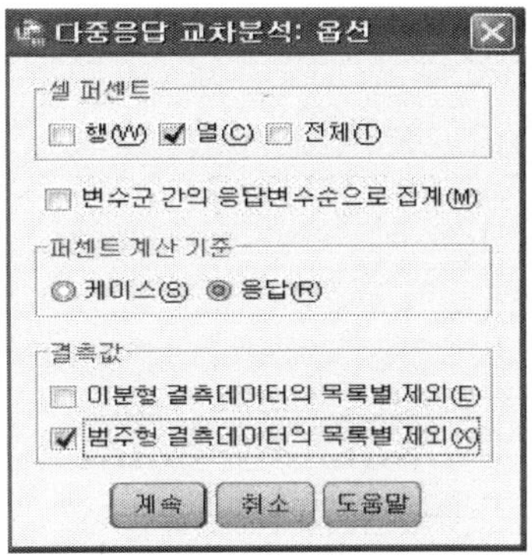

[그림 14-10] **다중응답 교차분석: 옵션 대화상자**

[표 14-9] 다중응답 교차분석 결과(연령*$공간)

$공간 (group) 아파트 외부공간 by 연령

		Count Col pct	30대 1	40대 2	50대 3	Row Total
$공간						
놀이공간	1		163 36.1	177 36.4	129 33.2	469 35.4
주차시설	2		147 32.5	141 29.0	135 34.8	423 31.9
휴식공간	3		48 10.6	68 14.0	53 13.7	169 12.7
산책로	4		45 10.0	50 10.3	44 11.3	139 10.5
친환경조성	5		44 9.7	39 8.0	20 5.2	103 7.8
주민공동공간	6		5 1.1	11 2.3	7 1.8	23 1.7
		Column Total	452 34.1	486 36.7	388 29.3	1326 100.0

Percents and totals based on responses
663 valid cases ; 2 missing cases

제 15 장

평균비교

Key Words

독립표본 t검정, 단측가설검정, 신뢰구간
표본오차, 대응표본 t검정, 분산분석(ANOVA)
F검정, 집단 간 분산, 집단 내 분산

15.1 두 평균 간 차이 검정

1. t검정의 목적

두 변수 간의 관계를 확인해 보는 방법으로 우리는 제14장에서 χ^2검정을 살펴보았다. χ^2검정은 빈도분포의 차이를 가지고 두 변수 간의 관계를 확인해 보는 것이었다. 이에 대해 **t검정은 두 집단 간의 평균의 차이가 통계적으로 의미가 있는가를 비교하는 것**이다. 예를 들면 남 · 여별로 월급의 차이가 있는지에 대한 비교라든가, 두 지역 사이에 상품인지도에 대한 차이를 비교하고자 할 때 이용되는 기법이 바로 t검정이다.

일반적으로 두 집단의 평균에 유의적인 차이가 있는가를 비교하는 방법에는 Z검정과 t검정이 있다. Z검정은 비교하려는 두 모집단의 분산을 알고 있는 경우에 평균차이를 비교해 보는 방법이다. 그러나 모집단의 분산을 알 수 있는 경우는 매우 드물기 때문에 두 집단의 평균을 비교하는 방법으로 주로 t검정이 이용된다. 한편 표본의 크기가 30개 이상이 되면 모집단의 분산을 알 수 없더라도 중심극한의 정리에 따라 정규분포를 가정할 수 있기 때문에 Z검정을 사용할 수가 있다. 그러나 표본의 크기가 30개 이하일 경우에는 반드시 t검정을 사용해야만 한다. 참고로 만일 비교 집단이 3개 이상인 경우에는 다음 절에서 학습할 분산분석(ANOVA)을 이용한다.

2. 기초 개념의 이해

(1) 독립표본 t검정

1) 연구가설과 영가설

본서의 제12장에서 설명했듯이, 가설검정은 가설의 설정에서 시작된다. 이론이나 선행 연구에 근거해서 변수 간의 관계가 확실하게 예측이 될 경우에는 두 변수 간의 관계의 방향을 보여주는 연구가설을 설정하고 단측검정을 적용하는 것이 좋다. 그러나 선행연구들이 일관성 없는 결과들을 보여주고 있거나 두 변수 간의 관계에 대해서 잘 알지 못할 경우에는 양측검정이 보다 적합하다.

[표 15-1] 두 모집단과 표본의 특성

구 분		Group1	2Group1
모집단	평균	μ_1	μ_2
	분산	σ_1^2	σ_2^2
표본	평균	$\overline{Y_1}$	$\overline{Y_2}$
	분산	S_1^2	S_2^2
	크기	N_1	N_2

예컨대 두 모집단의 평균과 분산, 그리고 두 표본의 평균과 분산 및 크기가 [표 15-1]과 같다고 하자. 이 경우 두 모집단 평균인 μ_1과 μ_2의 차이의 방향이 혼란스럽거나 모호할 경우 다음과 같이 가설을 설정하고 양측검정을 하는 것이 좋다.

$$H_1: \mu_1 - \mu_2 \neq 0, \text{ 혹은 } \mu_1 \neq \mu_2$$
$$H_0: \mu_1 - \mu_2 = 0, \text{ 혹은 } \mu_1 = \mu_2$$

반대로, 이론이나 선행연구에 의해서 μ_1이 μ_2보다 클 것으로 예측되는 경우 다음과 같이 가설을 설정하고 단측검정을 하는 것이 보다 바람직하다.

$$H_1: \mu_1 - \mu_2 > 0, \text{ 혹은 } \mu_1 > \mu_2$$
$$H_0: \mu_1 - \mu_2 = 0, \text{ 혹은 } \mu_1 = \mu_2$$

2) 두 모분산이 같을 경우의 t검정통계량 계산

두 평균 간 차의 비교 분석을 위한 t검정은 기본적으로 다음의 두 가정에 근거하고 있다.

첫째는 두 모집단의 분산은 같다(homoscedasticity)는 가정(즉 $\sigma_1^2=\sigma_2^2$)이다.

둘째는 관찰값들은 서로 독립적(independence)이라는 가정이다. 다시 말해서, 무작위 표본은 독립적이고 정규분포를 이루는 두 모집단으로부터 뽑혔다는 것이다.

위의 두 가정이 충족될 경우 t검정통계량은 다음과 같이 계산된다.

$$t = \frac{\overline{Y_1} - \overline{Y_2}}{S\sqrt{\frac{1}{N_1} + \frac{1}{N_2}}}$$

S^2는 두 표본의 분산 S_1^2과 S_2^2의 통합 추정치로서 이를 구하는 공식은 다음과 같다.

$$S^2 = \frac{(N_1 - 1)S_1^2 + (N_2 - 1)S_2^2}{N_1 + N_2 - 2}$$

여기서 $(N_1 + N_2 - 2)$는 S^2과 관련된 자유도이다. S_1^2과 관련된 자유도는 $(N_1 - 1)$, 그리고 S_2^2과 관련된 자유도는 $(N_2 - 1)$이기 때문에 S^2과 관련된 자유도는 두 자유도의 합인 $(N_1 + N_2 - 2)$이 된다.

3) 두 모분산이 다를 경우의 t검정통계량 계산

두 평균 차의 검정을 위한 기본 가정 중의 하나는 두 모집단의 분산이 동일하다는 것이다. 만일 이 가정이 충족되지 않을 경우 어떻게 할 것인가. 이 경우에는 분산의 추정치를 그대로 이용한 다음의 t검정통계량을 사용한다.

$$t = \frac{\overline{Y_1} - \overline{Y_2}}{\sqrt{\frac{S_1^2}{N_1} + \frac{S_2^2}{N_2}}}$$

이 통계량은 근사적으로 t 분포를 따르며, 자유도는 새터스웨이트(Satterthwaite)의 자유도 ϕ^*가 된다. ϕ^*를 구하는 공식은 매우 복잡하므로 관심 있는 분들은 통계학 교재를 참고하기 바란다.

(2) 대응표본 t검정

앞에서 살펴본 독립표본 t검정은 관찰값들이 독립적이라는 가정에 근거하고 있다. 그러면 이 가정이 위반되는 경우 어떻게 할 것인가? 우리들은 어떤 처치(treatment) 혹은 자극(stimulus)의 효과를 파악하기 위해서 동일한 집단을 대상으로 사전검사를 하고 처치 혹은 자극을 가한 후에 사후검사를 한 다음, 사전검사와 사후검사 측정치의 평균의 차이가 있는지를 알아보고자 한다. 예를 들면,

교육 전후의 성적이나 태도의 변화, 식이요법의 효과, 다이어트 프로그램의 효과, 개발된 신약의 효과 등을 추정하려는 경우가 이에 해당한다. 이 경우 동일집단을 대상으로 검사를 하기 때문에 사전검사와 사후검사의 측정치 간에 상관관계가 존재하게 된다. 이와 같이 짝을 이루어 얻어지는 표본을 대응표본(paired sample)이라 하며, 이런 경우 SPSS에서 대응표본 t검정(paired-sample t-test) 절차를 사용한다.

대응표본 t검정은 쌍체비교(paired comparison)라고도 하는데, 이는 동일한 대상에서 사전·사후 검사에 해당하는 두 변수의 평균의 차이를 비교하는 것이기 때문이다. 대응표본 t검정은 독립표본 t검정과는 달리 실험집단에 해당하는 집단을 반드시 먼저 선택한 후에 t검정을 실행하여야 한다.

특정 다이어트 프로그램의 효과를 파악하기 위해서 N명의 20대 여성들을 대상으로 사전에 몸무게를 측정하고 3개월간의 다이어트 프로그램을 실시한 후에 다시 몸무게를 측정하여 [표 15-2]와 같은 결과를 얻었다고 가정하자.

[표 15-2] 다이어트 프로그램 실시 전후의 몸무게 측정치

짝번호	표본1(사전검사)	표본2(사후검사)	차이(표본1-표본2)
1	Y_{11}	Y_{21}	D_1
2	Y_{12}	Y_{22}	D_2
...	...	...	...
N	Y_{1N}	Y_{2N}	D_N
평균	$\overline{Y_1}$	$\overline{Y_2}$	$\overline{D}$

이때 영가설

$$H_0 : \mu_1 - \mu_2 = 0, \text{ 혹은 } \mu_D = 0$$

에 대한 t검정통계량은 다음과 같이 계산된다.

$$t = \frac{\overline{D}}{\frac{S_d}{\sqrt{N}}}$$

이 t검정통계량은 자유도 (N - 1)인 t분포를 따른다. 여기에서 분산 $S_d{}^2$는 다음과 같이 구해진다.

$$S_d{}^2 = \frac{\sum_{i=1}^{N}(D_i - \overline{D})^2}{N-1}$$

3. 독립표본 t검정의 실행

(1) 실행방법

주거만족도는 주택점유형태에 따라 다를 것이다. 다시 말해서 자가 거주자들이 임대 거주자들보다 주거만족도가 높을 것으로 예측된다. 따라서 자가 거주자들의 주거만족도 평균을 μ_1, 임대 거주자들의 주거만족도 평균을 μ_2라고 할 경우 다음과 같은 가설을 설정하고 단측검정을 해보기로 하자.

H_1: $\mu_1 - \mu_2 > 0$, 혹은 $\mu_1 > \mu_2$

H_0: $\mu_1 - \mu_2 = 0$, 혹은 $\mu_1 = \mu_2$

① [SPSS 데이터 편집기]에 "주택수요조사.sav"를 가져온 후 주요 메뉴에서 다음과 같은 순서로 [독립표본 t검정] 대화상자를 연다.

분석(A) → 평균비교(M) → 독립표본 t검정(T)

② [그림 15-1]과 같이 [독립표본 t검정] 대화상자가 나타나면, 왼쪽에 있는 변수상자에서 "점유형태"를 선택하여 [집단변수(G)] 상자로 옮기고, "주거만족도"를 [검정변수(T)] 상자로 이동시킨다. 이때 [집단정의(D)] 버튼이 활성화되면, 점유형태에 대해 각각 정의하기 위해 [집단정의(D)] 버튼을 누른다.

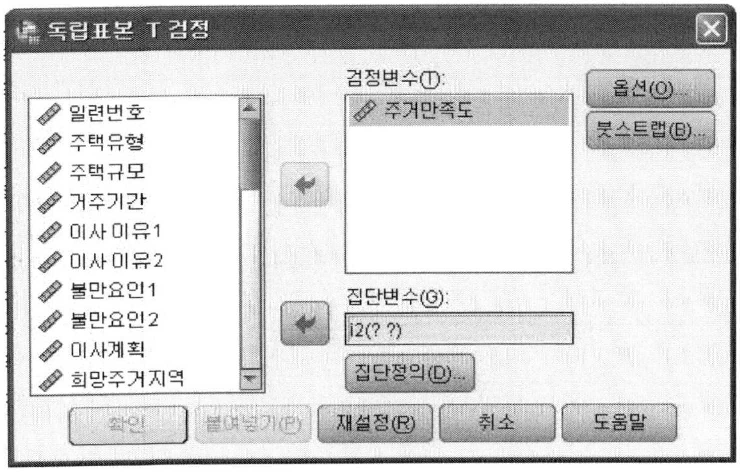

[그림 15-1] **독립표본 t검정 대화상자**

우리는 하나의 집단변수에 대해 하나의 검정변수만을 선택하였다. 그러나 만일 어느 한 집단변수(예를 들면 남녀 혹은 결혼 여부)에 대하여 검정하고자 하는 변수가 여러 개일 경우에는 검정하려는 변수들을 모두 [검정변수(T)] 상자로 옮겨서 실행하여도 된다.

③ [집단정의] 대화상자가 열리면 [◉ 지정값 사용(U)]에서 "집단 1"에 "1"을, "집단 2"에는 "2"를 입력한다. 이는 자가가 "1", 임대가 "2"의 값을 갖기 때문이다. [계속] 버튼을 누른 다음 [독립표본 t검정] 대화상자가 다시 나타나면 [옵션]을 선택한다.

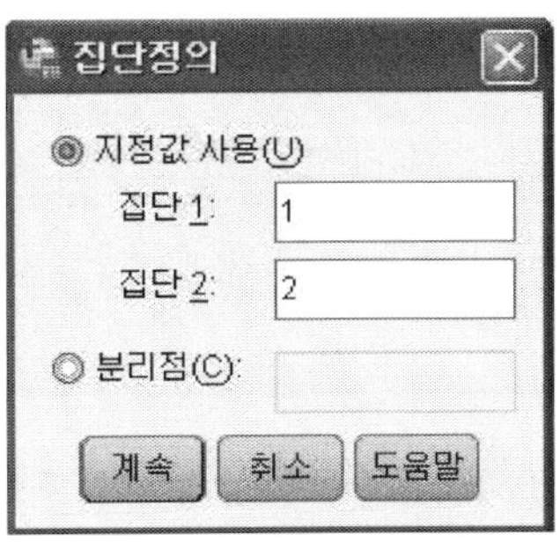

[그림 15-2] **집단정의 대화상자**

④ [독립표본 t검정: 옵션] 대화상자에서 [신뢰구간(C)]과 결측값에 대한 옵션을 결정한 다음 [계속] 버튼을 누른다. 신뢰구간은 일반적으로 95%를 적용하기 때문에 우리는 95%로 기본설정되어 있는 상태에서 [계속] 버튼을 누른다. 다시 [독립표본 t검정] 대화상자가 열리면 [확인] 버튼을 누른다. [독립표본 t검정: 옵션] 대화상자의 선택항목에 대한 내용은 [표 15-3]과 같다. 이 옵션 상자의 내용들은 대응표본 t검정에서도 사용되므로 잘 이해해 두기 바란다.

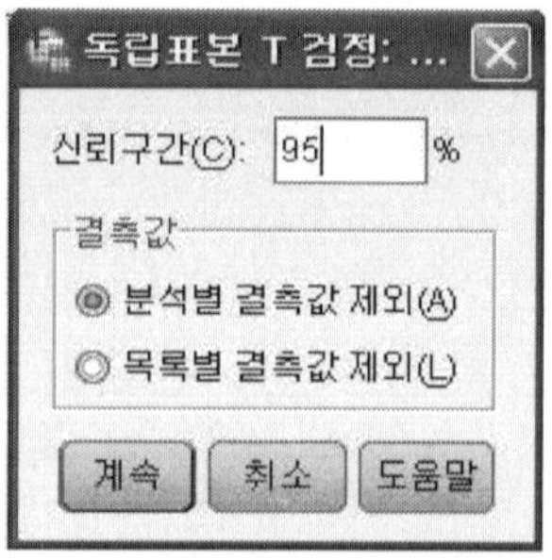

[그림 15-3] **독립표본 t검정: 옵션 대화상자**

[표 15-3] [독립표본 t검정: 옵션]의 선택항목

선택항목		내용
신뢰구간 : 95%		평균의 차이에 대하여 신뢰구간을 설정. 1%에서 99%까지 설정할 수 있으며, 기본적으로 95%가 설정되어 있음
결측값	분석별 결측값 제외	검정 대상이 되는 변수들이 무응답치를 가진 케이스들의 해당 변수를 분석에서 제외함
	목록별 결측값 제외	검정 대상이 되는 변수들이 무응답치를 가진 케이스는 모든 분석에서 제외함. 위의 분석별 결측값 제외보다 결측값 제외 조건이 강력함

(2) 분석결과와 해석

[표 15-4]에 따르면 점유형태별 주거만족도는 자가가 3.37점, 임대가 3.12점으로 나타나, 임대보다는 자가의 주거만족도가 약간 더 높게 나타나고 있다.

[표 15-4] 집단통계량

	점유형태	N	평균	표준편차	평균의 표준오차
주거만족도	자가	382	3.37	.740	.038
	임대	282	3.12	.759	.045

[표 15-5]에서 'Levene의 등분산 검정'은 자가와 임대, 두 집단의 분산이 동일한지를 확인하는 것이다. 본장의 기초개념의 이해에서 이미 설명했듯이, 두 집단의 분산이 동일한가 동일하지 않은가에 따라서 t검정통계량의 계산이 달라지기 때문에 등분산 검정을 하는 것이다. 여기서 유의확률이 유의수준 0.05보다 작으면($p < 0.05$), 두 집단의 분산이 동일하다는 영가설이 기각된다는 것을 의미하므로 '등분산이 가정되지 않음'의 통계량을 보아야 한다. 그러나 유의확률이 유의수준 0.05보다 크면($p > 0.05$), 두 집단의 분산이 같다는 영가설이 기각되지 않는 것이 되므로 '등분산이 가정됨'에 있는 통계량을 보아야 한다.

[표 15-5]의 등분산 검정 결과를 보면 F=2.244의 유의확률이 .135로서 유의수준 .05보다 크다. 따라서 두 집단의 분산이 같다는 영가설이 기각되지 않으므로 '등분산이 가정됨'에 있는 통계량을 보아야 한다. 그곳에 있는 t검정 결과를 보면 '유의확률(양측)은 두 집단의 평균 차이가 없을 것이다'라는 영가설이 맞을 확률로서 여기에서는 t값=4.187로서 자유도 662에서 유의확률(양쪽) .000이다. 여기에 제시된 유의확률은 양측검정 시의 유의확률이며, 단측검정 시의 유의확률은 (양측검정 시의 유의확률)*($\frac{1}{2}$)이 된다. 여기서는 양측검정 시의 유의확률이 .000이므로 단측검정 시의 유의확률도 마찬가지로 .000이 되며, 이것은 유의수준 .01보다 작으므로 '두 평균의 차이가 없을 것이다'($\mu_1 = \mu_2$)라는 영가설은 기각되고, 자가 거주자의 주거만족도가 임대 거주자의 주거만족도보다 높을 것이다 ($\mu_1 > \mu_2$)라는 연구가설이 지지된다.

[표 15-5] 독립표본 검정 분석결과

		Levene의 등분산 검정		평균의 동일성에 대한 t검정						
		F	유의확률	t	자유도	유의확률(양쪽)	평균차	차이의 표준오차	차이의 95% 신뢰구간 하한	차이의 95% 신뢰구간 상한
주거만족도	등분산이 가정됨	2.244	.135	4.187	662	.000	.246	.059	.131	.361
	등분산이 가정되지 않음			4.171	596.966	.000	.246	.059	.130	.362

4. 대응표본 t검정의 실행

(1) 실행방법

우리는 여기서 다음의 예를 가지고 대응표본 t검정을 이해해 보자.

다음의 [표 15-6]은 월드컵 국가대표 축구선수들의 운동시합 전후의 맥박 수에 대한 자료이다. 월드컵 축구선수들의 맥박 수가 운동경기 전과 후에 어떤 차이를 보이는가를 살펴보자. 시합 전 평균맥박 수를 μ_1, 시합 후 평균맥박 수를 μ_2라고 하자. 그리고 다음과 같은 가설을 설정하고 이를 양측검정해 보기로 하자.

$$H_1: \mu_1 - \mu_2 \neq 0, \text{ 혹은 } \mu_1 \neq \mu_2$$
$$H_0: \mu_1 - \mu_2 = 0, \text{ 혹은 } \mu_1 = \mu_2$$

[표 15-6] 시합 전후의 맥박 수

시합 전	162	192	186	174	160	180	172	185	172	186	158
시합 후	170	186	192	176	167	190	186	190	176	190	155

① [SPSS 데이터 편집기]에 [표 15-6]의 데이터를 입력한 후, 다음과 같은 순서로 [대응표본 t검정] 대화상자를 연다.

분석(A) → 평균비교(M) → 대응표본 t검정(P)

② [대응표본 t검정] 대화상자가 열리면 왼쪽 상자에서 "시합전"을 선택하면 [현재 선택] 상자의 "변수 1"에 "시합 전" 변수가 나타나고, 마찬가지로 "시합후"도 "변수 2"에 입력된다. 그런 다음 방향이동 버튼을 눌러 두 변수를 [대응변수(V)] 상자로 이동시킨다. 그리고 [옵션] 버튼을 선택하여 신뢰수준과 무응답치에 대해 선택한다.

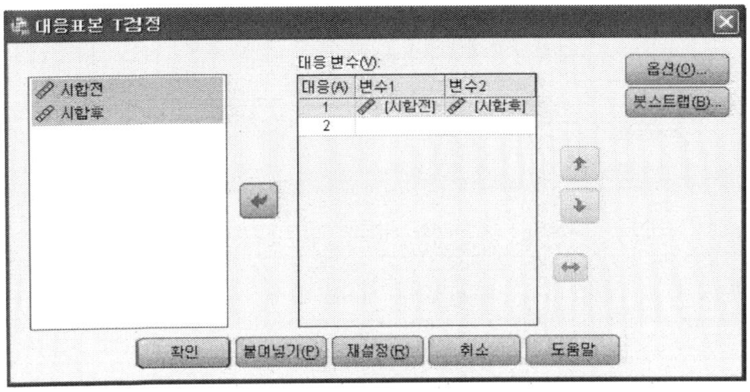

[그림 15-4] **대응표본 t검정 대화상자**

(2) 분석결과와 해석

[표 15-7]부터 [표 15-11]까지는 대응표본 t검정에 대한 분석결과를 보여주고 있다. 표본수는 시합 전과 시합 후가 각각 11명이고, 평균 맥박 수를 비교해 보니 시합 전에는 175.18회로서 시합 후의 180.00회보다 낮게 나타났다. 그리고 [표 14-10]에서 보는 바와 같이 시합 전과 시합 후의 상관계수가 0.887로 나타나 두 변수 간의 상관관계가 매우 높다는 것을 알 수 있다.

[표 15-7] 대응표본 통계량

		평균	N	표준편차	평균의 표준오차
대응	시합 전	175.18	11	11.65	3.51
	시합 후	180.00	11	11.96	3.61

[표 15-8] 대응표본 상관계수

	N	상관계수	유의확률
대응 1 시합 전 & 시합 후	11	.887	.000

한편 [표 15-9]에서의 대응차를 보면, t값은 −2.844, 자유도는 10이고, 유의확률은 .017로서 유의수준 .05보다 작다. 따라서 시합 전과 시합 후의 맥박 수는 유의미한 차이가 있으며, 이는 시합 전(175.18)보다 시합 후(180)에 평균맥박 수가 더 높다는 것을 의미한다.

[표 15-9] 대응표본 검정

	대응차					t	자유도	유의확률(양쪽)
	평균	표준편차	평균의 표준오차	차이의 95% 신뢰구간				
				하한	상한			
대응 1 시합 전 - 시합 후	-4.82	5.62	1.69	-8.59	-1.04	-2.844	10	.017

15.2 여러 평균 간 차이 검정

1. 분산분석의 목적

우리는 앞 절에서 두 집단의 평균의 차이에 대해 통계적 의미가 있는가를 살펴보았다. 그런데 경우에 따라서는 세 집단 이상의 평균에 대해서도 분석할 필요가 있을 수 있다. 예를 들면 호텔 종업원을 대상으로 세 가지 종류의 직무교육 중에 하나를 받게 한 다음 직무에 대한 만족도나 고객에 대한 태도 등에 어떠한 차이가 있는가를 확인해 본다든지, 세 가지 광고매체에 따른 매출액 증가의 차이가 있는가와 가장 효과적인 매체는 무엇인가를 분석하는 경우가 있다. 이와 같이 **세 개 이상의 집단들의 평균값을 비교하는 데 사용하는 통계기법이 분산분석(Analysis of Variance, ANOVA)**이다. 일반적으로 두 집단의 평균 차이를 검정하는 경우에는 t검정을 이용하고, 세 집단 이상의 평균 차이를 검정하고자 할 때는 분산분석을 사용한다.

분산분석은 실험연구에서 특히 많이 사용되는 통계적 분석기법이다. 실험에서는 자료를 특성치(characteristic value)라고 부른다. 그리고 특성치에 영향을 주는 실험조건들을 인자(factor)라고 부르고, 각 인자의 실험조건을 인자의 수준(level) 혹은 처치(treatment)라고 한다. 어떤 관심 있는 특성치에 대해서 한 인자만의 영향을 조사하기 위해서 사용되는 실험설계방법을 **일원배치법(one-way factorial design)**이라 하고, 인자가 둘인 경우를 **이원배치법(two-way factorial design)**, 그리고 인자가 셋 이상인 경우를 **다원배치법(multi-factorial design)**이라고 한다.

일원배치법에서는 인자의 수준간의 평균 차에 관한 검정이 주 관심대상이며,

이는 일원배치 분산분석(one-way ANOVA)에 의해서 이뤄진다. 분산분석은 실험연구에만 사용되는 것이 아니다. 비실험설계의 경우에도 세 집단 이상의 평균의 차이를 검정하는 데 널리 쓰인다. 즉 독립변수가 세 개 이상의 응답범주를 가진 이산변수이고, 종속변수가 연속변수인 경우에 두 변수 간의 관계를 추정하기 위해서 분산분석을 실시한다.

2. 기초 개념의 이해

(1) 가설과 집단효과

분산분석은 모든 J개의 표본 평균이 동일 모집단으로부터 얻어진 것이기 때문에 모두 같으리라는 영가설을 검정하는 방법이다. 이를 기호로 표시하면 아래와 같다.

$$H_0: \mu_1 = \mu_2 = \ldots = \mu_J$$

여기서 이와 반대되는 대립가설은 '모든 모집단 평균이 서로 다를 것이다'가 아니다. '적어도 한 쌍의 모집단 평균이 서로 다를 것이다'는 것이 대립가설이 된다. 따라서 영가설이 기각될 경우 평균들 간에 서로 어떻게 다른지를 파악하기 위해서는 다시 사후비교를 해야 한다.

위에서 살펴본 것처럼 영가설은 J개 집단의 평균들이 모두 같다는 것이다. 그러나 만약 이 평균들이 모두 같지 않다면 전체 평균 μ와 결코 동일하지 않을 것이다. 독립변수 혹은 실험처치가 종속변수에 주는 효과(혹은 영향)를 측정하기 위해서 이 사실을 이용할 수 있다. j라고 하는 집단에 소속될 경우의 효과는 다음과 같이 정의된다.

$$\alpha_j = \mu_j - \mu$$

j집단에의 소속이 종속변수 Y에 아무런 영향을 미치지 않는다면 $\alpha_j = 0$이 된다. 그러나 영향을 미친다면 j집단의 평균 μ_j가 전체평균 μ보다 크냐 작으냐에 따라 α_j는 양수가 되거나 음수가 될 것이다.

(2) 기본 가정

분산분석은 기본적으로 다음의 세 가정에 근거하고 있다.

첫째는 모집단들의 분산은 같다(homogeneity of variance)는 가정이다. 비교하려는 세 집단의 평균이 같더라도 분산의 크기가 다르면 통계적 의미가 없게 된다. 그래서 연구자는 조사설계 시에 표본의 크기를 가능한 한 비슷하게 설정하는 것이 좋다. 이러한 설계를 균형적 설계(balanced design)라고 하는데, 균형적 설계가 선호되는 이유는 표본의 크기가 작아질수록 분산의 크기가 커지는 경향이 있기 때문이다.

둘째는 모집단들은 정규분포(normal distribution)를 이룬다는 가정이다. t검정과 마찬가지로 분산분석도 정규분포를 전제로 이루어진다. 그러나 일반적으로 정규분포의 가정에 대한 위배는 심각한 문제를 야기하지는 않는다. 왜냐하면 비록 모집단이 정규분포가 아니더라도 표본이 큰 경우(적어도 30개 이상의 표본인 경우)에는 중심극한정리가 적용될 수 있기 때문이다.

셋째는 관찰값들은 서로 독립적(independence)이라는 가정이다. 이 가정은 서로 다른 집단의 표본으로부터 측정된 관찰값들은 서로 독립적이어야 한다는 것이다.

(3) 분산분석모형과 F검정

독립변수(인자)를 G로 나타내고 집단(인자의 수준)을 $G_1, G_2 \dots G_J$으로 하고 G_j 수준에서의 i번째 관찰치(특성치)를 Y_{ij}로 나타낼 때 자료의 구조는 [표 15-10]과 같이 된다.

분산분석에서는 종속변수 Y의 전체 분산이 독립변수에 의해 얼마만큼 설명되고 얼마만큼이 설명되지 못한 채로 남아 있는가를 살펴보게 된다. 독립변수가 하나일 때 분산분석의 일반모형은 다음과 같다.

$$Y_{ij} = \mu + \alpha_j + e_{ij}$$

여기서 이 공식이 의미하는 바는 j집단에 속한 i번째 관찰치 Y_{ij}는 집단효과 α_j, 모집단 평균 μ, 그리고 무작위 오차 e_{ij}의 함수라는 것이다.

[표 15-10] 일원배치 분산분석 자료의 구조

집단	G_1	G_2	.....	G_J	
관찰값	Y_{11} Y_{21} $Y_{n_1 1}$	Y_{12} Y_{22} $Y_{n_2 2}$		Y_{1J} Y_{2J} $Y_{n_J J}$	
사례 수	n_1	n_2		n_J	N
평균	$\overline{Y_1}$	$\overline{Y_2}$		$\overline{Y_J}$	$\overline{Y}$

분산분석의 기본 원리는 독립변수에 의해 설명되는 부분인 집단 간 분산과 설명되지 않고 남는 부분인 집단 내 분산을 비교하는 것이다. Y_{ij}의 분산을 집단 간 분산과 집단 내 분산으로 분해하려면, 우선 표본분산의 분자, 즉 총제곱합(total sum of squares, SST)을 다음과 같이 두 개의 독립적인 요소로 나누어야 한다.

$$\sum_{i=1}^{N}(Y_i - \overline{Y})^2 = \sum_{j=1}^{J}\sum_{i=1}^{nj}(Y_{ij} - \overline{Y})^2$$

위 수식의 오른쪽 항을 집단효과와 오차항으로 나눠보면 다음과 같이 된다.

$$(Y_{ij} - \overline{Y}) = (Y_{ij} - \overline{Y_j}) + (\overline{Y_j} - \overline{Y})$$

위 등식의 양변을 제곱하여 정리하면 다음과 같이 된다.

$$\begin{aligned}&\sum\sum(Y_{ij} - \overline{Y})^2 \\ &= \sum\sum(Y_{ij} - \overline{Y_j})^2 + \sum\sum(\overline{Y_j} - \overline{Y})^2 + 2\sum\sum(Y_{ij} - \overline{Y_j})(\overline{Y_j} - \overline{Y}) \\ &= \sum\sum(Y_{ij} - \overline{Y_j})^2 + \sum n_j(\overline{Y_j} - \overline{Y})^2\end{aligned}$$

위 식에서 총제곱합(SST)은 집단 간 제곱합(between sum of squares, SSB)인 $\sum n_j(\overline{Y_j} - \overline{Y})^2$과 집단 내 제곱합(within sum of squares, SSW)인 $\sum\sum(Y_{ij} \quad \overline{Y_j})^2$의 두 부분으로 나누어진다. 즉

$$\text{SST} = \text{SSB} + \text{SSW}$$

의 관계가 성립한다는 것을 알 수 있다. 여기서 SSB는 독립변수에 의해 설명되는 부분이고 SSW는 설명되지 않고 남는 부분이다. 분산은 제곱합을 자유도로 나눈 값이다. SSB와 관련된 자유도는 (J-1)이며, SSW와 관련된 자유도는 (N-J)이다. 따라서 집단 간 분산과 집단 내 분산은

$$\text{집단 간 분산} = \frac{SSB}{J-1}$$

$$\text{집단 내 분산} = \frac{SSW}{N-J}$$

이 된다. 분산분석에서는 집단 간 분산을 **집단 간 제곱평균**(between mean square, MSB), 그리고 집단 내 분산을 **집단 내 제곱평균**(within mean square, MSW)이라는 용어로 부른다. 이때 집단 내 분산의 크기에 대한 집단 간 분산의 크기의 비율을 F값이라고 한다. 이와 같이 분산분석은 F값을 이용하여 가설검정을 하기 때문에 F검정이라고도 한다. 이상의 논의를 정리하면 [표 15-11]의 분산분석표와 같이 된다.

여기서 F값이 클수록 비교 집단들 사이에 차이가 존재할 가능성이 높다. 이렇게 계산된 F검정통계량과 F분포 상에 있는 임계값을 비교하여, F검정통계량이 더 크면 모집단 평균들이 동일할 것이라는 영가설이 기각된다.

[표 15-11] 분산분석표

	제곱합	자유도	평균제곱	F
집단 간	SSB	J-1	MSB = $\frac{SSB}{J-1}$	$\frac{MSB}{MSW}$
집단 내	SSW	N-J	MSW = $\frac{SSW}{N-J}$	
합 계	SST	N-1		

(4) 관계의 강도

F검정 결과 영가설이 기각된다면, 이것은 두 변수 간에 관계가 존재한다는 것을 의미한다. 그러나 관계의 강도가 어느 정도 되는지는 알려주지 않는다. 이것은 에타제곱(η^2)을 계산하면 알 수 있으며, 계산공식은 다음과 같다.

$$\eta^2 = \frac{SSB}{SST}$$

에타제곱은 항상 0과 1 사이의 값을 갖는다. η^2은 다음 장에서 설명할 결정계수(R^2)와 매우 비슷한 개념으로써 독립변수에 의해 '설명된' 종속변수의 분산비율을 가리킨다.

(5) 개별 평균간 차의 검정

F검정 결과 영가설이 기각될 경우, 우리의 관심은 과연 어느 평균들 간에 차이가 있느냐 하는 것이다. 평균들의 비교방법에는 크게 **사전비교**(priori or planned comparison)와 **사후비교**(posteriori or post hoc comparison)의 두 종류가 있다.

사전비교는 통계적 검정력이 높다는 장점이 있다. 그러나 사회과학에서는 통계적 검정력은 다소 약하나 유용성이 높기 때문에 사후비교가 자주 이용된다.

사후비교에서는 일반적으로 Tukey법, Scheffe법, Bonferroni법, Duncan법 등이 많이 사용된다. Tukey법은 각 집단의 사례 수가 같을 때만 사용하며, Scheffe법과 Bonferroni법은 각 집단의 사례 수가 같거나 다르더라도 사용할 수 있다. 각 집단의 사례 수가 같은 경우 Tukey법을 사용하면 집단 간의 차이를 정밀하게 확인할 수 있다.

3. 실행방법

주택규모는 가구구성의 변화, 소득수준의 차이 등의 요인으로 인해서 연령집단에 따라 다를 것으로 예상된다. 30대, 40대 및 50대 이상의 세 연령집단의 평균 주택규모를 각각 μ_1, μ_2 그리고 μ_3라고 하자. 그리고 다음과 같은 가설을 설정하고 분산분석을 해보기로 하자.

H_1 : 적어도 한 쌍의 주택규모 평균은 다를 것이다.

H_0 : $\mu_1 = \mu_2 = \mu_3$

① [SPSS 데이터 편집기]에 “주택수요조사.sav”를 가져온 후 메뉴에서 다음과 같이 실행하여 [일원배치 분산분석] 대화상자를 연다.

분석(S) → 평균비교(M) → 일원배치 분산분석(O)

② [일원배치 분산분석] 대화상자가 열리면 왼쪽의 변수 상자에서 기준 요인이 되는 “연령”을 선택하여 오른쪽의 [요인(F)] 상자로 보내고, “주택규모”는 [종속변수(E)] 상자로 옮긴다.

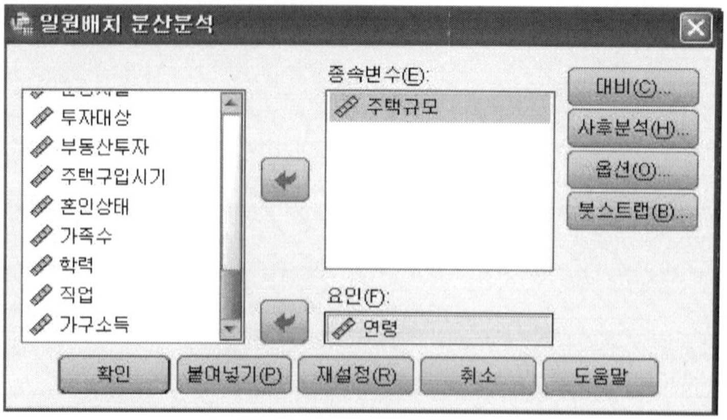

[그림 15-5] **일원배치 분산분석 대화상자**

③ 그런 다음 [일원배치 분산분석] 대화상자에서 사후분석을 하기 위해 [사후분석(H)...] 버튼을 클릭한다. 각 집단의 사례 수가 다를 경우 사회과학에서 Scheffe법이 널리 사용된다. Scheffe법을 지정한 후 [계속]버튼을 클릭한다. [일원배치 분산분석: 옵션] 대화상자의 아래 부분에 있는 [유의수준(F)]는 0.05로 지정되어 있는데, 유의수준을 .01이나 .02 등 원하는 값으로 바꿀 수도 있다.

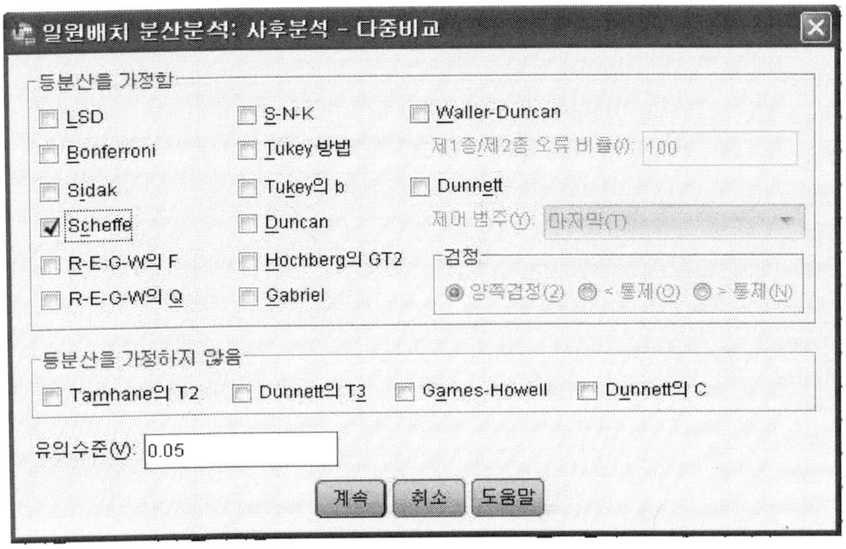

[그림 15-6] **일원배치 분산분석: 사후분석 대화상자**

④ [일원배치 분산분석] 대화상자에서 [옵션(O)]을 클릭하면 통계량과 결측값을 지정하게 된다. [기술통계(D)]를 선택하면 케이스의 수, 평균, 표준편차, 표준오차, 최소값, 최대값 등의 기술통계를 볼 수 있다. [계속] 버튼을 누른 다음 [일원배치 분산분석] 대화상자에서 [확인]을 클릭한다.

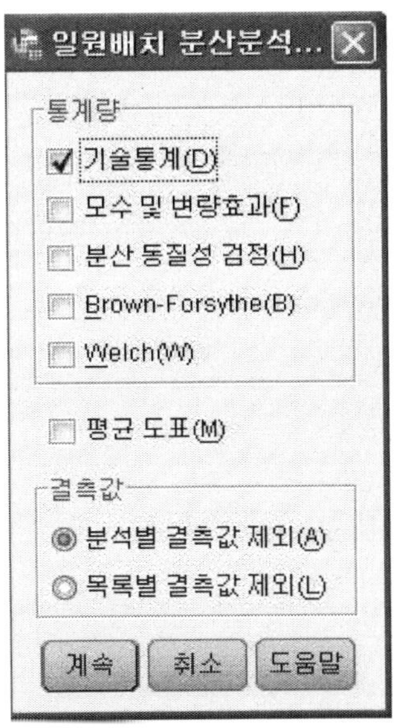

[그림 15-7] **일원배치 분산분석: 옵션 대화상자**

4. 분석결과와 해석

[표 15-12]는 각 연령집단별로 사례 수와 평균, 표준편차와 같은 기술통계량을 보여주고 있다. 이 표에 의하면 평균주택규모가 30대의 경우 28.84평, 40대는 33.89평, 그리고 50대 이상은 39.34평으로 연령이 높은 집단일수록 평균주택규모가 큰 것으로 나타나고 있다.

[표 15-12] 기술통계

주택규모

	N	평균	표준편차	표준오차	평균에 대한 95% 신뢰 구간		최소값	최대값
					하한값	상한값		
30대	226	28.84	10.167	.676	27.51	30.17	8	75
40대	244	33.89	13.478	.863	32.19	35.59	12	130
50대	194	39.34	20.579	1.478	36.42	42.25	10	160
합계	664	33.76	15.566	`.604	32.58	34.95	8	160

연령집단별 평균주택규모의 차이에 대한 유의성 검정 결과는 [표 15-13]에 나타나 있는데, 여기서는 집단 간 및 집단 내 제곱합, 자유도와 평균제곱 및 F값과 유의확률을 보여주고 있다. 분석결과에 의하면 F(2, 661) = 25.498이고 유의확률이 .000으로 유의수준 .01보다 작다. 따라서 '연령집단 간에 평균주택규모가 같을 것이다'라는 영가설($\mu_1 = \mu_2 = \mu_3$)은 기각된다.

[표 15-13] 분산분석

주택규모

	제곱합	자유도	평균제곱	F	유의확률
집단-간	11506.279	2	5753.140	25.498	.000
집단-내	149142.555	661	225.632		
합계	160648.834	663			

위의 분석결과는 영가설이 기각된다는 사실만 보여주고 있을 뿐, 구체적으로 개별 평균 간 차이는 알 수가 없다. [표 15-14]는 Scheffe법으로 실행한 사후분석-다중비교의 결과를 나타내고 있다. 분석결과에 의하면 유의수준 .01에서 30대와

40대, 30대와 50대 이상, 그리고 40대와 50대 이상 집단 간에는 평균주택규모에 있어 유의미한 차이가 있는 것으로 나타났다.

[표 15-14] 사후검정-다중 비교

종속변수 : 주택규모

	(I)연령	(J)연령	평균차 (I-J)	표준 오차	유의 확률	95% 신뢰구간	
						하한값	상한값
Scheffe	30대	40대	-5.055*	1.387	.001	-8.46	-1.65
		50대	-10.496*	1.470	.000	-14.10	-6.89
	40대	30대	5.055*	1.387	.001	1.65	8.46
		50대	-5.441*	1.445	.001	-8.99	-1.90
	50대	30대	10.496*	1.470	.000	6.89	14.10
		40대	5.441*	1.445	.001	1.90	8.99

* .05 수준에서 평균차가 큽니다.

[표 15-15]는 통계적으로 유의미한 평균차이가 없는 집단끼리 부집단화한 결과이다. 분석결과에 의하면 30대, 40대 및 50대 이상의 세 집단이 각각 상이한 부집단에 속하는 것으로 나타나고 있다. 따라서 세 연령집단은 평균주택규모에 있어서 서로 간에 유의미한 차이가 있으며, 분석결과를 종합적으로 고려하면 연령이 높은 집단일수록 평균주택규모가 큰 경향이 있다는 것을 의미한다.

[표 15-15] 동일집단군

주택규모

	연령	N	유의수준 = .05에 대한 부집단		
			1	2	3
Scheffe[a,b]	30대	226	28.84		
	40대	244		33.89	
	50대	194			39.34
	유의확률		1.000	1.000	1.000

동일 집단군에 있는 집단에 대한 평균이 표시됩니다.
a. 조화평균 표본 크기 = 219.334을(를) 사용
b. 집단 크기가 같지 않습니다. 집단크기의 조화평균이 사용됩니다. 제1종 오류 수준은 보장할 수 없습니다.

제 16 장

상관분석과 회귀분석

Key Words

피어슨 상관계수, 산점도, 단측검정, 양측검정
산점도, 단순회귀분석, 중다회귀분석
최소제곱법, 표준화회귀계수, 결정계수

16.1 상관분석

1. 목적

두 변수 간의 관계를 추정하는 방법은 변수의 측정수준에 따라 달라진다. 제14장에서 살펴보았듯이, 두 변수가 모두 이산 변수일 때 두 변수 간 관계를 추정하기 위해서는 χ^2검정을 사용한다. 그리고 독립변수가 이산변수이고 종속변수가 연속변수일 경우에 두 변수 간 관계의 추정에는 제15장에서 설명한 t검정이나 분산분석을 사용한다. 그러나 두 변수가 모두 연속변수일 때 두 변수 간의 관계를 추정하기 위해서는 다른 통계적 분석방법이 필요한데, 그것이 바로 상관분석(correlation analysis)이다.

2. 기초 개념의 이해

(1) 피어슨 상관계수

두 연속변수 간의 관계를 알아보기 위해서는 일반적으로 피어슨의 단순상관계수(pearson's simple correlation coefficient)를 계산한다. 피어슨의 단순상관계수는 간단히 상관계수라고 흔히 부른다. 두 연속변수 X와 Y 간의 표본상관계수 r_{XY}는 다음과 같이 계산된다.

$$r_{XY} = \frac{\sum(X_i - \overline{X})(Y_i - \overline{Y})}{\sqrt{\sum(X_i - \overline{X})^2 \sum(Y_i - \overline{Y})^2}}$$

위 식에서 분모와 분자를 각각 자유도 (N-1)로 나누면 아래의 식과 같이 된다.

$$r_{XY} = \frac{S_{XY}}{S_X S_Y}$$

위 식에서 알 수 있듯이, 두 연속변수 X와 Y 간의 상관계수는 두 변수 간의 공분산 S_{XY}를 두 변수 각각의 표준편차인 S_X 및 S_Y로 나눈 값이 된다. **상관계수는 다음과 같은 특징**을 지닌다.

첫째, 상관계수 r_{XY}는 독립변수와 종속변수를 구별하지 않는 대칭적 측도이다. 다시 말해서 $r_{XY} = r_{YX}$이다.

둘째, 상관계수 r_{XY}는 두 변수 X와 Y의 측정단위의 영향을 받지 않는다. 예컨대 소득과 연령 간의 상관계수를 구한다고 할 때, 소득의 측정단위가 천 원 혹은 만 원이든, 그리고 연령의 측정단위가 월 혹은 연이든 상관계수값은 동일하다.

셋째, 상관계수 r_{XY}의 값은 0에서 ±1 사이의 값을 갖는다. 상관계수가 0에 가까울수록 관계의 강도가 약한 것을 의미하며, 반대로 ±1의 값에 가까울수록 관계의 강도가 강한 것은 의미한다.

넷째, 두 변수 간의 관계의 방향에 따라 상관계수는 양수 혹은 음수의 값을 갖는다. 상관계수가 양수일 때는 X가 커지면 Y도 커지는 정의 관계라는 것을 가리키고, 반대로 음수일 때는 X가 커지면 Y가 작아지는 부의 관계라는 것을 가리킨다.

(2) 상관계수의 유의성 검정

모집단에서의 두 변수 X와 Y 간의 상관계수를 ρ_{XY}라고 하자. 이때 기존의 이론이나 선행연구에 근거하여 두 변수 간의 관계가 예측될 때는 그에 따라 연구가설과 영가설을 다음과 같이 설정하고 단측검정을 하면 된다.

$$H_1: \rho_{XY} > 0 \text{ (혹은 } \rho_{XY} < 0)$$
$$H_0: \rho_{XY} = 0$$

그러나 두 변수 간의 관계에 대해서 예측이 곤란할 때는 다음과 같이 가설을 설정하고 양측검정을 한다.

$$H_1: \rho_{XY} \neq 0$$
$$H_0: \rho_{XY} = 0$$

상관계수의 유의성 검정에는 t검정이 사용되며, t검정통계량은 다음과 같이 계산된다.

$$t = \frac{r_{XY}}{\frac{\sqrt{(1-r_{XY}^2)}}{(N-2)}}$$

위에서 N은 표본의 크기를 의미하며, (N-2)는 자유도이다. X와 Y의 표준편차를 계산할 때 각각 1개씩의 자유도를 상실하기 때문에 전체 자유도는 (N-2)가 되는 것이다. 상관관계의 유의성 검정에서 주의할 점은 ρ_{XY} = 0라는 영가설이 기각되지 않았다고 해서 반드시 두 변수 간에 아무런 관계가 없다는 것을 의미하는 것은 아니라는 것이다.

상관계수는 두 연속변수 간의 선형관계를 재는 것이다. 따라서 두 변수 간에 비선형관계가 존재할 경우에는 비록 변수 간에 관계가 있다고 할지라도 상관계수는 0의 값이 나올 수 있다. 그러므로 두 상관관계를 계산하기 전에 산점도(scatterplot)를 작성하여 변수 간의 선형관계 여부를 미리 확인하는 것이 바람직하다. 산점도 작성 결과 [그림 16-1]의 b와 같이 두 변수 간에 심각한 비선형관계가 존재한다면 상관계수를 계산하는 것은 부적절하며, 분산분석을 통해서 변수 간의 관계를 추정해야 한다.

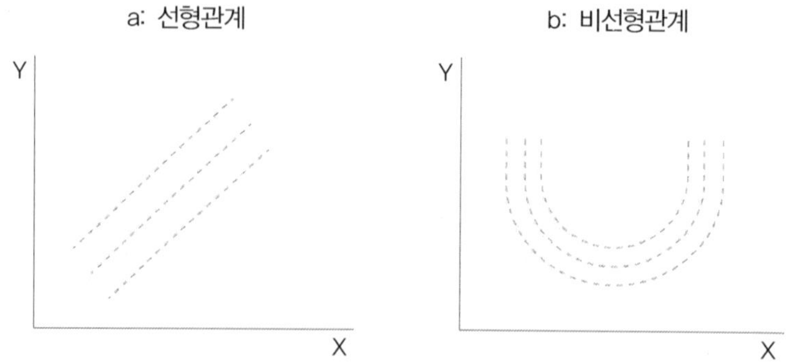

[그림 16-1] **산점도**

3. 실행방법

별도로 제공된 "직장인실태조사.sav" 파일은 "직장인들의 근무환경에 관한 조사연구" 질문지를 이용하여 직장인 230명에 대한 조사결과를 담은 spss파일이다. 이 파일에서 인구학적 변수들을 제외한 이론적 변수들은 모두 복수의 문항을 사용하여 측정되었다. 이론적 변수들은 각 변수의 측정에 사용된 문항들을 합한 후에 문항 수로 나누어 만들어졌다. 이 데이터 파일에는 직무만족과 조직몰입 변수가 포함되어 있다. 기존의 이론에 따르면, 직무만족과 조직몰입 간에는 정의 관계가 존재한다고 한다. 따라서 다음과 같이 가설을 설정하고 "직장인 근무환경조사.sav"을 이용해서 상관분석을 실행해 보기로 하자.

H_1: 직무만족과 조직몰입 간에는 정의 관계가 존재할 것이다($\rho_{XY} > 0$)

H_0: 직무만족과 조직몰입 간에는 관계가 없을 것이다($\rho_{XY} = 0$)

① 우선 산점도 작성을 위해서 [SPSS 데이터 편집기]에 "직장인 근무환경조사.sav"를 가져온 후 주요 메뉴에서 다음과 같은 순서로 [산점도] 대화상자를 연다.

그래프(G) → 레거시 대화상자(L) → 산점도/점도표(S)

② [그림 16-2]와 같이 [산점도/점도표] 대화상자에 [단순산점도]가 기본설정으로 지정되어 있으며, 그 상태에서 오른쪽 윗부분에 있는 [정의] 버튼을 누른다.

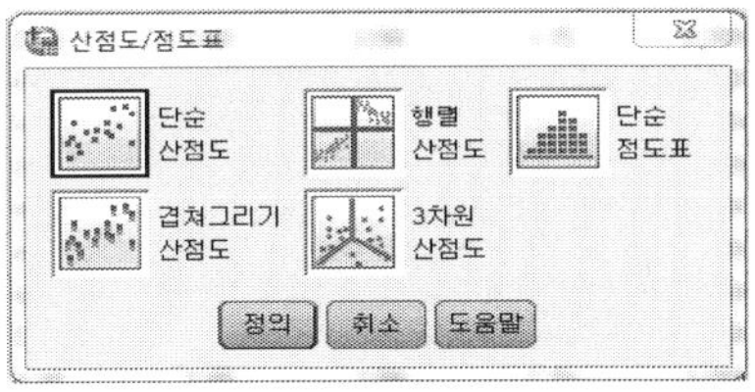

[그림 16-2] **산점도 대화상자**

③ [그림 16-3]과 같이 [단순산점도] 대화상자가 열리면 왼쪽의 변수목록에서 '조직몰입' 변수를 선택하여 오른쪽에 있는 [Y-축]으로 보내고 '직무만족' 변수를 선택하여 오른쪽에 있는 [X-축]으로 보낸다. 아래쪽에 있는 [제목(T)] 버튼을 누른 후에 [제목] 대화상자가 나타나면 [첫째줄(L)]에 '직무만족과 조직몰입 간 산점도'라는 표제목을 입력한다. [계속] 버튼을 누른 후 [단순산점도] 대화상자가 열리면 [확인] 버튼을 누른다.

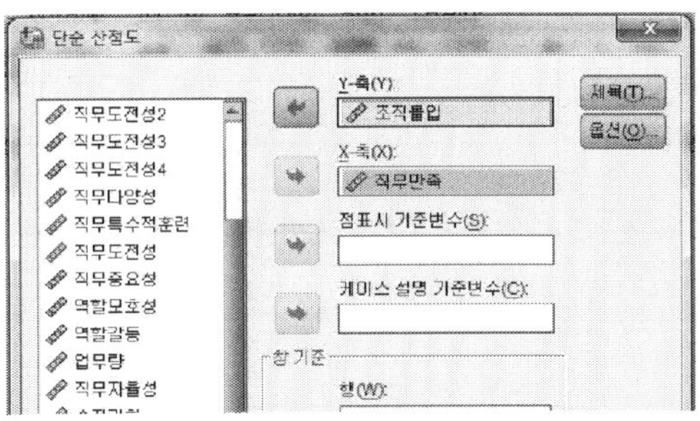

[그림 16-3] **단순산점도 대화상자**

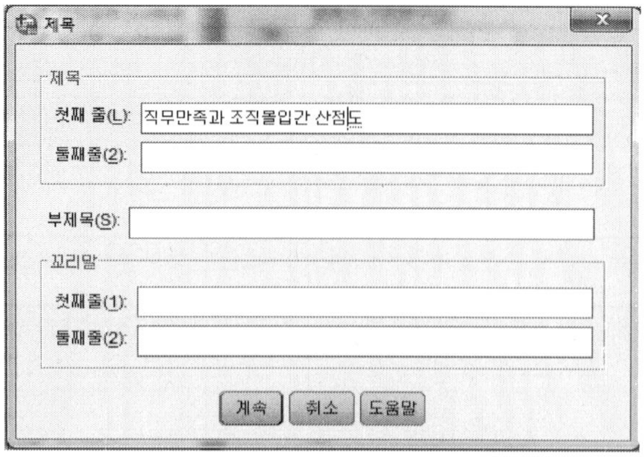

[그림 16-4] **제목 대화상자**

④ 상관분석을 위해서 주요 메뉴에서 다음과 같은 순서로 [이변량 상관계수(B)] 대화상자를 연다.

분석(A) → 상관분석(C) → 이변량 상관계수(B)

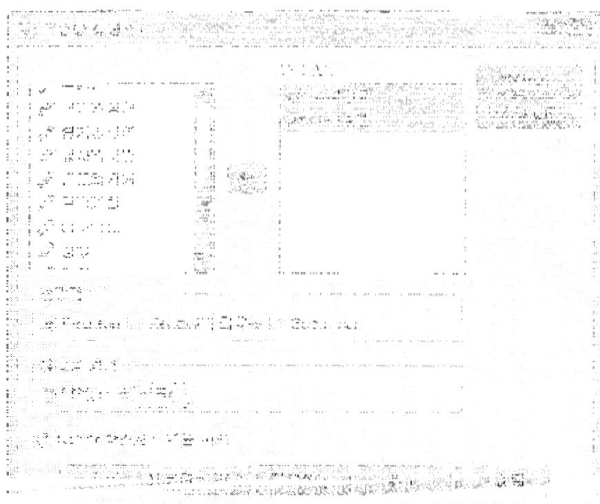

[그림 16-5] **이변량 상관계수 대화상자**

⑤ [그림 16-5]와 같이 [이변량 상관계수(B)] 대화상자가 열리면 왼쪽의 변수 목록에서 '직무만족'과 '조직몰입'의 두 변수를 선택하여 오른쪽의 [변수상자]로 보낸다. 연구가설이 두 변수 간 관계의 방향을 예측하고 있으므로 단측 검정을 실시한다. 대화상자 아래쪽에 있는 [유의성 검정]에서 [한쪽]을 선택한 후 [확인] 버튼을 누른다.

4. 분석결과와 해석

위에서 이미 설명했듯이, 상관분석의 중요한 하나의 가정은 선형 가정이다. 만일 이 가정이 심각하게 위반된다면 상관분석은 의미가 없다. [그림 16-6]의 산포도를 보면, 직무만족과 조직몰입 간 관계는 대체로 정적인 선형관계를 이루고 있음을 알 수 있다. 따라서 상관분석을 통해서 두 변수 간 관계를 추정하는 데 문제는 없다.

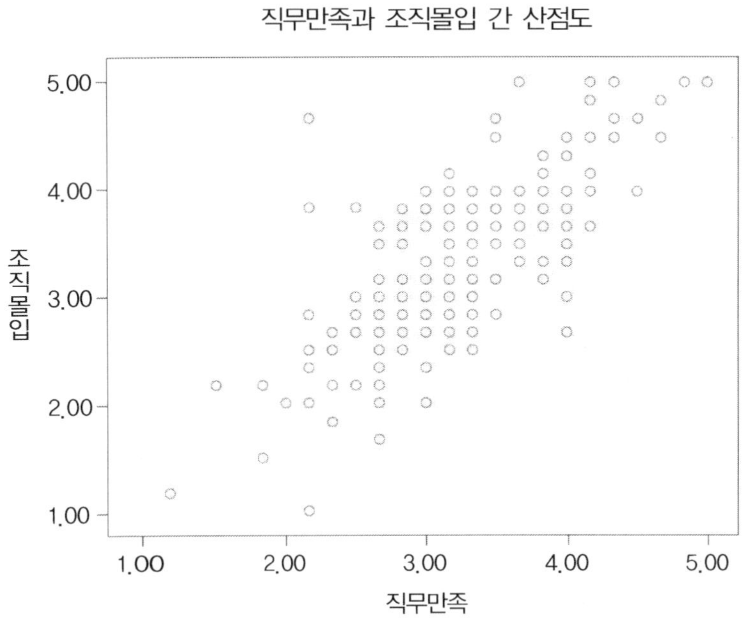

[그림 16-6] **산포도**

[표 16-1]의 상관계수 분석결과를 보면, 직무만족과 조직몰입 간 상관계수는 .755이고 유의확률(한쪽)이 .000으로 유의수준 .01보다 작다. 그러므로 유의수준 .01에서 단측검정을 했을 때 영가설 $\rho_{XY} = 0$는 기각된다. 따라서 '직무만족과 조직몰입 간에는 정의 관계가 있을 것이다'는 연구가설이 채택된다. 일반적으로 상관계수의 절대값이 .2보다 작으면 관계가 '약하다(weak)', .3~.4이면 '보통이다(moderate)', 그리고 .5 이상이면 '강하다(strong)'고 본다. 직무만족과 조직몰입 간의 상관계수는 .755이므로 두 변수 간의 관계는 매우 강하다고 할 수 있다.

[표 16-1] 상관계수

		직무만족	조직몰입
직무만족	Pearson 상관계수	1	.783**
	유의확률 (한쪽)		.000
	N	230	230
조직몰입	Pearson 상관계수	.783**	1
	유의확률 (한쪽)	.000	
	N	230	230

**. 상관계수는 0.01 수준(한쪽)에서 유의합니다.

16.2 회귀분석

1. 목적

앞의 여러 장에서 우리는 두 변수 간의 관련 측정과 통계적 유의성 검정방법에 대하여 살펴보았다. 어떤 연구에서는 단순히 두 변수 간에 유의미한 관계가 존재하는지 여부를 확인하는 것으로 충분하다. 그러나 두 변수 간의 관련 측정을 넘어서 하나 혹은 여러 개의 독립변수가 종속변수에 어떤 영향을 미치는지를 확인할 필요가 있을 때가 있다. 예컨대 학력, 연령, 경력 등의 요인들이 소득에 어떠한 영향을 미치는지를 알고 싶어 할 때가 그런 경우에 해당된다. 이때 매우 유용한 통계분석방법이 회귀분석(regression analysis)이다. 사회과학 이론의 궁극적 목적은 현상의 설명과 예측에 있다. 설명이라는 것은 원인과 결과 간의 관계, 즉 인과관계를 밝히는 것을 의미한다. 그러므로 어떤 이론이 현상에 대한 정확한 설명을 하고 있다면, 그 이론에 근거하여 정확하게 미래를 예측할 수 있을 것이다. 따라서 설명과 예측은 동전의 앞뒷면과 같은 관계에 있다. 현상의 설명과 예측을 추구하는 사회과학 이론의 특성에 가장 잘 부합하는 것이 바로 회귀분석이다.

회귀분석의 목적은 탐구 중인 어떤 현상을 가장 잘 설명하는 회귀식의 추정에 있으며, 그러한 회귀식이 도출된다면 그에 근거하여 미래에 대한 예측도 가능해지는 것이다. 상관분석과 마찬가지로, 회귀분석의 경우에도 독립변수와 종속변수가 모두 연속변수일 것을 요구한다. 또한 독립변수와 종속변수 간에는 선형관계가 존재한다고 가정한다. 이런 의미에서 회귀분석은 선형 회귀분석(linear regression analysis)이라고도 부른다. 회귀분석 시에 독립변수가 하나이면 단순회귀분석(simple regression analysis)이라 부르고, 독립변수가 둘 이상이면 중다회귀분석(multiple regressin analysis)이라고 부른다. 그런데 사회현상은 매우 복잡하기 때문에 단일한 원인에 의해서 결과가 완벽하게 설명되는 경우는 드물다. 다시 말해서 어떤 현상을 야기한 원인은 여러 개인 경우가 일반적이다. 이런 이유로 사회과학에서는 중다회귀분석이 일반적으로 사용된다. 본서에서도 중다회귀분석에 초점을 맞추어 설명하기로 하겠다.

2. 기초 개념의 이해

(1) 회귀식의 추정

종속변수 Y에 영향을 미치는 k개의 독립변수 X_1, X_2,……X_k가 있다고 가정할 때, i번째 관찰값에 대한 회귀모형(regression model)은 다음과 같이 표현된다.

$$Y_i = a + b_1X_{1i} + b_2X_{2i} + \cdots\cdots + b_kX_{ki} + e_i \quad \text{식(1)}$$

위 식에서 상수 a는 Y축의 절편을 나타내고, 회귀모형에서 회귀계수(regression coefficient)라고 불리는 기울기 b_i는 Y에 대한 i번째 독립변수 X_i의 영향(effect)을 나타낸다. e_i항은 i번째 관찰값이 예측방정식(prediction equation)에 의해서 완전히 설명되지 못하는 부분을 고려한 것으로 잔차(residual) 혹은 오차(error)항이라고 부른다. 이 경우 예측방정식은 다음과 같다.

$$\widehat{Y}_i = a + b_1X_{1i} + b_2X_{2i} + \cdots\cdots + b_kX_{ki} \quad \text{식(2)}$$

위의 식(1)과 식(2)로부터 잔차항은 다음과 같이 구할 수 있다.

$$e_i = Y_i - \widehat{Y}_i$$

상수 a와 회귀계수 $b_1, b_2 \cdots b_k$는 다음과 같이 표현되는 잔차항의 제곱의 합을 최소한으로 해주는 방법을 사용하여 추정한다.

$$\sum_{i=1}^{N}(Y_i - \widehat{Y}_i)^2 = \sum_{i=1}^{N}e_i^2$$

이 방법을 최소제곱법(ordinary least squares, OLS)이라 부르며, 상수와 회귀계수들은 OLS방법을 사용하여 추정하였다고 말한다. 따라서 OLS에 의해 추정된 회귀식, 즉 예측방정식은 예측 잔차의 제곱의 합을 최소로 해주는 특징을 지니고 있다.

OLS방법을 사용하여 원자료로부터 추정된 회귀식은 독립변수들과 종속변수 간의 관계가 선형적이라는 가정하에서 독립변수 X_i의 특정값에 대한 종속변수 Y의 예측값을 나타낸다. 독립변수 X_i의 회귀계수 b_i는 비표준화 회귀계수(unstandardized regression coefficient)라고 부르며, 이것은 다른 독립변수들의 영향을 통제했을 때 독립변수 X_i의 한 단위 변화가 Y의 증가 또는 감소를 가져오는 정도를 나타낸다. 다시 말해서, 회귀계수b_i는 Y에 대한 독립변수 X_i의 순영향(net effect)을 가리킨다.

예컨대 신앙심(X_1, 측정단위: 점)과 교육수준(X_2, 측정단위: 연)이 성적 개방성(Y, 측정단위: 점)에 미치는 영향에 대한 회귀분석 결과 다음과 같은 추정식을 얻었다고 하자.

$$\hat{Y} = 1.813 - 0.127X_1 + 0.065X_2$$

위의 식은 신앙심이 1점 높아지면 성적 개방성은 0.127점 낮아지며, 교육수준이 1년 높아지면 성적 개방성은 0.065점 높아진다는 것을 의미한다.

(2) 표준화 회귀계수

종속변수에 영향을 미치는 여러 개의 독립변수들이 있을 때, 과연 어떤 독립변수가 종속변수에 가장 중요한 영향을 미치고, 두 번째 혹은 세 번째로 중요한 영향을 미치는 독립변수는 무엇인지 알고 싶을 때가 있다. 이것은 변수의 상대적 중요성이라고 한다. 그런데 회귀식에 포함된 변수들의 측정단위가 서로 다르거나, 직무만족이나 소외 등의 변수처럼 자연적인 측정단위가 없는 경우가 매우 많다. 이 경우 변수의 상대적 중요성을 결정하기란 매우 어렵다. 그래서 변수들을 평균이 0이고 표준편차가 1인 Z 점수로 전환하여 회귀계수를 구한다. 이처럼 변수들이 표준화되었을 경우의 회귀계수를 표준화 회귀계수(standardized regression coefficient) 혹은 베타계수(beta coefficient)라고 부르며 β로 표기한다. 표준화 회귀계수로 구성된 회귀식에서 상수 a는 항상 0이 된다. 그 이유는 변수들의 평균이 모두 0의 값을 갖도록 표준화되었기 때문이다. 따라서 종속변수 및 독립변수들이 각각 Z_Y, Z_{X_1}, Z_{X_2} ....Z_{X_K} 로 표준화되었을 경우 예측방정식은 다음과 같다.

$$\widehat{Z_Y} = \beta_1 Z_{X_1} + \beta_2 Z_{X_2} + ... + \beta_K Z_{X_k}$$

i번째 독립변수 X_i의 표준화회귀계수를 β_i라 할 때, 이것은 독립변수 X_i가 표준편차 1단위만큼 변화할 때 종속변수 Y는 표준편차 β_i만큼 변한다는 것을 의미한다. 따라서 독립변수들의 상대적 중요성은 표준화회귀계수의 상대적 크기에 의해서 결정된다. 다시 말해서, 표준화 회귀계수의 절대값이 가장 큰 독립변수가 종속변수에 가장 큰 영향을 미치는 변수이며, 표준화 회귀계수의 절대값이 두 번째로 큰 독립변수가 종속변수에 두 번째로 큰 영향을 미치는 변수가 되는 것이다. 예컨대 앞의 예에서 신앙심(X_1)과 교육수준(X_2), 성적 개방성(Y)의 세 변수를 표준화해서 회귀식을 추정하여 아래의 식과 같은 결과를 얻었다고 하자.

$$Z_Y = -0.325 Z_{X_1} + 0.200 Z_{X_2} ZX_2$$

이 식은 신앙심의 표준편차가 한 단위 증가하면 종속변수인 성적 개방성의 표준편차는 0.325만큼 감소하고, 교육수준의 표준편차가 한 단위 증가하면 성적 개방성의 표준편차는 0.200만큼 증가한다는 것을 가리킨다. 따라서 교육수준보다 신앙심이 성적 개방성에 더 큰 영향을 미친다고 할 수 있다.

(3) 결정계수

회귀분석은 종속변수에 대한 독립변수들의 영향을 파악하기 위한 회귀식 추정에만 그치지 않는다. 회귀분석은 독립변수들과 종속변수 간 관계의 강도를 파악하는 데도 사용된다. 일반적으로 관찰값들은 회귀식에 의해 예측된 체계적 요소(systematic component)와 예측되지 못한 오차 요소(error component)로 나누어 볼 수 있다. 즉 15장에서 설명한 분산분석 논리에 따라, 아래의 식과 같이 총제곱합(SST)은 회귀식에 의해 설명되는 회귀제곱합(regression sum of squares, SSR)과 설명되지 않고 남는 잔차제곱합(residual sum of squares, SSE)으로 분해된다.

$$\sum(Y_i - \overline{Y})^2 = \sum(Y_i - \widehat{Y}_i)^2 + \sum(\widehat{Y}_i - \overline{Y})^2$$
$$\text{SST} \quad = \quad \text{SSE} \quad + \quad \text{SSR}$$

여기서 다음과 같은 식을 얻을 수 있다.

$$R^2 = \frac{SSR}{SST}$$

회귀제곱합과 총제곱합의 비율로 표현되는 R^2은 결정계수(coefficient of determination)라고 불리며, (1-R^2)은 비결정계수라고 한다. 결정계수 R^2의 최대값은 1이고 최소값은 0이며, 1의 값에 가까울수록 관계의 강도가 크다는 것을 의미한다. 또한 R^2은, 달리 표현하면, 회귀식 혹은 회귀식에 포함된 독립변수들에 의해 설명되는 종속변수의 총 변이의 비율을 가리킨다. 이런 점에서 R^2은 회귀모형의 설명력(explanatory power) 혹은 적합도를 측정하는 중요한 지표로 사용된다.

R^2은 일반적으로 독립변수의 수가 증가하면 계속 커지는 경향이 있다. 이러한 문제점을 교정한 것이 바로 수정된 R^2(Adjusted R^2)이다. 수정된 R^2은 다음의 계산공식을 이용해서 구한다. 아래의 식에서 N은 표본의 크기이며, k는 독립변수의 수를 나타낸다.

$$\text{수정된 } R^2 = 1 - (1 - R^2)\frac{N-1}{N-k}$$

(4) 유의성 검정

회귀분석에서는 결정계수에 대한 유의성 검정을 먼저 한 후에 이어서 개별 회귀계수에 대한 유의성 검정을 순차적으로 실시한다. 우선 결정계수의 유의성 검정 절차를 설명하기로 하겠다.

1) 결정계수의 유의성 검정

모집단의 결정계수를 ρ^2라고 하면 표본 결정계수 R^2의 유의성 검정을 위한 연구가설과 영가설은 다음과 같이 설정된다.

H_1: $\rho^2 > 0$ or $\rho^2 \neq 0$

H_0: $\rho^2 = 0$

R^2의 유의성 검정은 분산분석과 F검정을 통해서 이루어진다. F검정통계량을 구하는 절차는 제15장에서 이미 설명한 분산분석과 F검정통계량 계산 절차와 동일하다.

회귀제곱합(SSR)과 관련된 자유도는 독립변수의 수인 K이며, 잔차제곱합(SSE)과 관련된 자유도는 (N-K-1)이다. 각 제곱합을 관련 자유도로 나누면, 각각 회귀평균제곱(regression mean square, MSR)과 잔차평균제곱(residual mean square, MSE)이라고 불리는 두 종류의 분산이 얻어진다.

$$\text{MSR} = \frac{SSR}{K}$$

$$\text{MSE} = \frac{MSE}{N-K-1}$$

이 두 분산의 비율이 바로 F검정통계량이다.

$$F = \frac{MSR}{MSE}$$

이상의 논의를 정리하면 [표 16-2]의 분산분석표와 같이 된다.

[표 16-2] 분산분석표

	제곱합	자유도	평균제곱	F
회귀	SSR	K	MSR = $\frac{SSR}{K}$	$\frac{MSR}{MSE}$
잔차	SSE	N-K-1	MSE = $\frac{SSE}{N-K-1}$	
합계	SST	N-1		

2) 회귀계수의 유의성 검정

F검정 결과 영가설 $\rho^2 = 0$이 기각되지 않는다면, 이것은 회귀식에 포함된 독립변수들이 종속변수의 변이를 유의미하게 설명하지 못한다는 것을 의미한다. 이 경우 개별회귀계수에 대한 유의성 검정을 실시하는 것은 의미가 없다.

한편, F검정 결과 영가설 $\rho^2 = 0$이 기각되었을 때, 이것이 회귀식에 포함된 모든 독립변수들이 종속변수에 유의미한 영향을 미친다는 것을 의미하는 것은 아니다. 구체적으로 어떤 독립변수들이 종속변수에 유의미한 영향을 미치는지를 파악하기 위해서는 개별 회귀계수에 대한 유의성 검정을 실시해야 한다.

i번째 독립변수 X_i의 표본 회귀계수를 b_i, 모집단 회귀계수를 β_i라고 하자. 이 경우 영가설은 H_0: $\beta_i = 0$이 된다. 그리고 회귀계수의 방향이 예측될 경우에는 단측검정을 하고, 그렇지 않을 때는 양측검정을 하면 된다. 방향이 예측될 때 검정되는 가설은 다음과 같다.

H_1: $\beta_i > 0$ 혹은 $\beta_i < 0$

H_0: $\beta_i = 0$

방향이 예측되지 않을 때 검정되는 가설은 다음과 같다.

H_1: $\beta_i \neq 0$

H_0: $\beta_i = 0$

가설검정을 위한 t검정통계량은 다음과 같이 계산되며, 이때 t값은 자유도가 (N-k-1)인 t분포를 따른다.

$$t = \frac{b_i}{S_{b_i}}$$

위의 식에서 S_{b_i}은 b_i의 표준오차(standard error)를 가리키며, 계산공식이 복잡하기 때문에 여기서는 생략하기로 한다.

회귀분석 수행 시 분석 순서를 정리하면 다음과 같다,

① 우선 회귀모형 적합도(설명력)를 나타내는 결정계수 R^2에 대한 유의성 검정을 실시한다. $\rho^2 = 0$이 기각되지 않으면 추가적인 분석은 무의미하므로 이 단계에서 분석을 종료한다.

② $\rho^2 = 0$라는 영가설이 기각되면 개별 회귀계수 b_i에 대한 유의성 검정을 실시한다.

③ 유의미한 영향을 미치는 것으로 밝혀진 독립변수들에 대해서 표준화 회귀계수의 상대적 크기에 근거하여 독립변수들의 상대적 중요성을 판단한다.

3. 실행방법

직무만족 이론에 근거하여 다음의 세 가설이 도출되었다고 가정하고, "직장인 근무환경조사.sav"파일을 이용해서 이 가설들을 검정해 보기로 하자.

가설 1 : 직무다양성이 클수록 직장인들의 직무만족은 증대될 것이다.

가설 2 : 승진기회가 많을수록 직장인들의 직무만족은 증대될 것이다.

가설 3 : 직업안정성이 클수록 직장인들의 직무만족은 증대될 것이다.

① [SPSS 데이터 편집기]에 "직장인 근무환경조사.sav"를 가져온 후 메뉴에서 다음과 같이 실행하여 [선형 회귀분석] 대화상자를 연다.

분석(S) → 회귀분석(R) → 선형(L)

② [선형 회귀분석] 대화상자가 열리면 왼쪽의 변수 상자에서 종속변수인 "직무만족"을 선택하여 오른쪽의 [종속변수(D)] 상자로 보내고, 독립변수들인 "직무다양성", "승진기회" 및 "직업안정성"은 [독립변수(I)] 상자로 옮긴다. 독립변수선택방법을 지정하기 위해서 [방법]에서 [입력]을 선택한 후 [확인]을 누른다. [선형 회귀분석] 대화상자의 아래쪽에 있는 [통계량], [도표], [저장] 및 [옵션] 버튼은 주로 회귀진단(regression diagnostics)에 필요한 것들로써, 이들에 대한 자세한 설명은 생략하기로 하겠다. 회귀진단을 자세하게 알고 싶은 독자들은 관련 통계학 교재를 참고하기 바란다.

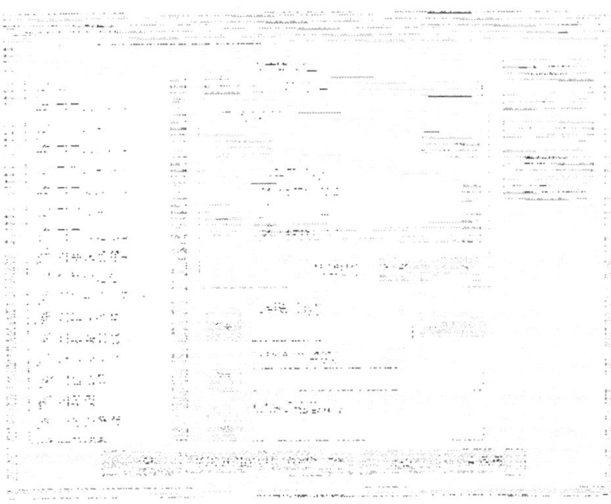

[그림 16-7] 선형 회귀분석 대화상자

4. 분석결과와 해석

[표 16-3]에서 R^2은 .354이고, 수정된 R^2는 .345이다. 일반적으로 R^2값은 독립변수의 수가 증가함에 따라 그에 비례하여 증가하는 경향이 있기 때문에 독립변수의 수를 고려하여 값을 조정한 것이 수정된 R^2이다. R^2에 대한 유의성 검정 결과를 보여주고 있는 [표 16-4]를 보면, 자유도 3 및 226에서 F검정통계량 41.223의 유의확률이 .000로서 유의수준 .01보다 작다. 따라서 영가설 $\rho^2 = 0$은 기각된다. 이상의 결과는 직무다양성, 승진기회 및 직업안정성의 세 독립변수를 포함하고 있는 회귀식은 직무만족 변이의 34.5%를 설명한다는 것을 의미한다.

[표 16-3] 모형요약

모형	R	R 제곱	수정된 R 제곱	추정값의 표준오차
1	.595[a]	.354	.345	.55999

a. 예측값: (상수), 직업안정성, 승진기회, 직무다양성

[표 16-4] 분산분석

모형		제곱합	자유도	평균 제곱	F	유의확률
1	회귀 모형	38.781	3	12.927	41.223	.000[b]
	잔차	70.871	226	.314		
	합계	109.652	229			

a. 종속변수: 직무만족

b. 예측값: (상수), 직업안정성, 승진기회, 직무다양성

영가설 $\rho^2 = 0$이 기각되었을 경우 개별 회귀계수에 대한 유의성 검정을 실시한다. 우리는 앞에서 설정한 연구가설에서 종속변수에 대한 독립변수들의 영향의 방향을 구체적으로 예측하고 있다. 따라서 단측검정을 실시하기로 하겠다.

[표 16-5]에 제시된 유의확률은 양측검정 시의 유의확률이다. 단측검정 시에는 각 유의확률이 절반으로 작아지는데, 본 분석의 경우 세 독립변수의 회귀계수와 관련된 t검정통계량의 유의확률이 모두 .000이므로 양측검정이든 단측검정이든 유의확률은 동일한 값을 갖는다.

단측검정 시 직무다양성, 승진기회 및 직업안정성의 회귀계수 각각의 검정통계량의 유의확률이 모두 .000으로써 유의수준 .01보다 작다. 따라서 직무다양성(b

= .260), 승진기회(b = .175) 및 직업안정성(b = .293)의 세 독립변수 모두 직장인의 직무만족에 유의미한 정의 영향을 미친다는 것을 알 수 있다. 다시 말해서, 직무다양성이 클수록, 승진기회가 많을수록, 그리고 직업안정성이 클수록, 직장인의 직무만족이 증대된다는 것을 의미한다. 한편, 표준화 회귀계수의 크기를 보면, 직업안정성이 .324로 가장 크고, 그 다음으로 직무다양성(β = .312)과 승진기회(β = .200)의 순으로 나타나고 있다. 따라서 직업안정성이 직무만족에 가장 큰 영향을 미치며, 직무다양성이 두 번째, 그리고 승진기회가 세 번째로 큰 영향을 미치고 있다는 것을 알 수 있다.

[표 16-5] 계수[a]

모형		비표준화 계수		표준화 계수	t	유의확률
		B	표준오차	베타		
1	(상수)	.960	.210		4.573	.000
	직무다양성	.260	.047	.312	5.510	.000
	승진기회	.175	.048	.200	3.626	.000
	직업안정성	.293	.051	.324	5.720	.000

a. 종속변수: 직무만족

16.3 가변수 회귀분석

1. 목적

회귀분석은 모형에 포함된 독립변수와 종속변수 모두 연속변수일 것을 요구하고 있다. 그러나 경우에 따라서는 독립변수와 종속변수가 범주형 변수인 이산변수일 때가 종종 있다. 예컨대 남자와 여자의 두 속성을 지닌 성별 변수를 독립변수로 사용해야 할 때도 있고, 독립변수로 사용될 연령 변수를 20대, 30대, 40대 등의 범주로 묶어 측정할 때도 있다. 또한 투표여부, 특정 이슈에 대한 찬반, 이직 여부 등과 같은 이산변수를 종속변수로 사용해야 할 경우도 있다.

이처럼 독립변수나 종속변수가 이산변수이거나 혹은 독립변수와 종속변수 모두 이산변수일 때는 선형회귀분석방법을 그대로 적용할 수 없으며, 다른 분석방법을 이용해야 한다. **종속변수는 연속변수인 반면에 독립변수가 이산변수인 경우**

에는 가변수 회귀분석(dummy variable regression)을 사용한다. 독립변수는 연속변수인 반면에 종속변수가 2개의 범주를 갖는 이산변수일 때는 프로빗(probit)분석, 로짓(logit)분석 등의 분석방법을, 그리고 3개 이상의 범주를 갖는 이산변수일 때는 다항로짓(multinoial lgit)분석 등의 분석방법을 사용한다. 마지막으로 독립변수와 종속변수가 모두 이산변수인 경우에는 로그선형분석(loglinear analysis)을 사용한다. 본 절에서는 가변수 회귀분석만 다루기로 하겠다. 다른 분석방법에 관심이 있는 독자들은 다른 통계학 교재들을 참고하기 바란다.

[표 16-6] 변수의 종류와 분석방법

구 분		독립변수	
		연속변수	이산변수
종속변수	연속변수	선형 회귀분석	가변수 회귀분석
	이산변수 (범주=2개)	프로빗분석, 로짓분석	로그선형분석
	이산변수 (범주=3개 이상)	다항로짓분석	

2. 범주형 독립변수의 처리

(1) 연속변수로 전환

범주형 독립변수를 처리하는 한 방법은 연속변수로 전환하는 것이다. 예컨대 연령변수를 [표 16-7]의 예처럼 20대, 30대, 40대, 50대의 4개의 응답범주로 측정했다고 하자. 이 경우 SPSS의 [새로운 변수로 코딩변경] 명령문을 사용하여 [표 16-7]에서처럼 각 범주의 중간값을 취하여 연속변수로 전환할 수 있다. 한편 학력을 [표 16-7]의 예처럼 7개의 응답범주로 측정했다고 하자. 이 경우에 중퇴자는 별로 많지 않을 것이기 때문에 각 응답범주의 상한값을 취하여 연속변수로 전환할 수 있다. 그리고 대학원 이상의 경우 박사학위 소지자는 드물 것이기 때문에 모두 석사로 간주하여 교육연수 18년으로 전환해도 큰 무리는 없을 것이다.

[표 16-7] 연속변수로의 전환 예

	기존값	새로운 값
연령	1) 20대 2) 30대 3) 40대 4) 50대	1 → 25 2 → 35 3 → 45 4 → 55
학력	1) 무학 2) 초등졸 3) 중졸 4) 고졸 5) 전문대졸 6) 대졸 7) 대학원이상	1 → 0 2 → 6 3 → 9 4 → 12 5 → 14 6 → 16 7 → 18

범주형 변수를 연속변수로 전환할 때 종종 부딪치는 문제는 '60대 이상', '500만 원 이상' 등의 경우처럼 마지막 응답범주에 상한값이 설정되어 있지 않은 개방형 범주인 경우가 많다는 것이다. 개방형 응답범주를 해결하는 한 방법은 해당 범주의 하한값을 사용하는 것이다. 예컨대 '60대 이상'은 60세, '500만 원 이상'은 500만 원으로 간주하는 것이다. 다른 한 방법은 표본에 대한 정보나 지식에 근거하여 임의의 추정값을 할당하는 것이다. 소득변수의 경우에 개방형 응답범주의 중간값(MD)은 다음과 같은 공식을 사용하여 추정하기도 한다.

$$MD = 10^{\frac{.301}{\nu}}$$

이 식에서 ν는 다음의 공식을 사용하여 계산한다.

$$\nu = \frac{\log(\text{앞 범주누적백분율}) - \log(\text{개방범주 백분율})}{\log(\text{개방범주 하한값}) - \log(\text{앞 범주 하한값})}$$

연속변수로 전환이 가능한 범주형 변수들은 위와 같은 방법을 사용하여 연속변수로 전환한 뒤 회귀분석에 투입하면 된다. 이와 같은 불편한 전환과정을 거치지 않는 한 방법은 응답자들로 하여금 연령이나 소득 등의 수치를 구체적으로 기입하게 하는 방식으로 연속변수로 측정하는 것이다. 그러나 응답자들로 하여금 구체적인 수치를 직접 기입하도록 하는 방식으로 연령이나 소득 등을 측정하면 응답률이 저조해지는 문제가 발생하기도 한다. 즉 양자 간에는 일종의 상쇄효과가 작용한다.

(2) 가변수로 전환

범주형 변수들의 경우 연속변수로 전환이 가능한 경우도 있지만, 그렇지 못한 경우도 있다. 예컨대 성별, 인종, 종교, 고향 등을 측정한 범주형 변수들의 경우 이 변수들은 연속변수로의 전환이 불가능하다. 이런 이산변수들을 회귀식에 투입하기 위해서는 가변수(dummy variable)로 바꾸어주어야 한다. 가변수란 어떤 속성의 존재를 나타내는 것은 1의 값으로 하고, 그러한 속성이 없는 것을 나타내는 것은 0의 값을 갖도록 만들어진 변수를 말한다.

예컨대 황인종=1, 백인종=2, 흑인종=3의 응답범주를 갖는 인종변수가 있다고 하자. 이 인종변수를 가변수로 만들면 다음과 같다.

D_1 : 황인종이면 1, 그렇지 않으면 0
D_2 : 백인종이면 1, 그렇지 않으면 0
D_3 : 흑인종이면 1, 그렇지 않으면 0

이 가변수들을 회귀분석에 투입할 경우 독립변수로서 3개의 가변수 D_1, D_2, D_3 중 2개만 사용할 수 있다. 모든 정보가 3개 중 2개의 가변수에 모두 포함되어 있기 때문이다. 만일 어떤 사람이 D_1에 1, D_2에 0이라는 것을 안다면, 그 사람은 당연히 D_3에도 0인 것을 알 수 있다. 어떤 사람이 황인종이면서 동시에 흑인종일 수는 없기 때문이다. 따라서 일반적으로 한 변수가 J개의 범주를 가질 때 (J-1)개의 가변수를 만들어 회귀분석에 사용한다.

SPSS의 [새로운 변수로 코딩변경(R)] 명령문을 이용하면 J개의 범주를 갖는 이산변수를 (J-1)개의 가변수로 쉽게 전환할 수 있다. 예컨대 [표 16-8]에 제시되어 있듯이, 남자=1, 여자=2의 값을 갖는 성별 변수의 경우 [새로운 변수로 코딩변경(R)] 명령문을 이용하여 남자=1, 여자=0의 값을 갖는 가변수 Dsex로 전환하면 된다. 그리고 황인종=1, 백인종=2, 흑인종=3의 값을 갖는 인종 변수는 황인종=1, 기타=0의 값을 갖는 가변수 $Drace_1$과 백인종=1, 기타=0의 값을 갖는 가변수 $Drace_2$의 두 개의 가변수로 전환하면 된다. 물론 흑인종 대신 백인종을 준거범주로 설정하여 $Drace_2$를 흑인종=1, 기타=0의 값을 갖는 가변수로 만들어도 된다.

[표 16-8] 가변수로의 전환 예

변수	기존값	새로운 값
성별	남자=1, 여자 =2	Dsex; 남자 = 1, 여자 = 0
인종	황인종 =1, 백인종 =2, 흑인종 =3	Drace1; 황인종 = 1, 기타 = 0 Drace2; 백인종 = 1, 기타 = 0

(3) 가변수 회귀계수의 해석

이처럼 범주형 변수를 가변수로 전환하여 회귀분석을 하는 것을 가변수 회귀분석이라고 한다. 가변수 회귀분석은 앞에서 이미 설명한 선형회귀분석 절차를 그대로 따라서 실행하면 되고, 독립변수로 가변수를 사용한다는 것 외에는 기존의 선형회귀분석 절차와 아무런 차이가 없다. 그러나 가변수 회귀분석의 경우 회귀계수에 대한 해석에 주의할 필요가 있다. 가변수 회귀분석에서 회귀계수는 해당 가변수와 준거범주 간의 평균의 차이를 의미한다. 예컨대 성별 변수를 가변수 Dsex(남자=1, 여자=0)로 전환한 후 종속변수인 소득에 대한 회귀분석을 하여 다음과 같은 추정식을 얻었다고 하자.

$$\hat{Y} = a + b^{*}Dsex = 200 + 50^{*}Dsex$$ (측정단위: 만원)

위 방정식에서 Dsex=1, 즉 남자일 때의 방정식은 다음과 같다.

$$\hat{Y} = 200 + 50^{*}(1) = 250$$

그리고 위 방정식에서 Dsex=0, 즉 여자일 때의 방정식은 다음과 같다.

$$\hat{Y} = 200 + 50^{*}(0) = 200$$

위의 식이 보여주듯이, 남자의 평균소득은 200+50, 즉 250만 원이고, 여자의 평균소득은 200+0, 즉 200만 원이다. 따라서 남자와 여자의 평균소득의 차이는 가변수의 계수값인 b, 즉 50만 원이다. 즉 회귀계수 b는 해당 가변수와 준거범주 간의 평균의 차이를 가리킨다는 것을 알 수 있다. 회귀계수 b에 대한 유의성 검정 결과 유의미한 것으로 나타난다면, 이것은 남자와 여자의 평균소득 간에는 유의미한 차이가 있다는 것을 의미한다. 위의 설명에서 알 수 있듯이, 범주가 2개인 독립변수를 가변수로 전환하여 가변수 회귀분석을 한 결과는 독립표본 t검정

결과와 동일하다. 변수가 3개 이상인 독립변수를 가변수로 전환하여 회귀분석한 결과는 물론 일원배치 분산분석 결과와 동일하다.

3. 실행방법

"직장인 근무환경조사.sav"파일을 이용해서 성별 변수가 직무만족에 미치는 영향을 가변수 회귀분석을 사용해서 분석해 보기로 하자.

우선 [새로운 변수로 코딩변경(R)] 명령문을 이용하여 성별 변수를 남자=1, 여자=0의 값을 갖는 가변수인 Dsex로 전환시킨다. 구체적인 전환 절차는 다음과 같다.

① "직장인 근무환경조사.sav" 파일을 [SPSS 데이터 편집기]에 가져온 후 주요 메뉴에서 다음과 같은 순서로 실행하여 [새로운 변수로 코딩변경(R)] 대화상자를 연다.

변환(T) → 새로운 변수로 코딩변경(R)

② [새로운 변수로 코딩변경(R)] 대화상자가 나타나면 [그림 16-8]과 같이 왼쪽의 변수목록에서 '성별' 변수를 선택하여 [변수입력(V)] 상자로 이동시키고 [출력변수] 상자에 이름 "Dsex"를 입력한 후 [바꾸기]를 누른다.

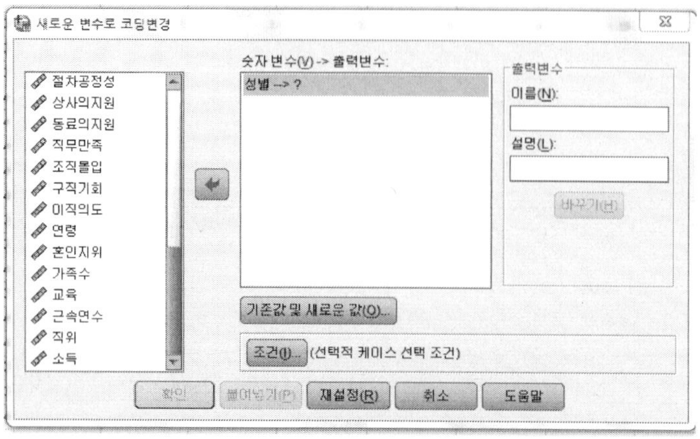

[그림 16-8] 새로운 변수로 코딩변경 대화상자

③ [기존값 및 새로운 값(O)]을 선택한 후 [그림 16-9]와 같은 대화상자가 열리면 왼쪽 상단에 있는 [기존값] 상자의 [값(V)]에 "1"을, 그리고 오른쪽 상단 [새로운 값] 상자에 있는 [기준값(A)]에 "1"을 입력한 후에 [추가(A)] 버튼을 누른다. 이어서 [기존값] 상자의 [값(V)]에 "2"를, 그리고 오른쪽 상단 [새로운 값] 상자에 있는 [기준값(A)]에 "0"을 입력한 후에 [추가(A)] 버튼을 누른다. [계속] 버튼을 누른 후에 [확인] 버튼을 누른다.

[그림 16-9] **새로운 변수로 코딩변경: 기존값 및 새로운 값 대화상자**

위의 절차를 통해서 새롭게 만들어진 가변수 Dsex를 독립변수로 하여 종속변수인 '직무만족'에 대하여 회귀분석을 실행한다.

④ 주요 메뉴에서 다음과 같은 순서로 실행하여 [선형회귀분석] 대화상자를 연다.

분석(S) → 회귀분석(R) → 선형(L)

⑤ [선형 회귀분석] 대화상자가 열리면 왼쪽의 변수 상자에서 종속변수인 "직무만족"을 선택하여 오른쪽의 [종속변수(D)] 상자로 보내고, 가변수인 "Dsex"는 [독립변수(I)] 상자로 옮긴다. 독립변수선택방법을 지정하기 위해서 [방법]에서 [입력]을 선택한 후 [확인]을 누른다.

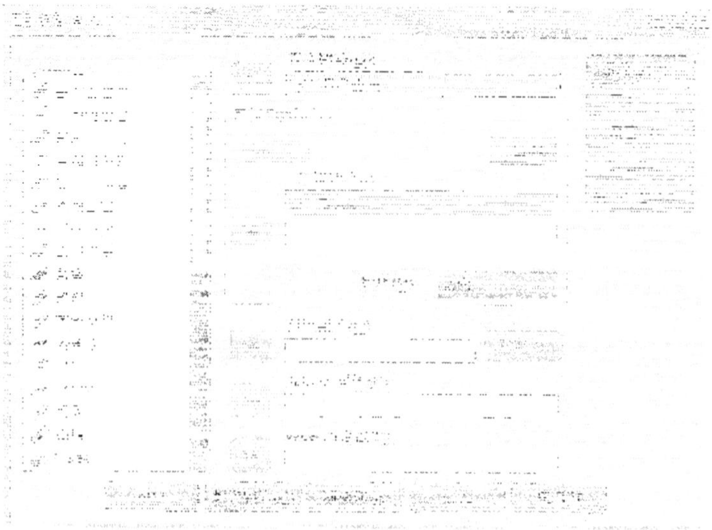

[그림 16-10] 선형회귀분석 대화상자

4. 분석결과와 해석

[표 16-9]와 [표 16-10]의 분석결과를 보면, 성별 변수가 종속변수인 '직무만족' 변이의 3.6%(수정된 R^2)를 설명하고 있으며, F(1, 228)은 9.445이고 유의확률은 .002로서 유의수준 .01보다 작으므로 $\rho^2 = 0$라는 영가설은 기각된다.

[표 16-9] 모형요약

모형	R	R 제곱	수정된 R 제곱	추정값의 표준오차
1	.199[a]	.040	.036	.67956

a. 예측값: (상수), Dsex

[표 16-10] 분산분석[a]

모형		제곱합	자유도	평균 제곱	F	유의확률
1	회귀 모형	4.362	1	4.362	9.445	.002[b]
	잔차	105.291	228	.462		
	합계	109.652	229			

a. 종속변수: 직무만족

b. 예측값: (상수), Dsex

[표 16-11] 계수[a]

모형		비표준화 계수		표준화 계수	t	유의확률
		B	표준오차	베타		
1	(상수)	2.937	.112		26.289	.000
	Dsex	.375	.122	.199	3.073	.002

a. 종속변수: 직무만족

[표 16-11]의 분석결과에 따르면 가변수 회귀분석 결과는 다음과 같이 표현된다.

직무만족 = 2.937 + 0.375*Dsex

위의 식에서 남자와 여자의 직무만족 평균 점수는 다음과 같이 계산되며, 남자의 직무만족 평균은 3.312점, 여자의 직무만족 평균은 2.937점이다.

남자 = 2.937 + 0.375*(1) = 3.312

여자 = 2.937 + 0.375*(0) = 2.937

위 식에서 알 수 있듯이, 상수 2.937은 준거범주인 여자의 직무만족 평균을 의미하며, 가변수의 계수인 0.375는 준거범주인 여자와 남자 간의 직무만족 평균의 차이를 가리킨다. 그리고 가변수인 Dsex의 계수에 대한 유의성 검정 결과를 보면, 유의확률이 .002로서 유의수준 .01보다 작다. 이것은 유의수준 .01에서 남자와 여자의 직무만족 평균 간에는 유의미한 차이가 있다는 것을 뜻한다.

제 17 장

타당도 및 신뢰도 분석

Key Words

수렴 및 판별타당도, 요인분석, 내적일관성방법, 크론바흐의 알파

17.1 목적

자료수집이 완료되면 우선 빈도분석과 기술통계분석을 실시하여 자료의 전체적인 특성을 파악한 후에 이어서 변수들의 측정에 사용된 측정도구, 즉 척도들의 타당도와 신뢰도를 분석한다. 그러나 타당도와 신뢰도 분석을 이해하기 위해서는 일정 수준 이상의 통계적 지식이 필요하기 때문에 마지막 장에서 다루게 된 것이다.

측정도구를 이용해서 개념(변수)을 측정할 때 여러 가지 이유로 인하여 **실제값**(true value)**과 측정값**(observed value) **간에 차이가 발생하는데, 이러한 차이를 측정오차**(measurement error)라고 한다. 측정과정에서 측정오차는 불가피하게 발생하게 되어 있는데, 이러한 측정오차는 체계적 오차와 비체계적 오차로 구분된다. 체계적 오차는 측정 시에 항상 일정한 방향으로 나타나는 오차를 가리키며, 비체계적 오차는 이러한 방향성을 띠지 않는 무작위적 오차를 의미한다. 전자는 척도의 타당도와 관련되며, 후자는 척도의 신뢰도와 관련된다.

타당도는 척도가 측정하고자 하는 개념이나 속성을 정확하게 측정해내는 정도를 가리키며, **신뢰도**는 척도를 이용하여 측정을 반복했을 때 얻어지는 측정값들의 일관성을 의미한다. 간단하게 말하면, 타당도는 측정의 정확성을 의미하며, 신뢰도는 측정의 일관성을 가리킨다. 척도의 타당도와 신뢰도가 높을수록 그 척도는 측정속성이 우수한 척도로 간주된다. 척도의 타당도와 신뢰도를 추정하는 방법에는 여러 가지가 있다. 본 장에서는 타당도 및 신뢰도 분석방법에 가장 널리 사용되는 요인분석과 크론바흐 알파(Cronbach's α)를 상세하게 다루도록 하겠다.

17.2 타당도 분석

1. 타당도 평가와 요인분석

앞의 제3장에서 살펴보았듯이, 타당도에는 액면타당도, 내용타당도, 기준관련 타당도, 개념구성타당도, 수렴 및 판별타당도 등이 있다. 그러나 수렴 및 판별타당도 분석을 통한 척도의 타당성 평가방법이 가장 널리 사용되고 있으며, **척도의 수렴 및 타당도 평가방법으로 요인분석(factor analysis)기법이 주로 적용되고 있다.**

요인분석은 원래 여러 변수 간의 관계성이나 패턴을 파악하고 변수들이 갖고 있는 정보를 잠재된 적은 수의 구조로 축약하거나 요약하기 위해 사용되는 다변수 통계기법이다. 요인분석의 기본적인 접근방법은 밀접하게 상관되어 있는 변수들은 하나의 공통 개념(요인)에 도달한다는 논리를 근거로 하여 상관관계를 갖는 변수들을 선형 결합에 의해 새로운 합성 변수(요인)로 결합하는 것이다. 요인분석은 일반적으로 (1) 요인추출방법의 선택, (2) 요인 수의 결정, (3) 요인의 회전, (4) 요인척도의 구성의 절차를 거쳐서 이루어진다.

(1) 요인추출방법의 선택

요인분석의 첫 단계는 변수(측정문항)들 간의 상관관계를 적절하게 설명하는 요인의 수를 추출하는 것이며, 이를 위해서 요인추출방법을 결정해야 한다. 요인추출방법으로는 아래의 [표 17-1]에 제시되어 있듯이 다양한 방법들이 있다. 요인추출방법마다 고유의 장단점이 있지만, 어떤 추출방법을 사용하든 간에 일반적으로 분석 결과에는 큰 차이가 없다. 요인추출방법으로는 보통 주성분분석법이 널리 사용되고 있다. 그러나 이 방법은 측정오차가 없다는 비현실적인 가정에 기반하고 있다는 점에 유의할 필요가 있다.

[표 17-1] 요인추출방법

(1) 주성분분석법(principal components analysis)
(2) 가중되지 않은 최소제곱법(unweighted least-squares method)
(3) 일반화 최소제곱법(generalized least squares method)
(4) 최대우도(maximum likelihood)
(5) 주축요인 추출(principal axis factoring)
(6) 알파 요인 추출(Alpha factoring)
(7) 이미지 요인 추출(Image analysis)

(2) 요인 수의 결정

요인분석의 두 번째 단계는 요인추출방법을 이용하여 추출할 요인의 수를 결정하는 것이다. 요인의 수를 결정하는 방법 혹은 기준들은 다음과 같다

① **스크리 검사법(scree test)**: 요인의 고유값(eigenvalue)은 해당 요인이 설명하는 변수들의 분산을 가리킨다. 스크리 검사법은 고유값이 갑자기 작아지고 평준화되는 지점까지를 유의미한 요인의 수로 판단한다.

② **카이저 규칙(Kaiser rule)**: 이것은 요인의 고유값이 1이 넘어야 한다는 기준이다.

③ **누적분산비율**: 추출되는 요인들이 누적적으로 설명하는 분산의 비율을 기준으로 하여 요인의 수를 결정한다. 기준으로는 누적분산비율이 75~80%가 되는 요인의 수가 제시되기도 하고, 누적분산비율이 50%가 되는 요인의 수가 제시되기도 한다. 누적분산비율 기준이 높을수록 요인의 수가 많아지며, 누적분산비율 기준이 낮을수록 요인의 수가 적어진다.

④ **해석가능성**: 연구주제 혹은 이론에 근거하여 요인의 수를 결정한다.

위의 기준들 중에 카이저 규칙이 많이 사용된다. 그러나 각 기준들마다 장단점이 있으며, 어떠한 기준도 다른 기준들과 비교해서 절대적 우위를 지니고 있다고 말할 수 없다. 따라서 요인의 수를 결정할 때 전적으로 카이저 규칙에 의존하는 것은 바람직하지 않으며, 복수의 기준을 종합적으로 고려하여 요인의 수를 결정하는 것이 좋다.

(3) 요인의 회전

1단계에서 선택한 요인추출방법을 사용하여 2단계에서 결정한 요인의 수를 추출하면 요인구조(factor structure)가 얻어진다. 그러나 초기 요인구조는 해석이 쉽지 않으며 각 요인들이 뚜렷한 의미를 갖지 못하는 경우가 많다. 따라서 더 단순하고 쉽게 해석이 가능한 요인구조를 찾기 위해서 요인들을 회전시킨다. 즉 요인회전의 기본원리는 요인부하량(factor loadings)이 큰 값은 더욱 크게 하고 작은 값은 더욱 작게 하여 요인구조의 해석을 쉽게 하는 것이다.

요인회전 방법에는 회전축이 직각을 유지하는 **직각회전(orthogonal rotation)**과 회전축을 직각 이외의 각으로 회전시키는 **사각회전(oblique rotation)**이 있다. 추출되는 요인들이 서로 독립적일 경우, 즉 요인들 간의 상관관계가 없을 경우에는 직각회전을 사용한다. 그러나 요인들 간에 상관관계가 존재할 경우에는 사각회전을 사용한다. 직각회전과 사각회전 방법에는 [표 17-2]에 제시되어 있듯이 다양한 종류가 있다.

[표 17-2] 회전방법과 종류

직각회전	사각회전
(1) 베리멕스(Varimax) (2) 쿼티멕스(Quartimax) (3) 이퀴멕스(Equimax) (4) 프로멕스(Promax)	(1) 직접 오블리민(direct oblimin) (2) 준거축(reference axis)

추출되는 요인들 간에 상관관계가 존재하지 않는 경우는 현실적으로 매우 드물기 때문에 직각회전은 사실 비현실적인 가정에 바탕을 두고 있다는 문제점이 있다. 반면에 사각회전의 경우 현실적인 가정에 근거하고 있기는 하지만 회전 후에 얻어지는 요인구조가 명확하지 않아서 해석이 곤란한 경우가 종종 발생한다는 문제점을 안고 있다. 직각회전과 사각회전은 이처럼 각각 장단점을 지니고 있다.

그럼에도 불구하고 요인회전방법으로는 사각회전보다는 직각회전이 많이 사용되고 있는데, 그 이유로는 회전 후에 얻어지는 요인구조가 명확하고 단순해서 해석이 용이하다는 장점이 있기 때문이다. 그러나 직각회전이 비현실적인 가정에 기초해 있다는 점에 유의할 필요가 있다. 직각회전의 경우 요인부하량은 요인과 변수 간의 상관계수에 해당한다. 사각회전의 경우 요인부하량은 회귀분석의 표준화 회귀계수에 해당한다. 요인구조의 해석에 있어서 각 변수들은 요인부하량이 가장 높은 요인에 속하는 것으로 본다. 요인부하량의 크기에 대한 기준과 관련하여 일반적으로 0.3 이상이면 해당 요인에 속한다고 본다. 그러나 보다 보수적으로 0.4 혹은 0.5 이상을 기준으로 사용하기도 한다.

(4) 요인 척도의 구성

요인분석은 각 요인들에 속하는 변수들의 선형 결합으로 묶인 변수인 요인값(factor score)들을 제공해 준다. 이 값들로 요인 척도를 구성하여 회귀분석이나 평균차이 검정 등에 활용할 수 있다. 그러나 요인분석을 이용한 측정도구의 타당도 분석은 앞의 3단계에서 마무리되는 것이 일반적이므로, 요인값을 이용한 통계분석은 다루지 않기로 하겠다.

2. 실행방법

'직장인 근무환경조사.sav' 파일에 포함되어 있는 '직무다양성' 및 '직무도전성' 변수는 각각 '직무다양성1' ~ '직무다양성4'의 4개 문항과 '직무도전성1' ~ '직무도전성4'의 4개 문항으로 측정된 것이다. 이 8개 문항들을 가지고 요인분석을 실시하여 측정도구의 수렴 및 판별타당도를 알아보기로 하자.

① "직장인 근무환경조사.sav" 파일을 [SPSS 데이터 편집기]에 가져온 후 주요 메뉴에서 다음과 같은 순서로 실행하여 [요인분석] 대화상자를 연다.

분석(T) → 차원감소(D) → 요인분석(F)

② [그림 17-1]과 같이 [요인분석] 대화상자가 열리면 왼쪽의 변수목록에서 '직무다양성1' ~ '직무다양성4', '직무도전성1' ~ '직무도전성4'의 8개 변수(문항)를 선택하여 [변수(V)] 상자로 옮긴다.

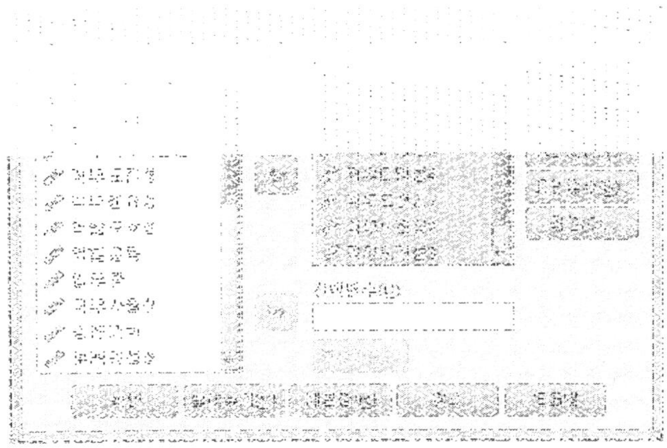

[그림 17-1] **요인분석 대화상자**

③ [요인분석] 대화상자의 오른쪽 상단에 있는 [기술통계(D)] 버튼을 누른 후 [기술통계] 대화상자가 나타나면 [그림 17-2]와 같이 [상관행렬] 상자에서 [계수C)]와 [KMO와 Batlet의 구형성 검정(K)]을 선택한다. [초기해법]은 초기공통성, 고유값, 설명된 분산의 비율을 표시하는 옵션으로 기본설정으로 지정되어 있다.

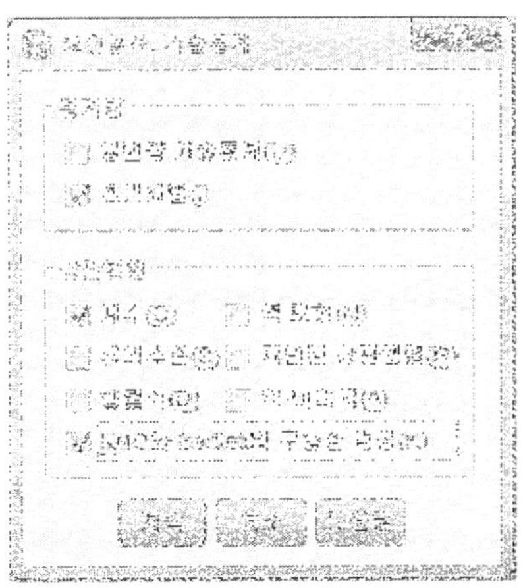

[그림 17-2] **요인분석: 기술통계 대화상자**

④ [요인분석] 대화상자의 오른쪽 상단에 있는 [요인추출(E)] 버튼을 누른 후 [그림 17-3]이 나타나면 [방법(M)] 상자에서 요인추출방법으로 [주성분]을 선택한다. [추출] 상자에서 요인추출기준으로 [고유값 기준]을 선택한다. 이

옵션들은 이미 기본설정으로 지정되어 있다. 그리고 [표시] 상자에서 [스크리도표]를 선택한 후 [계속] 버튼을 누른다.

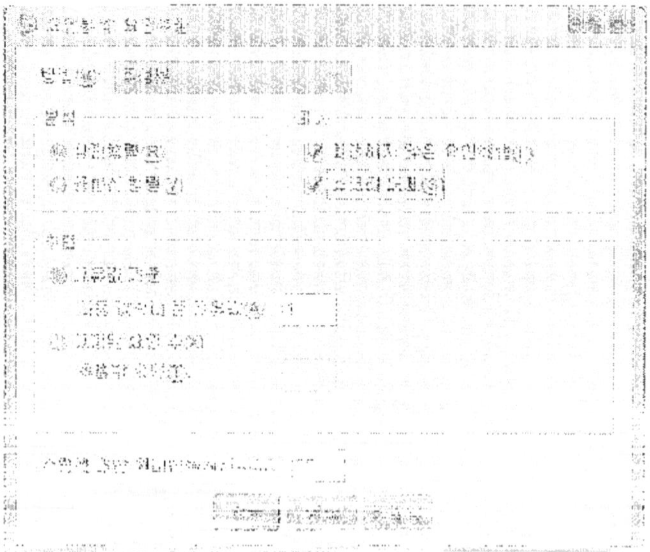

[그림 17-3] **요인분석: 요인추출 대화상자**

⑤ [요인분석] 대화상자가 다시 나타나면 오른쪽 상단에 있는 [요인회전(T)] 버튼을 누른다. [그림 17-4]와 같이 [요인분석: 요인회전] 대화상자가 나타나면 [방법] 상자에서 요인회전방법으로 [베리맥스(V)]를 선택한다. [계속] 버튼에 이어 [확인] 버튼을 누른다.

[그림 17-4] **요인분석: 요인회전 대화상자**

3. 분석결과 및 해석

[표 17-3]에 제시된 상관행렬을 보면 직무다양성 측정문항들인 '직무다양성1'에서 '직무다양성4'까지의 문항들 상호 간에 그리고 직무도전성 측정문항들인 '직무도전성1'에서 '직무도전성4'까지의 문항들 상호 간에 높은 상관관계를 맺고 있다는 것을 보여주고 있다.

[표 17-3] 상관행렬

		직무다양성1	직무다양성2	직무다양성3	직무다양성4	직무도전성1	직무도전성2	직무도전성3	직무도전성4
상관계수	직무다양성1	1.000	.764	.475	.515	.445	.389	.334	.221
	직무다양성2	.764	1.000	.471	.534	.459	.394	.363	.276
	직무다양성3	.475	.471	1.000	.765	.209	.304	.235	.295
	직무다양성4	.515	.534	.765	1.000	.282	.378	.301	.283
	직무도전성1	.445	.459	.209	.282	1.000	.469	.480	.407
	직무도전성2	.389	.394	.304	.378	.469	1.000	.531	.548
	직무도전성3	.334	.363	.235	.301	.480	.531	1.000	.579
	직무도전성4	.221	.276	.295	.283	.407	.548	.579	1.000

KMO 표본적합성 측도(Kaiser-Meyer-Olkin's measure of sampling adequacy)는 분석에 투입된 변수(문항)들 간의 상관행렬이 요인분석에 적합한 정도를 측정하는 데 사용된다. KMO값이 1에 가까울수록 좋은 것이며, 최소한 .50 이상이어야 요인분석에 적합하다고 할 수 있다. KMO값이 .50 미만이면 분석에 포함된 변수(문항)들 간의 상관행렬이 요인분석에 적합하지 않다는 것을 가리킨다. 본 분석결과인 [표 17-4]를 보면 KMO값이 .802로서 아주 높은 값을 보이고 있기 때문에 분석에 투입된 변수(문항)들 간의 상관행렬은 요인분석에 매우 적합하다고 할 수 있다.

Bartlett의 구형성 검정(Bartlett's test of sphericity)도 KMO와 마찬가지로 요인분석에 투입된 상관행렬의 적합성을 검정하는 데 사용되며, "상관행렬은 단위행렬(대각선이 1이고 나머지는 0인 행렬)이다(즉, 측정문항들이 서로 상관되어 있지 않다)"는 영가설을 검정하는 것이다. [표 17-4]의 구형성 검정 결과를 보면 유의확률이 .000으로 유의수준 .01보다 작기 때문에 상관행렬이 단위행렬이라는 영가설은 유의수준 .01에서 기각된다. 따라서 요인분석에 투입된 변수(문항)들 간의 상관행렬이 단위행렬이 아니기 때문에 요인분석에 적합하다고 할 수 있다.

[표 17-4] KMO와 Bartlett 검정

표준형성 적절성의 Kaiser-Meyer-Olkin 측도.		.802
Bartlett의 구형성 검정	근사 카이제곱	859.344
	자유도	28
	유의확률	.000

[표 17-5]에는 공통성(communalities, h^2)이 제시되어 있다. 요인분석에 투입되는 변수(문항)들은 분석에 앞서 모두 표준화되기 때문에 평균은 0, 분산은 1의 값을 갖는다. 표에 제시된 초기값은 분석에 투입된 변수들의 분산을 가리킨다. 따라서 초기값은 항상 모두 1이며, 추출값을 보아야 한다. 추출값은 추출된 공통의 요인들에 의해 설명되는 특정 변수의 분산 비율을 나타내며, 특정 변수의 모든 요인부하량을 제곱하여 합한 값과 같다. 예컨대 '직무다양성1'의 추출값 .673은 추출된 2개의 요인([표 17-5] 참조)이 '직무다양성1'의 분산을 약 67% 설명한다는 것을 의미하며, 이 값은 [표 17-8]의 성분행렬에 제시된 '직무다양성1'의 요인부하량들을 제곱하여 합한 값과 동일하다. 일반적으로 공통성이 0.4 이상 되어야 하며, 공통성이 0.4 미만인 문항들은 제거해야 한다고 주장된다. 본 분석에서는 공통성이 0.4 미만인 문항들이 없는 것으로 나타나고 있다.

[표 17-5] 공통성

	초기	추출
직무다양성1	1.000	.673
직무다양성2	1.000	.683
직무다양성3	1.000	.695
직무다양성4	1.000	.739
직무도전성1	1.000	.538
직무도전성2	1.000	.639
직무도전성3	1.000	.692
직무도전성4	1.000	.657

추출방법: 주성분 분석.

[표 17-5]를 보면 첫째 열에 8개의 성분이 나와 있다. 이는 요인분석을 통해 추출될 수 있는 최대 요인 수가 분석에 투입된 전체 변수(문항)의 수와 동일하기 때문이다. 각 요인 바로 오른쪽에 제시된 값들은 초기 고유값인데, 이것은 각 요인에 의해 설명되는 각 변수(문항)의 분산의 총합으로서 각 요인별로 변수들의

요인부하량을 제곱하여 더한 값과 동일하다. 조금 더 구체적으로 설명하면, 분석에 포함된 변수들은 모두 표준화되어 있기 때문에 변수들의 분산은 모두 1로 동일하다. 본 분석에 포함된 변수가 모두 8개이므로 변수들의 분산을 모두 합하면 8이 된다. 따라서 표에 제시된 성분1과 성분2의 고유값 3.941과 1.374는 첫 번째 요인과 두 번째 요인에 의해 설명되는 변수들의 분산의 총합이 각각 3.941과 1.374만큼 된다는 것을 가리킨다. 그리고 두 번째 열에 제시된 고유값들을 모두 합하면 전체 분산의 크기인 8이 된다. 본 분석에서는 요인수 결정기준으로 카이저 규칙을 선택하였으며, 고유값이 1 이상인 요인의 수가 2개이므로 요인의 수를 2개로 결정한다.

분산설명비율(%분산)은 각 고유값들을 전체분산으로 나눈 비율을 백분율로 나타낸 것이다. 따라서 요인1과 요인2의 분산설명비율은 각각 고유값 3.941과 1.374를 전체 분산인 8로 나눈 후 백분율로 나타낸 값인 49.264%와 17.177%가 된다. 누적분산비율(%누적)은 분산설명비율의 누적비율을 가리킨다. 따라서 요인2의 누적분산비율은 49.264%와 17.177%의 합인 66.441%가 된다. 앞에서 설명했듯이, 이 누적분산비율이 요인 수의 결정 기준으로 사용되기도 한다.

[표 17-6] **설명된 총분산**

성분	초기 고유값			추출 제곱합 적재값			회전 제곱합 적재값		
	전체	% 분산	% 누적	전체	% 분산	% 누적	전체	% 분산	% 누적
1	3.941	49.264	49.264	3.941	49.264	49.264	2.755	34.433	34.433
2	1.374	17.177	66.441	1.374	17.177	66.441	2.561	32.008	66.441
3	.880	10.997	77.438						
4	.482	6.029	83.467						
5	.468	5.848	89.315						
6	.400	4.999	94.314						
7	.244	3.044	97.358						
8	.211	2.642	100.000						

추출방법: 주성분 분석.

[표 17-7]에 제시된 스크리 도표는 고유값의 변화를 그래프로 보여주고 있다. 스크리 도표를 요인 수의 결정기준으로 사용할 때는 고유값이 급격하게 작아지는 지점에서 요인의 수를 결정한다. 여기서는 요인이 2개를 넘어서는 지점에서 고유값이 급격하게 작아지면서 평준화되고 있다. 따라서 본 스크리 도표에 근거하여 요인의 수를 2개로 결정할 수도 있다.

[표 17-7] 스크리 도표

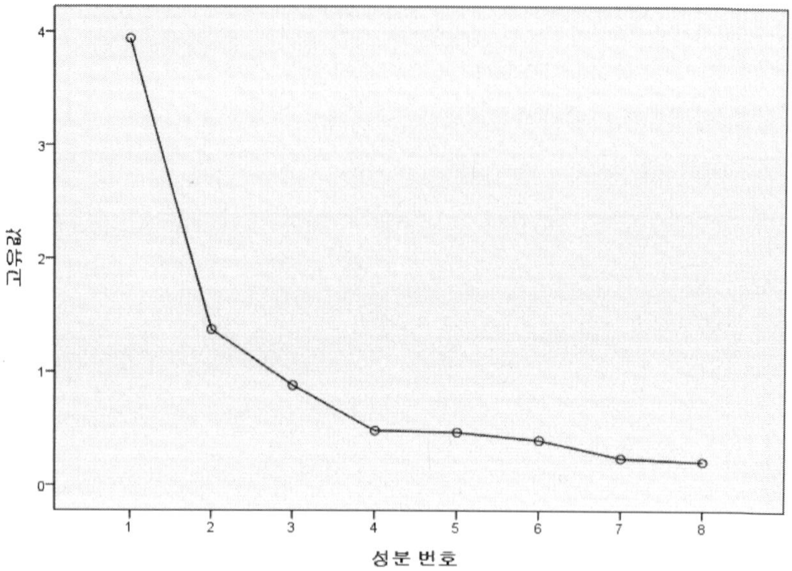

[표 17-8]의 성분행렬(component matrix)은 회전시키기 이전의 요인부하량 행렬을 나타낸다. 그러나 이 행렬은 해석이 쉽지 않다. 따라서 요인구조를 더 단순화고 해석이 쉽도록 베리멕스 회전방법을 이용하여 직각회전시킨 결과인 [표 17-9]의 회전된 성분행렬(rotated component matrix)을 살펴보도록 하자. 앞서 이미 설명했듯이, 요인부하량 판단기준으로는 일반적으로 0.3이 많이 사용되나, 이보다 보수적인 기준으로 0.4나 0.5를 사용하기도 한다. 본 분석에서는 요인부하량 판단기준으로 보수적인 기준인 0.5를 사용하기로 하겠다.

[표 17-8] 성분행렬[a]

	성분	
	1	2
직무다양성1	.756	-.320
직무다양성2	.776	-.283
직무다양성3	.673	-.492
직무다양성4	.731	-.452
직무도전성1	.662	.315
직무도전성2	.710	.368
직무도전성3	.669	.494
직무도전성4	.624	.517

요인추출 방법: 주성분 분석.

a. 추출된 2 성분

[표 17-9]의 요인부하량 행렬을 보면, '직무다양성1'에서 '직무다양성4'까지의 측정변수(문항)들은 모두 0.7 이상의 높은 값으로 요인1에 적재되는 반면에 요인2에서는 0.4 미만의 낮은 값을 보이고 있다. 한편 '직무도전성1'에서 '직무도전성4'까지의 측정변수(문항)들은 모두 0.6 이상의 높은 값으로 요인2에 적재되는 반면에 요인1에서는 0.3 미만의 낮은 값을 보이고 있다. 이상의 결과는 '직무다양성1'에서 '직무다양성4'까지의 4개의 문항으로 구성된 직무다양성 척도와 '직무도전성1'에서 '직무도전성4'까지의 4개의 문항으로 구성된 직무도전성 척도는 적절한 수렴 및 판별타당도를 지니고 있다는 것을 가리킨다.

[표 17-9] 회전된 성분행렬[a]

	성분	
	1	2
직무다양성1	.772	.279
직무다양성2	.761	.320
직무다양성3	.828	.097
직무다양성4	.843	.166
직무도전성1	.272	.681
직무도전성2	.271	.752
직무도전성3	.155	.817
직무도전성4	.105	.803

요인추출 방법: 주성분 분석.
회전 방법: Kaiser 정규화가 있는 베리멕스.
a. 3 반복계산에서 요인회전이 수렴되었습니다.

17.3 신뢰도 분석

1. 측정과 신뢰도

신뢰도는 측정의 일관성을 의미한다. 이를 통계적으로 표현하면 신뢰도는 참값의 분산과 측정값의 분산의 비율을 가리킨다. 이를 이해하기 위해서 아래의 식을 검토해 보자.

$$X = t + e$$

위의 식에서 X는 측정값, t는 참값, e는 무작위오차를 가리킨다. 이것은 측정대상에 측정도구를 적용하여 얻은 측정값 X는 참값 t와 무작위오차 e의 두 요소로 구성된다는 것을 의미한다. 위의 식에서 측정값 X의 분산 Var(X)을 계산하면 다음과 같이 된다.

$$\begin{aligned} Var(X) &= Var(t + e) \\ &= Var(t) + 2Cov(t, e) + Var(e) \end{aligned}$$

위의 식에서 t와 e의 공분산인 Cov(t, e)는 0이 되며, 따라서 아래의 식이 성립한다.

$$Var(X) = Var(t) + Var(e)$$

측정도구의 신뢰도 ρ_x는 다음과 같이 계산된다.

$$\rho_X = Var(t)/Var(X)$$

ρ_x는 0~1 사이의 값을 가지며 1의 값에 가까울수록 신뢰도가 높다는 것을 의미한다. 일반적으로 신뢰도 계수가 .6 이상이면 수용가능, .7 이상이면 만족, .8 이상이면 아주 만족스러운 수준을 가지는 것으로 본다.

[표 17-10] 신뢰도 수준에 따른 해석 비교

신뢰도 수준	해석
.6 이상	수용가능(acceptable)
.7 이상	만족(satisfactory)
.8 이상	아주 만족(very satisfactory)

2. 신뢰도 추정방법

(1) 재조사법

재조사법은 동일한 대상자들에게 시간적 간격을 두고 측정도구를 반복하여 적용한 후 두 번의 측정에서 얻은 값들 간의 상관계수를 계산하여 신뢰도를 추정하는 방법이다. 첫 번째 측정값을 X_1, 두 번째 측정값을 X_2라 하면 신뢰도 ρ_x는 다음과 같이 계산된다.

$$\rho_x = \rho_{X_1 X_2}$$

(2) 평행법

평행법은 본질적으로 동일한 개념을 측정하는 두 개의 서로 다른 측정도구를 만들어서 동시에 또는 일정한 시간 간격을 두고 동일한 대상자들에게 측정을 하고 그 두 측정에서 얻은 값들 간의 상관계수를 계산하여 신뢰도를 추정하는 방법이다. 첫 번째 측정도구를 사용하여 얻은 측정값을 X_1, 두 번째 측정도구를 사용하여 얻은 측정값을 X_2라 하면 신뢰도 ρ_x는 다음과 같이 계산된다.

$$\rho_x = \rho_{X_1 X_2}$$

(3) 반분법

반분법은 측정문항들을 무작위로 반씩 나누어서 각각에서 얻어진 측정값들을 두 번의 조사에서 얻어진 것처럼 간주하여 둘 사이의 상관계수를 계산하여 신뢰도를 추정한다. 만일 둘 사이의 상관관계가 $\rho_{XX'}$라면 신뢰도 ρ_x는 아래의 스피어맨-브라운 공식(Spearman-Brown prophecy formula)을 사용하여 계산한다.

$$\rho_x = \frac{2\rho_{XX'}}{1 + \rho_{XX'}}$$

(4) 내적 일관성 방법

반분법은 전체 문항들을 어떻게 양분하느냐에 따라 신뢰도 계수가 달라질 수 있다. 이런 문제점을 극복한 것이 내적 일관성 방법이다. **내적 일관성 방법으로 신뢰도를 추정할 경우 보통 크론바흐의 알파(Cronbach's α)를 구하며, 이것이 척도의 신뢰도 계수로 가장 널리 사용된다.** 크론바흐의 알파는 어떤 개념이나 속성의 서로 다른 측면들을 측정하는 서로 다른 문항들이 얼마나 서로 잘 보완하여 전체적으로 그 개념이나 속성을 얼마나 일관성 있게 측정하고 있는가를 나타내 준다. 문항 수가 N개이고 문항들간의 상관계수의 평균을 $\bar{\rho}$라고 하면, 크론바흐의 알파는 다음과 같이 계산된다.

$$\alpha = \frac{N\bar{\rho}}{1 + \bar{\rho}\,(N-1)}$$

3. 실행방법

'직장인 근무환경조사.sav' 파일에 포함되어 있는 '직무다양성' 척도('직무다양성1'~'직무다양성4')에 대해서 가장 널리 사용되는 신뢰도 계수인 크론바흐의 알파를 계산해 보자.

① "직장인 근무환경조사.sav" 파일을 [SPSS 데이터 편집기]에 가져온 후 주요 메뉴에서 다음과 같은 순서로 실행하여 [신뢰도분석(R)] 대화상자를 연다.

분석(T) → 척도(A) → 신뢰도분석(R)

② [그림 17-5]와 같이 [신뢰도분석] 대화상자가 열리면 왼쪽의 변수목록에서 '직무다양성1' ~ '직무다양성4'의 4개의 변수(문항)를 선택하여 [항목(I)] 상자로 옮긴다. [신뢰도분석] 대화상자의 아래쪽에 있는 [척도설명] 상자에 "직무다양성"이라고 척도이름을 입력한다. [모형(M)]에서 신뢰도분석방법을 선택하는데, 가장 널리 사용되는 [알파](크론바흐의 알파)가 이미 기본설정으로 지정되어 있다.

[그림 17-5] **신뢰도분석 대화상자**

③ [신뢰도분석] 대화상자의 오른쪽 상단에 있는 [통계량(S)] 버튼을 누른다. [그림 17-6]에서와 같이 [신뢰도분석; 통계량] 대화상자가 열리면 [다음에 대한 기술통계량]에서 [항목제거시척도(A)]를 선택하고, [항목내] 상자에서 [상관관계(R)]를 선택한다. [계속] 버튼에 이어서 [확인] 버튼을 누른다.

[그림 17-6] **신뢰도분석: 통계량 대화상자**

4. 분석결과 및 해석

[표 17-11]을 보면 분석에 포함된 '직무다양성1' ~ '직무다양성4'의 4개의 문항 모두를 포함했을 때 크론바흐의 알파는 .851으로서 매우 만족스러운 신뢰도 수준을 보여주고 있다.

[표 17-11] **신뢰도 통계량**

Cronbach의 알파	Cronbach's Alpha Based on Standardized Items	항목 수
.851	.851	4

[표 17-12]의 항목 간 상관행렬을 보면 .471에서 .764 범위의 값들을 보이고 있어 항목들 간에 대체로 높은 상관을 맺고 있다고 할 수 있다. [표 17-13]에는 항

목 총계 통계량이 제시되어 있는데, 이 중에서 오른쪽 끝에 있는 [항목이 삭제된 경우 Cronbach 알파]만 보면 된다. 이것은 해당 문항이 제거되었을 경우 크론바흐 알파값이 어떻게 변화하는지를 보여준다. 분석결과를 보면 각각의 문항이 제거될 경우 크론바흐의 알파가 .851보다 오히려 감소한다는 것을 알 수 있다. 따라서 직무다양성 척도의 신뢰도를 향상시키기 위해서 특정 문항을 제거할 필요가 없다고 할 수 있다.

[표 17-12] 항목 간 상관행렬

	직무다양성1	직무다양성2	직무다양성3	직무다양성4
직무다양성1	1.000	.764	.475	.515
직무다양성2	.764	1.000	.471	.534
직무다양성3	.475	.471	1.000	.765
직무다양성4	.515	.534	.765	1.000

[표 17-13] 항목총계 통계량

	항목이 삭제된 경우 척도 평균	항목이 삭제된 경우 척도 분산	수정된 항목-전체 상관관계	제곱 다중 상관관계	항목이 삭제된 경우 Cronbach 알파
직무다양성1	9.75	6.233	.684	.603	.813
직무다양성2	9.65	6.168	.690	.610	.810
직무다양성3	9.93	6.218	.669	.594	.819
직무다양성4	9.98	5.904	.717	.626	.799

제 18 장

보고서의 작성과 프레젠테이션

Key Words

인지된 동의, 사생활 보호, 자발적 참여, 익명성
가치중립, 완전성, 간결성, 짝퉁 질문조사

우리는 이제까지 과학적 조사연구에 필요한 여러 가지 이론과 수집된 자료를 분석하기 위한 통계적 분석방법들에 대하여 학습하였다. 그런데 이러한 조사방법과 분석방법에 대한 이론적, 실무적 지식 못지않게 중요하면서도 소홀히 다루는 주제가 있다. 그것은 바로 조사연구의 결과를 다른 사람들에게 어떻게 보고하고 전달할 것인가의 문제이다. 만일 조사결과를 효과적으로 전달하지 못한다면 이제까지 학습한 과정에 바친 모든 노력은 허사가 될 것이다.

그래서 본서에서는 마지막으로 보고서의 작성과 관련된 문제들과 더불어 보고서를 필요로 하는 이용자들에게 보고서의 내용을 효과적으로 전달할 수 있는 프레젠테이션 방법에 대하여 논의하고자 한다.

18.1 사회조사의 윤리적 쟁점

사회조사는 인간이 살아가고 있는 사회현상을 인지하고, 설명하고, 더 나아가 보다 나은 의사결정을 위하여 수행되는 것이다. 이와 같이 사회조사의 바탕은 인간이 살아가는 사회에 두고 있기 때문에 연구자들은 그 조사과정이나 조사결과가 윤리적으로 적절한지 아니면 부적절한지에 대하여 일반적 동의를 얻어야 한다.

이러한 사회조사의 윤리적 문제들에 대하여 논의하기 전에 먼저 [사례 18-1]부터 살펴보도록 하자. [사례 18-1]은 미국 일리노이주립대학 사회학과 교수인 Kathleen McKinney의 "인간의 성행위에 대한 조사에서의 윤리적 쟁점"에 대한 연구보고서의 일부를 발췌, 요약한 것이다.

사례 18-1 ▶ 인간의 성행위에 대한 조사에서의 윤리적 쟁점

어떠한 형태의 조사일지라도 인간의 행위를 연구하는 경우에는 윤리적 관심이 중요한 문제가 된다. 특히 이러한 문제는 인간의 성행위와 같이 지극히 개인적 행위에 대한 연구의 경우 더욱 두드러진다. 왜냐하면 성행위는 지극히 개인적이며, 돌출적이고, 위협적인 특성을 가진 주제이기 때문이다. 인간의 성행위 조사에 대하여 일반인은 물론 입법권자인 국회의원들에게 그동안 논의되어온 3개의 윤리적 기준은 다음과 같다.

① 인지된 동의(Informed Consent) : 이 기준은 조사대상자나 응답자들에게 조사의 성격과 내용에 대하여 사전에 구두나 서면으로 동의를 받아야 한다는 기준이다. 가능하면 충분한 설명을 통하여 자발적 참여를 유도하고, 위협적이거나 기만적이고 은밀한 방법

으로 조사가 진행되어서는 안 된다는 것이다. 이 문제는 비록 성행위와 같은 지극히 개인적인 행위와 같은 조사는 물론 모든 사회조사는 분명히 자발적인 상태에서 참여자로부터 사전 동의를 받아 실행되어야만 한다.

② 사생활 보호권(Right to Privacy) : 성행위와 같은 문제는 지극히 개인적인 성격을 갖고 있으며, 또한 사회통제에 대한 사회적 관심도 높다. 그래서 이러한 분야에 대한 조사에서는 특히 사생활권 보호가 매우 중요하다. 성생활의 특정 측면이 공개되면 가족문제가 발생하거나, 직장이나 동료들 간에도 문제가 발생할 수도 있다. 이러한 문제는 성도착과 같은 경우에 특히 두드러지게 나타난다. 그래서 익명성이 보장되어야 하고, 자료의 분석과 보고는 집단이나 집합 수준에서 이루어져야 한다.

③ 피해보호(Protection from Harm) : 피해에는 신체적 피해는 물론 정서적, 심리적 피해까지도 포함된다. 특히 불안감을 유발하거나 불쾌한 기억을 갖게 되는 것과 같은 잠재적 피해는 조사방법에 따라 다르게 나타날 수 있다. 이러한 문제를 해결하기 위해 연구자는 최대한 익명성을 보장받을 수 있도록 설문을 구성하고, 면접조사인 경우에는 보다 능숙한 면접자로 하여금 면접하도록 해야 조사 시 발생할 수 있는 문제들을 최대한 감소시킬 수 있다.

[사례 18-1]은 인간의 성행위에 대한 조사에서 나타날 수 있는 윤리적 문제의 일부를 보여주고 있다. 비록 이 사례가 지극히 개인적인 경우에 국한되어 있지만, 사회조사를 실시하는 연구자들은 조사 시에 모든 사회구성원들이 공유할 수 있는 일반적 동의사항에는 어떠한 것들이 있는가를 알아야만 한다. 사회조사에서 나타날 수 있는 중요한 윤리적 동의는 조사대상자 측면과 기타 관련자 입장, 그리고 정치적 관점에서 생각해 볼 수 있다.

1. 조사대상자 입장에서의 윤리적 동의

사회조사는 연구대싱자에게 많은 윤리적 의무를 가지고 있다. 그렇기 때문에 연구자들은 조사방법을 선택할 때나 조사결과를 발표할 때 윤리적 관점에서 조사대상자들로부터 일반적 동의를 얻어낼 수 있는가를 고려하여야만 한다.

사회조사에서 조사대상자의 입장에서 고려해야 할 윤리적 동의에는 자발적인 참여, 참여자에 대한 무해, 익명성과 비밀보장이 있다. 자발적 참여는 응답자 스스로 질문지 조사나 실험에의 참여가 자발적이어야 한다는 것이다. 사회조사는 때로는 응답자가 요청하지 않은 그리고 상당한 시간과 정열을 필요로 하고 있다. 그래서 이러한 동의는 사회조사에서 가장 우선적으로 고려되어야 한다.

참여자에 대한 무해는 사회조사에 자발적으로 참여하는지의 여부와 관계없이 조사대상자들에게 어떠한 해를 끼쳐서는 안 된다는 것이다. 즉 조사대상자들은 조사과정에서 심리적, 신체적으로 어떠한 위험이나 피해를 받아서는 안 된다는 것이다. 익명성과 비밀보장은 조사에 참여한 조사대상자들은 응답결과나 개인적 이익과 복지 보호에 대하여 보호를 받아야 한다는 것이다.

2. 기타 관련자 입장에서의 윤리적 동의

사회조사는 조사대상자 이외에도 보고서와 직 · 간접적으로 관련이 있는 사람들의 입장에서도 일반적인 동의를 얻어낼 수 있어야 한다. 여기서 기타 관련자란 연구자와 조사대상자를 제외한 모든 사람들을 의미하는 것으로 일반 대중, 학자, 조사 의뢰자 등이 포함된다. 사회조사에 의한 조사결과는 조사담당자는 물론 의뢰자, 학자, 조사결과에 관심이 있는 일반대중에게도 영향을 미치게 된다. 비록 조사결과가 이러한 관련자들에 의하여 받아들여지지 않더라도 연구자는 조사결과를 왜곡해서는 안 된다. 또한 조사과정에서 얻어진 정보를 다른 목적으로 이용해서도 안 된다.

다음의 [사례 18-2]는 대부분의 증권회사에서 기업분석보고서를 발표할 때 보고서의 맨 뒷부분에 제시하고 있는 Compliance Notice이다. 이러한 Compliance Notice는 해당 보고서가 분석을 수행한 증권회사나 분석의 대상이 되는 기업의 입장에서 수행되지 않았다는 것을 밝히는 것으로, 보고서의 객관성과 보고 결과에 대한 윤리적 동의를 확보하기 위한 것이다.

사례 18-2 ▸ 증권회사 기업분석보고에 대한 Compliance Notice

- 당사는 201×년 1월 20일 현재 해당 회사와 관련하여 특별히 이해관계가 없습니다.
- 본 자료는 201×년 1월 20일 기관투자가 등 제3자에게 사전에 제공한 사실이 있습니다.
- 본 자료는 201×년 1월 20일 기업메모로 당사 홈페이지에 게시된 자료입니다.
- 본 자료를 작성한 애널리스트(ㅇ ㅇ ㅇ)는 201×년 1월 19일 현재 해당 회사의 유가증권을 보유하고 있지 않습니다.

3. 정치적 관점에서의 윤리적 동의

정치적 견해는 윤리와 마찬가지로 이념적 관점에 의존하고 있다. 어느 한 관점에서는 수용할 수 있는 것이 다른 측면에서는 수용할 수 없는 것이 된다. 사회조사의 연구자는 인간이기 때문에 주관적일 수밖에 없으며 결코 지극히 객관적일 수 없다.

사회과학에서의 객관성과 중립성에 대하여는 많은 학자들이 주장해 왔으며, 또한 그 추상적 의미에 대하여는 대부분 동의를 하고 있다. 그러나 정치적 문제에 대해서는 많은 사람들이 조사보고서가 가치중립적인지 아니면 연구자의 정치적 견해가 반영되었는지에 대하여 끊임없이 논쟁을 벌여왔다. 과학은 정치적 문제에 대하여 중립적이지만, 과학자들은 그렇지 않다. 더욱이 많은 사회연구에는 불가피하게 외부의 정치적 신념이 개입된다. 이와 같이 대부분의 연구자들은 정치적 성향이 사회조사에 불공정하게 영향을 미쳐서는 안 된다고 동의를 하면서도, 실행할 때는 정치와 이념을 조사 수행으로부터 완전히 분리하는 것이 매우 어려울 수 있다.

다음의 [사례 18-3]은 최근 발간된 일본의 사회조사 전문가 다니오카 이치로의 『여론조사의 덫』이라는 책에 담긴 내용이다. 이 사례에서 작가가 지적하고 있듯이, 오늘날 우리 사회에서는 여론조사라는 도구를 이용하여 얼마나 많은 도덕적 해이 현상이 나타나고 있는가를 알 수 있다. 본서가 사회과학조사의 윤리적 측면을 새삼 강조하는 이유도 바로 여기에 있다.

[사례 18-4]에서는 인터넷을 통한 여론조사나 대표성이 없는 조사표본을 이용한 조사연구가 얼마나 심각하게 악용되고 있는가를 말해주고 있다. 이와 같이 오늘날 여론조사는 때때로 '묻지마 질문조사'나 '짝퉁 질문조사'와 같은 병폐를 낳고 있다.

사례 18-3 ▸ 여론 조사의 덫

'사회조사'라는 이름의 쓰레기가 넘쳐나고 있다. 그 쓰레기는 또 다른 쓰레기를 만들어 내어 악취를 풍기면서 사회와 대중을 끊임없이 현혹시킨다.

사회조사를 연구해 온 사람으로서 이야기를 하자면, 사회조사의 절반은 '쓰레기'이다. 그 쓰레기들은 다양한 이유에서 만들어진다. 자신의 입장을 보강하거나 변호하기 위해, 정치적인 입장을 강화하기 위해, 놀라운 발견을 한 것처럼 가장하기 위해, 아무 일도 하지 않은 것을 감추기 위해, 또는 차기 연구비나 예산을 획득하기 위해서 등등이 그 이유가 될 수 있다. 그리고 그것을 무지몽매한 매스미디어가 세상에 퍼뜨린다.

사례 18-4 ▶ 짝퉁 여론

중국은 미국, 일본, 독일 다음의 세계 4위 경제대국으로 발돋움했다. 그러나 아직도 중국을 얕잡아보는 사람이 적지 않다. 통계를 믿을 수 없다는 게 큰 이유다. 중국의 지방공무원들은 실적을 부풀리거나 불리한 데이터를 축소하는 게 예사라고 한다. 또 중앙정부는 통계에 정부의 의도를 반영하는 일도 있어 객관성 · 과학성이 떨어질 수밖에 없다.

현 정부가 민심을 잃은 것도 통계와 무관하지 않다. 대통령이 나서서 "강남 학생들이 서울대를 휩쓸고 있다. 서울대생의 60%가 강남 출신 학생들"이라고 터무니없는 발언을 했다. 스스로 정치적 의도에 매몰된 나머지 엉뚱한 얘기를 하고 만 것이다. '어디서 나온 통계냐'고 여론이 들끓자 "재외(在外) 국민 특별전형 합격자 53명의 출신지를 분석해 보니 그렇더라"는 기막힌 해명이었다. 대통령 아들이 미국 유학 가는 걸 보고, '현 정권 사람들은 모두 자녀를 유학 보낸다'고 말하는 것과 비슷하다.

부동산 관련 통계도 행정자치부 등의 부처가 의도에 따라 각색했다. "국민의 71%는 한 평의 땅도 갖고 있지 않다. 총인구의 상위 1%가 사유지의 51%를 보유하고 있다"는 것이다. 다수의 공분(公憤)을 불러일으키고 '편가르기'에는 도움이 됐을 것이다. 그러나 가구(家口)와 개인을 혼동한 잘못된 통계다. 이처럼 통계에서부터 신뢰를 잃은 정부가 밀어붙이는 부동산정책이 제대로 먹히겠는가.

더 나아가 '짝퉁 여론'을 생산하기 위해 조사의 기본과 원칙도 팽개치는 모양이다. 재정경제부 홈페이지의 여론조사는 나이와 직업을 묻지도 않고 중복 응답을 해도 막을 수 없게 돼 있다. 조사 표본의 '국민 대표성'이 애당초 없는 조사인 것이다. 지난 3년간 정부기관의 40%가 이처럼 조사방법론의 ABC도 충족시키지 못한 '주먹구구식 조사' 결과를 정책에 반영했다고 한다. 이런 부정확한 인터넷 여론조사 결과를 '민의'인 양 구실 삼아 입안 · 수행한 정책이 312건이나 된다고 한다. 참으로 멋대로다.

자료 : 동아일보, 2006.6.22.

18.2 보고서의 작성

1. 보고서의 목적

보고서는 조사의 목적을 항상 염두에 두고 작성하여야 한다. 보고서가 어떠한 목적을 가지고 있든지 조사목적이 분명하여야 조사목적을 확인할 수 있는 조사방법과 조사결과가 객관적이고 명확하게 표현되는 것이다. 보고서들은 대체로 탐색적 목적, 기술적 목적, 설명적 목적, 행동 제안을 목적으로 작성된다.

탐색적 목적으로 작성되는 보고서는 주요 관심주제에 대하여 탐색하는 데 초점을 맞추고 있는 것이다. 이러한 경우는 결론이 잠정적이고 불완전할 수 있기 때문에 조사의 목적과 한계를 분명하게 지적하여야 한다.

대부분의 보고서들은 **기술적 목적**을 가지고 있고, 이러한 조사보고서는 기술적인 요소들을 포함하게 된다. 즉 표본에 적용해야 할 기술의 내용과 모집단을 위한 기술의 내용을 주의 깊게 구분해야 할 뿐더러 추론적인 경우에는 수용할 수 있는 오차의 범위에 대해서도 지적하여야 한다.

설명적 목적을 위하여 작성되는 보고서들은 변수들 간의 인과관계를 지적하려는 것이다. 따라서 자료의 제시나 결론을 도출해 내는 데 논리적 체계에 근거하여 주의 깊게 서술하여야 한다.

마지막으로 어떤 조사보고서는 **행동을 제안하는 것을 목적**으로 작성되는 경우도 있다. 이러한 종류의 보고서에서 제안하고 있는 내용은 종종 연구자 자신의 가치관이나 성향과 충돌을 일으킬 수도 있다. 따라서 경험적 자료로부터 시작해서 제안을 제시하게 된 논리적 배경을 충분히 설명하는 데 특히 주의를 기울여야 한다.

2. 보고서의 작성기준은 무엇인가

좋은 보고서란 우선 읽는 사람이 쉽게 이해할 수 있도록 문장이 좋아야 한다. 또한 주제가 관심의 대상이 되어야 하고, 더 나아가 보고서의 결과가 현실적으로 활용이 가능해야 할 것이다.

이와 같이 좋은 보고서가 되기 위해서는 보고서의 내용이 보고서로써 갖추어야 할 일정한 기준에 적합하여야만 한다. 이러한 기준이란 곧 보고서의 내용이 완전하고, 정확하며, 명확하면서도 간결해야 한다는 것이다. 이러한 기준에 대하여 좀 더 구체적으로 살펴보자.

(1) 완전성

보고서에는 조사 초기에 제기되었던 문제들에 대한 정보가 모두 포함되어 있어야 한다. 또한 제기된 문제점에 대한 여러 가지 대안들과 선택된 대안에 대한 설명도 충분히 제시되어야 한다. 따라서 연구자는 조사 초기에 제시하였던 연구문제들이 제대로 해결되어 가고 있는가를 항상 확인, 검토해야만 한다.

이러한 조사문제에 대한 충분한 설명과 너불어 보고서는 보고시를 의뢰한 사람이나 관심이 있는 사람들로 하여금 이해하기 쉽도록 다양한 보충자료를 제시할 수 있어야 하며, 또한 보고서를 이용하는 사람의 입장에서 기술해야만 한다.

한편, 완전성은 간혹 간결성과 대치되는 경우도 있다. 즉 보다 완전한 설명과 이해를 위해 충분히 자료를 준비하다 보면 지나치게 과다한 정보를 제공하게 되어 결국은 정보과다현상을 야기하게 되어 오히려 효율적인 의사결정을 저해할 수도 있다. 따라서 연구자는 보고서 작성 시 정보이용자의 수준과 관심 및 이해능력 등을 고려하여 완전성의 정도를 결정해야 한다.

(2) 정확성

우리는 제5장에서 자료의 수집에 대한 설명을 하면서 'Garbage in, garbage out'이라는 표현을 한 적이 있다. 다시 말해서 좋은 자료만이 좋은 조사결과를 가져온다는 의미라고도 할 수 있다. 정확성은 바로 자료의 수집에서부터 조사결과의 해석에 이르기까지 영향을 미치는 기준이다.

정확성은 바로 조사목적에 적합한 자료의 수집과 적절한 분석과정, 그리고 분석결과에 대한 정확한 해석 등과 더불어 올바른 표현방법을 포함한 기준이라고 할 수 있다.

(3) 명료성

보고서를 작성할 때 간과하기 쉬운 요인 중의 하나가 바로 명료성에 대한 문제이다. 명료성이란 보고서가 명확하면서도 논리적으로 전개되어야 하며, 이해하기 쉽도록 정확하게 표현하여야 한다는 기준이다. 만일 보고서에 담겨 있는 논리가 불명확하거나 제시된 내용이 모호하게 표현된다면 보고서를 이용하는 사람이 이해하기가 상당히 어려워진다. 결국 명료성이 부족한 보고서인 경우에는 완전성까지도 상실하게 되는 것이다. 이러한 명료성을 높이기 위해서 연구자는 보고서 내용에 대한 충분한 이해와 더불어 정확한 단어를 사용하고, 문장을 이해하기 쉽도록 체계적으로 배열하고, 간결하면서도 함축적인 의미가 내포된 표현을 할 수 있어야 한다.

(4) 간결성

보고서는 조사목적에 적합한 충분한 내용을 가지고 있으면서 동시에 간결해야만 한다. 다시 말해서 보고서에는 반드시 필요한 내용만이 선별적으로 담겨 있어야 한다는 것이다. 앞에서도 언급하였지만 간결성은 완전성과 서로 충돌되는 개념으로 이해될 수도 있다. 그러나 이 두 기준은 상호보완적이라고 할 수 있다. 즉 조사보고서는 조사목적을 충족시킬 수 있는 충분한 모든 정보를 최소한의 문장과 내용으로 이해하기 쉽도록 표현되어야 하는 것이다.

3. 보고서는 어떻게 구성하는가

보고서의 구성은 보고서의 종류와 연구 분야 및 연구자에 따라 조금씩 달라질 수 있다. 가장 일반적인 구성형태는 크게 서론, 본론, 결론의 순서로 이루어진 것이다. 이러한 구성에서 서론 부분에서는 조사목적과 연구가설을 제시한다. 그리고 본론에서는 조사방법과 조사결과에 대하여 기술하고, 결론에서는 조사의 결론과 추가적인 제안을 제시한다. 한편 보고서는 조사목적과 개관, 문헌검토, 연구설계와 실행, 분석과 해석, 요약과 결론과 같은 형식을 가질 수도 있다.

[표 18-1]은 위에서 설명한 보고서 구성의 두 가지 방법을 비교하여 보여주고 있다. [표 18-1]을 통해서도 알 수 있듯이 보고서의 구성은 보고서의 특성과 연구주제에 따라 달라질 수 있지만, 약간 변형을 하면 대부분의 조사보고서의 형식에 적용할 수가 있다. 본서에서는 [표 18-1]에서 예시 1에 제시된 구성방법에 따라 설명하고자 한다.

[표 18-1] 보고서의 구성

예시 1	예시 2
Ⅰ. 조사목적과 개관	Ⅰ. 서론 1. 문제의 제기 2. 연구의 목적 3. 연구방법과 연구범위
Ⅱ. 문헌검토	Ⅱ. 본론 1. 문헌조사(이론적 배경)
Ⅲ. 연구설계와 실행	2. 가설의 설정 3. 변수의 조작적 정의 4. 자료의 수집 5. 통계적 분석
Ⅳ. 분석과 해석	6. 분석결과와 해석
Ⅴ. 요약과 결론	Ⅲ. 결론 1. 결론 2. 연구의 한계 3. 미래연구방향

(1) 조사목적과 개관

보고서의 서론 부분으로 조사의 목적과 분석의 주요 결과에 대한 간략한 문장으로 시작된다. 연구 논문에서는 초록이나 개요의 형식을 갖기도 한다.

조사목적과 개관을 기술하는 것에 대하여 대부분의 연구자들은 매우 어려워한다. 왜냐하면 이 부분은 조사보고서에서 가장 중요한 부분일뿐더러, 대부분의 사람들은 이 부분만을 읽어보고 조사결과를 이해하는 경우가 많기 때문이다. 따라서 조사목적과 개관에는 조사의 배경과 목적은 물론 주요 결과와 결론 부분이 포함되어야 한다.

(2) 문헌검토

조사보고서는 과학적인 지식의 맥락 속에 있어야 하고, 연구자는 자신의 보고서가 과학적 지식의 어떤 맥락과 연계되어 있는가를 제시하여야 한다. 문헌검토는 바로 이러한 과학적 지식의 맥락 속에서 조사의 필요성을 도출하기 위한 것이다.

문헌 검토를 통하여 기존의 연구논문과 보고서들을 살펴봄으로써 연구논문의 독창성과 참신성을 추구하고, 다른 사람에게는 자신의 연구에 대한 필요성을 설득시키는 수단으로 활용할 수 있다.

(3) 조사설계와 실행

조사설계는 조사가 실행되는 과정을 구체적으로 제시하는 것이다. 이 부분은 조사목적을 해결하는 데 사용한 자료수집방법과 표본추출방법 및 분석방법을 구체적으로 기술하여야 한다. 그 이유는 연구자가 적용한 방법의 적절성 여부는 조사결과의 신뢰도와 타당도에 영향을 미치기 때문이며, 또한 다른 연구자가 그 방법에 의하여 다시 분석해 볼 수 있도록 해주기 위해서이다.

(4) 분석과 해석

기존 보고서들에 대한 문헌검토를 하고, 조사방법과 실행방법을 기술하고 나면 분석결과를 제시하여야 한다. 분석결과에 대한 해석은 보고서의 한 부분이지만 자료의 제시, 자료의 조작 및 분석은 하나의 논리로 통합되어야 한다. 또한 자료 분석과 그 결과를 해석하는 데는 전체를 포괄하는 가장 핵심적인 결과부터 제시한 다음에 보다 구체적인 내용들을 제시하는 것이 좋다.

(5) 요약과 결론

분석결과와 그에 대한 해석을 한 다음에는 조사결과를 간단히 요약하고, 조사결과가 시사하는 이론 가운데 방법론적인 함의를 논의한다. 이때 중요한 발견은 그 일반적인 중요성을 다시 한 번 지적하면서 재정리하여야 한다. 그리고 자신의 보고서가 가지고 있는 한계들을 검토하고, 앞으로의 조사에서 그 한계들을 극복할 수 있는 방법을 제안해야 한다.

18.3 프레젠테이션

1. 왜 프레젠테이션이 중요한가

다음의 [사례 18-5]는 어느 리서치 회사의 직원이 6개월 동안 준비한 조사보고서를 발표하는 장소에서 일어났던 경우를 요약한 것이다. 여러분들이 이러한 상황이라면 어떻게 할 것인가를 생각하면서 읽어보기 바란다.

사례 18-5 ▸ 보고 방법의 중요성

알파 리서치 회사에 근무하고 있는 백성실 씨는 세제 분야에서 유명한 ABC주식회사에 발표할 보고서를 작성하고 있다. 그는 약 6개월 동안 수행한 연구를 통해 작성된 보고서를 조사 의뢰 회사의 중역에게 제출해야 한다. 이 보고서에는 신상품을 판매할 새로운 세분시장과 여러 가지 제품의 콘셉트에 대한 아이디어 등과 같이 중요한 조사결과들이 포함되어 있었다.

며칠 후, 그는 여러 가지 조사 현황과 표, 그림 등을 사용하여 보고서를 발표하였다. 그런데 갑자기 사장이 일어나더니,

"백성실 씨, 나는 한 시간 동안 도저히 알 수 없는 이야기만 듣고 있는 것 같군요. 머리가 아주 어지럽습니다. 사전보다 더 두꺼운 보고서를 보는 것이 아주 싫어요. 내일 오전 10시까지 내 책상 위에 5페이지 분량의 요약문을 제출해 주시오."라고 말하고 난 뒤 방을 떠났다. 이 사건으로 인해 백성실 씨는 자신의 경력에 평생 도움을 줄 귀중한 경험을 얻게 되었다.

여러분들은 어떻게 보고서를 발표하겠는가? 우리는 위의 [사례 18-5]에서 보고서의 내용도 중요하지만, 그 내용을 전달하는 방법도 그와 더불어 매우 중요하다는 사실을 알 수 있다. 즉 보고서의 조사결과에 대한 설득력을 높이기 위해서는 보다 효과적인 방법으로 그 내용을 전달할 수 있어야 한다. 이러한 연장선에서 최근에는 조사보고서의 결과를 효과적으로 전달하기 위한 방법의 하나로 프레젠테이션이 중요시되고 있다.

프레젠테이션이란 바로 자신의 의견이나 경험, 주장들과 같은 정보를 상대방에게 전달하는 모든 행위를 일컫는다. 우리는 이미 본서의 제1장 [사례 1-2]에서 우리나라의 기업들은 대학 졸업생들의 실무능력 중에서 프레젠테이션 능력을 매우 중요하게 여기고 있다는 조사결과를 언급한 적이 있다. 다음의 [사례 18-6]에서는 프레젠테이션의 중요성을 강조하는 문장들을 보여주고 있다.

사례 18-6 ▸ 프레젠테이션의 중요성

- 인간에게 있어서 가장 중요한 능력은 자기표현이며, 현대의 경영이나 관리는 커뮤니케이션에 의해서 좌우된다.
- Presentation is everyone's business.
- 성공하는 사람은 많이 알고 있는 사람이 아니라, 제대로 전달할 수 있는 사람이다.

그렇다면 프레젠테이션을 효과적으로 수행하기 위해서는 어떻게 해야 하는가?

인간은 크게 시각, 청각, 후각, 미각, 촉각 등의 다섯 가지 감각을 가지고 정보를 얻는다. 심리학자들에 의하면 다섯 가지 감각 중에서 정보흡수량이 가장 큰 것은 시각으로 무려 60%를 차지한다. 그 다음으로는 [그림 18-1]에서 보는 바와 같이 청각이 20%, 촉각이 15%, 후각이 3%, 미각이 2%를 각각 차지한다고 한다.

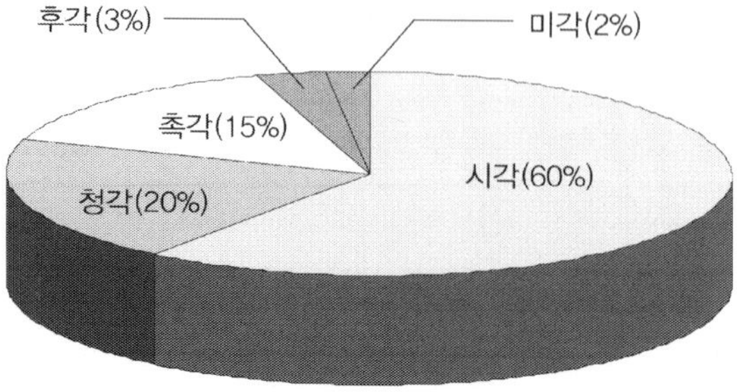

[그림 18-1] **인간 감각기능의 정보흡수량**

이와 같이 시각에 의한 정보전달 효과는 어떠한 다른 방법보다도 매우 높은데, 특히 시각과 청각을 함께 고려한 전달방법을 선택할 경우에는 정보흡수율이 무려 80%까지 이르게 된다. 이처럼 시청각을 이용한 프레젠테이션은 청중을 이해시키는 데 그 효과가 매우 탁월하다고 할 수 있다. 효과적인 프레젠테이션은 곧 인간의 정보흡수량을 최대한 많게 할 수 있는 방법을 확보해 나가는 것이다.

2. 비주얼 프레젠테이션의 종류

프레젠테이션이란 넓은 의미에서 어떠한 목적이나 의도를 상대방에게 발표, 소개, 표현하는 일체의 의사전달행위를 의미한다. 그러나 근래에 이르러서는 각종 시청각기기의 발달로 인해 프레젠테이션의 의미를 주로 시청각기기를 이용한 비주얼 프레젠테이션에 국한하여 사용하고 있다. 그래서 본서에서도 주로 비주얼 프레젠테이션을 중심으로 설명한다. 그리고 프레젠테이션이라는 용어도 비주얼 프레젠테이션을 지칭하는 것으로 사용한다.

비주얼 프레젠테이션 기기의 종류에는 빔 프로젝터, OHP, 슬라이드, 화이트보드, 유인물, 모형이나 실물 등이 있다. 각 프레젠테이션 기기들의 장단점은 [표 18-2]와 같다. 프레젠테이션을 담당한 사람은 프레젠테이션의 내용과 청중의 수, 사용 공간 및 각 기기의 특징들을 고려하여 적합한 방법을 선택하는 것도 매우 중요하다.

[표 18-2] 프레젠테이션 기기의 종류와 장단점

종 류	장 점	단 점
빔 프로젝터/LCD	▪ 편리하고 효과적 ▪ 메시지 전달효과가 높음 ▪ 다양한 기법구사가 가능 ▪ 반복사용이 가능 ▪ 청중규모와 상관 없음	▪ 숙련된 기기사용법이 요구됨 ▪ 프로그램을 사용할 줄 알아야 함 ▪ 전용 시설이 필요
OHP	▪ 가장 일반적인 기기 ▪ 사용이 간편 ▪ 가격 저렴	▪ 다양한 기법 구사가 곤란 ▪ 느낌이 정적임 ▪ 청중 수에 한계가 있음
슬라이드	▪ 진달효과가 높음 ▪ 품질이 매우 우수함 ▪ 재사용가능하고 편리함	▪ 제작비가 많이 소요됨 ▪ 제작시간이 많이 소요됨

비디오/영화	▪ 강력한 설득력이 있음 ▪ 집중도가 높음 ▪ 사용이 간편함	▪ 제작시간과 경비가 많이 소요됨 ▪ 제작에 치밀한 계획이 요구됨
화이트보드	▪ 간편하고 편리함 ▪ 내용 기록이 자유로움	▪ 효과성에 한계가 있음 ▪ 글씨를 잘 써야 함
유인물	▪ 상세한 내용 전달이 가능 ▪ 사용시간에 제한이 없음	▪ 프린트된 후 수정이 불가능함
모형/실물	▪ 가장 인상적임 ▪ 신뢰성이 높음 ▪ 즉시 실연이 가능함	▪ 이동이 제한적임 ▪ 청중 수에 제한적임 ▪ 분실의 우려가 있음

3. 효과적인 프레젠테이션 방법

(1) 프레젠테이션은 어떻게 구성하는가

좋은 집을 잘 짓기 위해서는 우선 설계도를 작성하여야 한다. 설계도에는 건축 면적과 일정, 집의 구조, 예산은 물론 집에 살 사람들의 선호까지도 상세하게 반영한다. 이렇게 작성된 설계도를 바탕으로 집을 지을 때 비로소 좋은 집을 지을 수 있는 것이다. 프레젠테이션을 준비하는 절차도 집을 짓기 위해 설계도를 준비하는 것과 같다. 좋은 프레젠테이션이 되기 위해서는 프레젠테이션의 목적, 청중 분석 등을 통해 구체적인 논리의 흐름을 기획하고, 작업계획과 자료수집계획을 수립하기 위한 일련의 설계도가 있어야만 한다.

프레젠테이션의 논리를 전개하는 방식은 각종 연구보고서와 마찬가지로 서론-본론-결론의 순서로 이루어진다. 그러나 이러한 구성은 일반적인 논리의 진행과정에 따른 것이다. 효과적인 프레젠테이션은 논리의 단순한 전개보다는 프레젠테이션 과정을 통하여 참가자들에게 어떤 동기를 제공할 수 있어야 한다. 그래서 본서에서는 손경준(2003)의 전개방법을 참고하여 프레젠테이션을 동기부여-개요-본론-결론과 같은 순서로 전개하기를 권장한다.

동기부여 단계는 프레젠테이션의 첫 화면에 해당된다. 이 부분을 동기부여라고 하는 이유는 프레젠테이션의 구성은 발표자 중심으로 논리를 구성해서는 안 되기 때문이다. 즉 프레젠테이션의 효과를 높이기 위해서는 청중이 듣기를 원하는 내용으로 프레젠테이션이 구성되어 있다는 것을 보여줄 수 있어야 한다. 그래야 프레젠테이션 참가자들의 참여 동기를 효과적으로 유발시킬 수 있는 것이다.

동기부여 단계에서는 단순히 "회사소개"라는 표현보다는 "호텔 컨설팅은 왜 Best Hotel인가?"와 같이 프레젠테이션 참가자들로부터 참가의 목적을 환기시킬 수 있도록 표현하는 것이 좋다.

개요 단계는 프레젠테이션의 배경과 목적 및 순서들을 설명하는 과정이다. 여기서는 참가자들이 개괄적으로 프레젠테이션의 내용을 이해하고, 소요시간과 진행방법 등에 대하여 알 수 있도록 하는 것이 좋다. 또한 프레젠테이션의 목적과 필요성을 내용과 연결하여 참가자들로 하여금 다시 한번 확인하도록 한다.

프레젠테이션의 본론은 프레젠테이션을 통하여 전달하고자 하는 내용과 더불어 결론을 도출해 내기 위한 타당성에 대하여 설명하는 부분이다. 본론 부분은 단순히 정보의 전달과정이 아닌 프레젠테이션의 목적과 필요성에 대하여 구체적으로 설명하고 강조하는 과정으로 접근하는 것이 효과적이다. 비주얼 프레젠테이션의 효과를 극대화하기 위해서는 내용에 적합한 각종 도표를 적절히 활용하는 것도 중요하다.

결론은 프레젠테이션의 마지막 부분으로 기대효과나 참가자들의 의사결정에 도움이 되는 사항들에 대하여 설명한다. 여기서는 장황한 설명보다는 참가자들의 참가동기와 프레젠테이션의 목적을 다시 한번 더 환기시킬 수 있도록 구성하는 데 중점을 두어야 한다.

(2) 효과적인 프레젠테이션

프레젠테이션의 효과를 극대화한다는 것은 곧 프레젠테이션의 목적을 참가자들에게 충분히 전달하는 것이다. 그러기 위해서는 프레젠테이션의 구성에서부터 자료의 작성은 물론 기기 사용방법의 습득에 이르기까지 프레젠테이션이 능숙하게 진행될 수 있도록 끊임없는 숙련과정을 쌓아야만 한다.

성공적인 프레젠테이션을 위해서는 [그림 18-2]와 같은 7가지 원칙이 있다.

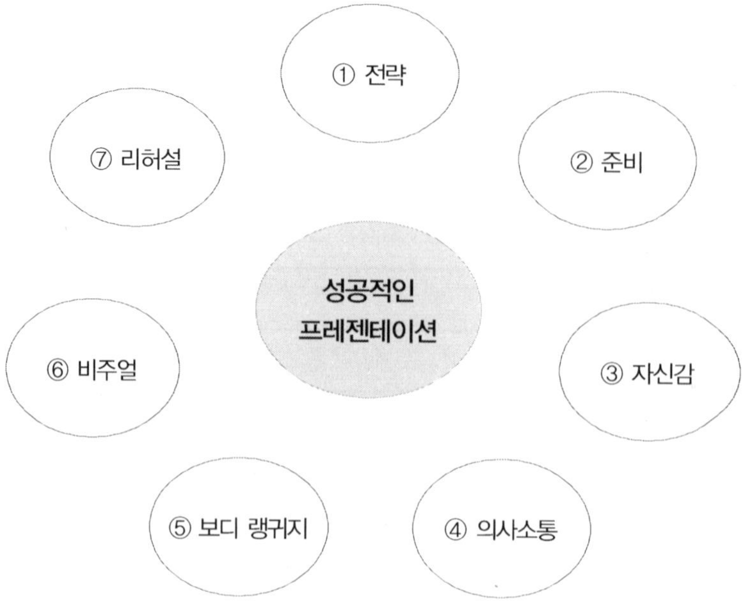

[그림 18-2] **성공적인 프레젠테이션의 7가지 요인**

① **전략** : 성공적인 프레젠테이션을 위하여 우선적으로 해야 할 것은 어떠한 자료를 가지고, 어떠한 방법으로 전달할 것인가를 결정하는 것이다. 즉 프레젠테이션의 구성과 내용을 전략적 관점에서 접근하는 것이다. 프레젠테이션이 단순히 보고서의 내용을 전달하는 수단이 아니기 때문에, 참가자들의 참가목적과 프레젠테이션의 목적을 어떻게 효과적으로 충족시킬 수 있는가를 면밀히 검토하여야 한다.

② **준비** : 프레젠테이션 성공의 절반은 바로 준비를 어느 정도 충실히 하였는가에 좌우된다. 준비사항으로는 프레젠테이션의 구성, 자료의 배열, 각종 개념의 정리와 기술방법, 진행절차, 메모카드의 작성 등이 있다. 이때 발표자는 프레젠테이션 참가자의 입장에서 자료준비와 자료작성이 이루어지도록 배려하여야 한다.

③ **자신감** : 참가자들에게 프레젠테이션에서 제시하고 있는 각종 자료나 보고의 내용에 신뢰감을 주기 위해서는 먼저 발표자가 강한 자신감과 열정을 가지고 프레젠테이션을 진행해 나가야 한다. 만일 발표자가 다소 머뭇거리듯이 진행해 나간다면 참가자들도 프레젠테이션 내용에 대해 확실한 신뢰감을 갖지 못한다. 다만 여기서 우리는 사회조사가 지녀야 할 기본적인 윤리적 동의에 대하여 생각해 볼 필요가 있다. 즉 성공적인 프레젠테이션을

위한 자신감이란 윤리적 동의의 수준을 벗어나지 않는 범위 내에서 표현되어야 한다. 그렇지 않다면 자칫 참가자들을 기만하는 결과를 가져올 수도 있다.

④ **의사소통** : 의사소통은 인간이 사회생활을 하는 데 있어 가장 필요로 하는 방법의 하나이다. 더욱이 프레젠테이션에서의 의사소통 기술은 매우 중요하다. 효과적인 의사전달을 위해서는 커뮤니케이션의 방법과 법칙, 참가자에 대한 배려, 다양한 국면 전환 방법, 설득력 있는 음성개발 등을 위하여 지속적인 관심을 가지고 습득해 나가야 한다.

⑤ **보디랭귀지** : 보디랭귀지는 제2의 커뮤니케이션이라고 할 정도로 커뮤니케이션에서 매우 중요하다. 특히 생동감 있고 설득력을 지닌 보디랭귀지에 의한 다양한 의사전달방법은 마치 프레젠테이션에서의 꽃이라고 할 정도로 중요하다. 따라서 발표자는 보디랭귀지에 대한 각종 구성요소와 효과적인 사용방법 및 사용상의 주의점 등에 대해서도 유념하여야 한다.

⑥ **비주얼** : 앞에서도 여러 차례 설명하였듯이, 오늘날의 프레젠테이션은 비주얼 프레젠테이션을 지칭할 정도로 비주얼이 차지하고 있는 비중은 대단히 크다. 그만큼 비주얼기기도 다양해졌고, 그 효과 또한 여느 프레젠테이션 방법보다 높다고 할 수 있다. 따라서 프레젠테이션을 준비하는 사람은 비주얼의 종류, 효과적인 비주얼 자료의 이용법과 제작법 등에 대하여 자세히 살펴보아야만 한다.

⑦ **리허설** : 아무리 철저하게 프레젠테이션 준비를 하였더라도 실제 현장에서는 그만큼 능력을 발휘하지 못한다. 더욱이 준비한 내용들을 현장에서 충분히 전달하지 못했다면, 결국 실패한 프레젠테이션이 되고 마는 것이다. 따라서 발표자는 프레젠테이션 현장에서 일어날 수 있는 여러 가지 상황들을 사전에 확인하고 이에 대한 대처방안도 준비해 두는 것이 좋다. 특히 각종 프레젠테이션 기기의 상태는 물론 현장의 여러 가지 특수성, 프레젠테이션 중에 발생할 수 있는 질문 등에 대하여 철저하게 사전에 확인하여야 한다.

참 • 고 • 문 • 헌

경희대학교 사회과학연구원(2000), 조사방법론, 서울: 한언.

고성호 외 9인 공역(2002), 사회조사방법론, 서울: 그린.

김건우(2000), 통계학개론, 서울: 신영사.

김광웅(2003), 방법론강의, 서울: 박영사.

김남현 역(1983), 연구방법론, 서울: 경문사.

김범종 외 2인 공저(2001), 마케팅조사방법, 대전: 대경.

김범종(1988), 사회과학연구조사방법론, 서울: 석정.

김상수(2001), 경영자료분석, 서울: 명경사.

김성봉(2000), 재무분석과 SPSSWIN, 서울: 동인.

김은정 · 박양규 · 박중재(2003), SPSS통계분석10, 서울: 21세기사.

김재은(1970), 통계학방법, 서울: 익문사.

김홍범 · 박정화(2003), 서비스품질경영이 호텔경영성과에 미치는 영향에 관한 연구, 호텔경영학회지(한국호텔경영학회).

노형진 · 정찬열(2006), 한글SPSS, 서울: 형설출판사.

박동균(2000), 사회조사방법론, 서울, 대구: 홍익출판사.

박명석 · 박광태(1996), 통계학개론, 서울: 홍문사.

서의훈(2005), SPSS 통계분석, 서울: 자유아카데미.

성태제(1995), 타당도와 신뢰도, 서울: 양서원.

손경준 외(2003), 의사결정자를 설득하는 프레젠테이션, 서울: 팜파스.

손영석 · 채서일(2002), 설문디자인, 서울: 학현사.

송호근 · 설동훈(2001), 중소기업 인력부족실태 및 대응방안, 노동부.

신재정 · 조선구 · 이재범(2003), E-Biz시대의 포커스경영, 서울: 현학사.

오택섭(1991), 데이터분석법, 서울: 나남.

우수명(2013), SPSS20, 서울: 인간과 복지.

윤성채 · 최종후(1999), 연구조사방법의 이해, 서울: 세창출판사.

이관우(1974), 신조사방법론, 대구: 형설출판사.

이학식 외(2005), SPSS12.0 매뉴얼, 서울: 법문사.

이학식 · 김영(2002), SPSS10.0 매뉴얼, 서울: 법문사.
이희춘 · 박지원(1999), 통계조사분석, 서울: 학문사.
이희춘 · 박지원(1999), SPSSWIN을 이용한 통계조사분석, 서울: 학문사.
장용진(2003), 프리젠테이션, 서울: 청림출판.
장원경 · 김태균(2005), SPSS12.0을 이용한 자료분석의 이해와 응용, 대전: 대경.
전용진(2002), SPSS통계, 서울: 학문사.
정충영 · 최이규(2000), SPSSWIN을 이용한 통계분석, 서울: 무역경영사.
채서일(2003), 사회과학조사방법론(3판), 서울: 학현사.

Babbie, E.(1998), The Practice of Social Research(8th ed.), CA: Wadsworth Publishing Company.

Bailey, K. D.(1982), Foundation of Behavioral Research, New York: Free Press.

Belson, W. R.(1981), The Design and Understanding of Survey Questions, Grower(England): Aldershot.

Cohen, J. and E. Nagel(1934), An Introduction to Logic and Scientific Method, New York: Harcourt, Brace and Co.

Fowler, Jr. F. J.(1984), Survey Research Methods, Beverly Hill.: Sage Publications.

Gross, E.(1964), The Effect of Question Sequence on Measure of Buying Interest, Journal of Advertising Research, Vol. 4: 41-45.

Kerlinger, F. N.(1986), Foundations of Behavioral Research, 3rd ed., New York: Holt, Rinehart and Winston.

Miller, D. C.(1970), Handbook of Research Design and Social Measurement, New York: David McKay.

Nachmias, C., and David Nachmias(1981), Research Method in the Social Science, 2nd ed., New York: St. Martin's Press.

Nie, N., D. H. Bent, and H. C. Hadlai(1970), Statistical Package for the Social Science, New York: McGraw-Hill.

Nunnally, J. C.(1978), Psychometric Theory, 2nd ed., New York: McGraw-Hill.

O'sullivan, E., and G. R. Rassel(1995), Research Methods for Public Administration, New York: Longman Publish.

Selltiz, C., M. Jahoda, M. Deursch, and S. W. Cook(1967), Research Method in Social Relations, N.Y.: Henry Holt.

SPSS Inc.(2001), SPSS Base 10.0 Applications Guide.

SPSS Inc.(2001), SPSS Base 10.0 User's Guide.

Stevens, S.(1971), Scales of Measurement, In J. A. Steger, Readings in Statistics for the Behavioral Scientist, Hort, New York: Rinehart and Winstone.

Stone, E. F.(1983), Research Methods in Organizational Behavior, California: Good Year Publishing Company, Inc.

http://panel.f-inside.com/politics

http://seriecon.seri.org

http://social.chonbuk.ac.kr/soc/dhseol/main.html

http://www.bestresearch.co.kr

부록 1 주택수요조사 질문지

수도권 주민 주택수요조사

안녕하십니까?

이번에 저희 한국X X협회에서는 수도권 지민들을 대상으로 소비자들의 주택선호도 및 주택시장 전반에 대한 설문조사를 실시하고 있습니다.

본 설문조사에 응답해 주신 주민들의 의견은 향후 주택품질 개선과 정부의 주택정책 수립에 필요한 귀중한 자료로 활용할 예정입니다.

본 설문지는 무기명으로 작성되고, 응답내용은 통계분석을 위한 용도 이외의 어떤 다른 용도에도 사용되지 않으며, 관련법에 의해 비밀이 보장됩니다.

여러 가지로 바쁘시겠지만, 이러한 본 조사연구의 취지를 감안하시어 잠시 시간을 내셔서 적극 협조해 주시기를 부탁드립니다.

감사합니다.

200X년 X월

한 국 ×× 협 회
연락처 : 정책연구실
☎ (02) ××× - ××××

조 사 원	
면접 일시	월 일 (오전/오후) 시 분
조사지역	

"응답요령"

- 각 문항에 대한 응답은 별다른 지시사항이 없는 한 해당번호에 체크 표시(∨)를 하시면 됩니다.
- 어떤 문항이든 옳거나 그른 답이 있는 것은 아닙니다. 귀하께서 평소에 느끼시는 대로 솔직하게 응답해 주시면 됩니다.
- 귀하의 상황에 꼭 맞는 응답번호가 없는 경우에는 가장 가깝다고 생각되는 응답 번호에 답하시기 바랍니다.

Ⅰ. 우선 귀하께서 현재 살고 계시는 주택에 관해 여쭙겠습니다.

1. 현 주택의 유형은?

① 아파트　　② 단독주택
③ 연립주택　　④ 다가구/다세대주택
⑤ 기타(구체적으로　　　　)

2. 현 주택의 점유형태는?

① 자가　　② 임대(전월세)　　③ 기타

3. 현 주택의 규모는?

(1) 아파트/연립/다가구/다세대주택인 경우 : 분양면적 (　　　　) 평
(2) 단독주택의 경우 : 건평 (　　　　) 평

4. 현 주택에서의 거주기간은?

(　　　　)년 (　　　　)개월

5. 귀하께서 현재의 주택으로 이사 했을 때 가장 중요하게 고려했던 것은 무엇입니까? 아래에서 두 가지만 골라 번호를 기입해 주십시오.

첫째 : (　　　　　　　　), 둘째 : (　　　　　　　　)

① 주변 편의시설(시장, 은행, 병원 등)
② 주변환경
③ 교통여건
④ 교육환경(학교, 학군 등)
⑤ 투자가치
⑥ 주택가격
⑦ 부대시설
⑧ 기타

6. 현 주택에서 생활하시면서 가장 불만스러운 것은 무엇입니까? 두 가지만 골라 번호를 기입해 주십시오.

첫째 : (　　　　　　　　), 둘째 : (　　　　　　　　)

① 주변 편의시설(시장, 은행, 병원 등)
② 주변환경
③ 교통여건
④ 교육환경(학교, 학군 등)
⑤ 주택의 브랜드 이미지
⑥ 투자가치
⑦ 주택 내부구조가 불편
⑧ 주차시설 부족
⑨ 주택의 노후화
⑩ 단지내 부대시설 부족
⑪ 하자보수 등 고객서비스(A/S)
⑫ 기타(구체적으로　　　　　　)

7. 전체적으로 볼 때 귀하께서 현재 거주하고 계신 주택에 대해서 어느 정도 만족하십니까?

① 아주 불만
② 불만
③ 보통
④ 만족
⑤ 아주 만족

II. 다음은 향후 이사계획 및 선호하는 주택의 특성과 관련된 질문들입니다.

1. 향후 3년 이내에 이사를 갈 계획이 있으십니까?

① 있다
② 없다

2. 만약에 향후 이사를 하신다면 희망하시는 주거지역과 주택의 특성은 어떻게 되시는지요?

1) 이사하실 지역은?

① 서울 강남　② 서울 강북
③ 수도권 신도시　④ 서울 인근 도시지역
⑤ 기타 지역(구체적으로　　　　)

2) 이사하실 주택유형은?

① 아파트　② 단독주택
③ 연립주택　④ 다가구/다세대주택
⑤ 기타(구체적으로　　　　)

3) 이사하실 주택의 종류는?

① 신규주택　② 기존주택

4) 이사하실 주택의 점유형태는?

① 자가　② 임대(전월세)　③ 기타

5) 이사하실 주택의 규모는?

① 20평형대 이하　② 30평형대
③ 40평형대　④ 50평형대
⑤ 60평형대 이상

3. 만약에 향후 아파트를 구입하신다면 어떤 유형의 아파트를 희망하십니까? 아래에서 두 가지만 골라 희망하시는 순서대로 번호를 기입해 주십시오.

첫째 : (　　　　　　　　), 둘째 : (　　　　　　　　)

① 여러 가지 첨단 가전/주방제품들이 설치된 첨단형 아파트
② 녹지 및 조경이 우수한 환경친화형 아파트
③ 내부 인테리어를 고급화한 럭셔리형 아파트
④ 수납공간이 많은 공간활용형 아파트
⑤ 에너지소비 효율이 높은 에너지 절약형 아파트

⑥ 안전/보안시설이 잘 갖춰진 안전안심형 아파트

⑦ 각종 생활편의 서비스가 제공되는 서비스형 아파트

⑧ 기타(구체적으로)

4. 향후 아파트를 구입하신다면 주택을 선택할 때 무엇을 가장 중요하게 고려하시겠습니까? 아래에서 두 가지만 골라 번호를 기입해 주십시오.

첫째 : ( ), 둘째 : ( )

① 주변 편의시설(시장, 은행, 병원 등)
② 단지 주변환경
③ 교통여건
④ 교육환경(학교, 학군 등)
⑤ 시공회사의 인지도
⑥ 투자가치전망
⑦ 주택가격
⑧ 단지규모
⑨ 기타(구체적으로)

5. 주택 및 단지 내부의 조건과 관련해서는 다음 중 무엇을 가장 중요하게 고려하시겠습니까? 아래에서 두 가지만 골라 번호를 기입해 주십시오.

첫째 : ( ), 둘째 : ( )

① 주택방향/일조/채광
② 전망/조망
③ 내부평면구조
④ 내부 인테리어
⑤ 단지내 부대시설(주차공간, 운동시설, 상가시설 등)
⑥ 단지내 녹지 및 조경
⑦ 기타(구체적으로)

6. 아파트 단지 외부공간을 설계할 때 가장 중요하게 고려해야 할 사항이 무엇이라고 생각하십니까? 아래에서 두 가지만 골라 번호를 기입해 주십시오.

첫째 : ( ), 둘째 : ( )

① 어린이들을 위한 놀이공간
② 충분한 주차시설
③ 편히 쉴 수 있는 휴식공간
④ 단지내 산책로(조깅코스)
⑤ 친환경 조성(분수대, 연못 등)
⑥ 복지회관 등 주민공동공간
⑦ 기타(구체적으로)

7. 단지 내 부대시설로서 우선적으로 설치되어야 할 것은 무엇이라고 생각하십니까? 아래에서 두 가지만 골라 번호를 기입해 주십시오.

첫째 : (   ),   둘째 : (   )

① 운동시설
② 상가 등의 생활편익시설
③ 각종 모임 및 경조사시 활용할 수 있는 주민공동시설
④ 어린이 보육시설
⑤ 독서실
⑥ PC방 형태의 정보문화공간
⑦ 기타(구체적으로   )

8. 운동시설 중에서는 특히 어떤 운동시설이 설치되기를 희망하십니까?

① 골프연습장　② 에어로빅
③ 테니스장　④ 스쿼시장
⑤ 수영장　⑥ 산책로(조깅코스)
⑦ 기타(구체적으로   )

Ⅲ. 다음은 선생님의 재테크에 관한 질문입니다.

1. 귀하께서는 여유자금이 있다면 어디에 투자하시겠습니까?

① 부동산　② 저축　③ 주식/채권　④ 기타

2. 부동산의 경우 가장 유망한 투자대상은 어디라고 생각하십니까?

① 아파트　② 상가　③ 토지　④ 전원주택/펜션
⑤ 오피스텔　⑥ 단독주택　⑦ 기타

3. 주택을 구입하기에 가장 적절한 시기는 언제라고 생각하십니까?

① 지금이 적기　② 올 하반기
③ 내년　④ 2-3년 이후

Ⅳ. 마지막으로 통계적 처리를 위해서 몇 가지 여쭙겠습니다.

1. 현재 혼인상태는 어떻게 되십니까?

① 기혼 ② 미혼
③ 기타(이혼, 사별 등)

2. 본인을 포함하여 아파트에 현재 함께 거주하는 가족은 모두 몇 명입니까?

① 2명 이하 ② 3명 ③ 4명 ④ 5명 ⑤ 6명 이상

3. 가구주께서 다니신 최종 학교는 어떻게 되시는지요?

① 고졸 이하 ② 대졸(전문대졸 포함) ③ 대학원 이상

4. 가구주의 연세는 어떻게 되시는지요?

① 30대 ② 40대 ③ 50대 ④ 60대 이상

5. 가구주의 직업은 무엇입니까?

① 자영업 ② 사무 · 기술직
③ 경영 · 관리직 ④ 전문 · 자유직
⑤ 판매서비스직 ⑥ 숙련 · 기능직
⑦ 주부 ⑧ 기타

6. 배우자의 소득을 포함하여 귀 댁의 지난해 일년 동안의 가구소득(세금 공제 전)은 얼마나 되시는지요?

① 2,000만 원 미만 ② 2,000만 원 이상 - 3,000만 원 미만
③ 3,000만 원 이상 - 4,000만 원 미만 ④ 4,000만 원 이상 - 5,000만 원 미만
⑤ 5,000만 원 이상 - 6,000만 원 미만 ⑥ 6,000만 원 이상 - 7,000만 원 미만
⑦ 7,000만 원 이상 - 8,000만 원 미만 ⑧ 8,000만 원 이상

바쁘신 가운데 끝까지 응답해 주셔서 대단히 감사합니다.

부록 2 직장인 근무환경조사 질문지

직장인들의 근무환경에 관한 조사연구

안녕하십니까?

저희들은 직장인들의 근무환경에 관한 조사연구를 수행하고 있습니다. 본 조사연구는 직장인들의 근무환경에 영향을 끼치는 다양한 요인들을 찾아내고 그들 간의 관계를 규명하는 것을 목적으로 마련된 것입니다.

따라서 본 조사연구의 성공적인 수행을 위해서는 직장인 여러분들의 긴밀한 협조가 절대적으로 필요합니다. 본 조사연구를 통해서 얻어지는 결과는 학문 연구의 발전뿐만 아니라 여러 선생님들의 근무환경 개선에도 크게 이바지할 것으로 믿어 의심치 않습니다.

본 설문지는 무기명으로 작성되고 통계적으로 처리되기 때문에 선생님께서 응답해 주신 내용은 완전히 비밀이 보장됩니다.

문항 수가 다소 많아 보이지만, 실제로 응답에 소요되는 시간은 20분 내외입니다. 바쁘시더라도 잠시 시간을 내셔서 적극 협조해 주시면 대단히 감사하겠습니다.

선생님의 하시는 일에 무궁한 발전과 가정의 평화를 기원 드립니다.

200×년 ×월

연구자 : 홍길동

※ 본 조사와 관련하여 문의하실 사항이 있으시면 아래로 연락주시기 바랍니다.

주　소 :

전　화 : 　　　　　　e-mail :

12. 업무를 성공적으로 수행하기 위해서는 고도의 지식(기술)이 요구된다.					
13. 나의 일은 조직의 목표달성에 매우 중요하다.					
14. 나의 일은 정말로 중요하고 가치 있는 일이다.					
15. 나의 일은 조직의 핵심적인 과제에 기여하는 바가 별로 없다.					
16. 나의 일은 조직의 주요 관심분야 가운데에 속해 있지 않다.					

2. 다음은 선생님께서 처해 있는 업무상황과 여건에 관한 진술들입니다. 각각의 진술에 대해 동의하시는 정도를 표시하여 주십시오.

문 항	① 전혀 그렇지 않다	② 그렇지 않은 편이다	③ 그저 그렇다	④ 그런 편이다	⑤ 정말 그렇다
1. 나는 내 업무를 수행하기 위해 어떤 절차를 따라야 하는지 알고 있다.					
2. 나는 내 업무수행 시에 나에게 무엇이 기대되는지를 정확히 알고 있다.					
3. 나는 내 업무수행 시에 내 책임이 무엇인지를 정확히 알 수 없다.					
4. 나는 애매모호한 업무지시하에서 일해야 한다.					
5. 나의 직속상사와 동료들은 내 업무가 어떻게 수행되어야 하는가에 대해 동일한 견해를 가지고 있다.					
6. 나는 직속상사로부터 일관된 업무요청을 받는다.					
7. 나는 종종 상급자들로부터 상충되는 업무지시를 받는다.					
8. 나는 동료들로부터 종종 상충되는 업무요청을 받는다.					
9. 내 업무를 완수하는데 주어진 시간은 충분하다.					
10. 나의 입무부담은 크지 않다.					
11. 나는 업무완수를 위해 매우 열심히 일해야 한다.					

12. 나는 업무완수를 위해 매우 빨리 일해야 한다.					
13. 내 업무수행 방식은 내가 선택할 수 있다.					
14. 나는 내 업무목표를 바꿀 수 있다.					
15. 내 업무수행 시에 어떤 일을 언제 할지 내가 결정할 수 없다.					
16. 내 업무일정이나 수행절차는 내가 조정할 수 없다.					

3. 다음은 근무조건과 관련된 진술들입니다. 각각의 진술에 대해 동의하시는 정도를 표시하여 주십시오.

문 항	① 전혀 그렇지 않다	② 그렇지 않은 편이다	③ 그저 그렇다	④ 그런 편이다	⑤ 정말 그렇다
1. 이 조직에서는 승진이 정기적으로 이루어진다.					
2. 이 조직은 승진기회가 아주 많다.					
3. 이 조직에서는 내부승진이 잘 이루어지지 않는다.					
4. 나는 승진가능성이 없는 일자리에서 일한다.					
5. 나는 내가 들인 노력에 대해 적절한 보상(임금, 조직에서의 인정 등 모두 포함)을 받고 있다.					
6. 내가 맡은 책임을 고려해 볼 때, 나는 적절하게 보상받고 있다.					
7. 내가 받은 교육과 직업훈련을 고려해 볼 때, 나는 적절하게 보상받고 있다.					
8. 내 경력에 비추어볼 때, 나는 적절하게 보상받지 못하고 있다.					
9. 나는 내가 원하는 한 이 조직에서 계속 일할 수 있을 것으로 확신한다.					
10. 내 직업에 있어서 나는 전혀 불안하지 않다.					
11. 내 일자리는 안정적인 것이 못 된다.					
12. 내가 원하는 한 이 조직에 내 일자리는 있다.					
13. 이 조직의 승진절차는 적절하다.					

14. 이 조직의 임금인상결정 절차는 적절하다.					
15. 이 조직의 인사고과(업적평가) 절차는 적절치 못하다.					
16. 직원들에게 업적결과를 통보하는 절차가 적절치 못하다.					

4. 다음은 업무수행과 관련하여 다른 사람들로부터 받는 지원에 관한 진술들입니다. 각각에 동의하시는 정도를 표시하여 주십시오.

문 항	① 전혀 그렇지 않다	② 그렇지 않은 편이다	③ 그저 그렇다	④ 그런 편이다	⑤ 정말 그렇다
1. 내 직속상사는 내 업무와 관련된 문제들에 대한 내 이야기에 귀를 기울인다.					
2. 내 직속상사는 내 업무와 관련하여 나에게 큰 관심을 보인다.					
3. 업무수행 중 어려운 일이 생기면 직속상사에게 의지할 수 있다.					
4. 직속상사는 나의 복리후생문제에 대해 정말로 관심이 없다.					
5. 나는 매우 친하게 지내는 직장동료가 있다.					
6. 나는 퇴근 후 직장동료들과 자주 잘 어울린다.					
7. 나는 중요한 개인적인 문제들에 대해서 직장동료들과 거의 상의하지 않는다.					
8. 나는 내 직장동료들의 신상에 관해서 거의 모른다.					

5. 다음의 진술들은 선생님의 업무와 직장에 대한 느낌과 관련된 것들입니다. 각각에 대해 동의하시는 정도를 표시하여 주십시오.

문 항	① 전혀 그렇지 않다	② 그렇지 않은 편이다	③ 그저 그렇다	④ 그런 편이다	⑤ 정말 그렇다
1. 나는 내가 하는 일에 꽤 만족하고 있다.					
2. 대부분의 경우 나는 내 업무에 열성적이다.					
3. 나는 이 조직에서 내가 알고 지내는 대다수의 다른 직원들보다 여기서 일하기를 더 좋아한다.					
4. 나는 내가 하는 일에 즐거움을 느끼지 못한다.					
5. 나는 종종 내 업무에 싫증을 느낀다.					
6. 나는 다른 종류의 직업을 가져볼까 생각하고 있다.					
7. 나는 남은 생애를 이 직장에서 보낸다면 기쁠 것이다.					
8. 나는 정말로 우리 직장의 문제를 내 문제처럼 느낀다.					
9. 나는 우리 조직에 강한 소속감을 느끼지 못하고 있다.					
10. 나는 이 조직에 애착을 느끼지 못하고 있다.					
11. 나는 우리 직장에서 가족의 일부인 것처럼 느껴지지 않는다.					
12. 이 조직은 나에게 개인적으로 상당한 의미가 있다.					
13. 다른 곳에서 현재 수준과 같은 정도의 일자리를 구하는 것은 쉬울 것이다.					
14. 다른 곳에서 현재보다 더 나은 일자리를 구하는 것은 쉬울 것이다.					
15. 다른 곳에서 현재보다 훨씬 더 나은 일자리를 구하는 것은 쉽지 않을 것이다.					
16. 나는 이 직장을 빨리 떠나고 싶다.					
17. 나는 가능한 한 빨리 이 조직을 떠날 계획이다.					

18. 나는 가능한 한 오래 이 직장에 남아 있을 계획이다.					
19. 어떤 경우에도 나는 자발적으로 이 조직을 떠나지 않을 것이다.					

6. 마지막으로 결과해석에 도움을 얻고자 선생님에 대해서 몇 가지 더 여쭙겠습니다. 응답자 신상에 대한 비밀은 절대적으로 보장되오니 빠짐없이 응답해 주시면 고맙겠습니다.

1. 선생님의 성별은? 1) 남자 2) 여자

2. 선생님의 연세는? 만 세

3. 선생님의 현재 혼인상태는 어떻게 되십니까?

1) 미혼 2) 기혼
3) 기타(별거, 이혼, 사별 등)

4. 선생님께서 부양하고 있는 가족 수는? (본인을 제외한 배우자, 자녀, 부모, 여타 친척 포함)

1) 없음 2) 한 명 3) 두 명 4) 세 명
5) 네 명 이상(구체적으로 : 명)

5. 선생님의 최종 학력은 어떻게 되는지요?

1) 고졸 2) 전문대졸 3) 대졸 4) 석사 5) 박사

6. 선생님께서는 현 직장에서 몇 년 동안 근무하셨습니까? 년

7. 선생님의 현재 직위는 어떻게 되시는지요?

1) 9급 2) 8급 3) 7급
4) 6급 5) 5급 6) 4급 이상

8. 세금공제 전 선생님의 월평균 소득(수당, 상여금 포함)은 얼마인지요?

1) 100만 원 이하
2) 100-150만 원
3) 150-200만 원
4) 200-250만 원
5) 250-300만 원
6) 300-350만 원
7) 350-400만 원
8) 400만 원 이상

부록 3 주요 통계표

부표1 난수표

00000	100097	32533	76520	13586	34673	54876	80959	09117	29292	74945
00001	37542	04805	64894	74296	24805	24037	20636	10402	00822	91665
00002	08422	68953	19645	09303	23209	02560	15953	34764	25080	33606
00003	99019	02529	09376	70715	38311	31165	88676	74397	04436	27659
00004	12807	99970	80157	36147	64032	36653	98951	16877	12171	76833
00005	66065	74717	34072	76850	36697	36170	65813	39885	11199	29170
00006	31060	10805	45571	82406	35303	42614	86799	07439	23403	09732
00007	85269	77602	02051	65692	68665	74818	73053	85247	18623	88579
00008	63573	32135	05325	47048	90553	57548	28468	28709	83491	25624
00009	73796	45753	03529	64778	35808	34282	60935	20344	35273	88435
00010	98520	17767	14905	68607	22109	40558	60970	93433	50500	73998
00011	11805	05431	39808	27732	50725	68248	29405	24201	52775	67851
00012	83452	99634	06288	98083	13746	70078	18475	40610	68711	77817
00013	88685	40200	86507	58401	36766	67951	90364	76493	29609	11062
00014	99594	67348	87517	64969	91826	08928	93785	61368	23478	34113
00015	65481	17674	17468	50950	58047	76974	73039	57186	40218	16544
00016	81024	35635	17727	08015	45318	22374	21115	78253	14385	53763
00017	74350	99817	77402	77214	43236	00210	45521	64237	96286	02655
00018	69916	26803	66252	29148	36936	87203	76621	13990	94400	56418
00019	09893	20505	14225	68514	46427	56788	96297	78822	54382	14598
00020	91499	14523	68479	27686	46162	83554	94750	89923	37089	20048
00021	80336	94598	26040	36858	70297	34135	53140	33340	42050	82341
00022	44104	81949	85157	47954	32979	26575	57600	40881	22222	06413
00023	12550	73742	11100	03040	12680	74697	96644	89439	28707	25815
00024	63606	49329	16505	34484	40219	52563	43651	77082	07207	31790
00025	61196	90446	26457	47774	51924	33729	65394	59593	42582	60527
00026	15474	45266	95270	79953	59367	83848	82396	10118	33211	59466
00027	94557	28573	67897	54387	54622	44431	91190	42592	92927	45973
00028	42481	16213	97344	08721	16868	48767	03071	12059	25701	46670
00029	23523	78317	73208	89837	68035	91416	26252	29663	05522	82562
00030	04493	52494	75246	33824	45862	51025	61962	79335	65337	12472

부표2 표준정규분포표

표준정규분포표

$$\left(\Pr(Z \le z) = \Phi(z),\ Z \sim N(0,1) \right)$$

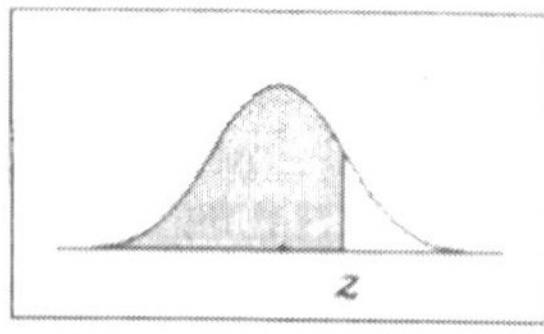

z	0.00	0.01	0.02	0.03	0.04	0.05	0.06	0.07	0.08	0.09
0.0	0.5000	0.5040	0.5080	0.5120	0.5160	0.5199	0.5239	0.5279	0.5319	0.5359
0.1	0.5398	0.5438	0.5478	0.5517	0.5557	0.5596	0.5636	0.5675	0.5714	0.5753
0.2	0.5793	0.5832	0.5871	0.5910	0.5948	0.5987	0.6026	0.6064	0.6103	0.6141
0.3	0.6179	0.6217	0.6255	0.6293	0.6331	0.6368	0.6406	0.6443	0.6480	0.6517
0.4	0.6554	0.6591	0.6628	0.6664	0.6700	0.6736	0.6772	0.6808	0.6844	0.6879
0.5	0.6915	0.6950	0.6985	0.7019	0.7054	0.7088	0.7123	0.7157	0.7190	0.7224
0.6	0.7257	0.7291	0.7324	0.7357	0.7389	0.7422	0.7454	0.7486	0.7517	0.7549
0.7	0.7580	0.7611	0.7642	0.7673	0.7704	0.7734	0.7764	0.7794	0.7823	0.7852
0.8	0.7881	0.7910	0.7939	0.7967	0.7995	0.8023	0.8051	0.8078	0.8106	0.8133
0.9	0.8159	0.8186	0.8212	0.8238	0.8264	0.8289	0.8315	0.8340	0.8365	0.8389
1.0	0.8413	0.8438	0.8461	0.8485	0.8508	0.8531	0.8554	0.8577	0.8599	0.8621
1.1	0.8643	0.8665	0.8686	0.8708	0.8729	0.8749	0.8770	0.8790	0.8810	0.8830
1.2	0.8849	0.8869	0.8888	0.8907	0.8925	0.8944	0.8962	0.8980	0.8997	0.9015
1.3	0.9032	0.9049	0.9066	0.9082	0.9099	0.9115	0.9131	0.9147	0.9162	0.9177
1.4	0.9192	0.9207	0.9222	0.9236	0.9251	0.9265	0.9279	0.9292	0.9306	0.9319
1.5	0.9332	0.9345	0.9357	0.9370	0.9382	0.9394	0.9406	0.9418	0.9429	0.9441
1.6	0.9452	0.9463	0.9474	0.9484	0.9495	0.9505	0.9515	0.9525	0.9535	0.9545
1.7	0.9554	0.9564	0.9573	0.9582	0.9591	0.9599	0.9608	0.9616	0.9625	0.9633
1.8	0.9641	0.9649	0.9656	0.9664	0.9671	0.9678	0.9686	0.9693	0.9699	0.9706
1.9	0.9713	0.9719	0.9726	0.9732	0.9738	0.9744	0.9750	0.9756	0.9761	0.9767
2.0	0.9772	0.9778	0.9783	0.9788	0.9793	0.9798	0.9803	0.9808	0.9812	0.9817
2.1	0.9821	0.9826	0.9830	0.9834	0.9838	0.9842	0.9846	0.9850	0.9854	0.9857
2.2	0.9861	0.9864	0.9868	0.9871	0.9875	0.9878	0.9881	0.9884	0.9887	0.9890
2.3	0.9893	0.9896	0.9898	0.9901	0.9904	0.9906	0.9909	0.9911	0.9913	0.9916
2.4	0.9918	0.9920	0.9922	0.9925	0.9927	0.9929	0.9931	0.9932	0.9934	0.9936
2.5	0.9938	0.9940	0.9941	0.9943	0.9945	0.9946	0.9948	0.9949	0.9951	0.9952
2.6	0.9953	0.9955	0.9956	0.9957	0.9959	0.9960	0.9961	0.9962	0.9963	0.9964
2.7	0.9965	0.9966	0.9967	0.9968	0.9969	0.9970	0.9971	0.9972	0.9973	0.9974
2.8	0.9974	0.9975	0.9976	0.9977	0.9977	0.9978	0.9979	0.9979	0.9980	0.9981
2.9	0.9981	0.9982	0.9982	0.9983	0.9984	0.9984	0.9985	0.9985	0.9986	0.9986
3.0	0.9987	0.9987	0.9987	0.9988	0.9988	0.9989	0.9989	0.9989	0.9990	0.9990

부표3 χ^2 분포표

Degrees of Freedom	Probability of a larger value of x^2								
	0.99	0.95	0.90	0.75	0.50	0.25	0.10	0.05	0.01
1	0.000	0.004	0.016	0.102	0.455	1.32	2.71	3.84	6.63
2	0.020	0.103	0.211	0.575	1.386	2.77	4.61	5.99	9.21
3	0.115	0.352	0.584	1.212	2.366	4.11	6.25	7.81	11.34
4	0.297	0.711	1.064	1.923	3.357	5.39	7.78	9.49	13.28
5	0.554	1.145	1.610	2.675	4.351	6.63	9.24	11.07	15.09
6	0.872	1.635	2.204	3.455	5.348	7.84	10.64	12.59	16.81
7	1.239	2.167	2.833	4.255	6.346	9.04	12.02	14.07	18.48
8	1.647	2.733	3.490	5.071	7.344	10.22	13.36	15.51	20.09
9	2.088	3.325	4.168	5.899	8.343	11.39	14.68	16.92	21.67
10	2.558	3.940	4.865	6.737	9.342	12.55	15.99	18.31	23.21
11	3.053	4.575	5.578	7.584	10.341	13.70	17.28	19.68	24.72
12	3.571	5.226	6.304	8.438	11.340	14.85	18.55	21.03	26.22
13	4.107	5.892	7.042	9.299	12.340	15.98	19.81	22.36	27.69
14	4.660	6.571	7.790	10.165	13.339	17.12	21.06	23.68	29.14
15	5.229	7.261	8.547	11.037	14.339	18.25	22.31	25.00	30.58
16	5.812	7.962	9.312	11.912	15.338	19.37	23.54	26.30	32.00
17	6.408	8.672	10.085	12.792	16.338	20.49	24.77	27.59	33.41
18	7.015	9.390	10.865	13.675	17.338	21.60	25.99	28.87	34.80
19	7.633	10.117	11.651	14.562	18.338	22.72	27.20	30.14	36.19
20	8.260	10.851	12.443	15.452	19.337	23.83	28.41	31.41	37.57
22	9.542	12.338	14.041	17.240	21.337	26.04	30.81	33.92	40.29
24	10.856	13.848	15.659	19.037	23.337	28.24	33.20	36.42	42.98
26	12.198	15.379	17.292	20.843	25.336	30.43	35.56	38.89	45.64
28	13.565	16.928	18.939	22.657	27.336	32.62	37.92	41.34	48.28
30	14.953	18.493	20.599	24.478	29.336	34.80	40.26	43.77	50.89
40	22.164	26.509	29.051	33.660	39.335	45.62	51.80	55.76	63.69
50	27.707	34.764	37.689	42.942	49.335	56.33	63.17	67.50	76.15
60	37.485	43.188	46.459	52.294	59.335	66.98	74.40	79.08	88.38

부표4 t 분포표

$$P\{T \geq t_{(q\,;\,\nu)}\} = q$$

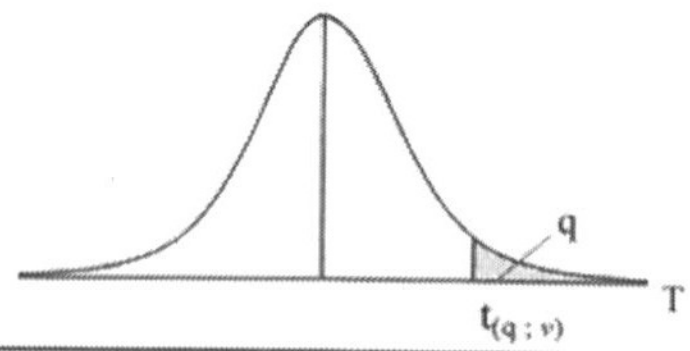

자유도	꼬리확률 q									
ν	0.4	0.25	0.1	0.05	0.025	0.01	0.005	0.0025	0.001	0.0005
1	0.325	1.000	3.078	6.314	12.706	31.821	63.657	127.32	318.31	636.62
2	0.289	0.816	1.886	2.920	4.303	6.965	9.925	14.089	23.326	31.598
3	0.277	0.765	1.638	2.353	3.182	4.541	5.841	7.453	10.213	12.924
4	0.271	0.741	1.533	2.132	2.776	3.747	4.604	5.598	7.173	8.610
5	0.267	0.727	1.476	2.015	2.571	3.365	4.032	4.773	5.893	6.869
6	0.265	0.718	1.440	1.943	2.447	3.143	3.707	4.317	5.208	5.959
7	0.263	0.711	1.415	1.895	2.365	2.998	3.499	4.029	4.785	5.408
8	0.262	0.706	1.397	1.860	2.306	2.896	3.355	3.833	4.501	5.041
9	0.261	0.703	1.383	1.833	2.262	2.821	3.250	3.690	4.297	4.781
10	0.260	0.700	1.372	1.812	2.228	2.764	3.169	3.581	4.144	4.587
11	0.260	0.697	1.363	1.796	2.201	2.718	3.106	3.497	4.025	4.437
12	0.259	0.695	1.356	1.782	2.179	2.681	3.055	3.428	3.930	4.318
13	0.259	0.694	1.350	1.771	2.160	2.650	3.012	3.372	3.852	4.221
14	0.258	0.692	1.345	1.761	2.145	2.624	2.977	3.326	3.787	4.140
15	0.258	0.691	1.341	1.753	2.131	2.602	2.947	3.286	3.733	4.073
16	0.258	0.690	1.337	1.746	2.120	2.583	2.921	3.252	3.686	4.015
17	0.257	0.689	1.333	1.740	2.110	2.567	2.898	3.222	3.646	3.965
18	0.257	0.688	1.330	1.734	2.101	2.552	2.878	3.197	3.610	3.922
19	0.257	0.688	1.328	1.729	2.093	2.539	2.861	3.174	3.579	3.883
20	0.257	0.687	1.325	1.725	2.086	2.528	2.845	3.153	3.552	3.850
21	0.257	0.686	1.323	1.721	2.080	2.518	2.831	3.135	3.527	3.819
22	0.256	0.686	1.321	1.717	2.074	2.508	2.819	3.119	3.505	3.792
23	0.256	0.685	1.319	1.714	2.069	2.500	2.807	3.104	3.485	3.767
24	0.256	0.685	1.318	1.711	2.064	2.492	2.792	3.091	3.467	3.745
25	0.256	0.684	1.316	1.708	2.060	2.485	2.787	3.078	3.450	3.725
26	0.256	0.684	1.315	1.706	2.056	2.479	2.779	3.067	3.435	3.707
27	0.256	0.684	1.314	1.703	2.052	2.473	2.771	3.057	3.421	3.690
28	0.256	0.683	1.313	1.701	2.048	2.467	2.763	3.047	3.408	3.674
29	0.256	0.683	1.311	1.699	2.045	2.462	2.756	3.038	3.396	3.659
30	0.256	0.683	1.310	1.697	2.042	2.457	2.750	3.030	3.385	3.646
40	0.255	0.681	1.303	1.684	2.021	2.423	2.704	2.971	3.307	3.551
60	0.254	0.679	1.296	1.671	2.000	2.390	2.660	2.915	3.232	3.460
120	0.254	0.677	1.289	1.658	1.980	2.358	2.617	2.860	3.160	3.373
∞	0.253	0.674	1.282	1.645	1.960	2.326	2.576	2.807	3.090	3.291

부표5 F 분포표

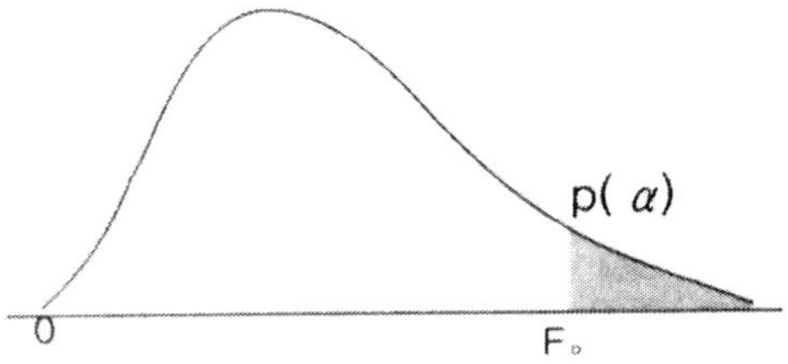

$\alpha = .05$

$\nu_2 \backslash \nu_1$	1	2	3	4	5	6	7	8	9	10	12	15	20	24	30	40	60	120	∞
1	161.4	199.5	215.7	224.6	230.2	234.0	236.8	238.9	240.5	241.9	243.9	245.9	248.0	249.1	250.1	251.1	252.2	253.3	254.3
2	18.51	19.00	19.16	19.25	19.30	19.33	19.35	19.37	19.38	19.40	19.41	19.43	19.45	19.45	19.46	19.47	19.48	19.49	19.50
3	10.13	9.55	6.28	9.12	9.01	8.94	8.89	8.85	8.81	8.79	8.74	8.70	8.66	8.64	8.62	5.59	8.57	8.55	8.53
4	7.71	6.94	6.59	6.39	6.25	6.16	6.09	6.04	6.00	5.96	5.91	5.86	5.80	5.77	5.75	5.72	5.69	5.66	5.63
5	6361	5.79	5.41	5.19	5.05	4.95	4.88	4.82	4.77	4.74	4.68	4.62	4.56	4.53	4.50	4.46	4.43	4.40	4.36
6	5.99	5.14	4.76	4.53	4.39	4.28	4.21	4.15	4.10	4.06	4.00	3.94	3.87	3.84	3.81	3.77	3.74	3.70	3.67
7	5.59	4.74	4.35	4.12	3.97	3.87	3.79	3.73	3.68	3.64	3.57	3.31	3.44	3.41	3.38	3.34	3.30	3.27	3.23
8	5.32	4.46	4.07	3.84	3.69	3.56	3.50	3.44	3.39	3.35	3.28	3.22	3.15	3.12	3.08	3.04	3.01	2.97	2.93
9	5.12	4.26	3.86	3.63	3.48	3.37	3.29	3.23	3.18	3.14	3.07	3.01	2.94	2.90	2.86	2.83	2.79	2.75	2.71
10	4.96	4.10	3.71	3.48	3.33	3.22	3.14	3.07	3.02	2.98	2.91	2.85	2.77	2.74	2.70	2.66	2.62	2.58	2.54
11	4.84	3.98	3.59	3.36	3.20	3.09	3.01	2.95	2.90	2.85	2.79	2.72	2.65	2.61	2.57	2.53	2.49	2.45	2.40
12	4.75	3.89	3.49	3.26	3.11	3.00	2.91	2.85	2.80	2.75	2.69	2.62	2.54	2.51	2.47	2.43	2.38	2.34	2.30
13	4.67	3.81	3.41	3.18	3.00	2.92	2.83	2.77	2.71	2.67	2.60	2.53	2.46	2.42	2.38	2.34	2.30	2.25	2.21
14	4.60	3.74	3.34	3.11	2.96	2.85	2.75	2.70	2.65	2.60	2.53	2.46	2.39	2.35	2.31	2.27	2.22	2.18	2.13
15	4.54	3.68	3.29	3.06	2.90	2.79	2.71	2.64	2.59	2.54	2.48	2.40	2.33	2.29	2.25	2.20	2.16	2.11	2.07
16	4.49	3.63	3.24	3.01	2.85	2.74	2.66	2.59	2.54	2.49	2.42	2.35	2.28	2.24	2.19	2.15	2.11	2.06	2.01
17	4.45	3.59	3.20	2.96	2.81	2.70	2.61	2.55	2.49	2.45	2.38	2.31	2.23	2.19	2.15	2.10	2.06	2.01	1.96
18	4.41	3.55	3.16	2.93	2.77	2.66	2.58	2.51	2.46	2.41	2.34	2.27	2.19	2.15	2.11	2.06	2.02	1.97	1.92
19	4.38	3.52	3.13	2.90	2.74	2.83	2.54	2.48	2.42	2.38	2.31	2.23	2.16	2.11	2.07	2.03	1.98	1.93	1.88
20	4.35	3.49	3.10	2.87	2.71	2.60	2.51	2.45	2.39	2.35	2.28	2.20	2.12	2.08	2.04	1.99	1.95	1.90	1.84
21	4.32	3.47	3.07	2.84	2.68	2.57	2.49	2.42	2.37	2.32	2.25	2.18	2.10	2.05	2.01	1.96	1.92	1.87	1.81
22	4.30	3.44	3.05	2.82	2.66	2.55	2.48	2.40	2.34	2.30	2.23	2.15	2.07	2.03	1.98	1.94	1.89	1.84	1.78
23	4.28	3.42	3.03	2.80	2.64	2.53	2.44	2.37	2.32	2.27	2.20	2.13	2.05	2.01	1.96	1.91	1.86	1.81	1.76
24	4.26	3.40	3.01	2.78	2.62	2.51	2.42	2.36	2.30	2.25	2.18	2.11	2.03	1.98	1.94	1.89	1.84	1.79	1.73
25	4.24	3.39	2.99	2.76	2.60	2.49	2.40	2.34	2.28	2.24	2.16	2.09	2.01	1.96	1.92	1.87	1.82	1.77	1.71
26	4.23	3.37	2.98	2.74	2.59	2.47	2.39	2.32	2.27	2.22	2.15	2.07	1.99	1.95	1.90	1.85	1.80	1.75	1.69
27	4.21	3.35	2.96	2.73	2.57	2.46	2.37	2.31	2.25	2.20	2.13	2.06	1.97	1.96	1.88	1.84	1.79	1.73	1.67
28	4.20	3.34	2.95	2.71	2.56	2.45	2.36	2.29	2.24	2.19	2.12	2.04	1.96	1.91	1.87	1.82	1.77	1.71	1.65
29	4.18	3.33	2.93	2.70	2.55	2.43	2.35	2.28	2.22	2.18	2.10	2.03	1.94	1.90	1.85	1.81	1.75	1.70	1.64
30	4.17	3.32	2.92	2.69	2.53	2.42	2.33	2.27	2.21	2.16	2.09	2.01	1.93	1.89	1.84	1.79	1.74	1.68	1.62
40	4.08	3.23	2.84	2.61	2.45	2.34	2.25	2.18	2.12	2.08	2.00	1.92	1.84	1.79	1.74	1.69	1.64	1.58	1.51
60	4.00	3.15	2.76	2.53	2.37	2.25	2.17	2.10	2.04	1.99	1.92	1.84	1.75	1.70	1.65	1.59	1.53	1.48	1.39
120	3.92	3.07	2.68	2.45	2.29	2.17	2.09	2.02	1.96	1.91	1.83	1.75	1.66	1.61	1.55	1.50	1.43	1.35	1.25
∞	3.84	3.00	2.60	2.37	2.21	2.10	2.01	1.94	1.88	1.83	1.75	1.67	1.57	1.52	1.46	1.39	1.32	1.22	1.00

부표5 계속

$\alpha = .01$

$\nu_2 \backslash \nu_1$	1	2	3	4	5	6	7	8	9	10	11	12	15	20	30	∞
1	4052	4999	5403	5625	5764	5859	5928	5981	6022	6056	6083	6106	6157	6209	6261	6366
2	98.50	99.00	99.17	99.25	99.30	99.33	99.36	99.37	99.39	99.40	99.41	99.42	99.43	99.45	99.47	99.50
3	34.12	30.82	29.46	28.71	28.24	27.91	27.67	27.49	27.35	27.23	27.13	27.05	26.87	26.69	26.50	26.13
4	21.20	18.00	16.69	15.98	15.52	15.21	14.98	14.80	14.66	14.55	14.45	14.37	14.20	14.02	13.84	13.46
5	16.26	13.27	12.06	11.39	10.97	10.67	10.46	1029	10.16	10.05	9.96	9.89	9.72	9.55	9.38	9.02
6	13.75	10.92	9.78	9.15	8.75	8.47	8.26	8.10	7.98	7.87	7.79	7.72	7.56	7.40	7.23	6.88
7	12.25	9.55	8.45	7.85	7.46	7.19	6.99	6.84	6.72	6.62	6.54	6.47	6.31	6.16	5.99	5.65
8	11.26	8.65	7.59	7.01	6.63	6.37	6.18	6.03	5.91	5.81	5.73	5.67	5.52	5.36	5.20	4.86
9	10.56	8.02	6.99	6.42	6.06	5.80	5.61	5.47	5.35	5.26	5.18	5.11	4.96	4.81	4.65	4.31
10	10.04	7.56	6.55	5.99	5.64	5.39	5.20	5.06	4.94	4.85	4.77	4.71	4.56	4.41	4.25	3.91
11	9.65	7.21	6.22	5.67	5.32	5.07	4.89	4.74	4.63	4.54	4.46	4.40	4.25	4.10	3.94	3.60
12	9.33	6.93	5.95	5.41	5.06	4.82	4.64	4.50	4.39	4.30	4.22	4.16	4.01	3.86	3.70	3.36
13	9.07	6.70	5.74	5.21	4.86	4.62	4.44	4.30	4.19	4.10	4.02	3.96	3.82	3.66	3.51	3.17
14	8.86	6.51	5.56	5.04	4.69	4.46	4.28	4.14	4.03	3.94	3.86	3.80	3.66	3.51	3.35	3.00
15	8.68	6.36	5.42	4.89	4.56	4.32	4.14	4.00	3.89	3.80	3.73	3.67	3.52	3.37	3.21	2.87
16	8.53	6.23	5.29	4.77	4.44	4.20	4.03	3.89	3.78	3.69	3.62	3.55	3.41	3.26	3.10	2.75
17	8.40	6.11	5.18	4.67	4.34	4.10	3.93	3.79	3.68	3.59	3.52	3.46	3.31	3.16	3.00	2.65
18	8.29	6.01	5.09	4.58	4.25	4.01	3.84	3.71	3.60	3.51	3.43	3.37	3.23	3.08	2.92	2.57
19	8.18	5.93	5.01	4.50	4.17	3.94	3.77	3.63	3.52	3.43	3.36	3.30	3.15	3.00	2.84	2.49
20	8.10	5.85	4.94	4.43	4.10	3.87	3.70	3.56	3.46	3.37	3.29	3.23	3.09	2.94	2.78	2.42
21	8.02	5.78	4.87	4.37	4.04	3.81	3.64	3.51	3.40	3.31	3.24	3.17	3.03	2.88	2.72	2.36
22	7.95	5.72	4.82	4.31	3.99	3.76	3.59	3.45	3.35	3.26	3.18	3.12	2.98	2.83	2.67	2.31
23	7.88	5.66	4.76	4.26	3.94	3.71	3.54	3.41	3.30	3.21	3.14	3.07	2.93	2.78	2.62	2.26
24	7.82	5.61	4.72	4.22	3.90	3.67	3.50	3.36	3.26	3.17	3.09	3.03	2.89	2.74	2.58	2.21
25	7.77	5.57	4.68	4.18	3.85	3.63	3.46	3.32	3.22	3.13	3.06	2.99	2.85	2.70	2.54	2.17
26	7.72	5.53	4.64	4.14	3.82	3.59	3.42	3.29	3.18	3.09	3.02	2.96	2.81	2.66	2.50	2.13
27	7.68	5.49	4.60	4.11	3.78	3.56	3.39	3.26	3.15	3.06	2.99	2.93	2.78	2.63	2.47	2.10
28	7.64	5.45	4.57	4.07	3.75	3.53	3.36	3.23	3.12	3.03	2.96	2.90	2.75	2.60	2.44	2.06
29	7.60	25.42	4.54	4.04	3.73	3.50	3.33	3.20	3.09	3.00	2.93	2.87	2.73	2.57	2.41	2.03
30	7.56	5.39	4.51	4.02	3.70	3.47	3.30	3.17	3.07	2.98	2.91	2.84	2.70	2.55	2.39	2.01
40	7.31	5.18	4.31	3.83	3.51	3.29	3.12	2.99	2.89	2.80	2.73	2.66	2.52	2.37	2.20	1.80
60	7.08	4.98	4.13	3.65	3.34	3.12	2.95	2.82	2.72	2.63	2.56	2.50	2.35	2.20	2.03	1.60
120	6.85	4.79	3.95	3.48	3.17	2.96	2.79	2.66	2.56	2.47	2.40	2.34	2.19	2.03	1.86	1.38
∞	6.63	4.61	3.78	3.32	3.02	2.80	2.64	2.51	2.41	2.32	2.25	2.18	2.04	1.88	1.70	1.00

찾 아 보 기

[ㄹ]

[ㅁ]

[ㅂ]

[ㅅ]

[ㅇ]

저자약력

고종욱

- 서울대학교 사회학과 학사 및 석사
- University of Iowa 사회학 박사
- 현재 안양대학교 공공행정학과 교수

주요 저서

- 현대조직론(역서)
- 사회과학통계분석(공저)

주요 논문

- 조직몰입에 대한 삼차원적 개념화의 타당성 재검토
- 직무스트레스와 산출간 관계에서 조직몰입의 조절역할
- 분배, 공식절차 및 상호작용 공정성이 호텔종사자의 직무만족, 조직몰입 및 상사신뢰에 미치는 상대적 영향력에 대한 연구
- 조직에 대한 정감적, 지속적 및 규범적 몰입의 결정요인에 대한 비교 연구
- 직무 스트레스와 종업원 태도간의 관계에서 감성적 성향의 역할
- 인성 특성이 직무만족도에 미치는 영향 외 다수

류 철

- 세종대학교 경영학과 학사 및 석사
- 동 대학원 경영학 박사
- 현재 중부대학교 호텔경영학과 교수

주요 저서

- 회계학개론
- 현대회계원리
- 조사방법과 SPSS 12.0(공저)
- 호텔회계의 이해 외 다수

주요 논문

- 회계정보량의 변화가 기업도산예측에 미치는 영향
- 차별적 정보가설에 따른 재무제표정보의 시장가격화에 대한 비교분석
- 호텔기업의 조직분권화, 신뢰, 조직몰입의 관계(공저)
- 와인품질평가 요인의 선택속성과 인구통계학적 특성 사이의 관계에 대한 연구
- 와인소비자 유형별 와인품질평가 요인에 대한 중요도 차이
- 조리용 와인이 음식의 품질속성에 미치는 영향 외 다수

저자와의
합의하에
인지첩부
생략

조사방법과 SPSS 활용

2016년 6월 20일 초　판 1쇄 발행
2026년 3월 10일 개정판 3쇄 발행

지은이 고종욱 · 류철
펴낸이 진욱상
펴낸곳 백산출판사
교　정 성인숙
본문디자인 구효숙
표지디자인 오정은

등　록 1974년 1월 9일 제406-1974-000001호
주　소 경기도 파주시 회동길 370(백산빌딩 3층)
전　화 02-914-1621(代)
팩　스 031-955-9911
이메일 edit@ibaeksan.kr
홈페이지 www.ibaeksan.kr

ISBN 979-11-5763-897-0　93310
값 27,000원